U0470893

妇女与劳动力市场研究

Study on Women and the Labour Market

费涓洪◎著

时事出版社
北京

目录
Contents

绪　言 　　　　　　　　　　　　　　　　　　　　　　　　(001)

理论篇

第一章　经济学的相关理论　　　　　　　　　　　　　　　(009)

　第一节　劳动力市场理论的主要流派　　　　　　　　　　(009)

　　一、古典学派　　　　　　　　　　　　　　　　　　　(009)

　　二、激进学派　　　　　　　　　　　　　　　　　　　(011)

　　三、保守派　　　　　　　　　　　　　　　　　　　　(013)

　第二节　新古典/人力资本理论　　　　　　　　　　　　　(014)

　　一、人力资本理论的起源、形成与发展　　　　　　　　(014)

　　二、人力资本理论的主要概念和观点　　　　　　　　　(016)

　　三、女性人力资本与女性劳动供给　　　　　　　　　　(017)

　第三节　制度学派/劳动力市场分割理论　　　　　　　　　(026)

　　一、制度学派的出现、主要观点和方法论以及发展　　　(026)

　　二、劳动力市场分割理论　　　　　　　　　　　　　　(028)

　　三、性别和劳动力市场分割　　　　　　　　　　　　　(031)

第二章　社会学的相关理论　　　　　　　　　　　　　　　(037)

　第一节　现代社会学的主要理论流派　　　　　　　　　　(037)

一、结构功能主义 (037)
二、冲突理论 (039)
三、交换理论 (041)
四、符号互动理论 (043)

第二节 社会角色理论 (045)
一、社会角色的理论和概念 (045)
二、性别角色 (047)
三、性别角色和职业角色 (049)

第三节 社会化理论 (052)
一、社会化的理论和概念 (052)
二、性别角色社会化 (054)
三、社会化和性别化的工作认同 (057)

第四节 社会分层理论 (060)
一、社会分层的理论和概念 (060)
二、性别分层 (062)
三、劳动领域中的性别分层 (066)

第三章 女性主义的相关理论 (070)

第一节 女性主义的起源和发展 (070)
一、女性主义的起源 (070)
二、女性主义的发展 (072)

第二节 妇女研究和社会性别理论 (074)
一、妇女研究 (074)
二、社会性别理论 (077)

第三节 女性主义的主要流派 (080)
一、自由主义女性主义 (080)
二、社会主义女性主义 (083)
三、激进女性主义 (086)
四、后现代女性主义 (088)

第四节　女性主义经济学　(091)
　　一、女性主义经济学的兴起　(091)
　　二、女性主义对主流经济学的批判　(092)
　　三、女性主义经济学的主要理论观点　(094)

第五节　女性主义社会学　(098)
　　一、女性主义社会学的兴起　(098)
　　二、女性主义对传统社会学的批判　(099)
　　三、女性主义社会学的主要理论观点　(102)

第四章　劳动力市场的性别不平等理论　(108)

第一节　劳动性别分工理论　(108)
　　一、劳动分工理论　(109)
　　二、劳动性别分工理论　(113)

第二节　劳动力市场的性别隔离理论　(118)
　　一、市场分割理论　(119)
　　二、职业隔离理论　(122)

第三节　劳动力市场的性别歧视理论　(127)
　　一、歧视的界定和类型　(128)
　　二、个人偏见歧视理论　(129)
　　三、非竞争歧视理论　(131)
　　四、统计性歧视理论　(133)
　　五、"玻璃天花板"理论　(134)
　　六、前劳动力市场歧视理论　(135)

实践篇

第五章　女性劳动力的参与　(141)

第一节　女性劳动力参与的历史沿革　(141)

一、工业革命前的经济时期　　　　　　　　　　　　　(141)

　　二、工业化的早期阶段　　　　　　　　　　　　　　　(143)

　　三、两次世界大战后时期　　　　　　　　　　　　　　(146)

第二节　女性劳动力的结构和人口特征　　　　　　　　　　(148)

　　一、女性劳动力的结构　　　　　　　　　　　　　　　(148)

　　二、女性劳动力的人口特征　　　　　　　　　　　　　(152)

第三节　女性劳动力参与的地区差别　　　　　　　　　　　(159)

　　一、各地区的女性劳动力参与　　　　　　　　　　　　(159)

　　二、各年龄组女性劳动力参与的地区差别　　　　　　　(163)

　　三、各地区劳动力参与的性别差距　　　　　　　　　　(164)

第六章　女性劳动力的参与模式　　　　　　　　　　　　(167)

第一节　女性的非连续性工作模式　　　　　　　　　　　　(167)

　　一、暂时性或临时性就业的工作模式　　　　　　　　　(167)

　　二、阶段性或 M 型就业的工作模式　　　　　　　　　 (168)

　　三、倒 U 型或抛物线型就业的工作模式　　　　　　　 (170)

第二节　女性的工作时间模式　　　　　　　　　　　　　　(172)

　　一、妇女的工作时间分配　　　　　　　　　　　　　　(172)

　　二、对妇女工作时间的一些规定　　　　　　　　　　　(174)

　　三、妇女的有酬工作时间　　　　　　　　　　　　　　(175)

第三节　女性非正规就业的工作形式　　　　　　　　　　　(177)

　　一、非正规就业的概念和特点　　　　　　　　　　　　(177)

　　二、非正规就业的女性化　　　　　　　　　　　　　　(179)

　　三、妇女就业与非全日制工作　　　　　　　　　　　　(180)

第七章　女性的职业模式　　　　　　　　　　　　　　　(185)

第一节　妇女的职业构成　　　　　　　　　　　　　　　　(185)

　　一、产业部门的分布　　　　　　　　　　　　　　　　(185)

　　二、职业分布　　　　　　　　　　　　　　　　　　　(189)

第二节　女性职业　(195)
　　一、女性职业的形成和发展　(195)
　　二、女性职业的结构和特点　(199)
　　三、女性的职业流动　(203)

第八章　女性劳动力参与的质量　(206)

第一节　工作质量　(206)
　　一、工作内容　(206)
　　二、工作要求　(209)
　　三、工作地位　(210)
　　四、技能和发展　(211)

第二节　就业质量　(213)
　　一、就业类型和就业形式　(213)
　　二、就业的灵活性和脆弱性　(214)
　　三、就业工资和福利　(215)
　　四、就业机会和失业　(218)

第九章　女性劳动力的异质性　(221)

第一节　较发达地区和欠发达地区的差异　(221)
　　一、劳动力参与率　(221)
　　二、主要经济部门的分布　(224)
　　三、职业分布　(224)
　　四、就业形式　(225)

第二节　族裔的差异　(226)
　　一、劳动参与率　(226)
　　二、职业分布　(227)
　　三、工资收入　(231)

第三节　移民妇女的劳动力参与　(232)
　　一、国际移民的女性化　(232)

二、迁移模式的变化 (234)
　　三、女性移民的工作 (235)
第四节　女性劳动力的分化 (237)
　　一、女性劳动力分化的背景 (237)
　　二、劳动力参与模式的差异 (238)
　　三、工作质量的差异 (239)

探讨篇

第十章　妇女参加社会劳动与社会经济 (243)

第一节　生产力是推动妇女劳动力参与的根本动力 (243)
　　一、生产工具的进步 (244)
　　二、产业结构的变化 (246)
第二节　女性劳动力参与的U型模型和经济发展 (251)
　　一、U型模型的提出和研究 (251)
　　二、U型模型研究的因素分析 (253)
第三节　科学技术进步和妇女就业 (255)
　　一、科学技术进步对劳动就业的影响 (256)
　　二、科学技术进步对妇女就业的影响 (258)
　　三、科学技术进步对两性劳动分工模式的影响 (262)

第十一章　妇女参加社会劳动与社会文化因素 (264)

第一节　婚姻家庭制度 (264)
　　一、婚姻家庭观念 (265)
　　二、婚姻家庭形式 (268)
　　三、婚姻家庭关系 (269)
　　四、生育 (272)
第二节　组织文化 (275)

一、组织文化的性别化 (276)
　　二、组织文化性别化的操作 (277)
　　三、组织文化性别化的劳动结果 (280)
　第三节　性别观念 (281)
　　一、传统性别文化观念 (282)
　　二、习俗文化与女性生产劳动 (287)

第十二章　妇女参加社会劳动与国家制度和公共政策 (292)
　第一节　国家制度 (292)
　　一、社会主义国家制度 (292)
　　二、资本主义国家与福利国家制度 (294)
　第二节　公共政策 (298)
　　一、劳动政策 (298)
　　二、经济政策 (302)
　　三、家庭政策 (304)
　　四、税收政策 (307)

第十三章　妇女参加社会劳动与人力资本和社会资本 (310)
　第一节　人力资本 (310)
　　一、女性人力资本的特征和成因 (311)
　　二、性别人力资本对女性劳动力参与的影响 (315)
　第二节　社会资本 (321)
　　一、社会资本的性别差异 (322)
　　二、社会资本在妇女就业中的作用 (326)

第十四章　重大事件的影响 (331)
　第一节　工业革命 (331)
　　一、妇女从家庭走向社会 (331)

二、妇女边缘化就业地位的建构　　　　　　　　　　(334)
　第二节　世界大战　　　　　　　　　　　　　　　　　　(338)
　　一、战争时期的妇女就业　　　　　　　　　　　　　　(339)
　　二、战争对妇女就业的影响　　　　　　　　　　　　　(343)
　第三节　经济危机　　　　　　　　　　　　　　　　　　(345)
　　一、经济危机对两性就业影响的三个假设　　　　　　　(346)
　　二、实例分析　　　　　　　　　　　　　　　　　　　(348)
　第四节　全球化　　　　　　　　　　　　　　　　　　　(353)
　　一、全球化与劳动力女性化　　　　　　　　　　　　　(354)
　　二、全球化与灵活就业　　　　　　　　　　　　　　　(356)
　　三、全球化时代的就业质量　　　　　　　　　　　　　(358)

结束语　新世纪妇女参与市场劳动的展望　　　　　　　(361)

　　一、未来的劳动力市场　　　　　　　　　　　　　　　(361)
　　二、女性需要走出传统职业　　　　　　　　　　　　　(364)
　　三、文化支持和社会支持　　　　　　　　　　　　　　(367)

后记　　　　　　　　　　　　　　　　　　　　　　　(370)

主要参考文献　　　　　　　　　　　　　　　　　　　(371)

绪 言

一

1980年在哥本哈根召开的联合国第二次世界妇女大会的报告公布，据统计，妇女组成了世界人口的一半稍多，她们担任了2/3的世界工作量，只得到10%的世界收入，和拥有1%的世界财产。这一统计以四个数据概括而生动地揭示了世界上男女不平等的事实，尤其是凸显了劳动力市场上的性别不平等。

然而，直到20世纪70年代妇女学诞生之前，妇女问题一直为学术界所忽视，女性作为研究对象几乎在所有的学科中都遭到了遗漏，有关妇女和劳动力市场问题的探讨与论述更是数量稀少而且往往是非直接的。此后，随着女性主义作为一种学术思潮介入各学科，妇女问题才开始逐渐受到学术界的重视，妇女和劳动力市场问题也因而成为一个热门的研究议题。

笔者在20世纪80年代开始翻译一些有关西方妇女研究的著述，从而产生了对于妇女问题的关注。90年代又在上海郊区对中国改革开放中的农村家庭进行了较长时间的田野调查，后来还以深度访谈的方式对上海几十位创业女性进行了个案调查，真切地感受到妇女在社会经济活动中作出的巨大贡献和努力，也深深地体会到她们在此过程中的种种艰辛和困难。以此为基础，在随后的岁月中，笔者曾发表了若干著述，但涉及面较窄，过于微观，常有一种意犹未尽之感，总觉得自己也许还应该为此做些什么。

确实，妇女问题具有深厚的历史渊源，并且具有全球性的普遍影响。

尤其是在当前快速变革的时代，妇女是世界发展的最强大的增长引擎，妇女充分而平等地参与市场劳动对于妇女本身和整个世界都是至关重要的。因此，如果有一本著作，既能全图景地展示妇女参与市场劳动的历史和现状，又能涵盖多种学科对妇女和劳动力市场研究的主要理论和观点，并能就其中所涉及的主要问题进行一些讨论，那将是一件既具有学术价值又具有现实意义的事情。经过多年的努力，笔者今天终于完成了这一心愿。

二

在关于妇女和劳动力市场的研究中，经济学、社会学和妇女学提供了具有代表性和影响力的研究视野。

经济学是从经济的角度来研究妇女和劳动力市场问题，"经济人"的理性选择的假设是经济理论的基本前提，它把妇女在劳动力市场上的不利地位看成是妇女因其家庭责任的制约对现实作出的理性选择的结果。明塞尔、贝克尔、舒尔茨等学者较早地应用新古典学派的人力资本理论分析了男女在人力资本投资方面的差异，并认为人力资本的性别差异造成了劳动力市场上的性别差异，特别是工资收入的差异。制度学派的劳动力市场分割理论（最突出的是多林格和皮奥里提出的二元劳动力市场理论）则强调劳动力市场的分割和职业的性别分类使妇女被局限于社会经济的某些部分，妇女没有选择，市场决定了她们将做什么工作。

社会学是把劳动者当作"社会人"来研究妇女的市场劳动参与。其中，社会角色理论认为，社会对待男女有不同的期待，分配男女担任不同的性别角色，并赋予男女以不同的职业角色，而妇女在劳动力市场上所面临的困境正源自于她们的双重角色的冲突。社会化理论提出，人们是通过社会化过程来学习和成为"男人"和"女人"的，社会化也塑造了男女在工作中的性别认同，男女选择不同的职业和确定不同的事业取向是社会化的结果。社会分层理论以家庭作为分层体系的基本单位，并运用了男人以职业、女人以婚姻的双重标准作为测量阶层地位的范围标准，把妇女在工作中的从属地位看作是她们在家庭里的从属地位的延续。同时，它也分析了市场力量对社会分层的作用。

这些理论的一个共同点是，它们都没有把性别作为其分析的一个中心概念，更多地是把对于妇女的研究包含在诸如家庭这样的研究领域之中。

与之不同，当代女性主义理论则以"社会性别"为核心概念，对妇女和劳动力市场问题进行分析。例如，它引入了性别的社会建构思想，强调个人在劳动市场上的行为方式很大程度上受到劳动力市场结构和社会制度的制约，对理性选择理论和人力资本理论提出了质疑。它认为，家务劳动的社会性别建构限制了女性参与公共领域活动的能力与机会，并成为了男女参与社会劳动的不平等基础。它还考察了劳动力市场上性别歧视的各种形式，指出男子在市场劳动中的所谓优势是由于社会对妇女的歧视，以及女性参与工作时男性没有承担公平份额的家庭责任和家务劳动。

三

本书在对妇女和劳动力市场问题的现有研究进行跨学科梳理的基础上，将之系统化，并以联袂整合的思路分别对经济学、社会学和妇女学的有关理论和研究作了综合考察，为解读劳动力市场上的性别差异和性别不平等的成因和根源提供了多方位的视角。本书还在大量文献资料的基础上，对工业革命以来妇女参与市场劳动的历史和现实进行了动态和立体的展现与分析，在概述妇女参与市场劳动的轨迹和特点的同时，进行了多层面的比较，既有全球与地区和国别的比较，又有发达国家和发展中国家的比较；既有性别比较和种族比较，又有就业妇女内部极化的比较。

在了解和消化国内外学者关于妇女和劳动力市场问题的研究成果的基础上，本书对决定和影响妇女劳动力参与的因素进行了探讨并提出了一些看法。它们主要包括：第一，生产工具的进步、产业结构的变化和科学技术的发展历程表明，生产力是推动妇女劳动力参与的根本动力和物质基础。第二，传统文化，尤其是传统的婚姻家庭制度、组织文化、性别观念和一些地方习俗，是制约妇女劳动力参与的重要因素。第三，国家以制定各种政策和法律等执政行为，对妇女的劳动参与发挥了推进或阻碍的作用，而国家的意识形态是实现国家干预的主要基础。第四，劳动者所拥有的人力资本和社会资本的性别差异是现实生活中影响妇女劳动力参与的重要因素。第五，笔者认为，21世纪的女性面临着第四次工业革命带来的劳动力市场的震荡，她们需要打破教育中的学科隔离，掌握更多科学知识和工作技能，敢于跨出传统的女性职业，扩展职业视角，实现职业转化，才能借着工作的洗礼，在未来的劳动力市场上变被动为主动，并且更上一层楼。而妇女在劳动力市场上的成功需要更多的文化支持和社会支持，特别是人类的另一半——男子——的相应变化和配合，这或许是21世纪将出现的最重要社会发展之一。

四

本书的正文部分共分三篇（理论篇、实践篇、探讨篇）十四章。理论篇含有四章，前三章分别阐释了经济学、社会学和女性主义对于妇女和劳动力市场研究的相关理论，最后一章对劳动力市场的性别不平等理论作了专门的阐释。实践篇含有五章，前四章考察了女性劳动力参与的历史沿革、劳动力结构、参与模式、职业结构和参与质量，最后一章阐述了女性劳动力的异质性。探讨篇含有五章，前四章讨论了妇女参加社会劳动与社会经济、社会文化、国家制度和公共政策以及人力资本和社会资本的关系，最后一章讨论了历史上的一些重大事件（诸如工业革命、世界大战、经济危机和当今世界的全球化）对妇女参加社会劳动所产生的特殊影响。末尾的结束语则对21世纪妇女参与市场劳动的前景进行了展望。

理 论 篇

劳动力商品化是劳动力市场的前提条件。随着18世纪末、19世纪初蒸汽机的发明，人类社会进入了工业经济时代。工厂制度的出现使人们的劳动性质发生了变化，劳动力在新形式的经济活动中成为了可销性商品。自从工业革命把妇女推入劳动力市场，在工厂制工作的早期阶段，妇女和儿童曾是一些行业工人的主要组成部分，在随后的工业化过程中，劳动力女性化是工业化的一个特征，妇女成为了社会经济活动的积极参与者。然而，纵观二百年来妇女在劳动力市场上的变迁，可以发现，妇女参与劳动力市场的决定因素、妇女在劳动力市场上的行为特征、妇女的职业结构和工资报酬、妇女在劳动力市场上的地位和待遇等都与男性有着显著而持久的差别，不仅存在着劳动力市场的性别分割和职业的性别隔离，而且存在着性别的不平等。这些与妇女和劳动力市场相关的种种问题引起了众多学者的兴趣和重视，他们从不同学科领域和理论学派，进行了多视角和多层面的研究，为我们了解妇女在劳动力市场上的演变脉络、和解读劳动力市场上的性别差异以及性别不平等的现实和根源提供了理论分析的框架和思考的路线途径。

妇女参与劳动力市场是一种经济行为，然而，妇女在是"经济人"的同时也是"社会人"，并且市场是嵌镶在其所在社会的经济、政治和文化之中的，妇女参与劳动力市场也是一种社会行为。妇女和劳动力市场的问题在许多学科的研究领域中得到了关注，其中经济学和社会学无疑提供了具有代表性和影响力的研究视野。这两门学科的取向各异，如劳动经济学是把人当作劳动力来研究，侧重于劳动行为的经济效益，主要目标在于探索劳动力与各经济变量之间的关系；而劳动社会学则把人当作劳动者来研究，关心的是劳动行为的社会效益，主要目标在于探索劳动者与社会变量之间的关系。但是这两门学科都存在着一个共同的特点，那就是都极大地忽略了女性这一研究对象，都不把性别视作是理论分析的一个中心概念。有关妇女和劳动力市场或相关问题的理论思想及论述是极少量和非直接的，一般被附属于诸如家庭这样的研究领域中。直至20世纪70年代女性研究（妇女学）[①] 诞生之后，女性主义才作为一种学术思潮介入各学科，

[①] 英文为Women's Studies，最初被译为"妇女研究"，后来也被译为"妇女学"或"女性学"。

在经济学和社会学中也形成了以女性主义理论为基础的女性主义经济学和社会学，妇女和劳动力市场问题、尤其是劳动力市场上的性别差别和性别不平等问题才成为了这些学科的一个重要研究议题。女性主义学说以社会性别的独特视角，在对传统学科的研究方法、研究主题和研究内容进行挑战的基础上，展开了新的理论争论。这些争论穿越了各学科中重要学派理论间的传统差别，诸如经济学中的新古典主义/人力资本理论和制度学派/劳动力市场分割理论，社会学的角色理论、社会化理论和社会分层理论，以及后来的女性学的各流派理论等，为我们提供了解释妇女和劳动力市场问题的颇具特色的理论观点和分析。下面将按学科简要地梳理和介绍这些理论和观点，虽然它们的研究视野各不相同，但是劳动分工、职业隔离和市场歧视都成为它们对妇女和劳动力市场问题进行探讨的焦点。

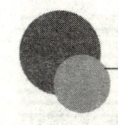

第一章
经济学的相关理论

市场是经济学研究的永恒主题，与产品市场和资本市场相比，劳动力市场除了受到价格等市场因素的作用之外，还更多地受到社会、文化、制度等非市场性因素的影响。西方经济学思潮历来就有激进派、正统派和保守派的区分，对于劳动力市场上的性别问题也形成了左中右三种派别。而新古典经济学派的人力资本理论和制度学派的劳动力市场分割理论是经济学中颇具代表性的两个理论，它们分别着重于从劳动供给和制度结构的角度来解释劳动力市场上的性别问题。

第一节 劳动力市场理论的主要流派

劳动力市场理论大致上可分为古典学派、激进学派和保守派。古典学派源自于经济自由主义思想，激进学派以马克思有关资本主义劳动关系的理论为基础，保守派则继承了古典学派的思想并走向极端。

一、古典学派

古典学派劳动力市场理论是当代劳动经济学中的主流学派，产生于资本主义的自由竞争阶段，源自于亚当·斯密（Adam Smith，1723—1790年）等经济学家为代表人物的经济自由主义思想（被称为古典自由主义或旧自由主义）。从古典经济学的理论框架来看，古典学派强调市场机制和市场要素在决定工资水平和劳动力资源配置方面的作用，有关自利、独立、理性的"经济人"假设[①]是古典经济学理论体系借以建立的基石，是解释人的经济行为的一种理论模型。它把人看成是独立的个体，认为作为个体的人在本质上是一致的，追求个人利益或效用的最大化是人的一种理性行为模式。在劳动力市场上，雇主追求利润的最大化，雇员则追求效用的最大化。从"经济人"思想，又推导出了市场运行机制的假设：市场机制是一只"看不见的手"[②] 自发地调节着市场经济活动。当人们在追求自利时，"有一只看不见的手引导他去促进一种目标"，使人们向着最有利的方向去进行资源配置，如果市场机制完全，便可使社会福利最大化。在供求、竞争和工资等机制的共同作用下，劳动力市场就能达到市场的均衡和劳动力与生产资料两大生产要素的优化配置，保证劳资双方利益的实现。因此，古典自由主义者主张自由的市场竞争，反对政府干预，国家只需充当为自由竞争的市场经济创造良好外部条件的"守夜人"。

  古典学派是从市场的角度来研究劳动力市场的性别问题，妇女在劳动力市场上的地位和劳动力市场中的两性差别是该研究的一个核心主题，职业结构和工资收入被用作衡量劳动力市场中女性的经济地位和两性差别的重要指标。古典学派解释男女在劳动力市场上的职业和工资差别的主要观点是：第一，这些性别差别主要是由于他们的个人理性选择和偏好所造成的。首先，人们是根据自己的偏好来选择社会角色，男子把"养家糊口"作为己任，而妇女则倾向于将较多的时间和精力用于家庭。然后，人们在市场经济活动中本着让自己利益最大化的原则对工作进行理性的选择，由于妇女担任着生育和抚养孩子以及家务劳动的责任，她们一般都会尽量规避那些必须具有较高培训水平才能充分实现生产率、挑战性和责任性以及风险性较大的工作，而选择工作时间灵活、允许间断性就业、所需技能不

[①] "经济人"的假设源自于亚当·斯密的关于劳动交换的经济理论。
[②] "看不见的手"来自于亚当·斯密在《国富论》中有关市场机制的论述：每个人"只想得到自己的利益"，但是又好像"被一只无形的手牵着去实现一种他根本无意要实现的目的，……他们促进社会的利益，其效果往往比他们真正想要实现的还要好。"

会很快过时的工作。这些工作通常集中于层次低、工资低且升迁机会少的职业。第二，劳动力市场上的两性差别是市场的竞争性质和市场具有的自行调节功能的结果。市场机制是一只"看不见的手"调节着妇女在劳动力市场上的经济活动，不但劳动力市场通过"供给创造自己的需求"[①]的市场定律达到劳动力市场的均衡，实现妇女的充分就业，而且竞争性的市场力量会引导妇女到适合于她们才能与偏好的职业，同时也将妇女排斥于她们所不适合的职业类别之外。第三，古典自由主义者反对政府采取支持或保护妇女的措施，认为这些措施可能对妇女产生不良的负面影响，主张实行不干涉政策，通过建立自由的市场让妇女在完全的自由竞争中求得自由发展。

二、激进学派

激进学派是于20世纪60年代后期主要在美国形成的一个理论学派，或称激进政治经济学派，该学派在政治上批判资本主义，推崇马克思主义，并在马克思的理论基础上发展起一套完整的劳动力市场理论。激进政治经济学派认为，对于人的经济行为，必须研究具体社会经济制度对人的行为的影响；在经济活动中，决定经济成果的关键是形成相互冲突关系的群体或阶级所产生的集体力量。在资本主义经济体系中，劳动力作为商品自由买卖是资本主义经济的基础。由于资本家购买的是"劳动力在一定时期的使用权"，为了获取利润资本家就必须控制劳动过程和建立一定的权力结构，确保按资本家的利益来使用这些劳动力。激进学派从劳动过程中"社会—经济阶级"间的利益冲突的角度来分析资本家的一些具体做法，如通过劳动分工、对劳动过程的控制、劳动力市场的分割和各种歧视性政策，刻意在工人阶级内部制造差异，削弱工人阶级对于资本家的阶级力量之比，并以去技术化（deskilling）、工作零碎化（fragmentation）以及等级制和职业隔离等方式加强对劳动过程和劳动者的控制，榨取更高的剩余价

[①] 萨伊定律的核心思想是"供给创造自己的需求"，即在一个完全自由的市场经济中，由于供给会创造自己的需求，因而社会的总需求始终等于总供给。

值。激进政治经济学派的学者认为，这些手段已经发展成保证资本积累的各种社会结构中的重要制度安排，社会—经济阶级间的不平等因而是不能通过市场竞争来消除的。他们支持被支配阶级的改革运动。[1]

激进学派分析了劳动力市场上的性别不平等，认为在资本主义经济的劳动过程中存在着资本家和工人的阶级利益冲突，资本家为了获取更高利润有意识地利用工人的性别差异，制造性别隔离、性别分化和性别矛盾，对工人实行分而治之，从中渔利。首先，资本家通过工作的性别化和等级的性别化，差别对待男女工人。在资本主义企业建立和发展现代劳动分工体系的过程中，资本家以较低的工资大量雇佣妇女甚至童工担任非熟练工人，来完成由工资相对较高的熟练技术工人（一般为男性）完成的复杂工作。同时，劳动力市场被划分为主要劳动力市场和次要劳动力市场，内部劳动力市场和外部劳动力市场，职业也被划分为男性职业和女性职业。在劳动力市场上，妇女被集中于女性职业，从事处于次要劳动力市场的低技能、低工资、低地位的工作，并被排斥在内部劳动力市场的工作阶梯之外。妇女在劳动力市场中的结构位置降低了女性劳动力的市场成本。此外，资本家竭力贬低妇女的劳动价值，并对妇女进行双重剥削。一方面，妇女市场劳动低酬化，两性的劳动被赋予了不同的价值，女性从事的劳动的价值永远低于男性的劳动价值，即使男女同工也不能同酬。另一方面，资本家无偿使用了妇女的无酬劳动，使雇主实际上可以用一个人的工资雇佣两个人。妇女在参与市场劳动的同时还承担了照顾孩子和家务等的无酬劳动，提供了支持性的家庭生活，妇女更以其情感劳动为丈夫下一天的工作在体力上和精神上做好准备，从而间接地帮助了雇主。霍赫希尔德（Arlie Russell Hochschild）将女性在工作场所的劳动称为"第一轮班"，家庭中的体力劳动称为"第二轮班"，而应对家庭中成员情感需求的劳动成为"第三轮班"[2]。同样，劳动力市场上存在的这种性别不平等也是不能通过市场竞争来消除的。关于这一问题将在第三节进一步加以阐述。

---

[1] 参见赵峰："激进学派的劳动力市场理论"，《教学与研究》2007年3月。
[2] Arlie Hochschild：《The Time Bind: When Work Becomes Home and Home Becomes Work》, Henry Holt and Company, New York, 1997: 214-215.

三、保守派

保守主义分为新保守主义和旧保守主义，旧保守主义反对否定自由传统的激进主义，新保守主义则要保持古典的自由主义的大传统。新保守派也称新自由派或新古典学派。新自由主义经济学在继承古典自由主义经济理论的基础上，以反对和抵制凯恩斯主义①为主要特征，把反对国家干预上升到了一个新的系统化和理论化高度。其本质特征是从凯恩斯主义"倒退"、"回归"到自由放任的市场经济，并走向极端，在总体上和本质上是"右"的，"保守"的。自70年代末以来，它取代凯恩斯主义，在西方经济学中占据主导地位，成为当代资本主义的主流经济意识形态。

保守派从供求两方面对女性劳动力供给和劳动力市场的性别不平等现象作了解释。其中著名的新古典/人力资本理论假设，劳动者的劳动能力由于人力资本的差别将呈现异质性，工人们得到的工资报酬与他们的人力资本是成比例的。该理论在劳动力供给方面强调，妇女的人力资本投资的动力和投资量均小于男子，这造成了妇女的人力资本存量比较低，妇女是因为较低的生产率才获得比男子低的报酬。在劳动力需求方面，该理论认为妇女往往是成本较高的工人，从而负面地影响了雇主提供给妇女的就业机会和职业类型，而且雇主一般是在付给低于男子工资的情况下才愿意雇佣妇女。新古典经济理论还用比较优势论和从理性效用最大化行为的角度解释妇女的劳动供给和妇女在劳动力市场上的弱势。在市场经济的比较优势中，男女各具优势，男子更具有的是市场性工作或挣钱的优势，妇女的优势则在于非市场工作或家务劳动，而且他们分别具有的比较优势是有效率的和最适合的，这种比较优势自然会使两性的收入产生差异和使妇女在市场上处于不利地位。新古典理论对女性劳动供给的分析从经济决策的个体行为进展到家庭行为，从时间分配模式的"两分法"拓展到"三分法"，

---

① 凯恩斯主义经济学（或凯恩斯主义）是根据凯恩斯的著作《就业、利息和货币通论》（凯恩斯，1936）的思想基础上的经济理论，主张国家干预经济，通过采用扩张性的经济政策来增加需求，以实现充分就业和经济增长的理论和政策。

从效用不可分割的联合决策到效用相分离的博弈过程，从静态分析到将劳动供给置于生命周期框架下的动态分析，解释了妇女在家庭中的角色和她们在劳动力市场上的地位的关系。此外，保守主义者还认为每个个人彼此之间存在着不容否认的差别，包括天赋、能力、体魄、意志力等，所以，高收入者的丰厚报酬是"挣来的"。[①] 妇女的一些生理和心理特点决定了她们在经济活动中的作用是微不足道的，并导致了男女间的差别以及由此而来的歧视。例如，妇女是非理性的，不适合担任负责任的权威职位；妇女具有与男子不同的荷尔蒙，体力弱，更具被动性，不适合承担那些需要强壮体力和意志的社会任务等。下一节将对这一理论作专门阐述。

第二节 新古典/人力资本理论

劳动经济学的新古典主义方法主要侧重从供给的角度研究劳动力市场，人力资本理论是其重要的理论基础，也是经济学的核心问题和西方新经济理论的重要分支之一。

一、人力资本理论的起源、形成与发展

1. 理论思想的萌芽

早在二三百年前，许多经济学家就有关于人力资本思想的阐述，例如，英国古典经济学的创始人配第（William Petty）最先提出和论证了劳动决定价值的思想，经济学的鼻祖斯密第一个将人力视为资本并提出人力资本的概念和人力资本投资的萌芽思想，还有李斯特（Friedrich List）、萨伊（Jean Baptiste Say）、李嘉图（David Ricardo）等众多的经济学家和统计学家都有关于人力资本思想的研究，这些在人力资本领域研究的思想和观

[①] 伊林格·费切尔主编：《新保守主义者与"新右派"》，慕尼黑贝克出版社，1983年版，第26页。

点以及马克思关于劳动的许多理论观点构成了现代人力资本理论的丰富的思想渊源，成为现代人力资本理论形成的重要基石。20世纪30年代人力资本理论已雏形渐晰，至20世纪50年代末和60年代初，人力资本思想形成完整的理论体系，人力资本理论最终被确立，其公认的创始人是舒尔茨（T·W·Schultz）和贝克尔（Gary·S·Becker）。

2. 宏观理论基础的确立

获得1979年度诺贝尔经济学奖的舒尔茨在1960年度的美国经济学年会上第一次系统提出了人力资本理论，明确阐述了人力资本的概念与性质、人力资本投资的内容与途径、人力资本对经济增长的关键作用等重要思想和观点。舒尔茨在经济增长领域对人力资本理论的构建，不仅大大推动了人力资本理论的发展，也确立了他在人力资本理论创立过程中的重要地位，他被称为"人力资本之父"。

在此同时，明塞尔（Jacob Mincer）则在收入分配领域构建人力资本理论。他首次将人力资本投资与收入分配联系起来，提出人力资本投资是个人收入增长和收入分配差别的根本原因，系统地阐述了人力资本及人力资本投资与个人收入及其变化之间的关系，给出了完整的人力资本受益模型，开创了人力资本研究的另一个分支。

3. 微观理论基础的确立

人力资本理论的另一位创始人、诺贝尔经济学奖得主贝克尔弥补了舒尔茨只分析教育对经济增长的宏观作用的缺陷，从微观上系统地阐述了人力资本、人力资本投资等重要思想和观念，研究了人力资本与个人分配的关系，并运用经济数学方法进行分析，从而进一步构建了人力资本理论的微观经济基础。这也被视为现代人力资本理论最终确立的标志。

4. 人力资本理论的发展

人力资本理论创立之后，有关研究被不断地深入和完善。在20世纪60年代初到80年代中期，其成果主要体现在人力资本投资、人力资本投资的收益、人力资本与经济增长的关系等方面。自20世纪80年代后期以来，"内生性经济增长"问题成为研究热点，并在此基础上形成了"新发展经济学"，使人力资本理论跨上了一个新的高度。

二、人力资本理论的主要概念和观点

1. 人力资本的基本概念和特征

人力资本是相对于物质资本而存在的一种资本形态,关于人力资本的概念与界定没有统一的说法。以舒尔茨为代表的观点认为,人力资本就是劳动者的知识、技能、经验和健康等的总和。以贝克尔为代表的观点认为,人力资本就是人们在学校教育、职业培训、医疗保健、迁移等方面的投资所形成的资本。牛津经济学词典下的定义是,……它是指存在于人体中,后天获得的具有经济价值的知识、技术、能力和健康等质量因素之和。

人力资本具有不同于一般资本的特征:人力资本是一种内生的经济资源,存在于人体中,并与人体不可分离;人力资本以一种无形的形式存在,必须通过生产劳动方能体现出来;人力资本具有实效性、收益性、潜在创造性、积累性和个体差异性。

2. 人力资本理论的主要观点

人力资本理论认为人力资本是劳动力与资本结合而形成的一种新的生产要素。人们通过对劳动力进行投资,可以提高其素质,从而影响一个人或一个群体在劳动力市场上的地位和收入,或一个国家参与国际分工的比较优势。人力资本理论有两个核心观点:

第一,在经济增长中,人力资本的作用大于物质资本的作用。舒尔茨认为这是因为人力资本投资收益率超过物质资本投资的收益率;人力资本在各个生产要素之间发挥着相互替代和补充作用,……由教育形成的人力资本在经济增长中会更多地代替其他生产要素;而且以具体数量化计算的方式也能进一步证明人力资本是经济增长的源泉。

第二,人力资本的核心是提高人口质量,教育投资是人力资本投资的主要部分,而且教育又是使个人收入的社会分配趋于平等的重要因素。舒尔茨认为,个人收入的增长和个人收入差别缩小的根本原因是人们受教育水平普遍提高,是人力资本投资的结果。因为工资的差别主要是由于所受教育的差别引起的，教育水平的提高会使因受教育不同而产生的相对收入差别趋于减缓，而且人力资本投资的增加还可以使物力资本投资和财产收入趋于下降，使人们的收入趋于平等化。

三、女性人力资本与女性劳动供给

经济学对家庭和女性问题的关注，最早起始于人力资本理论经济学家的研究。其中，明塞尔在1962年的文章和他与波拉切尔克（S. Polackek）于1974年的合著文章[①]中，首先应用人力资本理论对已婚妇女的劳动参与和家庭决策——这个成为已婚妇女在劳动力市场上收益较低的原因——进行了分析。贝克尔的《家庭论》（1981）所进行的家庭经济分析的研究，又将人力资本理论对女性问题的研究推向了一个新台阶。

1. 女性人力资本

所谓人力资本，是人的天赋才能与后天投资的有机结合。舒尔茨认为："人的才能既有先天赋予的，又有后天获得的。"[②] "天赋才能"包括体力和智力两个方面，与"天赋才能"相对应的概念是"后天投资"，这种投资包括了教育、在岗培训和健康等方面的支出。无论先天赋予的才能还是后天获得的才能都能转化成劳动能力，都是收入的源泉。

人力资本可粗略地分为一般（通用）人力资本和专业（特定）人力资本。[③] 一般人力资本是指较为常用的知识和能力，专业人力资本是指特定行业中员工受岗位职责要求所需而具有的相关知识、技术和能力，它很难完全地从一个厂商转移到另一个厂商，对于企业来说员工的专业人力资本更为重要。人力资本的具体表现形式为教育资本、技术与知识资本、健康

[①] Jocob Mincer (1962): "Labor-Force Participation of Married Women: A Study of Labor Supply", Princeton University Press; Jocob Mincer & Solomon Polackek (1974): "Family Investment in Human Capital: Earnings of Women", UMI.

[②] 舒尔茨：《人力投资》，贾湛施伟等译，华夏出版社，1990年版，第18页。

[③] 贝克尔（1992）根据人力资本的专用性，将特定企业中现时就业的人力资本定义为特定的人力资本，将广泛就业中的人力资本定义为一般人力资本。后来许多研究者都沿用他的这种粗略的划分方法。

资本、迁移与流动资本。具体而言，教育资本是一种能力资本，通过这种资本可以获得专业技术和知识等其他形式的人力资本，一般是通过学校教育来取得。技术与知识资本是可直接用于生产、能转化为市场价值并给企业带来利润的知识和技能，主要通过专业学习和在职培训来获得。健康资本是由对人的身心状况方面的维护和投资而形成，直接影响到个人人力资本的投资效率、生产效率和收益率，是其他形式人力资本形成和增值的物质基础。迁移与流动资本是一种存在于人体之外，只是改变人力资本所有者的空间位置或就业位置，可以带来积极的配置效应的空间配置资本。

人力资本不仅存在着个体的差异，也存在着性别差异。在先天方面，妇女的体力比男子弱；从智力结构上讲，女性被认为在语言流畅、记忆、知觉速度等方面较占优势，而男性在算术理解、空间关系、抽象推理等方面较占优势。男女两性在生理上、心理上和智力上的差别被认为导致了两性先天劳动能力的差异和日后的职业能力的不同。在后天方面，人力资本的性别差异更为显著。正如舒尔茨所言，"……人力资本是对特定性别而言的。尽管女性也得到教育和其他花费，但这似乎在人力资本的核算中毫无地位。"[1] 男性的人力资本比女性丰富，主要体现在男性学历普遍高于女性，女性文盲率普遍高于男性；男性受到企业的职业培训明显地多于女性，女性工人受到的企业外部培训的比例远远大于其受到的企业内部培训的比例；[2] 女性的健康存量也比男性少，妇女担负着繁衍人类的重任和工作与家务的双重负担，却在医疗、保健、营养以及闲暇等方面得到较少的资源分配；女性在就业迁移的规模和距离方面均小于男性，相对于丈夫来说，妻子更可能成为被"捆绑"的迁移者。

人力资本需要获取，需要积累，人力资本形成的过程实际上就是人力资本投资的过程，人力资本投资的性别差异决定了人力资本的性别差异。

---

[1] 舒尔茨：《人力资本投资》，蒋斌、张蘅译，商务印书馆，1990年版，第152—153页。
[2] 明塞尔：《劳动供给研究》，张凤林等译，中国经济出版社，2001年版，第237页。本节下文中的明塞尔引言，依次参见明塞尔《劳动供给研究》一书的第140页、244页、238页、239页、10页、94页、139页、224页、225页、211页、143～145页。

2. 女性人力资本投资

人力资本理论把经济学的"理性经济人"的假设作为人力资本投资决策中的基础和重要依据，理性的人力资本投资者在进行投资时所要考虑的最主要问题是投资成本与收益的比较。

人力资本投资是存在性别差异的，针对女性进行的人力资本投资远不如男性。人力资本投资向男性倾斜主要表现是，多数家庭在财力稀缺的约束下首先选择让儿子上学，多数企业对男职工提供更多的职业培训，以及男性得到国家的各种教育资源比女性多。而且，男职工参加企业职业培训或业余业务学习的积极性比女性高和所花费的时间也比女性多。投资者的人力资本投资的性别倾向表明了性别人力资本的投资价值是不同的，相对于男性而言，女性人力资本投资的成本比较高，收益率却比较低。

家庭是人力资本的供给主体，是进行人力资本投资的主要部门之一，特别是初级阶段的人力资本投资在很大程度上是由父母作出的，因此，人力资本投资的性别差异最初是在家庭中出现的。家庭对子女的教育投资成本包括两个部分：一是直接成本（指父母对子女完成某级教育的全部货币支出）；二是机会成本（指子女在就读期间所不得不放弃的收入）。明塞尔指出，"家庭的未来预期和个人的市场活动是人力资本投资水平与形式的重要决定因素。"由于家庭对男孩和女孩有着不同的未来预期，尤其在父权制社会里，男孩在家庭中被赋予了传宗接代和养老送终的重任；同时，人力资本理论关于女性机会成本低于男性的假设表明了女性的投资回报将低于男性，[1] 这样，在家庭收入的限制下，对男孩和女孩人力资本的投资价值的不同会使父母将有限的资源首先用于男孩的人力资本投资，这突出表现在正规学校教育投资和健康保健投资方面。此外，人力资本理论对人力资本投资的研究有一个主要的假设前提，即把由多个人构成的家庭视为一个目的专一的效用最大化单位，在家庭内部，丈夫和妻子会根据各自的比较优势作出使整个家庭效用最大化的决策，以追求整体福利水平最大化

---

[1] 贝克尔承认女性"机会成本却低得多"就等于女性的投资价值低于男性，或女性的投资收益率低于男性。参见潘锦棠："性别人力资本理论"，《中国人民大学学报》2003年第3期。

的目标。贝克尔指出："男女之间在生产和照料孩子方面存在着生物学意义上的差别。生物学上的差别增强在市场和家庭技术的专门化投资，……。"① 男女两性自然生理上的差别，导致了人力资本投资上的不同的专门化，男性积累市场人力资本，女性积累家庭人力资本，这明显地表现在家庭背景下的人力资本迁移投资的决策中。从迁移投资的收益角度看，具有较高市场挣得能力的人可能产生较大的收益；再从迁移投资的成本角度看，他们的机会成本也较大。换言之，与妻子相比，丈夫从迁移中获得的实际收益（或损失）的绝对值将较大，而且妻子由于劳动力参与的非连续性和工资收入一般低于丈夫，其因迁移而产生的收益（或损失）也会较小，她们往往就成为家庭迁移的被"捆绑者"，所以女性就业迁移的规模和距离均小于男性。明塞尔得出结论说，妇女的大部分工作流动都可以由退职来说明，而女性工人的退职明显受到家庭需求的强烈刺激，包括对有弹性的时间表的需求、居住地的变化、丈夫的工作流动性等方面的需求。

　　企业也是人力资本的重要投资者，在职培训的投资大多由企业提供。依照"理性经济人"的假设，作为人力资本投资者的企业必然追求人力资本投资成本的最小化和人力资本投资收益率的最大化；只有在边际产品的增量大于工资率的增长时，企业才有提供培训的激励。在企业中，与男性工人相比，妇女通常被认为是成本较高的工人，因为女性工人具有若干比较高的间接劳动成本，例如，与男子相比，妇女的缺席率较高，妇女的劳动力转换率特别是市场与非市场之间的转换率较高，妇女还趋向于具有较短的职业寿命等等，这样企业就必须再去发现和培训新的工人，重新进行人力资本投资。同时，女性人力资本的折旧速率也高于男性。明塞尔发现，女性的"职业中断型"劳动力流动率高于男性，男性的"职业连续型"劳动力流动率高于女性，女性人力资本投资的边际收益率递减速率快于男性。女性在退出劳动力市场、中断职业时期，其原有的人力资本就会过期、打折，显然，女性的"投资损失率"要高于男性。因此，企业大多

---

① 贝克尔：《家庭经济分析》，彭松建译，华夏出版社，1987年版，第33页。

对男职工而不是女职工提供较多的职业培训，甚至不愿意雇用妇女从事企业负担一定培训费用的那些工作。国际劳工局的一份《世界就业报告》指出，"对印度尼西亚服装和食品加工业的女工的个案研究发现，雇主仅向女工提供最低限度的培训，因为他们认为不能从强化培训中获得任何可能的增产效益，他们也不向女工提供机会以开发可转移性的技能或者开发她们在本组织内未来职业发展的技能。许多雇主解释说，他们之所以没有向女雇员提供更多的培训，是因为妇女由于家庭责任而出现的较高的工作间断率。"[①] 明塞尔对于在职培训的研究也得出了这样的结果：在企业内部培训方面，已婚妇女、黑人妇女和有较多孩子的妇女的内部培训率较小；妇女处于劳动力市场之外的时间越长，其受到培训的频率越小；她们不中断的就业期越长，培训频率则越大。

对于女性个体来说，其既是人力资本供给的客体，同时又是人力资本供给的主体。这带来了女性人力资本投资具有如下一些特点：首先，女性人力资本成本高收益低。在成本方面，由于人力资本是一种时间密集型的资本，时间也就成为人力资本投资最主要的投入之一，而闲暇时间更是进行人力资本投资的重要保证。与男性相比，女性在传统上是家庭生产的主要承担者，时间这一要素特别是闲暇时间对女性人力资本投资来说尤其重要。在男女市场时间价值相同的情况下，女性闲暇时间的机会成本更高，女性人力资本投资的边际成本显然要大于男性。在收益方面，由于女性不连续的工作经历，工作期比男性短而且更容易被打断，这就决定了女性可以收回人力资本投资成本的时间也比男性短，女性的收益率通常要低于男性。第二，妇女尤其是已婚妇女对投资于以市场为取向的正规教育和在职培训所具有的动力要比男子弱。女性不连续的和中断的工作经历，同时也会使她们缺乏对那些在中断期间折旧速度较快的人力资本进行投资的激励，使她们缺乏进行那种虽然能给她们带来更多收益但是需要更持久、更高水平的劳动力归属的投资的激励。特别是专用性在职培训与特定的企业相联系，女性中断的工作生涯和被捆绑式的迁移会对此产生更加不利的影

---

① 国际劳工局：《世界就业报告1998—1999》，余祖光译，中国劳动与社会保障出版社，2000年版，第128页。

响，企业专用性人力资本可能会因此而变成永久性的损失。正如明塞尔所说，"妇女拥有更短的并且间断的工作经验，意味着她们与具有同一教育水平的男子相比将有更少的参加职业培训的动机。"第三，妇女选择人力资本投资的方向趋向于当不被雇用时，其技能贬值缓慢、中断劳动引起的工资削减最轻的那些挑战性小的职业。明塞尔指出，人力资本的积累是一个终生过程，大部分挣得能力的持续积累都发生在工作岗位上；"更高水平的人力资本蕴含着更长的和更少经常被打断的工作经验扩展。"对于劳动力市场的归属和对于特定职业的归属的性别差异成为男女人力资本投资差异的重要因素，也是影响女性人力资本水平和存量的重要因素，尤其在专业人力资本方面。

3. 女性劳动供给

现代劳动供给理论始于英国经济学家罗宾斯的著作（L. Robbins, 1930），[①] 在对劳动供给行为进行分析时，罗宾斯采用的是传统的个体劳动供给模型，即单个人愿意供给的劳动时间量是替代效应和收入效应这两种相反力量的净结果：实际工资率的提高使闲暇变得更加昂贵，从而个人倾向于减少闲暇时间，增加工作时间，这是工资变化产生的替代效应。然而，在工作时间一定的条件下，工资率的提高构成了收入的提高，从而导致个人倾向于增加包括闲暇时间在内的各种物品的购买，减少工作时间，这就是工资变化的收入效应。明塞尔发现女性的劳动供给受到（家庭）收入效应支配的推理在历史上面临着一种引人注目的矛盾，即尽管美国家庭的实际收入存在着长期增长，妇女的劳动力参与率，特别是已婚妇女的劳动力参与率却也连续增加。这一矛盾引发了从经济视角对妇女劳动供给的大量理论分析和经验研究的出现。其中，明塞尔开创了应用人力资本理论对女性劳动供给进行系统研究的先河，他在人力资本理论、女性劳动力供给行为理论和工资差别及工作转换理论等方面都有独到的研究。

（1）家庭劳动供给模型

明塞尔的女性劳动供给理论提出以家庭为经济决策单位，将家庭背景

---

① 明塞尔：《劳动供给研究》，张凤林等译，中国经济出版社，2001年版，第1页。

纳入对女性劳动供给分析的框架。他认为家庭成员劳动供给行为具有相关性，尤其受到家庭收入的影响。对于妇女而言，有关劳动力行为的家庭背景导致有关劳动供给的经济分析的一般性结论是：某一家庭成员提供的市场劳动数量不仅取决于他的（或她的）市场工资率，而且还取决于家庭的总收入、单个人在家务劳动和市场外的其他活动中的生产力、家庭物品和家庭劳务的市场替代品的价格以及家庭的偏好。明塞尔论证了配偶的收入状况对已婚妇女的劳动供给行为产生的影响，"证据表明了对于具有相似挣得能力的妇女来说，她们的劳动力参与率与其丈夫的收入之间呈负相关关系：丈夫的挣得越多，妻子的工作越少。但是对于丈夫的收入状况相似的家庭来说，妻子在市场中的挣得越多，她就工作得越多。事实上，妻子的劳动力参与对其市场工资率的正的反应远远大于她对其丈夫的收入的负的反应。替代效应大于收入效应是能够充分解释女性的劳动力参与长期增长的基本行为特征的。"他还论证了女性劳动力供给行为同男性是相反的，对男性劳动力而言是工资率变化的收入效应支配了替代效应，对（已婚）女性劳动者而言是工资率变化的替代效应支配了收入效应。

新古典理论框架下的家庭劳动供给模型假定家庭是单一的决策单位，家庭中每个成员的劳动供给都是家庭效用函数极大化的结果。明塞尔在《劳动供给研究》一书中指出，"……提升家庭生活品质的努力必然受到家庭生产过程中的互补与替代关系的限制，以及受到由家庭成员所具有的不同技能和挣得能力禀赋所产生的比较优势的限制。"这种限制在家庭迁移决策中得到了充分体现。

迁移也是一种人力资本的投资。在家庭内，丈夫与妻子根据各自的比较优势作出使整个家庭效用最大化的决策，由于丈夫往往具有较高的市场挣得能力，妻子因迁移利得较小而更可能成为被捆绑的迁移者，这个"被捆绑的"迁移者的净损失一定小于其配偶的净利得，这才能使迁移给家庭带来净利得。所以，已婚妇女在地理上的劳动流动常常是外生的，原因在于丈夫的工作变动。在这种情况下，它可能会导致妻子较低的市场参与、较低的市场挣得以及递减的迁移报酬。因为"被捆绑的"迁移会增加妻子的失业，对她们的工作经验的连续性产生负面影响，并且会减缓她们的挣得能力的积累。① 明塞尔指出，这种行为反映了家庭拖累的内部化，在迁移的背景中，可以把这种拖累看作是家庭成员个人能力的一种外部性。家庭成员在市场活动与家庭活动中的初始（或预期）比较优势，受到了家庭流动决策的强化。

(2) 女性时间配置的三分法

在传统劳动供给研究中，罗宾斯的闲暇—市场工作两分法是被采用最多的研究方法。明塞尔（1962）首次指出了，在非市场活动中，必须对闲暇和家庭劳动进行区分。女性的时间实质上是在三个部门（闲暇—非市场工作—市场工作）进行配置的，而不是像男性那样在两个部门（闲暇—工作）配置。因为对男子而言，大多从事全日制的市场活动，这使他们的非市场活动时间很少，几乎相当于闲暇时间。而对于已婚妇女来说，家庭生产是她们从事的主要非市场活动。非市场活动包括各种形式的自身投资以及为家庭提供物品和劳务所进行的生产，这种活动对于市场工作的替代性要比闲暇的替代性大得多。这意味着仅从闲暇的需求角度来分析已婚妇女的劳动力参与行为是不充分的，不仅要考虑有关闲暇时数的需求，而且还要考虑有关家务劳动时数的需求。② 因此，明塞尔认为研究已婚妇女的劳动力供给，除了考虑工作与闲暇的替代以外，还应该考虑她们在市场与非市场工作中的选择。影响女性非市场工作时间的主要因素有家庭收入的变化，家庭人口的变化，以及家庭生产和市场劳动之间的替代关系（包括家庭生产或消费被替代的可能性和难易程度）等。市场商品和服务对非市场工作的替代性以及家庭生产技术的提高将减少对家庭里劳动时间的需求，形成对女性劳动供给的促进作用。对于妇女来说，人力资本投资决策不仅依赖于能力与成本，而且还依赖于对市场活动与非市场活动间预期的与实际的时间配置。非市场活动机会成本的提高，会导致女性劳动力参与率的上升。另一方面，非市场时间价值的下降也会促进女性人力资本供给的增加。

(3) 女性劳动供给的动态分析

所谓劳动供给的动态模型，就是将劳动供给行为放到生命周期框架下

---

① 明塞尔：《劳动供给研究》，张凤林等译，中国经济出版社，2001年版，第156页。
② 明塞尔：《劳动供给研究》，张凤林等译，中国经济出版社，2001年版，第4、27页。

考虑。在作出当前最优的劳动供给决策的同时也必须考虑到未来可能的变化,当前积累的工作经验和过去所受的教育和培训会影响未来的工资,而对未来市场参与的预期也会影响当前对人力资本投资的激励,从而使劳动供给行为分析具有动态的特征。

明塞尔在把女性劳动供给行为放到生命周期框架下考虑时,对家庭人力资本投资与时间配置的相互联系进行了具体分析:人力资本的当前分布影响家庭中的当前时间配置,而时间的预期配置也影响人力资本的当前投资。他指出,已婚妇女特别是母亲们的劳动力参与,在整个生命周期内不断变动。已婚妇女在学校教育结束后的生命周期以三个阶段为特征:第一个阶段是第一个孩子出生之前,通常都进行连续的市场工作;第二个阶段是与生育、照料孩子有关的非劳动力参与或间歇性地参与劳动力的时期;第三个阶段是孩子长大后较为持久地回到劳动力市场。妇女结婚以后在劳动力市场中平均花费的时间不到其生命期的一半,而且非连续的工作经验成为已婚妇女较少的市场工作的一个重要特征。这一事实对于人力资本投资的总量与生命周期分布的意义是,由于与职业相关的人力资本投资要求在工作中获得收益,而就已婚妇女的劳动力归属来说其持续期平均仅为男子的一半,妇女的劳动市场活动因而也就不大可能包括技能培训与学习成分,这既是妇女自己决策的结果,也是雇主决策的结果。在第一个阶段,预期的非连续性会对许多年轻妇女生育前的就业产生较大影响,并且与具有类似教育程度的男子相比,她们获得较少的职业培训。在第二个阶段,非劳动力参与时间的延长会导致在学校或工作中所获得的技能发生折旧。在第三阶段,对孩子达到入学年龄后的就业的连续性有着较强的预期,这样就会再度出现对妇女恢复与工作相关的技能上的投资的较强激励。明塞尔说,可以把妇女生命周期中市场活动/非市场活动的配置看作是早年教育决策的结果,而不是原因。并且,她们的培训更为密切地依赖于实际工作归属与预期工作归属,尽管教育背景可促进这种归属。在劳动供给的动态模型中,当期的劳动供给行为导致了今后各期劳动供给决策的改变。女性在做出自己的劳动供给决策时,考虑的不仅是当前的工资收入和家庭分工效率,还包括人力资本积累所带来的未来收入,以及未来在家庭中的博弈力量。家庭成员间的相对博弈力量也直接取决于他们从前的时间配置方式，和所带来的人力资本积累的存量。

第三节　制度学派/劳动力市场分割理论

现代西方经济学可分为主流经济学和非主流经济学。非主流经济学的学派很多，制度经济学是其中的一个学派，它以反对主流经济学为旗帜。

一、制度学派的出现、主要观点和方法论以及发展

1. 制度学派的出现

制度学派是19世纪末20世纪初诞生在美国的一个经济学派。该学派着重于研究"制度"（指人际交往中的规则及社会组织的结构和机制）和分析"制度因素"对于经济行为和在经济发展中的作用，并以此得名。制度学派是当时资本主义处于较高发展水平的美国环境中的产物，从一开始起，它就是一个以资产阶级经济学异端形式出现的经济学派别，强调资本主义制度本身的缺陷和局限性，认为有必要对之进行改良。其重要代表人物有凡勃伦（T. B. Veblen）、康蒙斯（John Rogers Commons）、米切尔（W. C. Michels）等。

2. 制度学派的主要观点和方法论

制度学派不是一个严格的、内部观点统一的经济学派，但是制度学派的经济学家们通常都强调非市场因素（诸如制度因素、法律因素、历史因素、社会和伦理因素等，其中尤以制度因素为甚）是影响社会经济生活的主要因素，认为市场经济并非完美无缺，指出必须调整资本主义的各种经济关系，并预言美国资本主义的唯一出路在于社会改良。他们主张国家对经济进行调节，以克服市场经济所造成的弊端。制度学派经济学家的基本特点是采用制度分析说明社会经济现实及其发展趋向，对资本主义制度的

现状与矛盾进行揭露，和从结构方面提出改革的设想或方案。

制度经济学之所以引人关注，不仅是因为它的理论思想与众不同，更重要的是它以独特的制度结构研究方法区别于其他经济学。凭借制度这一视角，制度经济学立足于从个人之间的互动来理解经济活动，以人与人之间的关系而不是人与物的关系作为研究起点。它把个人首先看作是一种"社会人"和"组织人"，而不是"经济人"，从制度结构、组织模式、社会文化环境等方面去考察人的经济行为。

3. 制度学派的发展

制度主义的演进可分为三个阶段：第一阶段是 20 世纪 20 年代的广泛传播阶段。第二阶段，20 世纪 30 年代以后至第二次世界大战战后初期的备受冷落时期。第三阶段，20 世纪 60 年代中期至当前的制度学派，即人们通常所说的新制度学派或新制度主义。由于 20 世纪 60 年代以后，西方主要资本主义国家的经济发展呈现出新的特点，以往的美国理论经济学和已成为资产阶级经济学新正统派的凯恩斯主义不能适应新的情况和满足新的要求，制度学派遂在继承早期制度学派传统的基础上，以"新制度学派"的面目出现，与旧制度学派共同构成了制度学派或制度主义，新制度学派的最主要代表是当代美国著名的经济学家加尔布雷思（John Kenneth Galbraith）。

新制度学派主张建立新的价值准则，还注意了当代资产阶级经济学正统派所不注意或有意回避的一些问题，如妇女问题、家务劳动问题、少数民族问题、小企业和个体生产者的困境问题等。

新制度学派对旧制度学派的发展突出地表现在制度经济学的研究对象和研究方法上。

制度主义的主要研究对象是——经济制度的变迁过程。旧制度学派注意从纵向的角度去研究资本主义制度的产生、发展及其演变过程，而新制度学派则是去剖析资本主义制度结构的合理性，并通过揭露资本主义经济中的弊端，指出资本主义"制度结构"变革的重要性，把研究的重心从"量的增减"转移到质方面的分析。

制度主义方法论的特征是——主张制度演进的、整体的"结构分析"。

旧制度经济学在用演进的方法分析经济问题时，把注意力放在考察资本主义制度的起因上，新制度学派则着重于对20世纪60年代后资本主义某些具体制度的剖析，寻求解决新的历史条件下的"改革结构"措施。旧制度学派没有从整体概念去阐述制度运行中各个相关因素的相互联系与相互作用，而新制度经济学则注意分析整体制度对社会经济发展的作用。

制度主义方法论还强调运用规范经济学研究方法。旧制度学派的整体研究是与价值判断有密切关系的，一切正统派往往以国民生产总值的大小或增长快慢作为判断标准，新制度学派认为国民生产总值作为一种经济价值只是社会价值中的一种，加尔布雷思更把整体制度目标分为经济价值目标和文化价值目标，社会追求的公共目标是经济价值和文化价值总合起来的"生活质量"。

新近，制度经济学又引入了边际分析方法和"成本—收益"法进行制度分析，带来了制度经济学的最新发展。现在，制度学派已成为西方经济学中一个有重要影响的流派。

二、劳动力市场分割理论

不同学派对劳动力市场的认识是不同的。在新古典经济学派的理论框架中，劳动力市场被当作是具有高度竞争性的、统一的整体。制度主义经济学家对传统的劳动力市场范式提出了挑战，认为新古典学派的竞争性假设无法解释劳动力市场的许多现实，忽略了劳动力市场职业结构的性质和制度因素的作用，从而创立了分层劳动力市场理论模型。因此，作为制度学派的重要代表的劳动力市场理论是在与新古典学派的争论中产生和发展起来的。

1. 劳动力市场分割理论的基本观点及研究方法

劳动力市场分割理论产生于20世纪60年代末至70年代初，发端于美国对于劳动力市场政策的研究与评估。新古典的劳动力市场理论强调整个劳动力市场是统一的竞争性市场，虽然劳动力的个体差异会导致收入差异，同时造成劳动力市场的分割，但这种分割只是短期现象，市场的供求机制最终会使整个劳动力市场达到均衡。劳动力市场分割理论则认为，劳动力市场不是一个连续的统一体，而是由一系列被制度或社会组织结构分割的不同市场构成；并且各个市场中存在不同的运行机制，均有着自己分配劳动和决定工资的方式；同时各个劳动力市场是相对封闭的，制度壁垒阻止了劳动力的自由流动，造成这种封闭的因素是集团势力的联合和制度因素的约束。在研究方法上，传统劳动力市场理论注重供给方和劳动者个人等因素的作用，劳动力市场分割理论侧重于从需求的角度研究劳动力市场的均衡和工资的决定，强调劳动力市场的分割性，强调制度、组织和习俗等因素对劳动报酬和就业的重要影响，并将劳动力市场分割归因于产业结构等需求方面的因素和制度因素。

劳动力市场分割理论的发展经历了一个不断完善的过程，出现了许多不同的学术分支，主要流派有工作竞争理论、二元制劳动力市场分割理论和激进的分割理论等，其中最具影响力的是二元制劳动力市场分割理论，这一理论的出现标志着现代劳动力市场分割理论的诞生。

2. 二元劳动力市场理论

二元劳动力市场理论由多林格（P. B. Doeringer）和皮奥里（M. J. Piore）于1971年提出，其主要理论观点是：

第一，最为重要的假设是劳动力市场是由被制度或社会结构分割的若干市场所构成，最为普遍的方法是将市场区分为两个部分，即主要（一级）劳动力市场和次要（二级）劳动力市场。这两种劳动力市场是根据工作性质、工作条件及待遇的不同来区分的。主要劳动力市场工作稳定、收入高、福利高、工作条件好、具有良好的晋升机制、职业发展前景好、教育和培训能够提高劳动者的收入；而次要劳动力市场则与之相反，工作不稳定、收入低、几乎没有福利待遇、工作条件差、缺乏晋升机制、流动性大、职业前景暗淡、接受教育和培训对于提高劳动者的收入几乎没有作用。此外，主要劳动市场与次要劳动市场的另一个重要差异是"在职培训"的机会。次要劳动市场的培训机会少，主要劳动市场则提供了广泛的培训机会，且此种训练能加强劳动者在劳动市场的竞争力量。

第二，认为这两种劳动力市场都有着自己的特点和运行方式，其劳动力市场结构及决定工资和劳动分配的机制有着明显的不同。主要劳动力市场是非竞争性的,它具有高度组织,通常以结构性的内部劳动力市场为主体,市场力量基本不发挥作用。内部劳动力市场的运行并不依据利润最大化的原则,而是制度规则代替了市场竞争。它有着详细的雇佣决策原则,在劳动力市场的分配机制中,工资是由企业组织单方面决定的。次要劳动力市场是一个竞争性市场,价格机制是其基本的运行原则,市场力量在工作和就业决定中发挥主要作用,雇佣与工资分配则根据边际原则,工资倾向于处在劳动供给和需求决定的均衡水平,由供求双方共同决定。这两个劳动力市场被认为在很大程度上是相互独立运行的。

第三,声称劳动力在主要劳动力市场和次要劳动力市场之间的流动受到严格控制,且流动性很低,几乎不存在流动,所以这两个市场是相互分割的。此外,在按等级组织起来的主要劳动力市场中的流动趋向于向上流动,而在次要劳动力市场内的流动是水平方向流动。因此,主要市场部分的雇员更可能在商行按等级组织起来的职业结构中流动,而次要市场部分的雇员趋向于在行业和职业间移动。[1]

3. 内部劳动力市场理论

内部劳动力市场理论体系产生于 20 世纪 70 年代。所谓内部劳动力市场,指的是存在于企业内部的劳动力市场,是企业组织的内部结构,实际上也就是企业内部的各种劳动合约与就业安排的制度总和。内部劳动力市场的运作是基于管理程序而非市场调节,除了在初始雇佣时受到外部市场供求关系影响外,其有关劳动配置、工资决定等活动都是在企业内部通过管理规则或惯例来进行的,与外部市场无关。因此,内部劳动力市场的管理规则与惯例具有刚性,雇佣关系稳定,一般都建立了决定工资以及内部设岗或晋升等方面的资历原则。在内部劳动市场,组织与成员的关系被或明或暗的契约及规定制约着。人们一旦进入了组织,他们在很大程度上就不再是市场的"人",而成为组织的"人"。

---

[1] Veronica Beechey: "Women and production: a critical analysis of some sociological theories of women's work", pp. 173 – 174, in Annette Kulmetat and AnnMarie Wolpe (eds),《Feminist and Materialism: Women and Modes of Production》, Routledge & Kegan Paul Ltd, 1978.

巴伦（R. D. Barron）和诺里斯（G. M. Norris）对此给予了详细的阐述："一个高度组织的内部劳动力市场包含了根据技能水平和报酬、按等级组织起来的一组工作，在那儿，吸收新成员到等级中的较高位置上去主要是从相同等级中的较低位置吸收的，而不是从外部的劳动力市场中去吸收。在商行的工作等级中，只有最低的职位不是在本组织中通过提升来填补的。另一方面，次等工作不是有组织的内部市场的一部分，补充进入这些工作的人趋向于来自该组织的外部，当他们离开这工作的时候，将回到该组织的外面去，进入开放的劳动力市场。此外，因为大部分次等工作的低水平技能要求，培训是不存在的或者极少，所以次等工作的工人很少获得他们可以用在开放市场上提高自己地位的技能。"（Barron & Norris, 1974）[①]

三、性别和劳动力市场分割

制度学派的分割理论假设劳动力市场被分割为几个不同的市场部分，需要指出的是，在劳动力市场被分割的同时，工人也被"分割"进入不同的市场部分，按性别划分的市场结构和以工人的性别为基础的职业隔离是重要的劳动力市场现象。劳动力分割理论认为是社会性因素和制度性因素的作用所形成的劳动力市场的部门差异，导致了不同人群在就业部门、职位以及收入模式上的明显差异，从而提供了根据劳动力市场的内在因数来解释劳动力市场内性别划分的一个框架。

1. 性别和劳动力市场结构

制度理论是以这样的假设作为开始，即劳动力市场是以一定的方式分割的。

分割理论认为劳动需求是人们对一般商品和服务派生出来的需求，劳动力市场的结构与产品市场有着密切的联系，劳动力市场的分割受到了产

[①] Veronica Beechey: "Women and production: a critical analysis of some sociological theories of women's work", pp. 173–174, in Annette Kulmetat and AnnMarie Wolpe (eds),《Feminist and Materialism: Women and Modes of Production》, Routledge & Kegan Paul Ltd, 1978.

业结构的影响。皮奥里（M. J. Piore）和伯杰（S. Berger）（1982）实证研究了美国产品市场的演化及其对劳动力市场结构的影响，他们发现，具有需求稳定的产品市场的企业愿意进行大规模的投资，以形成资本密集型生产，从而创造出含有就业保障条款在内的一级市场；那些产品需求不稳定的企业则会看好劳动密集型生产方式，从而在二级市场从事生产活动。两个部分的劳动力市场可以在企业、行业或职业等层面上形成。一般而言，在主要劳动力市场的企业生产规模大，资本密集程度高，盈利能力强；而生产规模小、资本密集程度低、其产品市场的竞争多集中在价格竞争方面的企业则在次要劳动力市场。[1]

两个部分的劳动力市场具有不同的工作结构，对于劳动者也相应地具有不同的要求。一般来说，一级劳动力市场上的供给者是由知识、技能和管理精英组成，二级劳动力市场则由非熟练工人构成。皮奥里在1975年对主要劳动力市场提出了更加细分的解释，把主要劳动力市场再区分为高层与基层。在主要劳动力市场的高层，劳动者的工作特征是具有高度自主性，需要有较高的专业能力与创造力，比较不受严密工作规则的影响，通常拥有较高的薪资与社会地位。而在主要劳动力市场基层的劳动者，其工作性质则有固定程序性，鼓励服从与依赖性，顺从权威及严守纪律，虽然薪资收入较高层低，但是工作稳定是其一大特色。[2] 不仅不同的工作结构需要不同类型的工人，工人也是带着不同特性进入劳动市场的。巴伦和诺里斯在"性别划分和二元劳动力市场"（1976）一文中介绍了次要劳动力市场工人的五个主要属性：第一，很容易是非必需的（可省去的），无论是自愿或非自愿的；第二，在某些通常的社会差别方面，与主要劳动力市场的工人非常不同；第三，对获得有价值的培训和经验的倾向（偏好）相对较弱；第四，在"经济主义"方面是低估价的——即不高度评价经济报酬；第五，相对地不大可能与共同工作的工人发展社会连带主义（solida-

---

[1] 参见姚先国、黎煦："劳动力市场分割：一个文献综述"，《渤海大学学报（哲学社会科学版）》2005年1月。

[2] Piore, Michael J.: "Notes for a Theory of Labor Market Segregation", pp. 125 – 150, in R. Edwards, M. Reich and D. Gordon (eds),《Labor Market Segregation》, Lexington, Mass: D. C. Heath, 1975.

ristic）的关系。① 简言之，次要劳动力市场的工人是可省却的，具有清楚可见的社会差别，对获得训练没有兴趣，他们是低经济主义和缺乏团结的。

巴伦和诺里斯明确地把劳动市场分割理论应用于性别划分和探索二元劳动市场的具体性别方面。他们论证说，上述五个主要属性使得一个特定群体可能成为次等工人的来源，而妇女正具有这五个属性中的每一个，完全符合次等劳动力雇员的所有标准。这样，二元市场模型所认为的两个不同的劳动力市场，主要部分和次要部分的划分就与性别划分相对应了。一个是男子的——主要的或核心市场，另一个是妇女的——次要的或边缘市场。这也就是说，劳动力市场在结构上是性别化的，它存在着潜在的男性劳动力市场和女性劳动力市场。

2. 性别和职业结构

在任何假设的特定时间，事实上都存在着一组给定的工作，而且职业结构是处于一种不断变化的状态，当一些"职位"消失时，另外一些就被产生了。但是无论在什么历史社会中，一个职业结构中的固定位置和填充这些位置的人之间总有着种种关系。最突出的一种关系就是世界上的大部分职业不是主要由男子从事的就是主要由妇女从事的。主要是由男子从事的，往往被称为"男性职业"或"男性工作"；主要是由妇女从事的，则被称为"女性职业"或"女性工作"。职业被假设在它们形成的同时就是按性别分类的，而且这个性别分类一旦形成就不大可能被改变，除非工作本身在其他方面发生实质性的变化（如劳动力市场发生巨大变化或工作任务被重构），所以一项工作主要是"男子的工作"或是"妇女的工作"是该职业的一个内在特性，也是职业结构的一个中心特征。一个职业限于女性或男性，或它有一种特定的男女混合这个事实本身就是劳动市场分割的一个重要特征。②

---

① Veronica Beechey: "Women and production: a critical analysis of some sociological theories of women's work", p. 176, in Annette Kulmetat and AnnMarie Wolpe (eds),《Feminist and Materialism: Women and Modes of Production》, Routledge & Kegan Paul Ltd, 1978.

② L. Murgatroyd: "Gender and Occupational Stratification", p. 576, p. 591, p. 592,《Sociological Review》, 1982, N. S. 30.

与职业结构有关的性别特征主要有：第一，男子和妇女通常是在不同类型的职业中工作。在劳动力市场上，职业不是"空位置"，独立于填充它们的人，而是呈现出它们在职者的某些特征。其一个方面是，它们通常被贴上"男子气概的"或"女子气质的"的标签，而男子和妇女被认为天生适合于不同类型的职业。被界定为女性的那些职业往往是妇女在家庭中工作的延伸，例如在餐饮供应、打扫、理发和其他个人服务工作中，妇女绝对地占优势，而军人、警察、法官、工程师等则是典型的男性职业。再如在医生职业中，儿科医生大多是由女性担任，外科医生则大多是由男性担任。第二，存在着一个由"女性"职业组成的劳动力市场部分和另一个由"男性"职业组成的劳动力市场部分。这个分割意味着，把职业界定为男性职业或女性职业和该职业在整体上处于职业等级中的位置是相对应的。女性职业集中在职业等级的低端，具有低地位、低技能和低报酬的特点；男性职业则集中在职业等级的高端，具有高地位、高技能和高报酬的特点。不仅女性化的职业在众多标准方面趋向于比男子占优势的职业等级低，而且妇女也普遍地集中于职业等级制度中的较低职位上。第三，女性职业在等级上明显地低于男性职业，在数量上也大大少于男性职业。在劳动力中，妇女一直集中在少量职业群中，其中的一个重要原因是妇女被排斥在"男性工作"之外，被排斥在劳动力市场的受保护部分之外，不得不涌入其余的少量职业。拥挤理论[①]认为，这造成了女性劳动力的供给过多，许多妇女工人"过分拥挤"在为数不多的女性职业中，从而降低了她们的价值（工资）。"拥挤"通过减少对最理想职业的竞争而有利于某些群体，因此"拥挤"是人为地扭曲市场运行，是结果使一些群体的工资较低和其他一些群体的工资较高的制度性障碍所造成的。

3. 雇主的策略和工会的作用

制度学派/劳动力市场分割理论不仅将劳动力市场分割归因于产品结

---

① 拥挤的假设起源于1890—1925年的美国妇女工会运动。1922年，英国经济学家 F. Y. Edgeworth 认为，妇女涌入少量的职业这个事实解释了妇女报酬比较低的原因。1971年经济学家 Barbara R. Bergmann 发表了题为"就业歧视对白人收入的影响"的开拓性文章。1974年，Bergmann 分析了女性工人中的拥挤情况，自此以后，经济学家把职业的性别隔离看成为工资性别差异的一个主要决定因素。

构需求和制度因素①，并归因于维持那种制度和结构的各种力量。

(1) 雇主的策略

二元劳动力市场方法认为在雇主中也存在头等群体和次等群体的划分。一些理论家（Bluestone，1970；Edwards，1975）假设，在经济垄断部分（主要劳动力市场）的雇主充当了头等雇主，利用了垄断企业内的内部劳动力市场；而在竞争部分（次要劳动力市场）的雇主采用了次等部分的策略。戈登（Gordon，1972）论证说，主要和次要劳动力市场间的划分产生于雇主对两个问题的反应：第一个是促进某些工作中雇员的稳定性的需要；第二个是防止工人阶级某些部分中阶级意识增长的需要。巴伦和诺里斯进一步提出，产生主要劳动力市场的企图来自于把有技能的工人与商行连接起来的需要，雇主所以给予主要部分的工人以特殊待遇（支付他们较高的工资和把他们与商行的事业结构连接起来），是因为他们需要有一支稳定的劳动力队伍从事要求广泛训练的工作；同时这也来自于在面临要求改善报酬和工作条件时收买工人群体的需要，因为他们希望削弱劳动力队伍的团结。头等部分的雇主所采用的策略，即减少劳力流动和收买工人，对于次等部分的工作结构具有重要含意，尤其是安全程度和收入方面。因此，如果维持和扩大主要部分是为了雇主的利益，那么保证次要部分保持不稳定和低收入也是为了雇主的利益（Barron & Norris，1974）。② 当然，这个策略必须与愿意接受次要部分的大部分雇主所提供的较差报酬、工作保证、工作地位和工作条件都较差的劳力供给的可得性相联系。

二元劳动力市场理论还认为劳动者无法根据自己的偏好和才能选择进入相应的市场部分工作，其原因是头等市场部分的职位是有限的。头等市场部分职位的有限性决定了其进入的制度性壁垒，它的表现形式是用某种方式对职位的进入资格进行某种限制，在这方面，妇女尤其受到了通过这些制度所体现的结构性限制。此外，雇主组织其劳动力有特定的性别方式

---

① 它假设，制度在决定谁被雇佣、解雇和提升，以及他们被给予什么职位和多少报酬方面起了重要作用。

② Veronica Beechey: "Women and production: a critical analysis of some sociological theories of women's work", pp. 174 - 175, in Annette Kulmetat and AnnMarie Wolpe (eds), 《Feminist and Materialism: Women and Modes of Production》, Routledge & Kegan Paul Ltd, 1978.

或性别策略。一般来说，特定的职业被界定为"男性职业"或"女性职业"，是寻求雇用妇女作为低工资劳动力的雇主与为了保护男子自己的工资水平而企图把妇女排斥在特定就业部分外的男性工人群体之间相冲突的一个结果。一旦职业在文化上被界定为适合某一性别，另一性别的个体成员要进入这些职业就将受到一系列机制的控制。①

(2) 工会的作用

工人组织在构成和维持一个分割成不同部分的劳动力市场方面也具有很大的重要性。工会在市场上控制了获得特定工作和技能的路径，每个工会都垄断了特定的就业部门。通过这些手段，一些有结构的、受庇护的劳动力市场上的工作就安全，工资也高。这些控制是基于各种基础的，如以职业、行业或商行等为基础。至少从工会发展的观点来看，工人是技能性的和非技能性的，是根据他们的组织是否被故意地加以限制而定。很多一级市场的工作只要具备较低的技能就足够了，而二级市场上的某些工作却需要较高的工作技能。各种"封闭"机制的操作（诸如对于学徒身份、同业工会、进入专业和维持专业标准的控制）以特殊的方式构成了职业类别和等级的形式，方式之一就是把职业组织成"男性职业"和"女性职业"。从最早时期的工业化，我们就可以发现雇主急切地招收妇女工人到新的职业或正在扩大的职业中去。因为妇女往往愿意接受比男子低的报酬，并且较小可能组织工会。这样，妇女的进入便损害了劳动力市场那些特殊部分中男性工人的讨价还价的地位，工会就通过限制妇女的就业机会，尤其是限制妇女进入"男子的工作"，来保护劳动力市场某些部分的就业环境。劳动力分割的过程被认为是由工人通过工人组织积极地和明确地加以构成的，工人阶级和特定劳动力内存在着的这种划分往往有利于雇主，便于他们对雇员的控制，因此受到了雇主的支持。劳动力市场结构本身也允许这样的隔离，并提供它再生产的某些机制。②

---

① L. Murgatroyd: "Gender and Occupational Stratification", p. 589, 《Sociological Review》, 1982, N. S. 30.

② L. Murgatroyd: "Gender and Occupational Stratification", pp. 586~588, 《Sociological Review》, 1982, N. S. 30.

第二章
社会学的相关理论

社会学是一门研究社会的学科,研究人与社会相互影响的学科,其研究范围广泛,学派林立。本章首先选择具有代表性的主要相关理论——两大宏观社会学理论和两大微观社会学理论——在第一节作一简介,然后在第二节至第四节分别就正统社会学对于性别问题研究的三个主要视角——社会角色理论、社会化理论和社会分层理论——作进一步阐释。

第一节 现代社会学的主要理论流派

结构功能主义和冲突论是社会学的两大主要宏观理论,交换理论和符号互动理论是社会学的两大主要微观理论。

一、结构功能主义

结构功能主义初步形成于20世纪30—40年代,鼎盛于60年代,是最有影响的两大宏观社会学理论之一。该理论从结构、功能以及二者的统一出发,分析和探讨了有关社会系统的一系列重要理论问题,强调的是社会的稳定和整合,代表了社会学的保守派。它把社会看作为是一个均衡的、有序的和整合的系统,社会的各组成部分以有序的方式相互关联,并对社会整体的生存、均衡与整合发挥有效功能。具体而言,社会整体是以平衡的状态存在着，整个社会系统及其各个子系统的运行基本上是协调的。在社会系统中，个人之间的相互作用是按照一定规范进行，社会成员共同持有的价值取向具有维系社会整合、稳定社会秩序的作用。

该理论的中心概念是功能，这是指一种对维持社会有均衡作用的活动，重点是探讨与解释社会各部门对整体社会的生存与延续的功能。它相信，社会的各组成部分对社会都有某种功能，即使是一些看起来是破坏性的成分和部门，并指出，社会里的各部门就像自然界的有机体一样互相依赖，如果某一部门发生变动，其他部门必然会受到影响而发生相应变动，把失调的社会体系再调整回来，所以社会问题只是暂时性的失调。

结构功能主义的代表人物是美国社会学家帕森斯（Talcott Parsons）和默顿（Robert King Merton）。帕森斯是现代结构功能主义的创始人，默顿对结构功能主义的最大贡献在于提出了显功能和潜功能这两个重要概念。①

结构功能主义的性别观点是致力于阐释由性别差异形成的性别角色和性别分工有助于社会的稳定与整合。帕森斯等学者认为，家庭是功能性的社会组织，它是围绕着一个唯一的、不可改变的角色结构类型组织起来的。即男性是养家糊口者，而女性在家庭生活中的角色是家务劳动的承担者、感情及心理上照顾与抚慰的提供者和家庭经济的依赖者。男性的工具性角色将家庭与外部世界连接起来，女性的表达性角色则维系着家庭内部的团结，男女性别角色就像钮扣和钮洞一样结合在一起相辅相承。这种"男主外，女主内"的性别分工是一种有效的社会安排，男女两性间的角色分化和社会分工与社会的公共领域和私人领域这两个部分正好相对应，成为适应工业社会的互补性的制度安排。以功能理论看来，家庭中的性别分工是社会大系统实现均衡的基础，现代家庭为最好地满足现代工业社会的需求提供了一个和谐有机的基本单位。

由此，结构功能主义者有关妇女参与社会劳动和妇女在劳动力市场上的地位的一些重要观点是，第一，家庭是社会的基石，妇女结婚、扶持家庭、相对地不献身于家庭外面的事业，对于社会来说是有功能的。第二，

---

① 所谓"显功能"是指那些人们可以预料到的和容易为大多数人所认识的功能。反之，"潜功能"则是指那些不明显、不为人们所预料的和不易为大多数人所认识的功能。

大自然使妇女具有生育孩子的本领，她们比男子能更好地照顾孩子和操持家务，家庭需要妇女来运作和服务。如果妇女在经济上不独立，社会将被服务得更好。所以，可能吸引妇女离开操持家庭这个自然功能的高报酬职业，对于社会来说不是功能性的。第三，妇女善于担任的是表达性角色，她们比男子情感化，没有男子那么稳定，不适合从事重大的工作。把妇女而不是男子放在负责任的位置上，这对社会来说将会起到削弱功能。第四，吉尔德（George Gilder）（1973）在《性自杀》（Sexual Suicide）一书中认为，目前的性别不平等状况对于维持文明社会是功能性的，如果改变目前的状况，那么男子在寻求肯定他们男子气概的方法方面，将会回复到残忍、变态和犯罪的状况，其结果将是社会的破坏，甚至毁灭。①

二、冲突理论

冲突理论是20世纪50年代中、后期形成的西方社会学流派，以率先反对当时占主导地位的结构功能主义而著称，是另一个最具影响的宏观社会学理论。冲突理论立足于以社会"结构"对人的"行动"作出解释，它指出不断的冲突而不是均衡是社会的自然状态和社会生活的普遍现象；权力和资源分配的不均是产生冲突的根源；冲突对社会的作用不仅具有破坏性的一面，而且还具有建设性的一面，尤其对社会巩固和社会发展具有积极的作用，社会变迁就是现存的冲突结构转变为新的冲突结构。冲突理论代表了社会学的激进派。主要代表人物有美国的科塞（Lewis Alfred Coser）和德国的达伦多夫（Ralf G. Dahrendorf）等。

科塞最早使用了"冲突理论"这一术语。他认为社会冲突是"由于争夺社会地位、权力和资源以及价值观的不同而引起的斗争。"冲突具有正功能和负功能。在一定条件下，冲突可以促进社会权力关系的改善、新社会规范的创立和社会系统适应能力的提高，防止整个社会出现严重的分裂

---

① Monica B. Morris: "Inequalities in the Labor Force: Three Sociological Explanations", in Ann Helton Stromberg etc. (eds), 《Women working: theories and facts in perspective》, Palo Alto, Calif: Mayfield Pub. Co., 1978: 164-165.

和瓦解。

达伦多夫指出社会基本上是一种权力分配不均衡的组合团体，社会被分化为统治和被统治两大彼此对立的利益群体，这种针锋相对的利益群体处于不断的争斗之中，进而导致权力的重新分配，使社会暂时趋于稳定与和谐。但是，和谐中仍然潜伏着利益冲突的新危机。社会现实就是冲突与和谐的循环过程，而"权力和抵制的辩证法乃是历史的推动力"。

冲突理论产生后很快渗透到社会学各分支学科的经验研究中去，在政治社会学、组织社会学、种族关系、社会分层、集体行为、婚姻家庭等领域出现了大量以冲突概念为框架的论著。除了最有名的阶级冲突之外，冲突论者也注意到现代社会中其他冲突，如种族冲突与民族冲突、男女之间的冲突、宗教团体间的冲突、国际间的冲突、以及不同政治意识形态间的冲突等。

冲突理论解释性别冲突，包括在劳动领域中的性别冲突，有若干不同的基点。例如，美国社会学家柯林斯（Randall Collins）认为，社会中的两个基本冲突群体是男子和妇女。他说，社会是按照性别分层的，在这个分层系统中，妇女是下属。妇女在工作中的从属地位可以看作是她们在家庭里的从属地位的延续。那么，妇女在家庭里处于从属地位的基础是什么？柯林斯应用人类的性驱力和攻击驱力作为基础来解释性别分层的历史。柯林斯说，力量是关键因素，男子在体力上比妇女强大，这使得男子可以强暴妇女和使得妇女成为性战利品。这种强制性在形成妇女角色方面是有影响的。在家庭里，男子是户主并控制财产，社会资源（尤其是经济资源）在男女之间配置的不平衡会导致不平等的性别秩序。柯林斯还指出，妇女在（政治、经济和性侵犯）冲突中成为受保护者，加强了男子对于经济世界的控制。只要男子控制所有的经济资源，妇女的主要策略就只能是强调女性的理想（ideal）；只要男子垄断了较高的职业地位，强调用女性的吸引力来换取经济好处的主张仍将继续存在。另一种解释是把马克思关于社会的基本冲突是经济阶级间的冲突和男女间的冲突结合了起来。斯科尔德（Karen Beck Skold）认为，妇女受压迫的事实以许多方式有利于生产资料的所有者。当男子和妇女被认为扮演不同角色时，妇女想要改变她们地位的企图将遭到男子的憎恨。男子为了捍卫自己狭隘的针对妇女的特权，耗费了许多精力，从而忽视了男人和女人共同受到统治阶级压迫的事实，去把妇女作为替罪羊，鼓励男子对妇女——所谓的低劣群体——发泄敌意，而不是把自己的愤恨针对那些真正控制他们生活的人，这就转移了他们对于真正压迫他们的是什么人的注意力和精力，造成的结果是：男人反对女人，而不是穷人反对富人。另一方面，男子是养家糊口者的思想也鼓励妇女毫无怨言地接受较低报酬的工作，这对谁都没有好处，除了雇主。[①]

三、交换理论

交换理论兴起于20世纪60年代，重点研究人际关系中的交换现象，属于微观社会学。这一理论以心理学的行为主义和经济学的功利主义理论为基础，将人与人之间的互动行为视作一种计算得失的理性行为，主张人类的一切行为都受到某种能够带来奖励和报酬的交换活动的支配，以及人类一切社会活动都可以归结为一种交换，人们在社会交换中所结成的社会关系也是一种交换关系。其代表人物是美国社会学家霍曼斯（George H. Homans）和布劳（Peter M. Blau）。

霍曼斯开创了系统研究社会交换理论的先河，他着眼于从个人层次上对个人行为进行解释，"把社会行为视作一种至少在两个人之间发生的，或多或少要获得报酬或付出成本的，有形的或无形的交换行为。"他把社会现实看作是个人行为的结果，认为社会结构是由个人行为创造和维持的。为了解释人类的基本行为，霍曼斯提出了关于人类行为的六个基本命题，即成功命题、刺激命题、价值命题、剥夺—满足命题、侵犯—赞同命题和理性命题，建构起关于人类行为的一般命题系统。

布劳对社会交换的定义、条件、特征、原则、过程、社会交换与权力、社会交换与宏观结构、以及社会交换中出现的不平等与异质性进行了

---

① Monica B. Morris: "Inequalities in the Labor Force: Three Sociological Explanations", in Ann Helton Stromberg etc (eds): 《Women working: theories and facts in perspective》, Palo Alto, Calif: Mayfield Pub. Co., 1978: 169 – 172.

系统的分析，形成了社会交换理论从微观向宏观的过渡。他把社会交换界定为"当别人作出报答性反应就发生、当别人不再作出报答性反应就停止的行动"。在他看来，社会交换是一个辩证变化的过程，吸引、竞争、分化、整合、冲突与变迁组成了它的基本过程。虽然社会交换是一种建立在相互信任基础上的自愿性活动，但在现实社会里，有许多交换关系是社会规范所指定的，而非个人所能自由选择的。布劳用对等性解释部分社会交换，用不对等性解释另外一些社会交换。他认为，微观结构是由进行互动的个人组成的，宏观结构是由互相联系的群体构成的；宏观的复杂结构需要正式的程序与强制性的手段来维持秩序，强制性的权力关系是一种不平等的交换关系。

交换理论在婚姻市场的研究中是一个主流的理论取向，该理论认为婚姻的本质在于交换，男方用自己的社会经济资源来交换女方的性和家庭服务。在传统的婚姻模式中，丈夫都是养家糊口者，妻子则生儿育女操持家务，这被认为是富有自然性的公平交易，并作为一种社会制度或规范存在于社会中，作为一种意识形态或文化内化于人们的头脑中。因此，男子必须进入劳动力市场进行工作，养家糊口，而妇女却可以选择工作或不工作。交换理论认为，虽然家务被许多人看作是一种无趣的苦活，但是，在劳动力市场上，源自于婚姻中的这种交换使得女性劳动力被视为是次要的或易受忽视的，工作世界没有向妇女提供"自我实现和个人满足"的机会，妇女不致力于事业的报酬仍大于它的成本。而且，与丈夫参加工作不同，在许多家庭中，妻子是否要参加工作都得首先仔细斟酌一番成本与报酬的交换才能作出决定，这不仅是指经济方面，还包括孩子的照顾和教育，以及家庭稳定等。

所以，妇女作为次要劳动力或"二等工人"进入劳动力市场，被隔离在市场的边缘部分，从事低技能、低地位、低报酬的工作。而且，妇女因生育和抚养孩子，基本上是非连续性工作，大量已婚妇女还选择了非全日制工作。在交换理论的背景下，如果妇女期望在平等的基础上与男子竞争同样的工作，成为与男子平等的养家活口者，那么她们将必须放弃自己当下所拥有的按自己意愿选择是否工作和如何工作的权利。交换理论预言，只要妇女认为她们付出的成本（例如失去独立性、地位低下等）低于所得到的回报（例如获得安全感、财政上的支持等），现在的这种状况就将大致保持不变。①

交换理论源自于资源论的概念，个人所拥有的资源会对个人权力的大小产生影响，两性间的相对权力也是来自于其相对资源。此处的"资源"是指如个人特质、社会情境，以及拥有权（Safilios-Rothschild，1976；McDonald，1980），在交换过程中会引起权力的分化。作为交换主体的双方，只有拥有或控制丰富的资源或稀缺资源的人和群体才会获得较高的交换地位，才可以自由地选择交换对象。从社会交换的角度来看，妇女在劳动力市场上既缺乏资源更没有权力，只能处于较低的交换地位，经受的是不对等和不平等的交换。一方面，女性劳动力没有或很少有自由选择交换对象的余地，她们的就业形式和职业选择的自由度均受到很大制约。另一方面，她们的投入所得到的回报也是极不公平的。

四、符号互动理论

人类是符号的创造者和使用者，并借助符号进行交往。符号互动理论就是通过分析人们在日常环境中的互动来研究人类群体生活的一种社会学理论派别，是一种强调"符号"和"意义"在人类互动中的重要性的社会学理论，主要研究的是人与人之间互动发生的方式、机制和规律，属微观社会学。该理论认为社会只不过是由一群互动中的个人所组成，是个人借助符号互动的产物。符号互动理论的开创者是美国社会心理学家米德（George Herbert Mead），但最早使用符号互动这一术语的是美国社会学家布鲁默（H. Blumer）。西方学术界曾有人把符号互动分为两派，一是以布鲁默为代表的芝加哥学派；二是以库恩为首的艾奥瓦学派。戈夫曼（Erving Goffman）是符号互动论在当代的主要代表人物之一。

---

① Monica B. Morris："Inequalties in the Labor Force：Three Sociological Explanations"，in Ann Helton Stromberg etc.（eds）：《Women working：theories and facts in perspective》，Palo Alto，Calif：Mayfield Pub. Co.，1978：168.

米德强调人的心灵、自我和社会的产生与社会互动过程的紧密相关性。布鲁默认为符号是社会相互作用的中介,人们通过对符号的定义与理解进行互动,符号互动是能动的和可变的过程,人们籍此创造、维持和变更了社会组织、社会结构和社会制度,以及人类生活的模式。库恩倾向于把个体的人格及社会组织看作是制约着互动的结构,强调作为客体的人的"核心自我"的重要性,通过社会交往,人们获得了一组相对稳定的意义和对待自我的态度,并强调核心自我和群体情景对互动的限制作用。[①]

符号互动理论以三个前提为基础:第一,人们根据事物对于他们所具有的意义而对这些事物采取行动;第二,这些事物的意义来自于人们之间的社会互动;第三,这些意义是通过人们在应付他们遭遇的事物时所进行的释义过程而被把握和修正的。该理论的基本概念是符号。符号是指所有能代表人的某种意义的事物,比如语言、文字、动作、物品甚至情景等。通过符号的互动,人们形成和改变自我概念、经历和发展相互关系、处理和应对外在变化。一个事物之所以成为符号是因为人们赋予了它某种意义,而这种意义是大家(相关的人们)所公认的。

符号互动理论认为,工作世界也是个人借助符号互动的产物。工作场所中的互动,性别是高度突出的。在工作世界中,男子从事男性职业,妇女从事女性职业,这是一个普遍存在的社会现象。妇女进入劳动力市场,一方面她们所看到的是一幅性别职业角色的刻板印象图画:男性是大学教师,女性是幼儿园老师;男性是管理领导者,女性是基层工人;男性是驾驶员,女性是售票员。另一方面市场向她们提供的只是为数不多的女性职业,例如,以纺织和装配流水线工人为代表的蓝领工作,和以秘书和办事员为代表的白领工作。在招聘时,雇主对于女性的要求(如文化水平)往往高于男性,而给予的报酬却低于男性。为了赋予这些情境以意义,并决定怎样采取行动,人们要经历一个内在的阐释过程——"与自己交流"。妇女依据早期社会化过程中所接受的性别角色的要求和意识,依据她们成长过程中所接触的不同性别的亲属所从事职业的特征,来解释她们的所见

---

① [美]乔纳森·H·特纳:《现代西方社会学理论》,范伟达主译,天津人民出版社,1988年版,第464—469页。

所闻、赋予它们以意义：工作世界是性别化的，职业和工种是有"职业性别标定"的，人们应该依据"职业性别标定"来选择职业。于是妇女就选择女性职业，接受低报酬。这个解释过程也是一种符号互动。通过工作世界的社会互动，性别身份被进一步强化和等级化。在互动中这些符号给予妇女的意义是：女性是弱者、辅助者、劳力后备军和廉价劳动力。工作上的性别构建过程使工作场所成为了家庭以外的另一个重构女性从属地位及巩固传统性别角色的地方。劳动者由所从事的工作塑造出对工作的性别认同，不仅工作规范性别角色，劳动者也透过工作"做性别"（doing gender）①，性别也就这样在符号实践中被构建了起来。个人通过职业世界中的互动，逐渐习得和内化了与此性别职业角色相符合的社会规范和期望。

第二节 社会角色理论

社会角色理论是社会学的基本理论之一，也是社会学研究性别问题的一个重要视角。它是从角色的概念出发来分析和研究一个人的社会行为活动的理论。

一、社会角色的理论和概念

1. 社会角色的概念

"角色"原本是戏剧中的名词，指演员扮演的剧中人物。20世纪20—30年代，一些学者将它引入社会学，产生了"社会角色"的概念，进而发展成为社会学的基本理论之一，它在20世纪50—60年代初十分盛行。社会角色是指与人们的某种社会地位、身份相一致的一整套权利、义务的规范与行为模式，它是人们对具有特定身份的人的行为期望，也是社会群体

---

① 维基百科（Wikipedia）：这个词是由维斯特（West）和齐默曼（Don Zimmerman）在他们的开创性文章"做性别"中创造的，1987年发表于《性别和社会》（《Gender and Society》）杂志。

或社会组织的基础。而且，在社会中，任何一个人总是担任着多种社会角色，并与更多的其他社会角色相联系、相依存、相补充，构成了角色丛。形形式式的社会角色是"社会人"存在的具体方式。

2. 社会角色的理论

社会角色理论是一种对将约束力置于社会规范当中的社会结构进行研究的理论范式。社会角色理论的创始人是美国芝加哥学派的米德，其使用角色的概念旨在说明在人们的交往中可以预见的互动行为模式以及说明个人与社会的关系。他认为角色是在互动中形成的，角色表演并没有一个先定的剧本，文化只能为角色表演规定大致的范围。后来这些思想与符号互动论融为一体。角色理论的另一重要代表是美国人类学家林顿（R. Linton），他分析了角色与地位的关系，认为当地位所代表的权利与义务发生效果时即为角色扮演。林顿将社会结构置于个人行为之上，视社会结构为一个行为规范体系，个人接受和遵循这些规范。因而角色是由社会文化塑造的，角色表演是根据文化所规定的剧本进行的。

社会角色的构成要素是，角色权利（角色扮演者所享有的权力和利益）、角色义务（角色扮演者应尽的社会责任）和角色规范（指角色扮演者在享受权利和履行义务过程中必须遵循的行为规范或准则）。社会角色的类型从人们获得角色的方式上可分为"先赋角色"与"自致角色"[1]，从人们承担社会角色时的心理状态可分为"自觉的角色"与"不自觉的角色"，从社会角色规范化的程度上可分为"规定性角色"与"开放性角色"，从社会角色的追求目标上可区分为"功利性角色"与"表现性角色"[2]。

当代社会角色理论大致概括了角色学习、角色认知、角色期待、角色扮演和角色冲突等基本内容。社会角色行为是社会角色理论中的核心概念，当一个人具备了充当某种角色的条件，去担任这一角色、并按这一角

---

[1] "先赋角色"是指建立在血缘、遗传等先天的或生理的因素基础上的社会角色，"自致角色"是指主要通过个人的活动与努力而获得的社会角色。

[2] "功利性角色"指那些以追求效益和实际利益为目标的社会角色，"表现性角色"指以表现社会制度与秩序、表现社会行为规范、价值观念、思想道德等为目的的社会角色。

色所要求的行为规范去活动时，这就是社会角色的扮演。一个人对于他所承担角色的扮演水平的优与劣、高与低，很大程度上受到角色距离①、角色期望、角色领悟和角色技能等方面的影响。在社会角色的扮演中也常常会发生角色冲突、角色不清、角色中断和角色失败等社会角色失调的情况。

总之，社会是由许多不同角色按照特定社会地位形成的关系网络，个人在这种网络中理解和扮演着特定的角色，并通过角色扮演使自己从自然人转化成社会人。

二、性别角色

1. 性别角色的概念

早在1936年，美国心理学家特曼（Lewis Madison Terman）与迈尔斯（Catharine Cox Miles）就发表了对于男性气质—女性气质的第一个测验（简称 M-F 测验）。1973年，康斯坦—丁诺普尔（A. Constan-tinople）给性别角色下了一个理论性的定义：性别角色的特征是或多或少根植于解剖学、生理学和早期经历之中，并在外貌、态度及行为上将两性分开来的那些相对稳定的特质。后来斯彭斯（Janet T. Spence）于1985年又提出了性别角色是"社会认定为适合于男性和女性的性格、态度、价值观念和行为"的定义。在《心理学百科全书》中，性别角色被定义为社会按照人的性别而分配给人的社会行为模式。

可见，性别角色是一种以两性差异为依据所划分的社会角色。这里的两性差异包含两个方面：其一，指生物学意义上的两性差异，主要表现为遗传作用带来的两性的性染色体组合的不同、生理结构的不同、性激素和生理功能的不同等；其二，指心理学和社会学意义上的两性差异，主要表现为由于人的性别差异所带来的不同心理特点或行为模式。特定性别被赋予不同的特征，这不是生物学上的男性或女性的遗传结果，而是由社会文

---

① "角色距离"就是一个人自身的素质、能力、水平与他所要扮演的角色之间的差异现象。

化所造成的，由传统习惯造成的。这种后天习得的"性别"，是性别角色的主要含义。

2. 两性的角色期望和角色规范

社会或个人对某一角色应表现出哪些特定行为会有一定的期望，这就是角色期望。角色期望的内容是在社会生活的长期发展中形成的，其形成和发展都受制于它所处的社会文化。其中，社会上人们普遍所持的角色期望又叫角色规范，它包括了一系列具体的行为要求。社会对于男性角色和女性角色有着不同的要求和期待，主要体现在三个方面[①]：第一，发展不同的性别气质，也就是人们常称之为的男性气质和女性气质，"认为男女两性的气质、特征是由生理决定的：前者是精神的、理性的、勇猛的、富有攻击性的、独立的、擅长抽象分析的；而后者是肉体的、非理性的、温柔的、依赖的、感情型的、主观的。"[②] 第二，男女两性应该承担不同的责任和义务，男性被认为主要是担任以"工具性"为导向的成家立业、养家糊口的责任和义务；女性则被认为主要是担任以"情感性"为导向的生儿育女、操持家务的责任和义务，其中母职更被认为是女性的天职，即履行母职是女性最重要的工作。第三，针对男女两性建立不同的社会规范（即性别规范）规定了性别角色的内涵，它涉及言行举止和社会交往等方面。社会对于男性的行为规范主要是：事业型的，具有成就取向，敢于竞争，自信，果断，支配欲强，着重地位等；社会对于女性的行为规范主要是：贤妻良母型，温柔，体贴，谦逊，顺从，具有自我牺牲精神，重感情，追求关系的和谐等。男性的社会角色和女性的家庭角色分别构成了男女两性的首要身份，社会就是依照这些准则来对男人和女人的角色和行为进行约束。

3. 性别角色和角色地位

角色和地位是不可分割地联系在一起的，角色是地位的动态表现，地位是角色的静态描述。林顿认为角色地位是指人在社会中能够实施权利与责任的地位。社会分配男女担任不同的性别角色，规定了不同的性别规

---

① 祝平燕、夏玉珍主编：《性别社会学》，华中师范大学出版社，2007年版，第98页。
② 徐明宏："论女性角色的分化与整合"，《青海社会科学》，2002年第6期，第17页。

范，也赋予了男女不同的角色地位。

男性被分配主要担任挣钱养家的角色，所以他们被鼓励参与社会劳动和公共事务，着重于竞争、成就和地位。而女性被分配的主要角色是为人妻母，她们被鼓励相夫教子，接受"女人的位置是在家里"的信条。因此，女孩子长大后被期望扮演母亲的角色，男孩子长大后被期望拥有工作。男性角色和女性角色之间的划分正与公私领域的划分相对应。

公共领域（如国家、市场等）是与男性及男性活动相关的领域，一向被赋予重要性；私人领域（如家庭、情感等）是与女性及女性活动相关的领域，则遭到轻视。社会不仅分配角色，而且还确定其价值。男人所从事的工作得到较高的社会评价，而女性的价值往往只是与母亲的身份紧密联系在一起。社会用严格刻板的性别角色限制了妇女，使妇女处于一种支持性的消极状态，而让男人处于主导性的积极状态。这不仅导致女性在经济上的依赖性，而且也导致女性在社会上的依附性，她们没有独立的社会地位，在婚前，女儿的地位取决于其父亲，结婚后，妻子的地位便取决于其丈夫。总之，在绝大多数的文化中，性别角色使女性处于一种从属性的角色地位。

三、性别角色和职业角色

性别角色和职业角色是人的一生中要扮演的两个主要角色。职业是社会成员用自己掌握的本领，通过具体工作为社会付出和由此得到回报的主要途径。职业角色是社会成员在一定的工作单位和职业岗位上所扮演的角色，是人们在次级群体中担任的角色。扮演好职业角色对于个人的谋生、改善生活水平、提高社会地位和实现个人的生命意义具有十分重要的作用。在现实生活中，职业角色是分男女的，职业与性别总是固定搭配着的。

1. 性别职业角色

社会分配了男女担任不同的性别角色，也赋予了男女不同的职业角色，要求男性和女性在职场上的行为模式既要与生理性别相适应，又要与社会和文化对两性在职业方面的期望、要求和一般看法相一致。性别刻板印象在性别职业角色定位中发挥了重要的模板作用，在对于两性各自应该和能够从事的职业的不成文规定中处处浸透了传统的性别观念。

首先，社会上的职业具有性别化的特征。在现实社会中，绝大部分的职业都被不同的性别所主导，被男性所主导的职业被称为男性职业，被女性所主导的职业被称为女性职业，也就是说男女担任了不同的职业角色，即性别职业角色。第二，性别职业角色的分配是基于"男强女弱"的生理基础。男性强壮高大，重体力劳动和危险的或有毒有害的工作主要由男性担任；女性柔弱小巧，则主要从事轻体力劳动和安全性高的工作。例如，男性集中于重工业，女性集中于轻工业；大部分户外工作由男性承担，女性大多承担室内工作；前线作战的任务大多由男性担任，女性大多承担后勤工作等。第三，性别职业角色体现了"男将女兵"的性别观念。朱丽亚·T.伍德在《性别化的人生——传播、性别与文化》一书中指出，女性劳动力常被归入"性对象、母亲、孩子和铁姑娘"这四种角色。[1] 相对男性而言，女性像孩子一样不够成熟能干，并缺乏决策能力。而且男性是"理性的"，女性是"感性的"。所以领导性的、责任重大的工作应该由男性担任，女性只适合从事支持性的、辅助性工作。例如，男性是管理者，女性是工人或办事人员。女性即使进入管理层，也只能担任基层管理工作，并且她们基本上都是在自己的女性职业中担当领导者的职务，其领导的下属大多是女性。第四，性别职业角色是另一版本的"男主外女主内"的角色模型。这一模型塑造出的女性职业角色是女性家庭责任的延展，多数妇女所从事的是与女性规范相连结的工作，是以人际关系为取向的服务性工作。例如像母亲照顾他人一样的护理工作、小学和幼儿园的教师工作、服务员工作等，按照别人指示办事的秘书、办公室职员等的服从性工作，情感型的公关工作等。男性的职业角色是社会成就型的，他们所从事的是领导型的、创造性的重要工作，占据了职场的主导位置，而且工资高、福利优厚，以与他们挣钱养家的性别角色相呼应。最后，一个职业女

---

[1] [美]朱丽亚·T.伍德：《性别化的人生——传播、性别与文化》，徐俊、尚文鹏译，暨南大学出版社，2005年版，第166—169页。

性如果很独立、有雄心、有指导能力、竞争能力强且有时还很强悍,则不符合女性职业角色规范,她们就被称为"铁姑娘"。

2. 职业女性的角色冲突

当一个人在扮演一个角色或同时扮演几个不同角色时,出现角色所包含的角色期待发生矛盾或不同角色间相互冲突的状态,称为角色冲突。角色冲突是社会冲突的一种表现形式,1957年由美国社会学家墨顿创用。角色冲突大体可以分为角色间冲突和角色内冲突两大类别。

职业女性身上普遍地存在着角色冲突。首先,与一般的家庭主妇不同,职业角色成为职业女性在扮演传统性别角色——家庭角色之外的又一个重要社会角色,这意味着她们在生活中实际上肩负了工作和家庭的双重角色重担。第二,妇女外出工作与男子外出工作不同,男子不经历像职业女性那样的角色冲突,因为男子通过外出工作在建树事业成就的同时也完成了社会分配给他们的养家糊口的角色任务,在这一点上,男性的职业角色和家庭角色是一致的,相交融的。而女性的职业角色和家庭角色是不一致的,甚至是格格不入的。职业角色与家庭角色间的不协调使职业女性深深地陷于角色困惑和角色冲突之中。

职业女性的角色冲突的主要表现之一是职业角色和家庭角色的双重角色任务造成的角色紧张。社会对职业女性仍然保持着一种强烈的规范性压力,女性不仅要在职场上同男性一样拼搏做事业上的强者,回到家里还要当好贤妻良母,照顾孩子的生活和学习,尽到传统意义上的妻子义务,这种双重角色的负担朝着两个不同的方向撕扯和吞噬着职业女性的时间和精力,使她们顾此失彼,精疲力竭。表现之二是职业角色和家庭角色的不同角色期望和双向要求使职业女性难以兼顾事业与家庭。性别规范要求男性以事业为重,女性主要以家庭为主。但社会为职业女性建立了高难度的行为标准,职业角色要求女性在职场上像男性一样地投入职业生涯,奉献社会,家庭角色又要求女性当贤妻良母,献身家庭。这两种角色内在的矛盾性,传统性别角色和现代社会角色的要求与期待的不兼容性,使职业女性陷入无所适从的角色困惑,无论在体力上还是在角色能力上都难以实现贤妻良母加社会成就型二者的统一,家庭角色与社会角色之间的强烈冲突把她们推入了两难抉择的困境。在实际生活中，大部分职业妇女倾向于选择事业和家庭比较容易兼顾的职业，或通过把家庭角色作为首要角色和把职业角色作为次要角色来缓和这一矛盾，而那些把职业角色作为首要角色来担任的职业妇女，则往往付出了婚姻和家庭的代价。

第三节 社会化理论

每一个人出生之后，经过一系列被动或主动的学习与教育的过程，才能成为社会所接受的人。这种个人成长的过程，就是社会化的过程。

一、社会化的理论和概念

1. 社会化的理论

"社会化"的提法最早是在19世纪90年代中期出现在美国的社会学著作中，到20世纪30年代社会化研究引起了人们的普遍关注，在心理学和社会学界都出现了多种不同的理论。在心理学界，代表性的社会化理论有奥地利弗洛伊德（Sigmund Freud）创立的精神分析学说，美国班杜拉（Albert Bandura）和沃尔特（G. W. Alters）提出的社会学习理论，以及瑞士皮亚杰（Jean Piaget）的认知发展理论。在社会学界对社会化的研究中，占重要地位的主要是C.库利的"镜中我"理论和G.米德的"角色借用"理论。这两种理论都强调在社会化的过程中，他人的看法和行为对社会化个人的重要影响。库利认为，一个人的自我观念是在与其他人的交往中形成的，个体是以他人为"镜子"帮助认识自己，得出对自己的看法和感觉，并进而调整自己的行动。而在米德看来，社会化过程就是从只能借用有限的、特定的角色到能够借用普通的"一般他人"角色的一个演进过程，就是个体从他人的态度和言行中发现自己，把他人的态度进行内化，并按照社会上其它的一般期待来判断自己行为的过程。

西方社会化理论的研究是在个体论的视角下进行的,其立足点是个体如何能够适应社会。在20世纪50年代以前,它是以少年儿童为对象,重点研究个体如何从一个"生物人"转变为"社会人"。20世纪50年代开始,出现了广义社会化研究,它把社会化看作是一个贯穿人生始终的内化社会价值标准、学习角色技能、适应社会生活的过程。对于社会化,社会心理学侧重研究个体社会化的历程,社会学侧重研究社会化过程中人与社会的互动,关注社会规范的内化和社会角色的形成。但是西方社会化理论没有形成一个一致性的系统化理论。

2. 社会化的定义

在现实生活中,社会化是一个过程,是个人走向群体,进入社会,理解和认同社会规范和制度,逐渐成为社会合格成员的过程。通过社会化,个人了解和掌握社会的知识、技能、价值标准、行为规范,从一个自然的人转化为社会的人。因此,社会化就是一个人内化社会价值标准、学习角色技能、适应社会生活的过程。

从人格发展角度来看,社会化就是通过内化他人的态度,来认识"自我",并按其他人的一般期待来调整自己行为的过程。从社会互动角度来看,社会化就是一个人学会参与社会或群体的方法的社会互动过程。从文化角度来看,社会化是社会对个人的文化教化和个人对社会主动选择与能动调适的统一过程。而从心理学来看,社会化就是社会现实内部化的过程。用弗洛伊德的话说,社会化就是个人学习控制天性的冲动,就是"把野兽关到笼子里"。

3. 社会化的媒介

个体社会化的媒介就人的方面来说,有父母、老师、同龄伙伴、同学、同事、领导等;就物的方面来说,有电视、电影、广播、报纸、杂志、书籍等。这些媒介对人的社会化起着交互作用[①],并且随着人的年龄增长,社会化媒介的主次有所不同。对于儿童而言,家庭是最初的学校,父母是首任老师,教育是社会化的主要途径。

---

① 当影响行为的一因子与另一因子共同起作用时,它们对该行为产生与各自单独作用时截然不同的影响。

社会化具有个人在社会化的过程中塑造自己、了解自我、掌握其在社会中正在和将要扮演的社会角色的作用。社会化的类别可分为初始社会化、预期社会化、继续社会化、逆向社会化[①]和再社会化[②]。社会化的途径可分为正式社会化和非正式社会化。个体社会化过程贯穿于人的一生，其基本内容包括了传授生活技能、教导社会规范、指点生活目标和提供角色人选等，并表现在政治社会化、民族社会化、法律社会化、道德社会化、性别角色社会化、职业社会化和性的社会化等诸多方面。

二、性别角色社会化

性别角色就是"男人"和"女人"的角色，指由于人们的性别不同而产生的符合一定社会期望的品质特征、思想方式和行为模式。20世纪30年代，人类学家玛格丽特·米德（Margaret Mead）曾对新几内亚的3个原始部落的人的行为表现进行了研究，她得出结论说，男女的个性特征与他（她）们具有的生理特征之间没有必然联系。无论是男人还是女人都是被造就的，性别角色特征不是天生的，是通过在不同文化中经过系统的性别角色社会化的结果。因而，"性别角色社会化"成了两性性别角色差异形成的一个关键概念。

1. 性别角色社会化的定义

性别角色社会化是指个体形成社会对不同性别的期望、规范和与之相符的行为的过程，也就是个体在社会生活过程中通过社会化媒介逐渐习得和内化按照自己的性别角色规范行事的过程，即学习如何做男人和女人的过程。它是社会化的一项重要的基本内容，也是个体社会化的重要表征。

2. 性别角色社会化的理论

社会学习理论认为社会学习是经由观察和模仿别人而产生的，行为是经由强化和模仿作用而养成的，个人是借助观察、实验以及他人的反应来

---

① "逆向社会化"指晚辈传授知识和规范给长辈。
② "再社会化"指个人原来的思想和生活方式以及行为模式与社会环境的要求不协调，甚至发生了冲突，必须断然改变，形成对他本人来说是完全新的思想和生活方式以及行为模式。

学习做男人或女人的。婴儿出生即开始接受性别角色社会化的影响，在成长的过程中，儿童会观察和模仿周围的一切，周围的人也会对他们的行为进行奖励或惩罚。这些正或负的强化所形成的制约作用帮助男孩和女孩学习并遵从被期望的性别角色的要求。随着性别角色的发展，儿童以赢得社会认同为标准的外部调节逐渐过渡到以个人标准为基础的自我认同，进而逐渐内化与其性别相符的社会规范和期望。

认知发展理论认为性别角色发展是儿童自我意识和社会化发展的主要表现之一。科尔伯格（Lawrence Kohlberg）从性别恒常性①的角度解释儿童的性别角色发展。他提出，性别角色发展的重要原因是由于儿童自身认识的发展，而性别恒常性对儿童认识与了解性别起着组织和调节作用。性别恒常性是性别认同的阶段之一，也是儿童模仿的先决条件，只有在获得性别恒常性后，儿童才喜欢模仿同性榜样。

符号互动理论分析了个体获得性别角色的一种方式。性别角色发展是一个建构的过程，性别的构建是个人在社会实践中通过社会互动、根据性别认同和内化与性别相关的行为规范去统合多方面行动的结果，个体是在一种行为互动模式中增强性别特征的。

结构功能理论解释了性别角色社会化的必要性的原因。该理论认为社会是一个"活"的有机体，社会的每一部分都具有一定的合乎目的性的功能，性别角色社会化也是如此。帕森斯明确指出，性别角色差异有助于核心家庭的建立，是使儿童社会化及使性别关系规则化的方法。

冲突理论强调社会结构中的矛盾和斗争，性别角色差异也是一种冲突和矛盾，它反映出男女两性的不平等。冲突理论认为男女性别之间的不平等是建立在两性间利益冲突的基础之上的，而性别角色社会化使这一不平等成为了事实。

交换理论认为人的行为就是相互交换的过程，性别角色社会化也是这样进行的。在性别角色社会化的过程中，父母得到的报偿是孩子对自己的模仿，这表示了孩子对父母的尊重；孩子得到的报偿是父母对自己行为的

---

① "性别恒常性"是指基于生物属性基础上的永久性的特性，它不依赖于一些诸如头发的长短等这样的一些外表特征。

赞同，这是鼓励他们进一步巩固和发展这种行为的动力。

3. 女性角色的社会化

一个人从出生到长大成人，由于生理性别的不同而受到不同的社会化训练，从而获得了不同的社会性别角色，所以男人和女人是被社会化为担任不同性别角色的。就一个生理意义上的女性而言，她从出生到最终成为一个社会文化意义上的"女人"，是由于她在成长过程中受到了不同于男性的外部社会环境条件和文化潜移默化的影响，在这一过程中她获得性别概念，接受并认同社会对"女人"的期望与规范，把性别概念转化成性别行为，从而成为社会认可的"女人"。

社会对男性和女性有着不同的期待，对于女性的期待主要是对家庭和社会的延续作出贡献，因此女性被社会化为母性的，以照顾和养育其他人。男性和女性身份的差别是在童年时期就开始形成的，而儿童的性别角色社会化始于家庭。家庭是个人社会化最早、也是最重要的机构。实际上，女孩子从出生之日起，父母就已经按照她的性别用不同于男孩子的方式进行培养和教育。例如，对穿衣打扮、玩具、说话方式、行为表现都有不同的要求。女孩本身也表现出性别认同，把母亲作为自己的模仿对象。学校是儿童离开家庭、进入社会后接触到的第一个正式组织。学校从学校体制、教科书内容、专业化方向、对男女学生的不同期望等多方面进一步加强了两性的角色差异，成为制度化地形成两性差异的社会化机构。无论在家庭，还是在学校或社会，女性都被从多方面要求去学习符合自己性别角色的事，这在性别角色技能训练中尤为明显。在家庭中，父母给女孩子的玩具最通常的是洋娃娃，分配给女孩子干的家务活是做饭、洗碗、打扫卫生、照看弟妹等。在幼儿园，女孩子往往被分配玩过家家的游戏。在学校中，女孩子被鼓励选学人文社会学科和艺术。在社会中，女性接受的是与女性传统职业相关的职业培训。此外，在社会化过程中，女性还接受性别的文化符号，被要求更多地在人际关系中认同自我。社会教育女性，要学会尊重与他人的关系，懂得关爱和照顾他人，将他人的需求放在第一位，让她们接受那些支持、照顾、响应他人的角色。这些来自各方的"训练"，使女性越来越接近社会可以接受的、固定的性别模式。也就是在这样一个不断学习、模仿和认同的过程中，社会与文化对女性进行了不同于男性的造就和规范，完成着女性角色的社会化。

三、社会化和性别化的工作认同

社会化对社会生活中男女角色的塑造使男女两性发展不同的性别特质和担任不同的性别角色。女性和男性所受社会化的不同，必将影响到他们在工作中的性别认同。

1. 职业意识

对职场中工作认同性别化最具关键性的个人因素是两性在未成年时期社会化的生活规划不同。尤其是进入青春期以后，性别角色社会化的目标更清晰地具有两种不同的倾向：男孩子要努力学习，为将来进入工作角色做准备，其社会化目的更多地是成就取向；女孩子则要可爱可亲，为将来进入贤妻良母角色做好准备，其社会化目的更多地是人际取向。于是，男性被社会化为积极的、独立的角色，从小就开始培养竞争意识，内在地激发他们的成就动机。而女性被社会化为被动的、从属的角色，要"温良恭俭让"，按照适应他人的要求来进行自我塑造。结果，性别角色的社会化持续影响了女性对自己的事业生涯的期待，不仅女性的成就动机较低，而且女性的成就动机往往是由外在标准来衡量的。例如，对于女人来说，"干得好不如嫁得好"，"妻以夫荣"，"母以子贵"等。换言之，她们通常不根据女性所从事的工作来看待"成功"与否，女人真正的事业是婚姻，是丈夫和孩子。因此，性别角色社会化强调的是男人的劳动潜力，而不是女人的劳动潜力。女性在社会化过程中所培养起来的是甘当配角的从属意识，工作中则表现为职业意识薄弱和职业心理不成熟。她们往往缺乏对于成就的欲望和工作的主动精神，并尽量避免和男子竞争或超越他们。她们认为，女性在工作上的成功与女性的性别角色不相适宜，不但会导致做（女）人的失败，还会遭受社会的非议。正如女性在社会中处于次等位置一样，在职场上，女人的劳动也只是男人劳动的补充。这导致了职业妇女、特别是已婚职业妇女普遍地存在着"替代性工作成就"的心理，它是女性在性别社会化过程中形成的一种依附心理在职业观上的变种。

2. 职业定向教育

在进入劳动力市场之前，男孩和女孩从小就在性别社会化过程中开始接受不同方向的培养，进行不同方向的人力资本投资和职业定向教育。广义的职业定向教育包括家庭教育、学校教育、社会教育和自我教育四个方面[1]。家庭教育通常表现为家长给男孩买带有攻击性、阳刚性的玩具，而给女孩买具有慈爱性、阴柔性的玩具；教育男孩子要坚强、勇敢、敢想敢闯，教育女孩子要温顺、听话、妩媚可爱。从童年时期就开始的这种按性别而不同的定向教育潜存于男孩和女孩的心灵深处，奠定了男女基本的人格分野，进而对孩子日后的学习方向和职业抱负产生重要影响。学校教育是职业定向教育的基本形式，学生在学校学习的各种文化科学知识，形成的职业意识和获得的职业技能，为他们以后步入社会和进入性别职业角色打下基础。在学校期间，性别社会化过程中的两种目标倾向，会对男女生的学习动机、学习领域与升学期望产生不同影响。比如，一些女生因满足于传统的社会角色定位，所偏爱的学习内容往往局限于与传统女性职业相关的知识和技能，甚至有一些女性因此而放弃进一步学习深造的机会。在那些存在正规职业教育制度的国家，教育体系和职业体系间的制度性联系更使职业性别角色在学生青少年时期就渗入正规的教育体系。社会教育对职业定向的影响主要来自大众传播媒介、周围的人以及现实因素等三个方面，其中大众传媒所强化的性别刻板印象对两性的职业志趣发挥了特别重要的作用。职业定向的自我教育则主要体现于在了解自身特点的基础上确定职业方向，两性在社会化过程中所接受的性别角色特质的自我认同感形成了男女不同的自我效能感[2]，这对他们日后工作中的性别认同发挥了不可忽视的作用。在实践中，人们在教育上的志向及其受教育的程度和知识领域对他们的职业抱负有着深刻影响。

---

[1] 李澍卿主编：《女性职业角色与发展》，中国妇女出版社，1990年版，第32—38页。

[2] "自我效能感"（self-efficacy）是美国心理学家班杜拉（A·BaJldura，1977）提出的概念，指个体对自己在某一活动领域中的操作能力或是否有能力完成某一行为所进行的主观判断与推测。

3. 职业选择和发展

劳动者由所从事之工作塑造出对于工作的性别认同。男女在工作中的性别认同有什么不同？两性的个人特质和两性的工作特质有什么关系？在进行职业选择时，男女两性大多会依据"职业性别标定"、自我角色期待、教育和职业的专门训练程度等去选择职业[①]，而自我效能感对男女性别角色认同的影响力则在职业选择和发展上最明显地体现出来。男性在传统的职业上表现出更强的自我效能感，倾向于选择男性化的职业。而女性在传统的职业上表现出更强的自我效能感，倾向于选择女性化的职业。例如，科克邦（Cynthia Cockburn）曾对男性气质与男性工作认同的关系进行实证研究。他指出，他所访问的技术专家和技术人员（几乎都是男性）多次表达了男性对于科学技术的认同，并认为科技本身就是男性气质的表现。[②]而相对于女性来说，女性气质的认同则是非科技的。在实际生活中，女性在工程领域中的比例最低。女性较少参与工程事业的现象被解释成是女性社会化的产物，女性偏爱的是她们在其中能够与"人而不是物"打交道的职业领域。此外，竞争性强的职业被认为是"男性的"，女性害怕此种职业会损害她们的"女性气质"，或者会因此引起社会对她们的非议。同时，女性也尽量规避那些必须达到较高教育水平和培训水平才能充分实现生产率的工作。男女两性的工作取向受到性别角色认同的限制，职业抱负也会有明显差异。在工作中，他们会根据自己的性别确定自己的发展方向。男性的社会化过程充满奋斗，社会性别认同与自我性别认同都比较明确地指向有报酬的工作和事业成就；而对于女性来说，性别职业角色的定位内化于自身的价值选择，这降低了她们对自身职业优势与发展的期望值。另外，妇女有"避免成功动机"，因为工作成就常常与攻击性和争强好胜相连，职业妇女必须表现得合乎于她们的性别角色和身份。这些都会影响女性在职场上的拼搏和发展，减少女性走向成功的机率。

---

① 祝平燕、夏玉珍主编：《性别社会学》，华中师范大学出版社，2007年版，第106页。
② Cynthia Cockburn："The gendering of jobs: workplace relations and the reproduction of sex segregation", in《Gender Segregation at Work》, edited by Sylvia Walby, Open University Press, 1988: 38.

第四节　社会分层理论

传统的社会分层研究，一直是社会学的主题之一，也是社会学对性别研究的一个重要视角。

一、社会分层的理论和概念

1. 社会分层的概念

所谓社会分层是指人们把地质学上使用的概念移植到社会结构的分析中去，把社会结构中存在的高低有序的层次称为社会分层。社会分层概念是一个较为宽泛的概念，是反映社会地位差别的一般性概念。

帕森斯将社会分层定义为：从社会角度的某些重要方面，把组成一定社会体系的人类个体及他们之间在待遇上的相对优劣分成等级。

社会分层是一种社会现象，是依据一定的标准将社会成员进行等级制分等的现象和过程，社会分层也是一种分析和研究社会现象与结构的方法。在本质上，社会分层是社会不平等的表现，是社会发展到一定历史阶段的产物。

2. 社会分层的经典理论

（1）马克思的阶级理论

在马克思的社会分层理论中，阶级的概念构成其理论基础。首先，马克思认为阶级的存在仅仅同生产发展的一定历史阶段相联系，生产力有一定的发展而又未高度发展的社会才出现阶级。第二，阶级的划分是建立在经济系统中群体与主要生产要素的关系的基础上。马克思主要是根据对生产资料的占有来划分阶级，并且个体或群体的阶级地位是在剥削—被剥削的关系中得以确定。第三，资本主义社会特有的生产方式造成了阶级结构的两极分化，资产阶级和无产阶级构成了该社会两大对立的基本阶级。对于马克思来说，阶级和阶级冲突是社会变迁和历史发展的动力。因此，马克思是最早的冲突论代表。

(2) 韦伯的三重标准论

韦伯 (Max Weber) 认为,除了经济因素、地位因素外,权力也是影响社会分层的一个重要因素,他主张把经济、社会和政治三方面标准综合起来,采用财富、声望和权力的多指标体系划分社会成员的社会地位,这就是韦伯的社会分层三位一体模式,也称为三重标准论。此外,马克思强调的是存在决定意识,社会结构决定人们的社会行为;韦伯则强调个人行为是构成社会结构的一种主动的生存力量。如果说马克思强调的是"生产"环节对分层的意义,从生产过程中分析工人和资本家的关系;韦伯强调的则是"市场",强调人的市场机遇对其在社会等级获得中的意义:"……从这个意义上讲,阶级处境就是市场处境"。

(3) 涂尔干的功能论

涂尔干 (Emile Durkheim) 认为,社会出现分层基于两个条件:一是任何社会中各种工作的重要性是不同的;二是人们的才能、知识、技能水平是各不相同的。一个社会要兴旺发达,最有才能的人就必须担当最有价值的功能。正是基于此,以职业为界限的不同利益群体大量出现,分层体系也随之产生。换言之,涂尔干分层理论的观点就是:横向社会分工导致了纵向社会分层。涂尔干还从社会有机体的整体出发,论述了社会分化和劳动分工对于社会团结的重要性。他认为,从事同类职业的人们能够形成阶层,因为职业分化深刻影响着人们的生活方式,相同职业的人最可能具有一致的意识和行动,共享规范和价值,并在此基础上形成"机械团结"。社会分层满足了社会系统的功能需要。

3. 社会分层理论的新发展

二战以来西方社会结构的变化对社会分层理论提出了新的要求,社会分层学派杂出,理论视野得到了极大的拓展。

(1) 新马克思主义

新马克思主义者对传统马克思主义阶级理论进行的最重要的修正是针对中产阶级现象的各种论述。一派观点认为当今的中产阶级仍有无产阶级化的趋势;另一派则把中产阶级纳入阶级分类框架。

(2) 新韦伯主义

新韦伯主义者主要依据韦伯提出的"社会封闭"概念，认为在当代工业社会，实际上存在着的各种制度力量限制了人们的社会流动。正是由于在宏观结构层面运作的这种排斥性过程，导致了阶级和身份群体的产生，这就是"社会封闭"机制的作用。

(3) 新涂尔干主义

涂尔干的继承者致力于系统地阐释"职业"与"阶层"之间的关系，力求论证现代社会中职业地位决定阶层归属。戴维斯（Kingsley Davis）和穆尔（Wilbert Moore）认为，决定职业地位的要素主要有职位的重要性和能胜任职位人员的稀缺性，社会应赋予重要职位以较高的报酬，包括财富、权力和名望。

(4) 后工业主义和后现代主义

后工业主义者对传统社会分层理论提出了"阶级"这一概念在当代社会是否还有效用的质疑。有人认为，社会阶级在发达的工业社会中已经消失或正在消失；但也有人认为，在发达的工业社会中，阶级的概念依然有效用，只是阶级的表现形式不同于其在工业社会早期的表现形式而已。后现代主义者则基于文化主义的立场来讨论当代的社会分层问题，他们关注文化价值、意识形态对社会分层的独立影响力，以及主体的自我选择对社会分层的建构作用，有关消费实践、生活方式、价值态度、社会组织、社会运动的研究成为其探讨的热点。

二、性别分层

1. 性别分层的概念

多博林科夫等人在其所著的《社会学》一书中指出："……使用性别划分法的时间要远远比阶级划分法的历史长，在国家和阶级出现之前，已经存在数千年了"[1]。确实，依据性别进行划分的方法不仅由来已久，而且

---

[1] [俄] 弗·伊·多博林科夫、阿·伊·克拉夫琴科著：《社会学》，张树华等译，社会科学文献出版社，2006年版，第170页。

是社会分层的重要形式。具体来说,性别分层指的是按性别划分为不同群体,是男女两性群体之间的层化现象。其具有的意义是,有性别分层就有性别差异和性别不平等。正如社会学家吉登斯(Anthony Giddens)所说:"性别本身是分层的一个具有深远意义的范例。在社会生活的某些方面,所有社会的男性都比女性拥有更多的财富、社会地位和影响力。现代社会中,由有关性别与分层的研究提出的这一重大问题,听起来简单,但解决起来却十分困难。这就是在现代社会中我们能够在多大程度上依据阶级分化来理解性别的不平等。"[①]

2. 性别分层的理论

(1) 马克思的阶级分析观点

在马克思的阶级分析框架下,妇女受压迫是生产力发展到一定阶段的产物,是伴随着私有制、阶级社会和一夫一妻制的出现而形成的;妇女受压迫只是阶级压迫的一个产物;妇女的解放以生产力发展为前提,妇女解放的实质是社会解放。

(2) 韦伯的父权主义观点

韦伯认为,在依照经济基础和亲属关系组织起来的群体(家庭)中,由一个根据特定继承规则确定的特定个体进行统治;妇女和儿童是家庭的财产,妇女依附于男子;两性之间的关系是一种支配与从属的关系。

(3) 帕森斯的功能主义观点

帕森斯从家庭性别角色分化入手进行论述,他认为,社会分层产生于社会需要,家庭是功能性的社会组织,男女两性在家庭中担任不同的性别角色,确保了家庭发挥所需完成的功能。家庭内部功能的分化和分工形成了两性的相对权力和从事活动的类型,从而将妇女排除在"决定家庭阶级地位"的职业地位之外。

(4) 柯林斯的性别分层理论

美国社会学家柯林斯在其"性别分层冲突"(1971)一文和《冲突社

---

① [英]吉登斯:《社会学》(第4版),北京:北京大学出版社,2003年版,第376页。

会学》(1975)一书中,将社会分层的冲突理论应用于家庭,直接考察了家庭内部的性别分层,作出了系统的分析。柯林斯从三个有关性别分层的理论假设开始:(1)人类具有强烈的性驱力;(2)人类对于强制行为进行强烈的抵抗;(3)男人通常比女人高大和强壮。因此,男子成为性进攻者,女性成为防卫者,并被定位于男子的性财产。以此为基础,结合对历史上几种不同类型的性别分层模式的考察与分析,柯林斯概括了一套用于解释性别分层的形式化命题,以表明男女两性通过基于生物因素的资源占有的差异展开统治权的争夺,而这种争夺可以解释家庭组织和相应的意识形态的变化。把宏观层面的社会分层理论运用于家庭领域的两性之间,从微观分析的角度来阐释社会的分层、组织与冲突的过程,展示了柯林斯的新意。

(5)布卢姆伯格的性别分层理论

如果说柯林斯的性别分层理论是新韦伯主义的,布卢姆伯格(Race Lesser Blumberg)的性别分层理论则接近马克思主义的取向。布卢姆伯格的理论以不同社会类型的广泛经验知识为基础,其主要理论观点是,性别分层最终是由男子与妇女控制生产资料与剩余产品分配的相对程度决定的。这种控制赋予男女以经济权力,并影响了男女政治权力、声望及其他层次资源的水平。布卢姆伯格指出,这不仅是妇女经济参与和参与能力的问题,还在于这种经济参与是否转化为对自己生产活动成果的分配的控制。如果由妇女所从事的劳动具有较大的需求,尤其在策略性上是不可或缺的,如果亲属关系便于妇女继承、获得财产,如果宏观社会层面不明显地偏向于男性,妇女就可能获得经济权力,而妇女所能动员的经济权力水平与性别分层的程度负相关。

3. 女性的阶级位置

有关妇女阶级位置的归属是分层理论中的一个重要问题。西方传统的分层研究大多认为妇女在阶级结构之中的地位是派生的,即在家庭被作为分层体系的基本单位的社会中,是以家庭中男性户主的地位来替代女性地位,女性只是作为其父亲或丈夫的附属物进入阶级结构的。阿克(Joan Acker)曾在她的"妇女和社会分层:一种智识上的性别歧视"(1973年)

文章中，把关于女性社会位置的传统研究的基本假设归纳为6个：(1)家庭是分层系统的单位；(2)家庭的社会位置由家中男性家长的地位决定；(3)女人生活在家中，因此，她们的地位由她们所从属于的男性的地位决定；(4)至少从她在阶级结构中的位置这一方面来说，女人的地位等同于她男人的地位，因为家庭是等量衡量的单位（Watson & Barth 1964）；(5)女人只有当不附属于男人时，她们才自己决定自己的社会地位；(6)女人在许多方面与男子并不平等，在性别基础上的对于女人的评价也不同于对男子的评价，但是这对分层系统的结构来说，并没有什么意义。[1]

随着越来越多的妇女加入到劳动力队伍中去，围绕着女性是否具有自身独立的分层位置的争论成为了分层研究中的热门议题之一。作为新韦伯主义代表人物的戈德索普（John Goldthorpe）坚持认为，家庭依然是分层的基本单位，因为家庭作为将收入集中起来的消费单位，所有的家庭成员拥有同样的物质利益；虽然很多妇女进入劳动力市场参与经济活动，大多数家庭的经济命运仍更多地依靠丈夫的职业，所以已婚妇女的阶级地位取决于她们的丈夫。[2]作为新马克思主义代表人物的赖特（Erik Olin Wright）提出了"直接的阶级位置"（与个人的直接职业和对生产资料的个人所有权相对应）和"间接的阶级位置"（指的是个人与生产资料之间非直接的联系）这两个新概念，[3]他认为，家庭妇女的阶级位置完全由间接关系所决定，职业妇女的阶级位置则受到两者的双重影响，是直接和间接阶级关系的结合，并需要考察她们的阶级认同，看直接和间接阶级位置在相对重要性方面的差异。妻子的物质福利越少依赖于丈夫的职业，她自己的直接阶级位置也就相对更为重要。

---

[1] Joan Acker: "Women and Social Stratification: A Case of Intellectual Sexism", p. 937, The American Journal of Sociology, Vol. 78, No. 4, Changing Women in a Changing Society (Jan., 1973).

[2] 参见John Goldthorpe: "Women and Class Analysis: In Defence of the Conventional View", [J] Sociology, 1983, 17 (4).

[3] 吕鹏："社会分层中女性的阶级位置与阶级认同——对30年来西方社会学相关文献的综述"，《妇女研究论丛》2007年第4期，第68页。

总之,"阶级"和"性别"正更加缠绕在一起,性别越来越成为阶级分层的一个更为重要的特征,并对阶级分层具有重要的作用。

三、劳动领域中的性别分层

引入性别概念来分析市场力量对性别社会分层的作用,是理解劳动力市场中性别问题的重要一环。在分层理论中,经济往往被假设成中性的,即无性别的,其基础是工作和人之间的概念分离,或由经济决定的职业和由社会决定的劳动力属性的分离。但社会实践告诉我们,性别在劳动力市场上是至关重要的。不同工人群体的性别对于工作场所的冲突、工作的界定、技能标签的分配和报酬水平的高低都有重要影响。[1] 劳动领域中存在着明显的性别等级秩序和性别分层,通过展示工作进入、工作性质、工资收入和工作评价等诸多方面的性别等级化,或许能对人类如何在劳动过程中建构等级化的性别秩序略见一斑。

1. 工作进入

性别是一种社会结构,并与其他社会结构交织在一起和相互作用。男女在公私领域上的划分是性别结构和经济结构相互交织和作用的最佳例证。

公私领域的两分法是社会学传统框架的基础,并与男女性别角色相对应。传统社会学中占主导地位的帕森斯结构功能学说认为,核心家庭中男人担任工具性角色和女人担任表达性角色的这种分工能最大限度地满足工业社会的需求,从而出现了由外出赚钱养家的丈夫和待在家里持家的妻子组成的现代家庭的格局。男性和女性有着各自的特定领域,其中市场和带薪工作属于男性的领域,家庭和家务劳动则属于女性的领域。家庭和工作场所的分离,加之家庭中的经济责任和家务责任间的划分,意味着男人和女人是在不同条件下参与劳动力市场的,就业女性在劳动力市场仍被看作是以家庭为主的劳动力。"因此,妇女同工作和工业这一公共世界的结合

---

[1] L. Murgatroyd: "Gender and Occupational Straitification", p. 575, 《Sociological Review》, 1982 N. S. 30.

只能是部分的。"①

现代社会的经济制度在本质上规范了劳动力市场的非均等性,市场体系对劳动力的不同需求和劳动力市场制度内在的要求是要确立某种标准,以便区分主要工人和次要工人,性别就成为了划分劳动主次性的最自然的标准。男人成为了劳动力市场的主力军,女人的位置在家里,是被排斥在市场劳动之外的,她们是作为工业社会中的"劳动后备军""次要劳动力"进入劳动力市场。有研究表明,只是在某些工作去技术化时,或经济扩展时,妇女才得以进入劳动力市场,经济不景气时便被首先推出劳动力市场。

2. 工作性质

在劳动力市场上,男女劳动者有着不同的定位:

第一,劳动力市场存在着潜在的男性劳动力市场和女性劳动力市场,两性进入的是不同的劳动力市场部分,男性劳动力市场在主要部分,女性劳动力市场在次要部分。

第二,男女两性被分配不同类型的职业。大部分职业按性别分类是职业结构的一个中心特征。职业被界定为"男子气概的"或"女子气质的",进而被划分为"男性职业"和"女性职业"。如果男女跨越职业的性别类型的界限,就会受到抵制。性别标签对于特定职业的影响越是强烈,职业身份越是与性别身份相融合。②

第三,在职业的等级和级序方面,性别再次是差别的一个重要标准。男女劳动者从事不同内容和类别的工作,其工作层次和地位也不相同。在制度化的职业分层上,男子最通常地在较高等级的职业中工作,而妇女总是在较低等级的职业中工作。并且,在每一个职业群中,男子在高技能的和管理工作中有过度的代表性,妇女则在不大有技能的、地位较低的工作中有过度的代表性。就是在专业工作中,妇女也集中在专业等级较低和妇

---

① [英] M. 哈拉兰博斯、R. M. 希尔德:《社会学——课题与观点》,大学导师出版社,1980年版,转引自《外国女权运动文选》,中国妇女出版社,1987年版,第78~79页。

② Rosemary Crompton & Michael Mann (edited):《Gender and Stratification》,Polity Press,1986:160.

女为主导的职业。

总之,在职业的构造过程中,性别是一个核心的因素。性别影响着职业类别的构成,也影响了职业的分层。就像在社会中一样,男子在工作中占据了最强有力的位置,妇女获得的是"二等工人"的位置,她们所从事的"女性工作"的性质具有低技能、低等级、低地位、低报酬、少升迁机会和无发展前途等特点。

3. 工资收入

男女劳动者的工资收入也存在着明显的差别。雇主始终以不同于对待男性劳动力的方式来利用女性劳动力。在工业化的早期,制造业充分利用了妇女在次要劳动力市场的低薪地位就是一个典型的例证。英国银行还曾实行男女分开的薪资表,这个制度一直持续到了20世纪60年代。[①] 可见,妇女从一开始起就是作为廉价劳动力进入劳动力市场的。在劳动力市场上,妇女获得了"二等工人"的地位,这一地位被转化成价格,无论是以日、周或月为基础来计算,世界上所有国家的女性劳动者的报酬都实质性地低于男子的报酬。在每一个职业中,男子都挣得比妇女多,而且当男子从事的是"男性"职业时,他们的收入则更高。换言之,男子具有最高报酬的职业基本上都是男性集中的职业,这从另一个角度进一步显示了以女性为主的职业报酬较低。即使是价值相似的工作,主要由男子从事的职业也比主要由妇女从事的职业具有高得多的报酬率。男女报酬间的差别甚至要比同一性别的体力工人或非体力工人报酬间的差别大得多。[②]

4. 工作评价

每项工作最核心的部分就是价值,工作评价即评定工作的价值。它一般是根据完成工作所需要的不同技能水平,不同程度的责任和努力,以及

---

① Rosemary Crompton:《Women and Work in Modern Britain》, Oxford University Press, 1997: 107.

② 参见 Richard Anker: "Theories of occupational segregation by sex: An overview", p. 330/332,《International Labour Review》, Vol. 136, No. 3 (Autumn), 1997. Rosemary Cromption:《Women and Work in Modern Britain》, Oxford University Press, 1997: 45. M. Margaret Conway etc.:《Women and Public Policy: A Revolution in Progress》, A Division of Congressional Quarterly Inc. Washington, D. C., 1995: 73. L. Murgatroyd: "Gender and Occupational Straitification", p. 580,《Sociological Review》, 1982 N. S. 30.

所处的不同环境来确定。这四项价值要素的价值总值就是工作价值。进行工作评价，首先要对工作分类。性别是职业划分的一个核心因素，大部分工作被划分为男性工作和女性工作，因此，一个职业或行业的性别分布本身就会影响到这个职业或行业的价值。与男性工作相比，女性工作一般被认为技术含量低，担负的责任小，轻松，工作条件不太恶劣，创造的价值也比较低。在历史上，妇女从事的工作往往不受重视，不但一些职业的女性化和"去技能"有着紧密的联系，而且一旦女性占据某一职业，这一职业马上就贬值。例如，19世纪时，办事员工作曾是一种由男子垄断的技能性工作，后来它成为了以女性为主的非技能性工作，不但工作性质发生变化，社会声誉和价值也都下降。[1] 可见，"当工作按性别的界线进行划分时，不是工作本身决定它的价值，而是从事这项工作的人的性别。"[2]

---

[1] Sylvia Walby: "Segregation in employment in social and economic theory", in《Gender Segregation at Work》, edited by Sylvia, Open University, 1988: 25-26.
[2] Hunter College Women's Studies Collective: "Women's Realities, Women's Choices: An Introduction to Women's Studies", Oxford University Press, 1995: 460.

第三章
女性主义的相关理论

女性主义是意识形态，是妇女运动，也是一种学说，是主要以女性经验为来源与动机的社会理论。本章在介绍女性主义的起源和女性主义理论主要流派的基础上，着重对女性主义经济学和女性主义社会学进行阐述。

第一节 女性主义的起源和发展

女性主义思想的出现可追溯到15世纪，但作为一种学说则形成于20世纪70年代。

一、女性主义的起源

女性主义（feminism）一词[1]，最早出现在法国，来源于法文 feminisme。据研究，1880年创立法国第一个妇女参政会的法国女子奥克雷（Hubertine Auklert）首先公开提出了这个词汇。20世纪初，这一名词被法国女权运动者普遍接受，并开始在英美和世界范围内流行开来。大约于1910年，"女性主义"一词进入英语词汇。[2]

---

[1] feminism 也被译为女权主义。
[2] 顾燕翎、郑至慧主编：《女性主义经典》，（台湾）女书文化事业有限公司，1999年10月，第32页。

西方女性主义本身并不是一个完整严密的思想体系,在对其内涵的界定上,至今未达成关于女性主义可普遍接受的定义。波伏娃(Simone de Beanvoir)认为,女性主义是指独立于阶级斗争之外、专门为女性问题而斗争的主义。美国女权运动领导者凯特(Carrie Chapman Catt)对女性主义下了这样的定义:"反抗举世用法律或习俗强行阻扰妇女享有自由的一切人为障碍。"并声称,"像启蒙思潮与民主政体一般,女性主义是一种进化……没有领袖,也无须组织,而且因各地区的特殊需要与特定的宗旨而有不同的涵义。"① 美国学者柯特(Nancy F. Cot)在《现代女性主义的奠基》一书中,把女性主义界定为一个主要以女性经验为来源与动机的社会理论与政治运动。她指出,"女性主义"的基本含义是妇女角色的"彻底的社会革命",早期女性主义"有两个主导思想,即妇女作为人的解放和作为女人的解放,它的目标是消除妨碍妇女作为个人获得完全发展的一切障碍"。② 女性主义也被从广义和狭义的角度来解释,从广义上讲,女性主义可以概括为以消除性别歧视、结束对妇女的压迫为政治目标的社会运动,以及由此产生的思想和文化领域的革命;从狭义上说,女性主义是指以性别视角来看待和分析问题的一种方法论原则。③

自从15世纪开始,西方社会就有了专门论述妇女的权利和价值的文章,并零星地出现了一些女性主义思想和代表人物,如法国的彼森(Christine de Pisan,1364~1430年)被认为是全世界第一位女权主义者。④ 17世纪后,西方启蒙思想家提倡"天赋人权"学说,宣传男女平权思想,女性主义思想就在西方资产阶级民主思想的基础上孕育和发展了起来。17—18世纪的欧洲沙龙文化标志着近代西方女权意识的兴起,女性主义通常是以18世纪的启蒙时代思想家为起源。当时最有影响的两位女权思想先驱是法国的古日(Olympe de Gouges)与英国的沃斯通克拉夫特(Mary

---

① 顾燕翎、郑至慧主编:《女性主义经典》,(台湾)女书文化事业有限公司,1999年10月,第35页。

② Nancy F. Cot:《The Grounding of Feminism》, chapter 1, New Haven, Conn: Yale University Press, 1987.

③ 肖巍:"作为一种学术视角的女性主义",《学习时报》第292期,2005年7月4日。

④ 李银河:《女性权力的崛起》,文化艺术出版社,2003年版,第116页。

Wollstonecraft)。在法国大革命中,古日针对1789年签订的法国《人权宣言》将妇女排除在外的事实,发表了《女权宣言》(《Declaration of the Right of Women》,1790/1791年)。这份宣言将《人权宣言》中的人改写为女人和男人,提出了17项有关妇女权利的要求。虽然古日最终于1793年被杀害,但她起草的这篇宣言后来成为女权运动的纲领性文件,使妇女运动有了明确的抗争对象和目的,为女性争取权利掀起了第一次高潮。沃斯通克拉夫特所著的《女权辩护》》(《A Vindication of the Rights of Woman》,1792年)是19世纪之前少数几篇可以称为代表女性主义的著作之一。在300页的《女权辩护》声明中,她挑战卢梭的说法,指出女性并不是生来就比男性低等,并提出妇女应当在教育、就业和政治方面享有与男子同等的待遇。这些主张迄今是女性主义运动的基础,此份声明也把启蒙概念首次应用在女性身上,影响了英美19世纪最早期的女性主义,成为妇女运动的经典。

二、女性主义的发展

女性主义是理论与实践的结合,是"一种旨在消除两性不平等的理论和实践"。在女性主义思想的推动和指导下,催生了有组织的大规模妇女运动的出现。反之,妇女运动也为女性主义提供了丰富的营养和土壤,许多重要的女性主义思想和理论正是在妇女运动中孕育、发展和传播的。

国际妇女运动兴起于法国大革命时期,至今已有200多年的历史。从发展历程来看,一般认为,妇女运动经历了两次大的浪潮。妇女运动的雏形形成于1789年法国大革命中,即女性运动开始具有社会性质。19世纪的女性主义渐渐导致有组织性的妇女运动,至19世纪中叶,妇女运动的中心从欧洲转向美国。妇女运动的第一次浪潮被认为始于19世纪后半叶和20世纪初,其起点是1848年美国妇女在纽约州召开的美国第一届妇女权利大会,大会要求制订妇女权利的法案,并通过了一份《权利和意见宣言》,这次大会的召开标志着美国女权运动的正式开始。此后,各种妇女协会纷纷在世界各国涌现出来,到第一次世界大战时达到了最高点。妇女运动第一次浪潮的目标是为妇女争取选举权、受教育权和就业权利，尤其是已婚妇女的就业权。随着第一次世界大战的结束，在妇女运动的第一次浪潮进入尾声时，妇女在选举权、教育和就业方面都取得了极大的成就。

20世纪60年代，妇女运动再度形成第二次高潮。这次运动也发轫于美国，并持续到80年代。当时风起云涌的美国黑人运动、青年运动和反战运动为妇女运动的复兴提供了良好的社会环境。民权运动发出的"平等、自由、民主、正义"的呼声深深影响了妇女，但是美国妇女在积极投身于这些社会运动的实践中，却受到了性别歧视和不公正的待遇，妇女对运动中的男性霸权的失望成为了引发此次妇女运动的导火索。而现代西方女性主义先驱法国著名女作家波伏娃（Simone de Beauvoir）的《第二性》（《The Second Sex》，1949年）和美国著名妇女理论家弗里丹（Betty Fridan）的《女性的奥秘》（《The Feminine Mystique》，1963年），对妇女运动第二次浪潮起到了推波助澜和理论武器的作用。《第二性》是"有史以来讨论女人的最健全、最理智、最充满智慧的一本书"，是对近代妇女运动和理论的精辟总结，被誉为西方妇女运动的"圣经"。尤其是她在书中所说的，"女人并非生来就是女人，而是后天才成为女人"，成为妇女解放运动中的名言。弗里丹在《女性的奥秘》中打破了社会把女性囿于"幸福家庭主妇"的神话，号召女性从男性所制造的传统女性形象的种种"奥秘"中解放出来，唤起了新一代美国妇女的觉醒，"点燃了当代女权运动"，被视为20世纪美国妇女运动的开山之作和启蒙武器。弗里丹于1966年领导和创立了美国全国妇女组织（NOW），并担任其主席直到1970年。

此后，妇女运动的第二次浪潮迅速向欧洲各国推进。在英国，1970年举办了第一届妇女解放运动大会。在法国，妇女们积极参加了1968年"五月风暴"民权运动，然后又成立了"女权主义—马克思主义—行动"组织。此外，丹麦、冰岛等国家也作出了迅速回应。到1975年，联合国妇女大会在墨西哥城召开，确立"联合国妇女十年"（UN Decade for Women 1975—1985）①，世界各国妇女运动逐渐走向联合，成为全球妇女运动。

---

① "联合国妇女十年"是联合国倡议和主办的一项具有世界规模的妇女活动。

第二次浪潮的主要目标是批判性别主义，消除两性差别，实现两性平等，并把这种差别视为女性在两性关系中处于从属于男性这一地位的基础。妇女在运动中提高对于性别压迫的觉悟，冲破传统政治概念的狭隘定义，提出了"个人的就是政治的"（the personal is political）的口号，认为妇女关注的问题，如性、生育、婚姻制度、家务劳动等也是政治问题，强调个人的环境是由公共因素造成的，反对女性形式化的公民资格地位以及公私生活之间的严格区分。

第二次妇女运动浪潮带来的另外一个结果是妇女研究或女性主义的学术研究热潮的兴起。虽然有关女性的相关研究很早就已经出现，但直到这次运动中，妇女研究才正式被承认为一个独立的学术领域。在美国，20世纪70年代起，妇女研究开始系统地出现在许多大学的各种学科的课程中，并成立与妇女研究相关的科系和研究单位。女性主义凭借这次运动高潮，走进了西方高等院校与研究机构，而且作为一个特定的教学和研究领域逐渐形成规模。

女性主义的起源和发展进程表明，女性主义是意识形态，一种女性的精神立场；女性主义是社会政治运动，一种妇女的运动；女性主义是学说，一种以"社会性别"为核心概念的认识论和方法论。女性主义在这三个层面上的内容是交融在一起的，尽管在不同的历史时期其重点有所不同。

第二节 妇女研究和社会性别理论

妇女研究（women's studies）也称为妇女学或女性学，它以妇女为研究对象，以社会性别理论为最基本的分析概念，这也是其对社会科学方法论的重要贡献。

一、妇女研究

妇女研究是一个从妇女的角度出发进行理论与实践研究的跨学科领

域，它包括教学与研究，范围涉及社会科学和人文科学的所有方面，还涉及到自然科学研究的方法论等问题。妇女研究主要包括两个方面的内容：一是"关于妇女"（about women）——作为在不同学科领域工作的女性主义者，认识到有关妇女的知识一直受到漠视，因此强调女性研究的首要目标是将注意力集中于妇女。二是"为了妇女"（for women）——妇女研究不仅仅是有关妇女的研究，它还是为了妇女的研究，即参与妇女研究本身是一种带有政治色彩的行为，为寻找属于妇女的知识观点而提出挑战，进而推动变革，增强妇女控制自己生活的能动力量，并赋权予全体妇女，引导她们改变自己，也改变社会。[①]

西方女性研究大规模出现是在第二次妇女运动浪潮时期。在这一时期，西方国家妇女接受高等教育已经十分普遍，大量知识女性加入到妇女运动中来不仅为运动增添了理论色彩，也为这一运动走进校园、登上课堂、跨入学术界奠定了基础。

在短短的几十年中，妇女研究得到了迅速的发展，大致经历了以下四个阶段。

1. 从缺失到弥补

在20世纪60年代末，受到当时社会人权运动与妇女运动的影响，女性主义者发现，所有学科的知识都是无视性别的，学术知识只是将男性价值与经验作为人类生活的全部内容予以表现和描述。女性，作为人类历史一半的主体，成为了沉默的和被遗忘的群体，女性经验被有意漠视，一直被传统的知识体系所遗漏。女性主义者从批评传统学科中的女性历史及经验的缺失开始，挑战历史、知识领域以及文化制度层面对妇女的忽视，反省传统学术知识的代表性，质疑以男性为主体的学术研究所拥有的合理性，提出了以妇女为中心的研究、假设与探索方式，使妇女成为研究主体和研究对象。这种将女性包容进去以弥补现存知识的缺陷的努力，最初主要是借着大学的发展计划加到现有的各个系的课程内和通过妇女研究项目进行的。在美国，妇女研究于1970年作为正式的教学和研究领域出现在高

[①] 参见 Beryl Madoc-Jones & Jennifer Coates（edited）：《An introduction to women's studies》，Chapter1，Oxford UK；Cambridge，Mass.，USA：Blackwell Publishers，1996.

等教育机构,① 开始从课程、课本、教师队伍和专业等方面实现制度化。从此,人类一半的声音终于被承认,不可能再想象一部缺乏女性的历史是全部的历史,也不可能再想像一部哲学史中会没有女性的思考。与此同时,许多女性主义学术团体亦纷纷成立,对推动妇女研究学科的发展作出了积极的贡献。

2. 从边缘到主流

妇女研究在出现的时候,只是一个边缘学科。从20世纪70年代开始,妇女研究从学科体制到学术理论都进行了一场从边缘走向主流的革命,这个革命过程首先也是在高等院校中完成的。妇女研究在美国和欧洲一些国家的院校中,从最初建立妇女研究的教学机构,开设妇女研究的课程,逐渐发展到授予从本科到硕士直至博士学位的专门学位,以及产生专门的妇女研究机构。妇女研究不仅成为高等教育的一个有机部分,并且向学界主流存在的男性中心文化和知识权力进行挑战,使妇女的历史、经验和妇女的思想成为任何学科探讨的不可或缺的一部份。在这个阶段,一些女性主义学术先驱者的成果纷纷被接受,妇女研究的课题、理论和方法成为了高等院校日常的研究、学术和教学活动的一个组成部分,妇女研究作为一个独立的研究领域逐渐进入了教育和学术的主流。

3. 从解构到建构

妇女研究在20世纪80年代的发展,主要是质疑并审视以男性为研究对象所推出的传统理论的适当性,进而发展以女性经验为基础的新理论,全面地挑战男性意识所产生的知识体系。也就是说,重新认识和评价自我标榜为"客观"与"真理"、或被认为是理所当然的那些事情,并在批评中重新建立起新的主体,或新的理论。这一解构—建构的过程在妇女研究的学术发展中是非常突出的。

妇女研究从独特的性别视角出发,对西方整个学术传统和教育体制进行重新审视,对旧有论述的性别盲点进行厘清,对主要以占统治地位的男

---

① Hunter College Women's Studies Collective:《Women's Realities, Women's Choices》, Oxford University Press, 1995: 6; Mariam K. Chamberlain: "Multicultural Women's Studies in the United States", in《Women's Studies Quarterly》Vol. 22 No. 3&4, 1994, p. 215.

性的生活为基础、忽视和排斥了女性经验的传统学术提出挑战。女性主义学者质疑传统学术知识所预设的客观性,解构其偏颇的假设,包括每一学科领域的前提、理论框架、研究资料和结论解释等,并批判其性别主义倾向,发掘知识体系中的性别歧视与偏见,进而对现存理论作出修正。尤其是,妇女研究以性别这个类别来重新理解知识,提出新的问题与新的思考方法,通过建构女性主义知识图式和学术来扩大知识范畴,创造两性平等的知识体系,给人类带来认识论的彻底变革。在这个解构—建构的过程中,诞生了女性主义研究的各个支流学派和形形色色的女性主义流派。

4. 从单一性到多元性

20世纪90年代的妇女研究已成为一种学术资源,并且呈现出多元的思考风格、不同的研究方法与研究理论的多种流派相互冲撞和向多个方向发展的特点,从而把妇女研究推入了多元性的学术阶段。其主要表现为:第一,随着妇女研究队伍的壮大,黑人女性主义者积极加入妇女研究学科之中,改变了早期的妇女研究以白人中产阶级女性为主力的状态,并把"种族"这个类别引入到性别研究之中,促进了妇女研究对多元分析的应用。第二,差异(difference)概念的提出,导致了对妇女的不同性的研究。妇女研究不再假设一个抽象的普遍性的"女性",各国妇女有其不同的特色与发展以及需要解决的问题,必须注重其差异性和多样性,从而激发了90年代中期以来的第三世界女性主义理论的发展,"差异"也逐渐成为妇女研究的核心概念之一。第三,妇女研究提出以性别来重新理解知识,进而从"妇女研究"衍生出"性别研究"。性别研究的发展是如此迅速,不但有一些妇女研究系纷纷改名为性别研究系,而且进入21世纪以来,性别研究似乎呈现出欲取代妇女研究的趋向。这个变化标志着妇女研究的进一步发展,它不是仅仅限于对妇女的研究,而是包括了对男性、变性等性别的研究。

二、社会性别理论

社会性别是当代妇女理论的核心概念和女性主义学术的中心内容及最基

本的标识。虽然，今天的女性主义学术已包含着丰富的理论、多种的分析范畴和研究方法，但是对"社会性别"这个最基本的理论概念和学术研究对象有着一种普遍的认同。而且，社会性别作为一个有效的分析范式，是对社会科学方法论的一大贡献，或许这也是女性主义作出的最大价值的贡献。

社会性别首先是由美国文化人类学家盖尔·卢宾（Gagle Rubin）于1975年在"女人的交易：性的政治经济学笔记"一文中提出。她在该文中杜撰了"性别/社会性别制度"这个新词，并将它界定为"一个社会的'性别/社会性别制度'是该社会将生物的性转变为人类活动的产品的一整套组织安排，这些转变的性需求在这套组织安排中得到满足。"[①] 在《英汉妇女与法律词汇释义》一书中，给社会性别的定义是："社会性别一词用来指由社会文化形成的对男女差异的理解，以及社会文化中形成的属于女性或男性的群体特征和行为方式。"[②]

女性主义学者对西方知识体系挑战的一个显著成果就是在学术界建构起了社会性别理论和分析方法。社会性别理论以强调男女两性的社会差异为主要内容，以社会文化对于性别差异的影响为关注的重点，以分析两性关系为切入点，解构了现实中不平等的两性关系，提出了一系列新的概念和分析范畴，形成了关于性别问题的新的知识体系。

社会性别理论的理念是，女人不是天生的，所谓的"男子气概"和"女子气质"或男性特质和女性特质都不是一种自然的事实，而是被男权文化建构的。社会性别是性别角色的一种文化构成，是以社会性的方式构建出来的社会身份，是基于生理性别的男女两性在特定文化环境中后天习得的一套规范的社会期望和行为，即两性在社会文化的建构下形成的性别特征和性别差异。女性主义哲学家哈丁（Sandra Harding）将（社会）性别概括为三种涵义：第一是个体性别，这是性别身份认同的核心，也就是人们意识到自己是男人或女人。第二是结构性别，也就是作为社会组织和结构的总体特征的性别。第三是符号或文化性别，也就是特有的社会文化

---

① 王政、杜芳琴主编：《社会性别研究选译》，北京·三联书店，1998年版，第23页。
② 谭兢常、信春鹰主编：《英汉妇女与法律词汇释义》，中国对外翻译出版公司，1995年版，第145页。

情景中作为男人女人的规范性涵义。社会性别是通过社会制度安排、文化规范制约以及个体身份认同过程共同塑造的结果。①

社会性别理论的基本逻辑起点是,女性是一个受压迫、受歧视的"第二性"。这种压迫基于性别而产生,人们因性别决定劳动分工、工作待遇及行为方式,社会性别的这种不平等造成了社会性别歧视。社会性别研究的基本理论假设认为,社会性别不平等是人类有意图的产物,是男人利用财产、技术、地位和各种象征符号的策略,排斥和剥削妇女。②

社会性别把两性关系作为最基本的社会关系,它反映的是一种两性之间的不平等关系,其实质是一种权力关系。社会性别从分析两性关系入手,揭示这种差异和不平等的社会关系以及社会制度的根源与本质,成为了强有力的政治、经济和文化的分析工具。首先,社会性别揭示了两性关系的经济本质是生产关系的反映,主要表现为劳动的社会分工和价值体现所导致的两性在占有生产资料和劳动成果方面的不平等关系。第二,在政治层面上,社会性别揭示了两性关系是一种压迫妇女的体制化的、系统化的社会关系,是一种男性控制女性的权力结构。社会性别制度是以男性为中心的父权制。它规范了两性关系,并使性别成为除了阶级、种族等之外的一种基本政治形式。第三,作为一种社会文化分析工具,社会性别理论从两性的角度看待社会性别关系是如何在历史中被塑造和传承的。它认为现实存在的性别关系是某一历史阶段形成的男性霸权得以持续的结果。男性在政治经济上占据了优势地位,从而把男性的价值体系和意识形态当作整个社会必须信奉的价值和观念,以男性话语霸权和一套象征符号向人们进行灌输。这种以男性霸权意识为中心的社会意识形态不但通过文化演化,而且通过法律和政治经济制度不断强化。所以,人们在这种意识形态中形成的概念使得他们从男权的角度来描述这个世界,并且把这种描述混同于真理。

社会性别理论为女性主义学术研究开辟了新的视野,并逐渐成为社会科学领域中一个不可或缺的分析范畴,同时也对现实社会产生了极大的影

---

① 吴小英:"女性主义的知识范式",《国外社会科学》,2005年第3期,第36—37页。
② 潘泽泉、杨莉瑰:"社会性别视角下的女性发展研究",《现代妇女》理论版,2011年第4期。

响。在1985年举行的第三次世界妇女大会上，与会者首次提出社会性别主流化（gender mainstreaming）的概念。1995年第四次世界妇女大会通过的《行动纲领》更明确地强调了这一概念。国际社会和越来越多的国家逐渐认识到在两性关系上诸多以前遭到忽视的理论和现实问题的盲点，积极推动社会性别意识进入公共决策和公共管理，努力使社会性别意识主流化。1997年，联合国经济及社会理事会进一步给社会性别主流化做出了定义："社会性别主流化是指在各个领域和各个层面上评估所有有计划的行动（包括立法、政策、方案）对男女双方的不同含义。作为一种策略方法，它使男女双方的关注和经验成为设计、实施、监督和评判政治、经济和社会领域所有政策方案的有机部分，从而使男女双方受益均等，不再有不平等发生。纳入主流的最终目标是实现男女平等。"

社会性别理论是女性主义理论发展的结晶，女性主义的各个流派成为了社会性别研究得以拓展和丰富的理论基础。

第三节 女性主义的主要流派

在现代社会的大背景下，女性主义理论吸收了现代社会的思想精髓，揭示男女不平等现象，用女性观点解释其成因，提出促进两性平等的策略及行动，以求得妇女解放和性别平等社会的建立。其流派纷呈，观点各异。其中，自由主义女性主义、社会主义女性主义和激进女性主义被认为是女性主义的三大经典流派。后现代女性主义则是20世纪80年代后兴起的一个重要的女性主义流派。

一、自由主义女性主义

1. 起源和背景

自由主义女性主义在女性主义诸多流派中历史最为悠久，它兴起于19

世纪的西欧，深受法国大革命和启蒙运动的影响。自由主义女性主义不仅在时间上是所有女性主义流派的起点，在理论上也是其他各派的出发点或修正和改造的对象。

2. **思想和观点**

自由主义女性主义乃指由自由主义思潮发展而来的女性主义思潮。它从资产阶级启蒙思想中继承了自由、平等的理念和理性主义、个人主义的思想，并把这些理念和思想加以延伸，将之扩展到妇女身上。例如，她们认为，理性是人类的共同本质，理性的能力被认为是人类区别于动物的主要特征，妇女是人，和男人一样也具有理性，一样是可以做出理智判断、自我谋划的理性的自律者，所以应当和男人一样得到尊重，只是教育机会的不均等才造成了两性之间在理性上的差异。自由主义的基本方法论是个人主义，即采用了以人为本，以人为出发点的论证方式。人存在于世界上的目的与意义，必须由个人自己决定。女性应该有自主、自我决定的权利。女性的存在本身就是一种目的，其生存目的必须以自我实现和自我潜能的发展为优先，而不只是为了做妻子和母亲而存在，更不是只有依附在男性的地位之下。自由主义的核心原则是平等，人人生而平等，女性跟男性一样都是自由平等的人，应该有均等的机会与男性公平竞争。女性从属性的根源在于妇女被阻止进入公共领域和在公共领域受到阻碍其取得成功的一组习俗和法律的限制。如果制定公平的游戏规则，"……如果女人得到了与男人同等的竞争机会，她们将会成功。"[1]

3. **主张和策略**

自由主义女性主义不反对自由主义资本主义的体制，其宗旨是在现行政治、经济制度下争取妇女的平等权利，要求社会"主流"把妇女包括进去，在机会均等的原则上同男子平等地竞争。"为了获得自由主义政治理论中赋予男性公民的一切人权，自由派女性主义者倾向于否定男女的差异，强调男女的共性。在她们看来有了'男女都一样'这个前提，社会就没有理由拒绝把给男子的权利扩大到妇女。"[2] 在实践中，自由主义女性主

---

[1] 李银河：《女性权力的崛起》，文化艺术出版社，2003年版，第148页。
[2] 王政：《女性的崛起》，当代中国出版社，1995年版，第116页。

义者主张通过为妇女争取教育、就业、经济、参政等方面的权利和相应的法律改革来消除对女性的限制，促进女性在社会上的地位平等。她们把国家看成是一个中立的无利益取向的仲裁人，所以希望通过国家的政策和法律干预，使女性处于更好更合理的社会结构之中。

自由主义女性主义者的研究角度虽然存在差异，但她们都强调社会地位的取得应凭个人能力，至于个人能力的高低可藉市场竞争获得公平酬赏。因此，她们强调选择的自由、个人主义以及机会均等的基本原则；强调妇女个人素质的提高、自强自立和对社会的贡献，认为只要妇女显示出实力和作出贡献，自然就会得到社会承认；而且都假设妇女在社会中的障碍可以通过个人的努力和政府的干预而得以克服。

4. 代表人物和著作

沃尔斯通克拉夫特（Mary Wollstonecraft）（1759—1797）是早期自由主义女性主义的最主要代表人物，其代表作是《女权辩护》。她猛烈抨击卢梭关于妇女缺乏（男性）理性的男性中心论，指出男女潜力其实均等，只不过女性在教育与工作上受歧视，未能尽展其才。她在书中所概括的关于由于缺乏教育与机会而形成妇女受压迫地位的观点成为了自由主义女性主义的核心理论。她还极力强调女性要发展理性，培养独立自主的人格。

穆勒（John Stuart Mill；1806—1873）被认为是自由主义女性主义的奠基人之一。他在1869年发表的名著《妇女的屈从地位》（《The subjection of women》）中主张，"应从法律上维护女权，赋予妇女选举权和参政权，提高妇女素质，接纳妇女进入迄今为男人独占的一切职务和职业。"他认为这样做的结果，整个人类关系将得到普遍的整顿，人类的天性将得到极大的好处。他的一系列主张是继沃尔斯通克拉夫特之后对自由主义女性主义理论的重要发展。

当代自由主义女性主义的主要代表人物是弗里丹（Betty Fridan）、奥金（Susan Okin）等。

5. 缺陷和批评

首先，自由主义女性主义被认为是否认阶级压迫的存在，其追求的男女两性平等只是把父权制下的男性权利扩展到女性，对原有的社会体制只作改良不作改革。而且,自由主义女性主义的平等和自由理论仅限于平等机会、个体权利和选择的自由,没有考虑到社会关系的复杂性,对现存的政治、经济和社会制度的基本结构没有进行根本的思考,因此不能解释性别不平等产生的真正原因。

其次,自由主义女性主义被认为,为了追求两性的平等待遇和平等机会,过于强调男女的无差异性和淡化女性的特性。其所主张的平等实际上是以男性为标准的平等,忽视了女性的特别需求和女性品质所特有的价值。此外,自由主义女性主义强调个人主义,过分强调个人的价值而不是整体的价值,主张妇女解放要靠每个人的个人努力,忽略了女性群体在现实生活中所处的不利地位,忽略了集体力量以及国家和社会应承担的责任。

再次,自由主义女性主义被认为,其对女性不平等地位的分析只限于公共领域,忽略了对于私人领域的探讨,尤其是私人领域中的权力关系的探讨。

最后,自由主义女性主义被认为主要适用于中产阶级白人妇女群体,其所争取的许多权利是空洞的,因为大部分妇女尚缺乏行使这些权利的条件。

二、社会主义女性主义

1. 起源和背景

社会主义女性主义由英国女性主义者最先倡导,主要出现于20世纪六七十年代的左派运动。1966年,英国的米切尔(Juliet Mitchell)在"妇女:最漫长的革命"一文中,最早将马克思主义与女性主义相结合。70年代中叶,美国开始出现一些小型的社会主义女性主义组织。1979年,美国第一部社会主义女性主义论文集《资本主义、父权制与社会主义女性主义的状况》出版,表明社会主义女性主义成为了70年代女性主义的一个重要组成部分。

2. 思想和观点

社会主义女性主义的理论基础是马克思的阶级压迫理论和社会制度理论。按照马克思主义理论,妇女的压迫不是个人的,而是整体的,妇女是作为一个阶级被压迫。阶级压迫是基本的压迫形式，资本主义是妇女受压迫的根源。但是社会主义女性主义认为马克思主义存在着社会性别盲点，专注于剖析阶级剥削及资本主义制度本身对妇女的侵害，却忽视了男人对妇女的压迫，阶级内部存在的男女不平等。

社会主义女性主义也同意激进女性主义关于父权制是压迫妇女的根源的看法，并赞成改变整个社会制度。两者的区别在于，激进派明确地把反对父权制放在首位，而社会主义派则试图把这一斗争同反对资本主义制度的斗争结合起来，但不认同男性和女性的利益是根本对立的。

社会主义女性主义吸收了马克思主义女性主义和激进女性主义的观点，将阶级压迫和男权压迫视为妇女受压迫的主要根源，强调女性受压迫源于资本主义父权制，是制度与性别的合力，关注于阶级压迫和性别压迫在当代社会中相互作用的方式，资本主义制度和父权制之间互相依存的关系，指出妇女必须同时在两个战场进行战斗，才能从压迫她们的力量中解放出来。在这个意义上，社会主义女性主义超越了马克思主义单一的经济角度分析和偏激的激进女性主义理论。

3. 主张和策略

社会主义女性主义不认为均等的机会能够消除对妇女的压迫，而是认为必须改变整个社会结构，真正的性别平等才有可能。

社会主义女性主义也不相信消灭私有制的经济革命能够消除对妇女的压迫。虽然它非常强调同阶级压迫展开斗争，但主张将女性主义的斗争融入反对资本主义的斗争，如果抛开女性主义对资本主义和男权的斗争都不可能成功。它还提出对于资本主义生产模式得以维持的分析不能仅仅专注于在对生产领域中资本和劳动力的关系，还应该考察在家庭领域中所进行的再生产过程。

社会主义女性主义同样也不认为对生育权的控制能够消除对妇女的压迫。她们赞同将私人与公共领域的划分、生殖与生产领域的划分看作是男权制的结构，但是她们强调公共和私人这两大领域之间的不可分割性，并主张不应当有一个独立于全体政治之外的女性主义政治。

社会主义女性主义关注女性参加社会劳动的问题、男女同工同酬问题、家务劳动问题、家庭与母职问题等。它认为妇女无论是外出工作或在家操持家务，都应当得到等同尊重，并主张国家应付给专职家庭主妇薪水。其社会改革的策略有再生产自由和妇女组织独立等。

4. 代表人物和著作

米切尔（Juliet Mitchell：1940—）是社会主义女性主义的最重要的代表人物之一。1966 年，她发表的"妇女：最漫长的革命"文章被认为是社会主义女权主义的奠基之作，是女性主义理论史上的经典之作，也是妇女运动第二次浪潮的一个纲领性文献。在文中，她将妇女受压迫的机制概括为生产、生育、性和社会化四大类，它们既是相互对立又是相互依存的，要实现妇女的解放，就必须改造这四个方面的结构。

另一位社会主义女性主义的代表人物哈特曼（Heidi Hartmann：1945—）在其被广泛引述的著名文章"马克思主义与女性主义的不幸婚姻"中[①]，既批评了传统马克思主义的性别盲点，也批评了激进女性主义的阶级盲点。她从男性在家庭内外控制女性劳动力的角度重新定义了父权制这一范畴，把父权制和资本主义之间的关系说成是"伙伴"关系，把资本主义和父权制看作是相互依赖、相互强化的两个制度。她认为，父权制的基础是性别分工，父权制社会的物质基础是男性对女性劳动的控制，并由此而产生了家庭和社会中的性别关系，资本主义则将这一关系合理化。父权制作为男人和女人之间的关系体系存在于资本主义之中，资本积累既使资本主义适应父权制社会结构，也有助于使它永恒化。哈特曼提出，女性解放就是要把这两种制度都消灭。

5. 缺陷和批评

对于社会主义女性主义的批评指出，它将家庭体系与资本主义需求联系得过为紧密了，对家庭关系的理解过于简单化，家庭关系不会是简单的资本家和工人的关系。而且它趋于将性别关系从属于经济生产关系的地位，过分强调妇女的工作如何决定她们的地位，对与工作无关的其他妇女

[①] H. Hartmann：" The Unhappy Marriage of Marxism and Feminism：Toward a More Progressive Union"，in L. Sargent（ed.），《Women and Revolution：A Discussion of the Unhappy Marriage of Marxism and Feminism》，Boston，1981：1 - 41.

问题的关注不够。

三、激进女性主义

1. 起源和背景

激进主义产生于20世纪60年代妇女解放运动的实践。当时，新左派中的女性成员不满于新左派社会主义者的保守作风和民权团体对于她们的态度，因而发起成立了强烈认同当代女性运动的一个派别，最初是在美国的纽约、波士顿等地，然后逐渐扩展到欧美各地。其所用的名称激进（radical）一词，一方面表达了对妇女的压迫是其他压迫的基础的主张；另一方面则表现了她们较自由主义女性主义更具革命性和进步性。

2. 思想和观点

激进女性主义最基本的观点是把对女性的压迫视为最基本最普遍的统治形式，认为女性所受的压迫是剥削形式中最深刻的，且是其他各种压迫的基础。激进女性主义最主要的理论建树是创造了父权制理论。她们认为，无论在资本主义还是社会主义的经济制度下，女性地位都是低下的，女人是作为女人而不是作为性别中立的无产阶级成员而遭受经济压迫的。父权制这一体系不可改造，只有将其根源清除消灭，妇女才能得到解放，在父权制结构内部提高女性地位只会延续现存的统治制度和不平等。

按照激进主义，在父权制的社会体系中，性别关系是以权力为基础的，女性作为一个群体同男性利益相对立，无论在物质还是在精神上男性都统治并控制着女性。性别压迫问题不是父权制的社会关系如何与资本主义或种族主义相互作用，而是父权制如何创造能够使其他形式的压迫产生的环境。因此，激进女性主义并不致力于争取与男性的平等，而是拒绝男性，包括他们的价值和他们所创造的制度，尤其是要消除父权制建构出来的社会性别制度，在一个男性中心的社会争取女性的中心地位。

激进女性主义还认为妇女受压迫的基本根源是男性对女性身体的统治，这种统治是通过意识形态的途径（如贬低女性的思维定式等）和实践的途径（如以男性为中心的婚姻和财产法，剥夺女性的生育权利等）来实现的。唯有通过"生物革命"才能根除性别不平等的来源。其中,自由派认为应该以人工生育方式代替自然生育方式;文化派则认为妇女力量的终极源泉在于她们孕育新生命。

3. 主张和策略

激进女性主义在批判父权制度的同时,也试图寻找理想的性别角色。有不少激进女性主义者的理想是建立一个双性一体的平等社会,其中"取消派"是将男女自身文化范畴都取消,"融合派"是把男性和女性的好品质融合在一起,构成一种双性气质。但这种男女同体的主张,在1970年代后期开始受到批判,许多激进女性主义者认为期望男女都成为"中性"并非是解决性别压迫问题的方式,她们认为女性有其自身不同于男性的优越特质,因此致力于创造妇女的空间,主张从妇女的"经历"中总结出以妇女为中心的"妇女文化"和"妇女价值观",其中激进女同性恋者(Radicalesbians)便是这种主张的实践者。

性和身体是激进女性主义极为关注的领域。激进女性主义把基于生理上的性别压迫作为最根本的压迫,主张利用技术发展来消除性别生理差异,比如利用避孕技术、试管婴儿、人工授精及无性繁殖这类科学技术的进步,使男女之间的生理差异不再具有意义,从而使妇女得到真正的解放。此外,为女性争取堕胎权也是激进女性主义活跃的主要舞台。

激进女性主义还活跃在和平、生态、生育权利、反对淫秽色情作品以及争取同性恋权利的运动等方面,并致力于为被强奸女性设立救助中心和为受暴女性提供庇护所的工作。

4. 代表人物和著作

激进女性主义的代表人物有费尔斯通、米利特、摩根等。

费尔斯通(Shulamith Firestone: 1945—)被称为第一个激进女性主义者,她的代表作《性的辩证法》(1970年)被誉为对女性受压迫进行系统分析并解释其根源的最早尝试之一。她在这部著作中提出妇女是作为一个性阶级而存在的,男性对性生活和生育的控制是妇女受压迫的主要原因。男女在再生产(生育)过程中扮演着非常不同的角色,正是这一点导致了"阶级起源的第一次劳动分工,也提供了基于生物特征的等级歧视制度范式"。她下的结论是：女性解放要靠"生物革命"和与此有关的一系列技术进步，这一革命不仅要使婴儿的养育脱离人奶，而且要使生育过程脱离子宫，这样才能真正消除女性对男人的体力的依赖，而这一依赖恰恰是女性依从地位的生理基础。

米利特（Kate Millett：1934—）是最早将父权制这一概念引入女性主义理论的人，她在享有盛名的《性政治》（1970年）一书中提出了"父权制"理论，把两性关系归结为一种政治关系，认为女性受压迫的核心是"父权制"，男性通过"性政治"支配女性。她认为父权制的男女关系是一切权力关系的范式，父权制确保了男人对女人实行统治的各种制度及相应的价值观念。所以，妇女的解放是要在一切领域、一切社会体制中改变男女之间的社会关系和权力结构。

5. 缺陷和批评

对激进女性主义的主要批评是：在理论上，激进主义女性主义存在着非历史（如父权制泛化）和非科学（如认为性压迫是一切其他形式的压迫的根源）的地方。它并不是旨在争取与男性的平等，而是拒绝男性，可以说是以"母权制"为发展方向的（Dale & Foster, 1986）。后现代女性主义则认为，激进女性主义把男女两性的两分状态固定化了，把男权制的压迫和限制当作一个静态的概念来看待。

四、后现代女性主义

1. 起源和背景

在女性主义三大主要流派经历了长达百年的争论之后，随着西方国家进入后工业化社会的进程，20世纪80年代出现了一个崭新的理论流派，这就是后现代女性主义流派，有的理论家甚至将这一新流派的出现称为女性运动的"第三次浪潮"。[①] 当时，女性主义正处于低潮之中，基于自身理

[①] D. H. Coole：《Women in Political Theory, From Ancient Misogyny to Contemporery Feminism》，Harvester Wheatsheaf, 1993：184. 转引自李银河：《女性权力的崛起》，文化艺术出版社，2003年版，第178页。

论和实践发展的需要，女性主义吸收了后现代主义的有益营养，发展为后现代女性主义。

2. 思想和观点

后现代女性主义受到了后现代主义大师福柯（Michel Foucault）、拉康（Jacques Lacan）、德里达（Jacques Derrida）等的各种后现代主义理论的重要影响，并从存在主义者波伏娃那里受到了启发。由于后学的冲击，女性主义理论发生了重大转折，从内容到方法都更多地强调多元，关注边缘，反对普遍化的、统一的宏大叙事，崇尚解构和"非统一性"。[1]

后现代女性主义反对有关人类社会发展规律的宏大理论体系，主张只有分散的、局部的、小型理论才是有效的。它反对对性别、种族、阶级作宏观分析，认为这些分类都过于概括了。它还提出整合的思维模式，从根本上反对西方知识结构中最为根深蒂固的二元论，提倡多元的模式。

后现代女性主义挑战本质主义，认为所有的群体类别都应加以解构，即使是基于差异的群体也不具有同一种声音或同一种观点。它否认传统的男女二元对立，认为男女之间有差异，女人之间更有差异，不存在可以代表不同妇女的"妇女"，强调要坚持"女性"视界的多样性和差异性。按照后现代女性主义，社会性别差异与其它社会差异是交叉存在的，而且差异、尤其是多样的差异已经代替平等，主张要保持"差异性的平等"或"多元的平等"。

后现代女性主义认同和赞扬女性的"他者性"，认为没必要"超越"他者性，因为他者性使得女性能站在超然立场，剖析真理，以局外人的立场批评主流文化的社会规范、价值和实践。后现代女性主义强调边缘性，试图从边缘即中心的解构主义理论的观点出发，跨越男性与女性、白人与黑人、文化与自然、异性恋与同性恋等的边界，主动成为边缘人，从边缘去解构位于中心的权力结构。

后现代女性主义的实质就是为女性寻找新的立足点，一个新的话语空间。后现代女性主义按照后现代主义关于话语就是权力的理论，将理论概

---

[1] 参见［美］乔治·瑞泽尔：《后现代社会理论》，谢立中等译，华夏出版社，2003年版，第9章。

念的重心从"结构"改变为"话语",主张创造一种女性的话语,以话语为中心而不是以生理学因素为中心来建构性别差异的意义,给行为加以语言规定以保证妇女权力。①

3. 主张和策略

后现代女性主义强调女性内部的差异,主张应从性别、种族、阶级及性倾向的交叉性中关注女性的地位。它非常重视对边缘群体的关注(如同性恋者),并致力于实现各种不同身份的女性在性别方面的平等,而且认为个人赋权感比集体的政治责任感更为重要。

后现代女权主义的一个斗争方式是用女性的话语创建女性文化,争取和掌握女性的话语权,成为话语的主体。它认为,在二元论的框架内所进行的保护妇女权益的制度设计,都只是在表面上体现了对女性的特别照顾。根据话语/权力理论,只有当女性分享了话语权力的时候,即只有当理论界中的主体不再是唯一的男性,以及女性和其他被排斥的他者得以进入历史并为自己书写历史时,在生活里的法律、道德、伦理等各种社会规范才能真正做到男女平等。

4. 代表人物和著作

巴特勒(Judith Bultler:1965—)是20世纪90年代西方重要的后现代女性主义理论家,她开启了女性主义向后女性主义转型的进程,是当今西方首屈一指的酷儿理论家。她最著名的理论体现在关于社会性别是如何形成和被认知的研究,即"性别操演"(gender performativity)理论。该理论主要在《性别烦恼:女性主义与认同的颠覆》(1990年),《至关重要的身体:论"性"的话语界限》(1993年)和《废除性别》(2004年)三本书中得到阐述和展开。它们被认为是与波伏娃的《第二性》同等重要的著作。巴特勒对女性主义的贡献在于她延伸了波伏娃"女人是造就的"观点,解构了生理性别与社会性别的对立,提出了以性别操演的方式来重建主体。

克里丝蒂娃(Julia Kristeva:1941—)是最重要的结构主义者之一,法

---

① 参见徐颖果、殷茵:"西方女权主义理论的多元发展";《宁波大学学报(人文科学版)》,2009年1月,第22卷第1期。

国符号学运动的领军人物,20世纪70年代起开始走向女性主义批评和精神分析领域,写了大量以女性主义为主体的作品,代表作有《中国女性》(1975)、《圣母悼歌》(1977)、《真实与现实》(1979)、《女性的时间》(1979)等,被认为是后现代女性主义的代表。克里丝蒂娃的研究对女性主义的发展具有重要意义。她孕育了一种以母性为中心的女性异质伦理学,将社会关系内化到心灵中。她还在政治女性主义与极端女性主义之外寻找女性主义"第三条道路",期望一种不会以大写的"女性"概念抹煞女性的个体性与特殊性的新的女性主义。她的性别理论以符号和象征的差异为基础,将身体视作文化建构,动摇了将社会性别与生理性别一分为二的做法。

5. 缺陷和批评

对后现代女性主义最尖锐的批判指向它的非政治或后政治倾向。而且,它无视普遍性、同一性、一致性、主体性的结果恐怕会导致女性主义本身的解构,而不是建构。此外,后现代女性主义还被认为因抽象晦涩而远离了普通妇女。

第四节 女性主义经济学

女性主义以其独特的视角对传统经济学进行了挑战,并在经济领域中建立了一个崭新的学科——女性主义经济学。

一、女性主义经济学的兴起

对女性经济问题的关注最早可追溯到19世纪末,当时穆勒(John Stuart Mill)在《妇女的屈从地位》(1869年)中对妇女的二等经济地位作出了经典论述,吉尔曼(Charlotte Perkins Gilman)则在《妇女与经济学》(1898年)中提出妇女取得经济上的独立是男女平等的根本条件。但是纵观历史，经济学家对女性问题的论述微乎甚微，女性主义研究在经济学中基本上是一个空白。由于20世纪60~70年代的三个相互关联的发展，推动了女性主义在经济学中的兴起。第一，妇女参与有报酬工作的快速增加；第二，单身母亲数量的不断增加；第三，女性主义意识形态复苏，产生了对于公共政策的变化的需求。[1] 特别是在妇女运动第二次浪潮时期形成的女性主义学术研究的热潮中，女性主义力量在社会科学领域里日渐增强，并逐步渗透入各个学科。1971年激进政治经济学联合会（URPE）成立了现代经济学中第一个妇女组织——妇女组织委员会（Women's Caucus），翻开了经济学中关于女性经济问题研究崭新的一页。[2] 1992年女性主义经济学国际学会（IAFFE）的成立更是标志着女性主义经济学的正式崛起，经济学中的女性主义思想获得广泛认可。1993年，女性主义经济学的代表人物纳尔逊（Julie A. Nelson）和弗博（Marianne Ferber）合作出版了《超越经济人：女性主义理论与经济学》，开启了女性主义与经济学的对话。[3] 在短短的20年时间里，女性主义经济学建立起了自己的学科，成为经济学研究中的一个新兴领域。

二、女性主义对主流经济学的批判

1. 经济学研究的主题和内容

主流经济学的核心论题是市场，其研究范围限定于公共领域中的市场活动。女性主义经济学用社会性别视角审视主流经济学，指出人类活动可以划分为公共和私人两大领域，传统上它们分别被界定为男性活动领域和女性活动领域，主流经济学用市场化作为界定经济学科的标准限制了经济学的研究领域，把大量非市场的、由妇女参与的活动视为没有经济价值

---

[1] Barbara R. Bergmann: "Feminism and Economics",《Women's Studies Quarterly》, 1990: 3-4, p.68.

[2] Janice Peterson, Margaret Lewis:《The Elgar Companion to Feminist Economics》, [M] Edward Elgar, 1999: 540.

[3] 贾根良:《西方异端经济学主要流派研究》，中国人民出版社，2010年版，第164—165页。

的，从而把妇女排除在经济学研究对象之外。经济学研究对女性和女性活动的这种排斥，使标榜为中立的经济学从根本上服务于男性主宰的世界。

2. 经济学模型假定

主流经济学模型的核心是自利、独立、理性的"经济人"在外生既定的约束下做出最优化选择的假定，它是一切经济理论的基本前提。

女性主义经济学不仅认为这一抽象假定与现实中的人类行为不完全一致，还通过性别分析揭示了这种模型是建立在对社会性别和价值判断的认知及文化理解的基础之上的。"经济人"假设隐含着一种男女对立的二元思想，即男性的自利、独立和理性，分别与女性的利他、依赖和感性相对立。这种思想又将男女各自的特征和价值判断的优、劣联系起来，[1] 据此，女性的行为和活动被认为是不重要的而被排除出经济人的范畴。可见，"经济人"的行为假定内含着男性中心，是以男性为原型塑造出来的，无法反映女性的行为特征，没有把男女两性作为平等的经济主体纳入经济学研究的模型。

福布尔（Nancy Folbre）和哈特曼（Heidi Hartmann）比较了市场中男性的自利动机和家庭中男女双方的利他动机，指出市场中有利他行为，家庭成员也怀有利己动机。[2] 事实上，经济运行中人与人之间既有竞争，又有合作和关爱的特征。纳尔逊（Julie A. Nelson）研究了"理性"概念中的性别偏见，论述了经济人"独立性"假定中的社会性别问题：人要由母亲生育、抚养，在家庭和社会团体中经历社会化过程，并持续地依靠各种帮助来维持生存；这些方面被忽视是因为它被看作为"妇女的专门"工作[3]；在实际生活中，母亲的行为尤其不符合理性、利己模型。

此外，主流经济学模型强调"选择"在经济生活中的作用。据此，对一个人有酬工作的成功起至关重要作用的有许多选择；如果作决定的人是

---

[1] 朱成全、崔绍忠："社会性别分析方法与女性主义经济学研究"，《上海财经大学学报（哲社版）》，2006年第5期。

[2] Nancy Ferber and Heidi Hartmann: "The Rhetoric of Self-Interest: Ideology and Gender in Economic Theory", in Arjo Klamer etc (eds.), 《The Consequences of Economic Rhetoric》, Cambridge: Cambridge University Press, 1988.

[3] Julie A. Nelson: 《Feminism, Objectivity and Economics》, London: Routledge, 1996: 31.

女性，这个人的理性选择则被认为受到了她"家庭责任"强有力的制约。该思路导致了把妇女在有报酬工作中的低下地位看作是她们对生物现实和社会现实的一种良好的和必要的适应，而不是由于雇主的偏见和恶意行为。女性主义经济学家趋向于强调对于选择的制度性限制，以及指导选择的社会习俗和惯例等。①

3. 经济学的研究方法

为了把自己界定为客观的和价值中性的理论，成为最接近自然科学的精密学科，经济学中的实证方法论主要采用的研究方法是定量分析，大量使用了形式化的数学方法和复杂的计量经济学技巧，强调演绎逻辑。

女性主义经济学家认为，经济学的这一研究方法所追求的客观性只是男性化的客观性，是"男性方法"的代名词而已。因为传统的经济学研究将妇女的活动排斥在分析研究的范围之外，妇女在家庭中从事的大量无酬劳动，不被纳入国民收入的核算体系，此种统计数据无法体现妇女劳动的价值，包括妇女的家务劳动和抚养孩子等劳动的价值。②

三、女性主义经济学的主要理论观点

女性主义经济学的中心议题是将性别的社会构建思想引入经济理论，采取社会性别的视角，构建新的经济理论体系来研究与妇女生活密切相关的经济活动，探索女性在经济活动中所遇到的不平等问题。女性主义经济学家对这些问题的研究主要体现在家庭、劳动力市场和教育等方面。

1. 家庭问题

主流经济学范式在分析家庭问题方面比较有代表性的是贝克尔等人的"新家庭经济学"和博弈论对家庭经济的研究。

女性主义经济学认为，虽然新家庭经济学揭示了家庭关系的父权制基

---

① Barbara R. Bergmann: "Feminism and Economics", 《Women's Studies Quarterly》1990: 3 - 4, p.70.

② 朱成全、崔绍忠："社会性别分析方法与女性主义经济学研究"，《上海财经大学学报（哲社版）》，2006 年第 5 期。

础、妇女的依附地位和家庭中的利他主义行为,但掩盖了家庭内部的冲突与合作关系。例如,新家庭经济学用"比较优势论"和"理性选择理论"来解释家庭内部的决策和分工,其核心思想是,家庭中的劳动分工是作为家庭成员理性选择的结果而出现的,按男女各自的优势在家庭和市场上的分工是合理的和效率最高的一种社会分工方式,优化了家庭资源配置。女性主义经济学对其中所使用的理性化概念、尤其对女性于实际家庭生活中可在多大程度上对家务劳动和市场劳动进行自由选择提出了质疑,并指出家庭内部的这种分工方式实际上创造了性别化的经历和体验,是性别分化的过程制造了男性和女性在从事不同活动上的所谓"偏好",这种偏好并非是女性的理性选择。[1] 女性主义经济学还认为,新家庭经济学简单地把商品市场的"比较优势"原则套用于家庭内部的专门分工,它只强调家庭内部的经济因素,而忽略了外部因素和非经济因素对家庭决策和分工的影响;并指出男子在市场工作中所声称的优势是产生于市场上对妇女的歧视,以及当妻子工作时男性通常都拒绝接过公平份额的无报酬家庭工作。[2]

博弈论对于家庭经济分析是用合作和非合作模型方法分析了家庭中的合作行为。女性主义经济学认为,虽然它将男女双方置于平等的博弈位置上,取代了比较优势假说,但其最大缺陷是忽略了性别分析,而且孩子作为家庭的重要成员也遭到了忽略。[3]

女性主义经济学在批判主流经济学家庭理论的基础上,提出了新的分析方法和见解。多尔弗斯玛(Wilfred Dolfsma)和霍佩(Hella Hoppe)在"论女性主义经济学"(2003)一文[4]中系统地阐述了女性主义经济学对于家庭内部决策和分工的理论观点,主张将权力和冲突的概念引入家庭的经济分析,把家庭决策看作是一个受权力关系支配的讨价还价过程,从而抛弃将家庭作为一个整体或合作性单元的理论观念。她们指出,妇女在家庭

---

[1] 黄宇:"家务劳动的女权主义批判考察",《河北法学》,第25卷第5期,2007年5月。
[2] Barbara R. Bergmann:"Feminism and Economics",《Women's Studies Quarterly》1990:3-4, p.72.
[3] 贾根良、刘辉锋:"女性主义经济学述评",《国外社会科学》,2002年第5期。
[4] Wilfred Dolfsma, Hella Hoppe:"On Feminist Economics", Feminist Review (2003) 75, 118-128.

中所从事的"照料"和"关爱"工作已成为"经济"的一部分——"照顾经济"（女性主义经济学的核心课题之一），它不仅是社会再生产活动，而且也服务于剩余价值创造。女性主义经济学家还提出研究家庭问题的新的分析方法，如阿玛蒂亚·森（Amartya K. Sen）和比纳·阿加瓦尔（Bina Agarwal）提出的"协作性冲突分析法"。这个方法吸收了博弈论中合作交易的某些思想，更多地采用了定性分析。

2. 劳动力市场问题

在劳动力市场上妇女没有男子那么成功是所有派别的经济学家都同意的看法，不同的是对这些事实的解释。

妇女在劳动力市场上的劣势地位和受到的不平等对待主要表现为职业隔离和工资差距。对这一现象，主流经济学理论用人力资本理论和歧视理论从供求两方面作了解释，女性主义经济学批判了这些理论的基础——个人理性选择和完全竞争市场，指出了人力资本理论解释性别工资差距的局限以及新家庭经济学对性别歧视研究的错误。主流经济学在供给方面的解释是把工资差距归咎于生产率差异，生产率差异是人力资本存量和人力资本追加投资方面的不同造成的。女性主义经济学认为，它没有考虑歧视性观念能够在多大程度上影响个人的理性选择，也没有分析影响女性人力资本投资和职业选择的经济和社会制度因素。主流经济学在需求方面的解释主要有两个：一是关于偏好性歧视。它将这种偏好性歧视（指雇主或同事在实际工作中对男性的偏好）视为既定的，是非理性选择，在完全竞争条件下会自动消失。女性主义经济学认为，主流经济学没有对这种偏好的起源和演化过程作出合理解释。著名女性主义经济学家伯格曼（B. R. Bergman）的研究结果表明，竞争市场并不能完全消除性别歧视，因为性别歧视对雇主来说是有利可图的。二是解释是关于统计性歧视（将一个群体的典型特征视为该群体中每一个个体所具有的特征），其理论依据是人力资本差异和信息不完全。女性主义经济学认为，主流经济学的这一解释趋向于把性别歧视描写成只是雇主的个人弱点，并具有将市场中存在的工资差距和职业隔离等现象合理化的隐含。

制度学派的理论观点是强调劳动力市场的分割和工作的性别分类使妇

女的角色被局限于社会经济的某些部分,妇女没有选择,市场决定了她们将做什么工作,因而被给予什么工资。[①] 女性主义经济学对于劳动力市场的解释重点则是将外生的制度影响内部化。它指出,劳动力市场和社会制度间存在着复杂的反馈效应,如妇女认识到市场中存在性别歧视后就会有意识地不参与以男性为主导的工作,工资的性别差距也会鼓励夫妻双方在市场和家庭间采取传统的分工方式等。女性主义经济学还研究了性别与社会制度的交互作用过程。它认为,市场中的职业性别隔离和工作性别差异,可能源于男女在心理上的差异——他们有不同的目标或期望,抑或他们不同的社会化过程导致了工作选择的不同。

总之,女性主义经济学的贡献在于,将性别的社会建构思想引入劳动力市场分析,强调个人的行为方式很大程度上受劳动力市场结构和社会制度的影响,理性选择的力量同文化、心理上的制约相比要小得多。它还设法显示劳动力市场上性别歧视的各种形式,测量性别歧视对于男子和妇女的作用,描述性别歧视的具体体现实践。[②]

3. 教育问题

新古典经济理论认为教育是最重要的人力资本积累,男女在人力资本投资方面的差异造成了性别收入的差距,而这主要是性别的差异引起了对工作方式的偏好不同造成的。女性主义则主要通过经验研究解释人力资本差异的形成过程,认为人力资本理论没有看到劳动力市场外的很多因素对女性人力资本投资的影响,比如社会规范、习俗、惯例等都将左右妇女的投资策略和选择范围。妇女在进行这些选择时必须符合社会规范和适应制度的安排,并非是她们个人理性的、自主选择形成了男女在人力资本方面的差异。女性主义经济学还认为,歧视降低了女性人力资本的投资和积累,比如在男性为主的职业中,女性的人力资本回报率很低,女性就不愿或很少对这些职业的教育和培训进行人力资本投资,进而出现了"人力资

---

① S. Uma Devi: "Role of Women in Economic Development", in 《Women's Contribution to India's Economic and Social Development》, edited by V. S. Mahajan, DEEP & DEEP Publication, 1989: 28 – 29.

② 参见贾根良、刘辉锋:"女性主义经济学述评",《国外社会科学》,2002年第5期;蔡秀玲:"女权主义劳动力市场理论评述",《经济学动态》,2005年第1期。

本积累"恶性循环现象。①

第五节　女性主义社会学

女性主义也在对传统社会学进行批判的基础上，开辟了一块属于自己的领地，使社会学中的一些领域的研究出现了根本性的改观。

一、女性主义社会学的兴起

在20世纪六七十年代妇女运动第二次浪潮中兴起的妇女研究热潮里，女性主义作为一种学术思潮也进入了社会学的领域。

正如在社会科学领域中的一种普遍现象一样，长期以来，女性作为研究对象在社会学中也同样遭到忽视，女性以及与女性相关的议题通常都被排除在外，女性经验被无形化和边缘化，只是被捎带地出现在诸如家庭、婚姻、生育等这些狭窄的研究领域内。20世纪中叶，社会学出现了模式危机。一方面是社会学包罗万象的统一理论的式微遭到质疑，如帕森斯式的庞大社会运行系统理论，社会学本身成为一个无中心的领域。另一方面，学术和思想领域中兴起了反实证主义的潮流。社会学中充斥着对研究技巧和实证科学的强调，这种方法论的霸权威胁到了社会学作为一种可行的学科事业的前景，导致了学科本身的危机和边缘化（Vaughan，1993），② 而女性主义正是实证主义的坚定反对者。这些都为女性主义介入社会学提供了契机，为社会学中女性主义学术思潮的进入和成长酝酿了合适的

---

① 参见贾根良、刘辉锋："女性主义经济学述评"，《国外社会科学》，2002年第5期；蔡秀玲："女权主义劳动力市场理论评述"，《经济学动态》，2005年第1期。
② Ted R. Vaughan: "The Crisis in Contemporary American Sociology: A Critique of the Discipline's Dominant Paradigm", in Ted R. Vaughan, et al, eds. 《A Critique of Contemorary American Sociolgy》, Dix Hills, NY: General Hall, 1993. 转引自吴小英："'他者'的经验和价值——西方女性主义社会学的尝试"，《中国社会科学》2002年第6期。

土壤。

女性主义在社会学中经历了从研究边缘到成为规范体系的一个分支领域的发展过程。1969年时，美国社会学学会（ASA）成立了性别角色部（1976年改名为性别与社会性别部），现在这个部已成为该学会中最大的研究部门。

二、女性主义对传统社会学的批判

与其他学科一样，女性主义介入社会学也是以对传统社会学研究模式的批判作为第一步。

1. 社会学研究的主题

社会学是一门科学地理解和说明社会现象的学问，其关注的范围很广。但是，"在社会学中，妇女作为一个研究对象受到极大的忽视，只是在婚姻和家庭领域中，她们才被发现存在着。换言之，妇女在社会学中的位置是大社会分配给她们的传统位置，即妇女的位置在家里。"[1] 从传统的社会学理论和概念来看，这些模式都是以男性的经验、利益为基础的。整个社会学学科不仅以男性为中心，而且把体现男性经验的概念、方法和理论视为对人类行为的普遍性说明。据此，女性主义社会学家多萝西·史密斯（Dorothy Smith）声称，社会学是关于男性的、由男性研究的、为男性服务的学问。她解释说，社会学之所以无视女人和女人的经验，是因为女性被视为情绪化的、非理性的，女人的经验被视为主观的、不真实的，因而不能作为构成知识的基础；社会学的知识因此被建立在男性的所谓普遍经验的基础上，其勾画出的世界恰恰是男人眼中被歪曲了的世界，而女人从自己的生活出发所发现和感受的经验与考察这一经验世界可用的概念和理论框架之间存在着严重的分离（Smith，1987）。[2]

---

[1] Jane C. Ollenburger etc.: "A Sociology of Women: The Intersection of Patriarchy, Capitalism & Colonization", Prenicen-Hall, Inc., 1992: 1.

[2] Dorothy E. Smith: "Women's Perspective as a Radical Critique of Sociology", in Feminism and Methodology, ed. by Sandra Harding, University Press, 1987. 转引自吴小英："女性主义社会研究述评"，《国外社会科学》2000年第2期。

2. 社会学研究的主导概念和理论

社会分层是社会学核心理论之一。女性主义学者介入到社会分层研究中，是以对男性主流社会分层研究前提假设的批判开始的，其中最有影响力的早期批判是女性主义社会学家琼·阿克（Joan Acker）于 1973 年发表的"妇女和社会分层"这篇文章。她对传统分层理论中的"家庭是分层体系的基本单位"、"家庭的社会位置由男性户主的地位决定"、"女性的地位由她们所从属于的男性的地位决定"等 6 个基本假说提出了批评。她认为，这些假说没有将性别这个变量考虑在内，分层过程中和结构中的女性位置和性别因素都被忽视，没有看到性别因素对劳动分工和个人地位产生的影响，并且运用了男人以职业、女人以婚姻的双重标准作为测量阶层地位的范围标准。这是一种"智识上的性别主义"，不仅抹杀了家庭与劳动力市场上的两性差异，而且也导致人们对社会结构和分层的真实境况的歪曲理解。[1] 女性主义者主张将个人作为分析的基本单位，把妇女纳入社会分层研究中，妇女的阶级位置应该由其自身的特性来决定，在确定家庭户的阶层地位时应同时参照夫妻双方的职业。此后，女性主义的关注从最初的分层研究的基本单位，以及各种因素对决定妇女阶级位置和阶级认同的影响，逐渐转向考察和澄清阶级和性别之间相互联系的各种具体形式。

传统社会学理论基本上是以性别角色理论为基础对两性的分工与功能进行解释，认为核心家庭的性别分工能最大限度地满足工业社会的需求，传统的社会性别角色有利于社会的有效运行。女性主义社会学家列举了性别角色理论至少有三个相互关联的弱点[2]：第一，它将一个生物术语与一个社会术语连接在一起，暗示社会角色的差异反映了生物性别的差异，而对性别差异的强调使其落入两性角色僵化的二元模式中。第二，它没有将

---

[1] Joan Acker："Women and Social Stratification: A case of Intellectual Sexism",《American Journal of Sociology》, 78, 1973. 转引自吴小英："'他者'的经验和价值——西方女性主义社会学的尝试",《中国社会科学》2002 年第 6 期。

[2] Marie Withers Osmond & Barrie Thorne: "Feminist Theories: The Social Construction of Gender in Families and Society", In P. G. Boss, et al. eds,《Family and Theories and Methods: A Contextual Approach》, New York: Plenum Pres, 1993. 转引自吴小英："'他者'的经验和价值——西方女性主义社会学的尝试",《中国社会科学》2002 年第 6 期。

个体与社会有效地连接起来，强调社会角色决定个体，使人们无法摆脱性别角色的规定性。第三，它的根本弱点在于依据生物学的性别分工及社会功能进行解释，掩盖了性别关系中的冲突、权力与不平等，忽略了角色规则制定者是从他们自身利益出发的事实。女性主义社会学主张摒弃"角色"这一概念，以社会性别的概念取代传统的性别角色概念。在对性别角色理论进行批评的基础上，一些新的理论也被发展起来，拓宽了性别研究的视野。诸如维斯特和齐默曼（West & Zimmerman, 1987）的"做性别"（doing gender），康奈尔（R. Connell, 1987）的性别关系的社会理论"社会性别与权力"（Gender and Power）等。

3. 社会学研究的方法模式

社会学传统模式的核心是对价值中立的客观性的追求，这种客观性来自于实证主义。女性主义社会学对以实证主义为代表的主流社会学方法论的挑战，主要集中在对以主客体的二元分离为前提、以价值中立和情境独立为保障的客观性原则的批判上。

出于对客观性的追求，社会学中最通行的方法是定量方法，如问卷调查、人口统计学分析等。女性主义社会学对定量范式的批判体现在两个层面上：一是对定量研究本身的方法论特点的批判。它认为，这种研究框架将研究者与研究对象分离开来，通过定量技巧的运用人为地拉大了研究者和研究对象之间的距离，以致于难以产生有用的理解。而且，在这个过程中，将被研究的人当作可操作的物来对待，他们是被动的、无法发出自己的声音，分析范畴和解释框架也都被研究者先验地决定，研究者将自己的意愿强加在被研究者头上，因此这种定量研究的模式是一种"强奸模式"，在研究者与被研究者之间形成了一种控制和统治关系（Abbott & Wallace, 1996）。二是对定量研究中的性别偏见的批判。在定量研究中，女人的经验和声音常常是空缺的，研究样本中或者根本不包括女性，或者所提问的问题不适合女性，或者把男人当作标准、女人当作异类，把在男性样本和理论假设基础上得出的结论强加在女人头上，从而形成对女性经验的扭曲理解（Eichler, 1979），这种研究实际上反映了标准的男性中心立场和导向，是充满意识形态偏见的（Abbott & Wallace, 1996）。

因此女性主义社会学认为，以客观性为目标的社会学方法论的追求与父权制的社会文化之间存在着深刻的内在关联。男人在学术界的优势地位不仅仅是统计意义上的，而且是方法论意义上的，也就是说，学术界的游戏规则是由男性制定的，作为实证精神体现的定量方法似乎在无意中与男性之间形成了共谋共存的关系。有的女性主义社会学家如奥克利（Ann Oakley）甚至将社会学中定量方法与定性方法之间的范式争斗看成是"两性战争的另一种形式"。她认为，定量与定性的两分法首先是作为认知方式的一种性别化描述起作用的。其中"定量的"是指硬的、可靠的、理性的、客观的、公共的，与男性气质相呼应；"定性的"是指软的、不可靠的、直觉的、主观的、私人的，与女性气质相呼应（Oakley，2000）。[①]

女性主义社会学主张，无论定量方法还是定性方法，都是一种研究策略或方法论规则，问题在于以何种方式运用它们。它不标榜价值中立，反对非此即彼的二元结构，强调知识是性别化构建的，主张在坚持女性主义视角和立场的前提下，倡导方法的多样性和包容性。

三、女性主义社会学的主要理论观点

女性主义研究是对妇女经验的研究，它的理论是从妇女的具体生活中产生和发展起来的。英国女性主义社会学家莉丝·斯坦利（Liz Stanley）认为，女性主义的工作至少使社会学中三个亚研究领域——家庭社会学、工作社会学和男性暴力——的研究出现了根本的改观（Stanley，1993）[②]。

1. 家务劳动

家务劳动是家庭领域中处理家庭事务的劳作形式，是维持人类生存需

[①] 参见吴小英："当知识遭遇性别——女性主义方法论之争"，《社会学研究》2003年第1期。其中，Abbott, Pamela & Wallace, Claire,《女性主义观点的社会学》，台北：巨流文化出版社；Eichler, Margrit 1979, in 《The Double Standard: A Feminist Critique of Feminist Social Science》, New York: St. Martin's Press; Oakley, Ann 2000, in 《Experiments in Knowing: Gender and Method in Social Sciencens》, New York Press.

[②] Liz Stanley: "The Impact of Feminism on Sociology in the Last 20 Years", in Cheris Kramarae & Dale Spender eds., 《The Knowledge Explosion》, Harvester Wheatsheaf, 1993.

要的重要手段。自古以来，承担家务劳动被看作是女性的"天职"。恩格斯认为，在人类社会的早期，料理家务的行为是一种公共的、为社会所必需的劳动，随着一夫一妻制个体家庭的产生，"家务的料理失去了自己的公共性质。它不再涉及社会了。它变成了一种私人的事务，妻子成为主要的家庭奴仆，被排斥在社会生产之外。"①

按照作为社会学框架基础的公共领域与私人领域的两分法，公共领域的劳动通过付给劳动者工资显示其价值，妇女所从事的家务劳动属于私人领域，无报酬，是不重要的附属性劳动，并且家务劳动处在社会生产之外，只具有使用价值，不具有交换价值，因而是没有价值的。女性主义社会学对家务劳动进行了专门研究，驳斥了传统社会学中将"工作"仅仅局限于劳动力市场上以男性为主所从事的有酬劳动的狭隘定义，对"工作"进行了重新界定，指出家务劳动不仅具有巨大的社会价值和经济价值，而且并非是私人领域的小问题，其间潜藏了与整个社会经济与社会性别结构相关的要素。

达拉·考斯塔（Mariarosa Dalla Costa）和赛尔玛·詹姆斯（Selma James）认为，妇女的家务劳动是其他社会劳动的先决条件，没有妇女的劳动就没有劳动者创造剩余价值的劳动，她们为现在的和未来的工人提供食物、衣服、情感及家庭安慰，维系着资本主义的运行。参加工业生产的妇女事实上同时做着双重工作，即机器流水线旁的有酬工作和家里的无酬工作。因此，这两位学者呼吁给家务劳动以报酬。②

本斯通（Margaret Benston）在 1969 年发表的"妇女解放的政治经济学"一文中提出了一个重要观点，即妇女的从属地位具有一个"经济"或"物质"根源，那就是妇女是"负责与家庭相关的那些只具有使用价值的生产活动的一类人群"（Benston，1969）。③ 此种家务劳动是无偿的，没有

---

① 马克思、恩格斯：《马克思恩格斯选集》第 4 卷，人民出版社，1972 年版，第 69—70 页。
② Mariarosa Dalla Costa & Selma James：《The Power of Women and the Subversion of Community》，Bristol，England：Falling Wall Press，1972：34. 转引自杜洁："西方马克思主义女性主义"，《妇女研究论丛》1997 年第 4 期。
③ M. Benston："The Political Economy of Women's Liberation"，p. 16，in《Monthly Review》，1969，21 (4)：13 - 27.

交换价值。莫顿（Peggy Morton）在1971年发表的一篇文章中扩展了本斯通的分析，她把家庭看作"是一个其功能是维持和再生产劳动力的单位"（Morton，1971），[1] 把对家庭的分析与资本主义生产方式的劳动连接在一起。资本家通过给男性工人一个人的工资购买了两个人的劳动（丈夫的市场劳动和妻子的家务劳动），家庭成为维持社会经济平衡的消费体系。

奥克利（Ann Oakley）在《家务社会学》中对伦敦郊区40位家庭主妇的经验分析，不仅最先将家务劳动作为工作进行研究，而且从担任家务的那些人的观点来解释家务。[2] 她指出，女性所从事的家务劳动是出于爱与责任而付出的无酬劳动，丈夫对于从妻子那里得到的这种家庭服务所付出的代价远低于这些服务或产品在市场上所具有的价值。在某种意义上，性别不平等就产生于丈夫对妻子劳动的侵占。

女性主义社会学围绕家务劳动对妇女的影响进行了探讨。它认为，一方面，家务劳动的社会性别建构造成的女性在经济上的不独立性，导致了女性在家庭和社会中的屈从地位。家务劳动成为女性的身体与精神的桎梏，限制了女性参与公共领域活动的能力与机会，并使女性在精神上产生了对男性的依附与从属性。另一方面，即使妇女大量进入公共生产领域，妇女就业率快速增加，也没有改变家务劳动的性别失衡，妇女仍然是家务劳动的主要承担者，工作妇女承受了有酬与无酬工作的双重负担，这不但损害了妇女的身心健康，同时也促使了妇女在劳动力市场上的劣势地位。凡此种种都进一步加强了基于两性不平等的社会性别结构。

为此，女性主义社会学提出，应建立家务劳动的性别平衡，采用家务劳动社会化与家务劳动工资化的策略，通过政府制定和贯彻公共政策来解决主要由妇女从事的家务劳动无报酬、无价值的问题。以此作为女性解放的先决条件。

2. 母职

女性具有生育孩子的能力是一种生理现象，而母性是一种社会概念，

---

[1] Peggy Morton: "A Woman's Work Is Never Done", p. 214, in《From Feminism to Liberation》, ed. Edith Hoshino Altbach, Cambridge, Mass.: Schenkman Publishing Co., 1971, 211-27.

[2] Ann Oakley:《The Sociology of Housework》, London: Martin Robertson, 1974.

父性则鲜为人知；生物性的母职更是文化的建构，是一种制度。由于母亲的身份介于自然与文化之间，母性的论述一直是女性主义社会学中一个重要而复杂的议题。有关母性论述的争议体现了本质论与建构论的争辩。

女性主义社会学对生育孩子、行使母职是女人的"天性"或"本能"提出质疑，认为母性并不是出于女性的所谓生物本能，而是社会构建的角色要求。奥克利（Ann Oakley）认为，生物性的母职是一个神话，不是凡女人都需要做母亲，需要自己的子女，也不是凡子女都需要自己的母亲。女性想要做母亲是社会与文化对女性的造就和规范，母亲"本能"是后天习得的，孩子真正需要的是他们可以与其建立起亲密关系的成年人，包括女人和男人。里奇（Adrienne Rich）指出，生物性的母职在父权制下被制度化了，父权制的力量使大多数女性都相信，履行母职是她们的工作，而且是唯一的工作。① 乔多萝（Nancy Chodorow）进一步指出，"妇女的母职过去是，现在仍然是社会组织、社会性别再生产和性别不平等的核心特征，对当代资本主义生产方式的再生产以及支撑它的意识形态至关重要"。②

一些女性主义社会学者认为，在父权制社会中，女性被物化，成为生殖的机器，女性只能全身心地投入母职，或者选择牺牲女性特质来获得自我独立和追求事业成功。"反对作选择的那些妇女的价值取向和社会特性限制了她们在公共工作世界的选择（她们的交换价值），和增加了她们对于母亲角色的依赖（她们的使用价值）以及对于男性供养的需要。"③ 因此，母职成为女性遭受压迫和在劳动力市场上处于从属地位的祸根。女性主义社会学强调的是男女平等，她们呼吁女性拒绝母职，并以此作为女性解放的必要手段。

然而，进入后现代之后，凸显女性身为"他者"的特性成为女性主义

---

① ［美］罗斯玛丽·帕特南·童:《女性主义思潮导论》，艾晓明等译，华中师范大学出版社，2002年版，第112页，第115页。
② Nancy Chodorow: "Mothering, Male Dominance, and Capitalism", Z. R. Eisentein, Capitalist Patriarcy and the Case for Socialist Feminism, New York: Monthly Review Press, 1979: 95.
③ Jane C. Ollenburger etc.: "A Sociology of Women: The Intersection of Patriarchy, Capitalism & Colonization", Prenicen-Hall, Inc, 1992: 49.

的最新议题。拒绝母职无异于漠视性别差异,就是认同男性为唯一标准。所以,一些女性主义社会学学者转而探讨母性经验的潜能,揭示母体的颠覆性力量,从拒绝母职转向拥抱母性。在这些学者看来,母性的经验是复杂的,身为母亲既是痛苦的又是快乐的,母职可能是压迫女性的根源,也可能是女性快乐与力量的泉源,关键是女性应该按照自己最满意的方式来运用她们的身体。

3. 工作世界和性别关系

工作(劳动)社会学长期以来有个传统的假设,即"工人"就是"男子",所以妇女是看不见的。第二次女性主义浪潮在20世纪70年代的一个重要主题是,识别在工作社会学中"看不见的"妇女,并对有关妇女和工作研究中存在的一些被认为是理所当然的假设进行阐明。

例如,有一个被深信不疑的假设:妇女的家庭角色和家庭责任是"自然的",妇女在劳动力市场上的不利地位主要是妇女所担任的家庭角色和家庭责任的结果。针对这一假设,女性主义社会学家明确指出妇女的家庭角色和家庭责任不是天生而是社会构建的,并且强调组织和劳动过程的构建形成了妇女就业和男子就业的不同。美国社会学家卡普洛(Caplow,1954)曾在20世纪50年代论证说,妇女就业是围绕着两个核心的文化主题组织起来的。第一个主题是,亲密群体应该由一种性别的人组成,那些基于家庭或性关系的除外。第二个主题是,对于一个男子来说,直接从属于一个妇女是不光彩的。前一个主题反映了工作或职业的"文化性别",一些工作被看作是"男子"的工作,另一些工作则被看作是"妇女"的工作,男子和妇女分别进入不同的工作;后一个主题则反映应了男子对于妇女的历史性的统治,反映了有报酬工作组织中的性别等级。女性主义社会学家具体分析了工作组织的性别结构,首先,工作被贴上了性别标签,一些工作被认为与男子气概相联系,一些工作被认为与女子气质相联系。然后,男子通过从事"男子"的工作,把妇女排斥在特定工作之外,同时宣称这些工作"不适合"于妇女。接着男子的工作就被界定为是技能性的,是高等级的,因此也是高报酬的;而妇女的工作被界定为非技能性的,是低层次的,所以是低报酬的。一旦一个工作成为性别类型的工作,它的身份是很难改变的。工作实践中的各种规章制度也成为有利于男子事业升迁的结构性工具,而把妇女排除在事业发展轨道之外。如,在英国银行业中,女性职员不被鼓励参加升迁所必须经过的专业考试,而且所有银行对于提升者都有一次调换工作地区的安排,这就间接地把妇女排斥在管理等级之外。

后现代女性主义把(工作)组织看成一个"过程",而不是一个"结构",强调(工作)组织如何产生和再产生以及在就业中构成社会性别的过程。这一方法被用来解释如何通过男性气概和女性气质的特定属性进行(工作)组织的重构。20世纪的银行业是工作世界和性别关系发生广泛社会变迁的一个行业,越来越激烈的竞争和快速的技术变化产生了新的管理文化和新的银行经理素质。传统的银行经理(一般是男性)典型地是一位严肃、可靠的家长式人物,新的管理文化则赞扬男子气概的竞争属性,竞争性成为了现代的理想银行经理所要求具有的优秀品质,从而进一步加强了银行领域与男性统治的紧密联系。这一方法也被用来解释工作场所如何通过性骚扰使其成为一种对妇女进行控制的手段。一些女性主义社会学家指出,性骚扰具有一种物质的和性的基础。首先,它反映了一种特定的进攻性,是男子气概的一个属性。第二,它更经常地发生在妇女从事"非传统"职业的场所。因为对于妇女来说"非传统"职业的报酬待遇比较高,男子遂用性骚扰把妇女排斥在非传统的职业之外,以加强妇女在工作场所的次要地位。[1]

---

[1] 参见 Rosemary Cromption:《Women and Work in Modern Britain》, Chapter five "Women as Employees", Oxford University Press, 1997.

第四章
劳动力市场的性别不平等理论

男女之间的不平等被视作是人类历史上最漫长、最广泛、最深刻的一种不平等。劳动力市场不是纯粹的市场,劳动力市场是性别化的,而且劳动力市场上的职业和工作也是性别化的。劳动力市场上存在着性别差异,更存在着性别不平等。这种不平等被认为来自于两性的劳动分工和市场上的性别隔离,也被认为是由于市场上的性别歧视。市场上"对于妇女的歧视始于任务的初始性别隔离,并一直继续到报酬领域。"[①] 可以说,整个社会中不平等的性别关系被清楚地展现在劳动力市场中,而对于劳动力市场性别不平等原因的理论分析基本上可分为两个角度,非经济原因和市场性原因。

第一节 劳动性别分工理论

劳动分工是指人们社会经济活动的划分和独立化、专门化,指不同的个人、群体或组织实施的具有差异但又是整合在一起的各种生产活动。劳动分工被认为是社会、经济和政治不平等的重要决定因素,是社会冲突的基本来源。在现代市场经济中,分工是无处不在的社会经济现象,而依照性别分配劳动是人类最早的劳动分工方式。

---

① Huter College Women's Studies Collective:《Women's Realities, Women's Choices: An Introduction to Women's Studies》, Oxford University Press, 1995: 488.

一、劳动分工理论

1. 亚当·斯密的分工理论

古典经济学家斯密（Adam Smith）在 1776 年出版的《国富论》中第一次提出了劳动分工的观点。首先，斯密认为分工并非人类智慧的创造，引起分工的原因是人的才能具有自然差异，是人类"互通有无、物物交换、互相交易"的独有倾向。他说："当初产生分工也正是人类要求互相交换这个倾向。"交换及易货系属私利行为，其利益决定于分工。

斯密以制作扣针为例全面系统地阐述了劳动分工对提高劳动生产率和增进国民财富的巨大作用。斯密研究的分工"是从工场手工业分工的观点来考察社会分工，把社会分工看成是用同量劳动生产更多商品，从而使商品便宜和加速资本积累的手段。"他说，"如果他们各自独立工作，不专习一种特殊业务，那么他们不论是谁，绝对不能一日制造二十枚针，说不定一天连一枚也制造不出来。他们不但不能制出今日由适当分工合作而制成的数量的二百四十分之一，就连这数量的四千八百分之一，恐怕也制造不出来。"他还以农业为例进一步说明分工的必要性，"……农业上劳动生产力的增进，总跟不上制造业上劳动生产力的增进的主要原因，也许就是农业不能采用完全的分工制度。"[1] 斯密认为，国民财富的增长，首先取决于劳动生产率的提高，而提高劳动生产率的主要途径是分工。"劳动生产力上最大的增进，及运用劳动时所表现的更大的熟练、技巧和判断力，似乎都是分工的结果。"分工之所以能够提高劳动生产率是因为：第一，分工能够提高劳动者的工作技巧和劳动熟练程度，劳动者的技巧因专业而日进。第二，由一种工作转到另一种工作，通常需要损失不少时间，有了分工，就可以免除这种损失。第三，许多简化劳动和缩减劳动的机械发明，只有在分工的基础上方才可能。劳动分工是经济增长的源泉，劳动分工带来社会财富。

---

[1] 亚当·斯密：《国富论》，郭大力、王亚楠译，商务印书馆，2008 年版，第一章，第 5—7 页。

此外，斯密还分析了影响劳动分工的制约因素。根据斯密的观点，分工起因于交换，因此分工的程度要受交换能力大小的限制，换言之，市场规模限制劳动分工，这就是斯密定理。其具体含义是，只有当对某一产品或者服务的需求随着市场范围的扩大增长到一定程度时，专业化的生产者才能实际出现和存在。反之，市场要是过小，需求没有多到使专业生产者的剩余产品能够全部卖掉时，专业生产者不会实际存在。随着市场范围的扩大，分工和专业化的程度也不断提高。

斯密的分工理论，在当时起了很重要的作用，后来的专业分工、管理职能分工、社会分工等理论，都与斯密的这一学说有着"血缘关系"。

2. 马克思的分工理论

马克思分工理论的一个显著特点，也是马克思对分工理论的最大贡献，就是划分了分工的形态，区分了社会分工和生产组织内部分工。在《经济学手稿（1861—1863）》中，马克思第一次明确地把分工分成两类：一是社会内部分工，在这种分工中产品作为商品进行交换；二是生产机构内部的分工，生产某种商品的工场手工业的分工是"同一个工厂内部的社会分工"。

马克思认为，一方面，社会内部的分工和工场内部的分工，尽管有许多相似点和联系，但二者不仅有程度上的差别，而且有本质的区别。首先，生产组织内分工受制于社会分工，社会分工作为整体为企业内分工提供可能性。其次，"整个社会内的分工，不论是否以商品交换为媒介，是各种社会经济形态所共有的，而生产组织内部分工却完全是资本主义生产方式的独特创造。"[①] 另一方面，分工是社会总劳动划分为相互独立而又相互依存的若干部分，"社会内部的自由的、似乎是偶然的、不能控制的和听凭商品生产者的任意行动的分工同工场内部的系统的、有计划的、有规则的、在资本的指挥下进行的分工是一致的，而且这两种分工是并行不悖地向前发展的，通过相互作用而产生的。"[②]

在区分这两种分工的前提下，马克思完整阐述了分工与生产力、生产

[①] 马克思：《资本论》，中文版，人民出版社，1975年版，第1卷，第360页。
[②] 《马克思恩格斯全集》，第47卷，人民出版社，1979年版，第356—357页。

关系以及所有制之间的关系。他把分工的发展过程概括为：自然经济的内部分工、简单商品经济的分工、资本主义分工三个基本的历史阶段和历史形态。马克思和恩格斯在《德意志意识形态》中进一步论述说："分工只是从物质劳动和精神劳动分离的时候起才开始成为真实的分工。"[1] 在资本主义之前，物质劳动与精神劳动的分离主要表现在社会活动领域。到了资本主义社会，生产力获得了巨大的发展，精神劳动和体力劳动的分工逐渐从社会活动领域深入到了物质生产过程内部。分工既是生产力发展的结果，又是生产力进步的杠杆。

马克思还关注因分工而产生的人与人的关系，明确指出，"分工发展的各个不同阶段，同时也就是所有制的各种不同形式。这就是说，分工的每一个阶段还根据个人与劳动材料、工具和产品的关系决定他们相互之间的关系。"[2] 分工制约着生产关系的各个方面，也决定了劳动产品的分配关系。"与这种分工同时出现的还有分配，而且是劳动及其产品的不平等的分配（无论在数量上或质量上）……"。[3] 分工形成了人们的劳动关系，从而制约着社会财产关系，进而决定了社会成员的经济地位。因此，分工是"社会不平等的根源"。同时，分工的不同状况也决定了每一历史阶段所有制产生、发展的历史过程。

马克思不是孤立地研究社会分工在生产力层次或生产关系层次上所扮演的角色，而是在此基础上，将生产力和生产关系有机地统一起来，从生产力和生产关系的结合上研究分工问题。分工具有生产力和生产关系的双重属性，马克思分工理论将社会分工看做生产力与生产关系之间的联系纽带和中介环节，不仅从生产的物质和技术方面考察分工，更把社会分工看做是一种制度关系。

3. 涂尔干的社会分工理论

社会学家涂尔干是从劳动分工入手来认识社会。

在《社会分工论》里，他提出，只有社会成员间存在一定的向心力，

---

[1] 《马克思恩格斯选集》，第1卷，人民出版社，1972年版，第36页。
[2] 《马克思恩格斯选集》，第1卷，人民出版社，1972年版，第26页。
[3] 《马克思恩格斯选集》，第1卷，人民出版社，1972年版，第37页。

即"团结",作为成员集合体的社会才能存在。"社会成员平均具有的信仰和感情的总和,构成了他们自身明确的生活体系,我们可以称之为集体意识或共同意识。"① 集体意识表明了社会团结的存在。涂尔干还指出,社会的凝聚主要依赖劳动分工维系,社会构成之本质也由分工决定。因为分工需要秩序、和谐与社会的团结。分工在人与人之间建立一种团结感的功能,使社会成为可能。有分工,人类才能有相互的联系,不再孤立。由此,涂尔干得出了一个结论:"劳动分工的最大作用,并不在于功能以这种分化方式提高了生产率,而在于这些功能能彼此紧密的结合。"② 在两人或多人之间建立一种团结感,才是它真正的功能。涂尔干进一步把社会团结作了著名的机械团结与有机团结的划分。机械团结是传统社会中主要的团结方式,是劳动分工最小化的一种状况,社会中人与人的差异很小,社会成员之间的联结纽带是彼此之间的相似性,即由相似性产生团结。有机团结是劳动分工最大化的现代社会中的主要团结方式,社会上个人与群体之间存在显著差异,社会成员之间的联结纽带是基于劳动分工的发展所造成的人与人之间在职能上的相互依赖。

涂尔干认为,社会容量(属于一个特定集体的个人数额)、社会物质密度(一定面积土地上的个人数字)与社会精神密度(人们间交往的频数和强度)的相结合而导致社会产生了分工。具体而言,随着人口数量的增加,以及相互间关系和相互作用的加强,人们为了避免自然界的优胜劣汰的竞争规律,产生了劳动分工。他说,"劳动分工是物竞天择的结果:这也是一种比较平心静气的解决方式。"③ 涂尔干对社会分工的进步性预设是:"在社会发展的过程中,分工之所以能够不断进步,是因为社会密度的恒定的增加和社会容量的普遍扩大。"④

涂尔干也警告说,在分工过程中存在着正常形式与反常形式。"分工就像所有社会事实一样,或者像更加普遍的生物事实一样,表现出了很多

---

① [法]埃米尔·涂尔干:《社会分工论》,渠东译,三联书店,2000年版,第42页。
② [法]埃米尔·涂尔干:《社会分工论》,渠东译,三联书店,2000年版,第24页。
③ [法]埃米尔·涂尔干:《社会分工论》,渠东译,三联书店,2000年版,第228页。
④ [法]埃米尔·涂尔干:《社会分工论》,渠东译,三联书店,2000年版,第219页。

病态的形式……。就正常状况而言，分工可以带来社会的团结，但是在某些时候，分工也会带来截然不同甚至完全相反的结果。"① 在《社会分工论》中，涂尔干阐述了三种劳动分工"最普遍和最重要"的反常形式：失范的分工、强制的分工、不适当的分工。社会分工所引发的"失范"是现代社会各种危机的最主要根源之一，有机团结的建立与失范问题的解决密切相关。

二、劳动性别分工理论

社会学家费孝通在《生育制度》中说，"以现在为止，人类还没有造出过一个社会结构不是把男女的性别作为社会分工的基础的。"②

1. 马克思、恩格斯的两种生产理论和劳动性别分工理论

马克思和恩格斯在《德意志意识形态》中提出了人类生命生产和为满足人类生存需要而进行物质资料生产的两种生产理论。恩格斯在《家庭、私有制和国家的起源》中又作了进一步的阐释，"根据唯物主义观点，历史中的决定因素，归根结底是直接生活的生产和再生产。但是，生产本身又有两种：一方面是生活资料即食物、衣服、住房以及为此所必需的工具的生产；另一方面是人类自身的生产，即种的繁衍。"③ 马克思和恩格斯立足于物质生活资料的生产与人的生命的生产揭示了人类社会发展的一般规律，正是这两种生产的结合，才构成人类完整的直接生活的生产，并第一次明确地将人类自身生产当作"历史中的决定因素"。

马克思和恩格斯也在《德意志意识形态》中假定，性别分工起源于"性行为方面的分工"，"最初的分工是男女之间为了生育子女而发生的分工"。④ 这是"自发地"或"自然地"产生的分工。在他们看来，依据性别进行"劳动分工"是人类最早的劳动分工方式，是人类有效地进行社会

---

① [法] 埃米尔·涂尔干：《社会分工论》，渠东译，三联书店，2000年版，第313页。
② 费孝通：《生育制度》，天津人民出版社，1981年版，第25页。
③ 《马克思恩格斯选集》第4卷，人民出版社，1972年版，第2页。
④ 《马克思恩格斯选集》第4卷，人民出版社，1972年版，第61页。

生产与生活而实施的一种组织方法，这种分工以自然秩序形式出现。也就是说，男女生理的自然区别决定了由女性生育孩子，这就形成了劳动性别分工的基本形式是：女性负责与人类再生产有关的劳动，男性负责与生活资料生产有关的劳动。

最初，劳动性别分工是一种自然分工，随着生产力的发展、私有制和个体婚制的产生，出现了新的性别劳动分工。恩格斯（1842年）的分析是：当生产力发展到了畜牧业、制造与使用金属、纺织乃至最后耕种农业出现的阶段，产品有了剩余，新的性别劳动分工便产生了。男人此时在生产中所扮演的角色使得他们相对控制了较多的资源。同时，私有财产出现了，男性将其财产传给与自己有血缘关系的子孙。伴随着这种私有制与父权制，便发生了"世界范围内女性历史性地被击败"。剩余产品的出现是私有制产生的基础，剩余产品首先产生于男子劳动的领域，男子占有了在劳动中使用的生产资料，女性丧失了生产资料，从此在经济上处于依赖男子的从属地位。私有制的产生导致了父权家长制和性别分工的奴役形式，男子凭借经济权力来支配家庭秩序和妇女的劳动力。同时，妇女的劳动失去了公共的性质，"妇女的家务劳动现在同男子谋取生活资料的劳动比较起来已经失掉了意义：男子的劳动就是一切，妇女的劳动是无足轻重的附属品。"① 于是，妇女被沦为生育的工具和主要的家庭奴仆，被排斥在社会生产之外。劳动性别分工从一种平等的自然分工成为了一种强制性的等级化的社会分工。

2. 结构功能主义的劳动性别分工理论

结构功能主义的代表人物帕森斯在社会学中最先提出了关于性别劳动分工的理论，他从社会角色分工的角度，论述了劳动的性别分工。

帕森斯认为，社会是具有一切必要生存功能的社会体系，社会体系乃是一种行动者之间互动过程的体系，社会体系中的行动者通过社会身份和社会角色与社会发生联系，社会角色是社会的结构单位。在帕森斯看来，以角色为基础的分工有三种类型：工具性角色——获得物质资源/收益，

---

① 《马克思恩格斯选集》第4卷，人民出版社，1972年版，第158页。

表达性角色——建立情感联系，整合性角色——解决社会系统的团结。

在此基础上，帕森斯阐释了家庭中的性别角色分工，划分了男女两性活动的工作领域。在家庭中，男性承担工具性角色，负责养家糊口；女性担任表达性角色，负责照料孩子和家务。帕森斯给予的理由是，妇女参与孩子的生育和早期的哺乳，因此最适合于担任内部的表达性角色，而男子不从事这些活动使得他们最适合于担任工具性角色。帕森斯结构功能主义的理论假设是：母亲与孩子的关系是首要的，男人无需承担生物功能。他还进一步指出，"如果一个成年男子不能以一种体面的职业'挣钱谋生'，他要做到真正自尊并且受别人的尊重，这几乎是不可能的……至于女性的作用，情况则大不一样了……女子的主要身份是她丈夫的妻子，她孩子的母亲……。""对于一位妇女来说，除了'家庭主妇'的作用外没有别的选择，这种作用程度不等地强调'献身家庭生活'、'魅力'和'良好的夫妻关系'等内容。"①

在当代结构功能主义的理论框架中，社会的稳定和协调是至关重要的，正是那些推进社会稳定的结构因素被视为是具有积极效用的因素。帕森斯也以此解释了工业社会家庭中的性别分工：男性扮演积极主动的工具性角色，女性扮演表达性的情感角色。所以，男子应在社会中谋求发展，挣钱养家；妇女则从职业体系的竞争中退出来，服务于家庭，她们的位置在家中。帕森斯论证说，如果家庭的所有成员都平等地参与职业结构中的竞争，那么就可能在家庭单位的团结方面出现非常严重的紧张。家庭内部劳动的性别分工有助于加强家庭团结，提高家庭运转效率。作为普遍的人类社会的制度，家庭的稳定和有序在满足社会的基本需求和维持社会秩序方面具有重要功能。这种男女两性的角色分工和功能分化不仅在家庭中存在，而且延伸到社会公共领域，从而在缓和亲属制度和职业制度间的紧张的同时，最大限度地满足了资本主义工业社会的需求，成为了社会大系统实现均衡的基础，保证了社会的正常运行。

---

① ［美］贝蒂·弗里丹：《女性的奥秘》，程锡麟等译，北方文艺社，1999 年版，第 150—151 页。转引自祝平燕、夏玉珍主编：《性别社会学》，华中师范大学出版社，2007 年版，第 148 页。

3. 二元制/一元制的劳动性别分工理论

二元制理论是由美国经济学家哈特曼（Heidi I. Hartmann）于20世纪70年代末提出。所谓二元制是指资本主义制度和父权制，哈特曼在"资本主义、父权制和工作的性别隔离"[①] 一文中讨论了资本主义、父权制与性别分工问题。

她认为，"妇女目前的社会地位的根源在于按性别进行劳动分工"，"目前妇女在劳动力市场的处境和当前按性别划分职业的做法是父权制与资本主义长时期相互影响的结果"。哈特曼声称，父权制的基础是通过阻止妇女接近生产资料达到对妇女的控制，从这点上看，父权制和资本主义的生产关系有着内在联系。她并进一步指出，"按性别进行分工是资本主义社会的基本机制，它维护了男人对女人的优势……。"正是资本主义与父权制的相结合，使妇女处于从属地位：在资本主义的劳动力市场上，"男工人在劳动过程中维护性别划分方面起过并且还在起着决定性作用"，"资本家承袭了按性别进行职业分工的做法，但是他们经常为自己的利益利用这种分工"；性别分工使妇女被给予低工资，"男人从较高工资和家庭分工中得到好处，这种家庭分工反过来又为削弱妇女在劳动力市场中的地位起到作用"；"等级制家庭分工被劳动力市场永久化，反之也一样"，这样"父权制与资本主义相互适应"，通过性别分工这个机制共同维护了男人在劳动力市场和家庭生活中对女人的优势和支配地位，"给妇女造成恶性循环"。因此，哈特曼得出结论说，妇女若想获得自由，就要消灭性别分工，若要消灭性别分工，"她们就应该既反对父权制势力，又反对资本主义社会组织"。[②]

一元制理论认为，阶级结构和性别结构是一起发展和相互交织的，资本主义就是父权制。艾里斯·扬（Iris Yong）在"超越不幸的婚姻——对二元制理论的批判"[③] 一文中指出，"资本主义并不是像许多二元制理论家

[①] Heidi I. Hartmann: "Capitalism, Patriarchy, and Job Segregation by Sex", in Zillah R. Eisenstein (eds): 《Capitalist Patriarchy and Case for Socialist Feminism》, Monthly Review Press, New York/Londen, 1979, pp. 206-247.

[②] 参见海迪·哈特曼："资本主义、家长制与性别分工"，李银河主编：《妇女：最漫长的革命》，三联书店，1997年版。

[③] Yong, Iris: "Beyong the unhappy marriage: a critique of the dual systems theory", in L. Sargent (Ed): 《Women and Revolution: A Discussion of the Unhappy Marriage of Marxism and Feminism》, South End Press, Boston, 1981: 43-70.

所认为的那样，单纯地利用或适应性别等级。从一开始它就是建立在规定男人主要、女人次要的性别等级之上的。资本主义制度下存在的压迫妇女的特殊形式是资本主义的本质所必需的"。"把妇女推向边缘，从而使她们起次要劳动力作用是资本主义本质的和基本的特性。"资本主义经济制度的存在要求确立某种标准，以便把主要工人同边际或次要工人区分开来，这种标准就是性别分工。它与父权制思想一起"为性别成为划分劳动的最自然的标准起了作用"。因此，"妇女在资本主义制度下受压迫的理论表明资本主义本质上是父权制的"。艾里斯·扬说，"我很难设想，反对父权制的斗争作为与反对资本主义的斗争截然不同的斗争能具有实际意义"。[①]

4. 建构主义的劳动性别分工理论：

正如建构主义理论着力于解释男女两性角色分化是如何被建构和如何被再造的一样，它认为劳动性别分工也不是自然就有的，而是被社会建构出来的。

首先，劳动性别分工是建构在公私领域划分基础之上的。自从18世纪工业化与市场盛行以来，人类社会逐渐清晰地划分成两个领域：一是公共领域，即为了交换而进行的物质生产活动和公共参与及公共事务等非生产性活动；二是私人领域，即家庭领域。公私领域的划分是一个重要的社会建构和文化建构，公私二元论的社会意识形态把男性划定在公共领域，女性划归为私人领域。这种划分不但使妇女被限定在家庭事务中，从而被制度化地区隔在公共领域之外，即使妇女进入公共领域，也只能居于次要地位；并且家庭外的有偿劳动与家庭内的无偿劳动被区分开来，妇女在私人领域所从事的家务劳动失去了经济价值，具有了与公共劳动不同的性质。这种划分对于男女两性的劳动产生了不同的、更是不平等的结果。

此外，劳动性别分工也与性别角色紧密相连，性别角色意识是社会构建劳动性别分工的精神基础。性别角色是社会性的，男性和女性分别被赋予不同的社会角色，并与公私领域的划分相对应。男性的角色被看作是

[①] 参见艾里斯·扬："超越不幸的婚姻——对二元制理论的批判"，李银河主编：《妇女：最漫长的革命》，三联书店，1997年版。

"工具性"、"理性"或"公共性"的,而女性的角色被看作是"情感性"、"感性"或"私人性"的。两性的角色分工是,男子在公共领域通过事业和业绩来承担"养家糊口"的责任,妇女则在家里营建家庭内部的和谐来承当"相夫教子"的义务。从婴儿出生起,社会就通过各种社会化机构来建构他们的性别角色,强化他们的性别角色意识,并使之内化。男性和女性的这种角色分工不但存在于家庭内部,而且也从家庭延伸到社会领域。私人领域的两性劳动分工与公共领域的两性劳动分工是相互作用和相辅相成的,都受到性别角色的影响和制约。斯特劳斯(Claude Levi-Strauss)认为,按性别的劳动分工具有强制性,"当规定一种性别的人应该干某种工作时,也就是说,不准另一种性别的人做这种工作。"[1] 这种分工不仅仅是角色的分开,而且表达着社会对两性不同的观念。有关性别的意识形态起到了使两性劳动分工合法化的作用。

第二节 劳动力市场的性别隔离理论

社会劳动领域存在着明显的性别隔离。从劳动力市场看,它被分割成潜在的男性劳动力市场和女性劳动力市场。从工作内容看,性别隔离则导致了职业的性别集聚,产生了所谓的"男性工作""女性工作"。分割和隔离是有区别的。哈金(Catherine Hakim)说,分割是劳动力市场被分成不同的企业特有的劳动力市场,每个市场部分提供非常不同的就业条件、事业模式和报酬;隔离是确保一定的社会群体被分离开来、他们之间几乎没有互动的社会过程。[2] 沃尔比(Sylvia Walby)指出,分割是指把劳动力市场分成独特的就业类型,填补这些不同就业类型劳动力市场的不同性别群

---

[1] 海迪·哈特曼:"资本主义、家长制与性别分工",李银河主编:《妇女:最漫长的革命》,三联书店,1997年版,第50页。

[2] Catherine Hakim:《Key Issues in Women's Work: Female Diversity and the Polarisation of Womens Employment》,The GlassHouse Press,2004:145,146。

体或种族群体的成员可能是或可能不是成比例的；隔离是指人们按归属性标准进行聚集，诸如特定部分（这儿是就业部分）中的性别和种族。[1] 穆加特罗伊德（L. Murgatroyd）认为，劳动力市场上持续存在的性别隔离是由组织化的劳动力市场所维持的社会劳动分工的一个方面。[2]

一、市场分割理论

劳动力市场是由一系列被制度或社会组织结构分割的不同市场构成，按性别进行分割是劳动力市场的一个基本特征，劳动力市场在结构上是性别化的。

1. 二元劳动力市场理论的解析

制度经济学家假设劳动力市场不是一个连续的统一体，而是以一定方式分割的。各种劳动力市场分割理论有不同的划分方式，最著名的是二元劳动力市场理论。如前所述，二元劳动力市场理论（Doeringer & Piore, 1971）把劳动力市场划分为主要（一级）劳动力市场和次要（二级）劳动力市场两个部分。这两种劳动力市场根据工作性质、工作条件及待遇的不同来区分。如主要劳动力市场工作稳定、薪水丰厚、福利慷慨、工作环境愉快、具有完善的内部晋升机制；次要劳动力市场则工作不稳定、收入低、只有很少的边缘福利、工作环境不愉快、缺乏晋升机制和提升机会、可取代性和流动性大。劳动力在这两个劳动力市场之间的流动受到严格控制，可以说几乎不存在流动。主要和次要劳动力市场都有着自己独立的运行机制，尤其是主要劳动力市场通过内部市场机制维护自身的优势，形成市场中的非竞争群体，阻止劳动力的自由流动，而次要劳动力市场则必需面对激烈的市场竞争。

二元劳动力市场理论强调需求方和制度性因素的重要影响。主要和次

---

[1] Sylvia Walby: "Sgregation in employment in social and economic theory", in Sylvia Walby (eds):《Gender Segregation at Work》, Open University, 1988: 17-18.

[2] L. Murgatroyd: "Gender and Occupational Stratification", p. 586,《Sociological Review》, 1982, N. S. 30.

要的劳动力市场具有不同的工作结构，对劳动者也具有相应不同的要求，因而有着不同背景和属性的人进入不同的劳动力市场，从事不同的工作，享受不同的待遇。他们按诸如阶级、性别、年龄、财富、教育或技能这样的特性而加以区别。劳动力市场按性别进行分割的基础是，妇女的生产率相对于男子是有差别和低下的。二元劳动力市场理论把着眼点放在个人所进入的结构位置的效果，也就是个人所占据的工作的特性，而非个人的特质。① 巴伦和诺里斯指出，劳动力市场的结构是雇主企图留住他们所需的技能工人和收买被最好组织起来的工人的结果。主要劳动力市场的工作需要稳定、具有企业的特定经验和技能、流动率低的劳动力。男性工人不但比妇女受过更好的教育，而且他们参加工作具有连续性，积累了较多的工作经验，尤其是企业的特定经验，这些特质受到了主要劳动力市场企业的偏爱。妇女被假设为是"二等工人"，她们的市场工作时间少，工作不稳定性高，教育和成就期望低，缺乏技能和积累的工作经验，这些特质被认为仅适合于次要劳动力市场部分的工作而不是主要劳动力市场部分的工作。此外，工作等级化程度和对劳动力需求的差别增加也导致了对于"二等工人"的特殊需要。这些都把妇女推向边缘性市场，被分配去从事其特性与她们的"才能"相匹配的工作。②

二元劳动力市场方法把劳动市场上的性别划分归属于一个外生变项的地位，③ 即使妇女的"供给"特征被改变，妇女也将看到极少的宽慰，因为市场结构本身就是根据性别差异构成的，除非市场结构被改变。④

2. 马克思主义市场分割理论的解析

传统的马克思主义方法在理论上优先考虑劳资关系，较少分析男女间

---

① 许嘉猷："新结构论——社会阶层研究的新方向"，《思与言》，第19卷第3期，1981年，第234—249页。

② Rosemary Crompton & Michael Mann (edited):《Gender and Stratification》, Polity Press, 1986: 158.

③ Veronica Beechey: "Women and production: a critical analysis of some sociological theories of women's work", in Annette Kulmetat and AnnMarie Wolpe (eds):《Feminist and Materialism: Women and Modes of Production》, Routledge & Kegan Paul Ltd, 1978: 179.

④ Joan R. Acker: "Women and Stratification: A Review of Recent Literature",《Contemporary Sociology》1980, Vol. 9 (January): 25 – 39.

不平等的重要性；强调生产而不是市场，较少考虑劳动力市场中的各种过程。爱德华兹（Richard C. Edwards）、戈登（David M. Gordon）和里奇（Michael Reich）等是对劳动力市场中的性别和种族分割进行马克思主义分析的为数不多的学者，他们把马克思主义对于劳资斗争的强调和对劳动市场过程的强调结合了起来，在理论上把劳动分工的变化与资本主义的宏观发展和各种系统的社会不平等形式联系了起来。[1]

根据马克思主义的理论，劳动力转变成实际劳动才产生利润。为了使生产最大化，因而利润最大化，资本家需要对他们所购买的劳动力进行某种方式的控制。所以，管理工作总是关于对劳动过程的控制。由于资本家所追求的利润与工人的利益是相冲突的，从而使劳动过程成为了阶级冲突的舞台，工作场所成为了被争夺的领域。爱德华兹在《被争夺的领域：二十世纪工作场所的变化》[2]（1979）一书中分析了在资本主义发展的不同阶段出现的不同形式的工作场所的关系，以及不同形式的雇主控制和工人抵抗。随着生产组织从小型工厂到垄断公司，资本家控制劳动的三种不同形式被发展起来以适应企业不断变化的需求：简单控制、技术控制和科层制控制。在资本主义发展的早期，工厂是小型的，控制形式一般采取雇主与工人间的直接个人关系的简单形式，这种控制趋向于武断的和个人的。随着工厂的扩大和工人抵抗形式的更加有效，雇主试验了各种新的控制形式，其中一种主要形式是技术控制，最好的例子就是福特的装配线，用调节劳动速度和强度的传送带来行使对工人的控制，这不仅减少了对技能劳动的依赖，而且通过技术使劳动和管理间的冲突被调停到冲突的真实性质变得不可见的程度。科层制控制是另一种重要控制形式，这种新的控制形式需要对劳动力进行划分，即通过对于提升、工资等许多规则的制度化，有效地把工人分裂开来，同时也使资本家的权力行使制度化。爱德华兹提出，这些控制

---

[1] Sylvia Walby: "Sgregation in employment in social and economic theory", in Sylvia Walby (eds): 《Gender Segregation at Work》, Open University, 1988: 19 – 20.

[2] Edwarda, Richard: 《Contested Terraom: The Transformation of the Workplace in the Twentieth Century》, New York: Basic Books, 1979.

形式中的每一种都导致了不同的劳动力市场部分，和以每一种劳动力市场部分为基础的特定的工人阶级部分。在书的结尾，他引入了妇女和黑人也构成了工人阶级部分的看法。

此后，爱德华兹、戈登和里奇合著的《分割的工作，区隔的工人：美国劳动的历史演变》（1982）一书又进一步扩展了劳动市场分割理论，详细说明了资本主义经济改革如何影响了劳动过程和劳动力市场结构，明确地指出劳动力市场的分割策略是资本主义发展过程中一个特定时期的突出特征，管理者以各种层面的市场分割机会为基础，对工人阶级进行区隔（例如种族划分和性别划分），寻求对工作场所的控制。

主张马克思主义市场分割理论的学者用分割来解释劳资斗争，为分析权力和斗争在形成劳动力市场结构方面的重要性作出了贡献。

二、职业隔离理论

性别隔离这一概念是由格罗斯（Edward Gross）（1968）介绍到学术领域来概括男性和女性集中于不同职业的现象。哈金（Catherine Hakim）是对英国职业性别隔离进行确认和描述的最早和最重要的学者之一。她讨论了对职业隔离的一些量度，区分了水平隔离和垂直隔离，并作出了定义：水平的职业隔离存在于男子和妇女最通常地在不同类别的职业中工作的时候，垂直的职业隔离存在于男子最通常地在较高等级和较高报酬的职业中工作的时候，或男子在职业的事业阶梯上被提升的时候。简言之，水平隔离是指男女劳动力分别集中在"男性职业"和"女性职业"中工作的隔离状态，垂直隔离是指男女劳动力在不同等级的职位上工作的隔离状态。她指出，垂直的职业隔离在很大程度上是独立于水平的职业隔离，这两者在逻辑上是相分开的。[①]

解释职业隔离的理论众多，有些是相互交叠的。沃尔比（Sylvia Walby）认为，其根本的分歧是，把隔离理论化为是理性、自由选择的一个结

---

① Catherine Hakim:《Key Issues in Women's Work: Female Diversity and the Polarisation of Womens Employment》, The GlassHouse Press, 2004: 148.

果，还是对妇女进行结构性限制的一个结果。①

1. 人力资本理论的解析

人力资本理论从人力资本的角度解释了职业隔离。该理论的两个有关假设是：其一，假设工人得到报酬工资与他们的人力资本是成比例的；其二，假设工人和雇主都是理性的，这种理性以偏好、价格和效率等为基础。劳动者在考虑了他们自己的才能（如教育、技能和工作经验）、限制（如要照顾的幼孩）和偏好（如良好的工作环境）的基础上寻求报酬最丰厚的工作。雇主则试图仅可能地通过生产率最大化和成本最小化使利润最大化。因此，与生产率有关的教育、技能和劳动力市场的经验等被认为是重要变项，既影响男子和妇女的职业选择，也影响雇主对于男性工人或女性工人的偏爱。可见，妇女的教育水平和工作经验与职业间的关系在本质上是双向性的。② 对此，人力资本理论从劳力供给和劳力需求两个角度进行了分析。

在劳动力供给这方面，人力资本理论强调妇女的人力资本水平比较低影响了妇女的职业选择和决定了她们在有报酬工作中的地位。它认为，由于作为家庭策略一部分的家庭两性分工导致了妇女的人力资本投资比男子少，当妇女不选择或不被提供特定职业的工作时，这是因为她们不拥有那些职业所要求具备的教育水平或经验。一方面，许多父母给予他们女儿以少于他们儿子的教育和与劳动力市场不大相关的教育。另一方面，妇女的非连续性工作模式，以及部分地也是因为妇女没有像男子一样的投入劳动力市场的机会，使她们积累的劳动力市场的经验比男子少。为此，在劳动力市场上，妇女只能理性地选择与她们的人力资本相对应、又与她们的家庭责任相兼容的职业。这意味着妇女将选择对技能的要求低，对经验的回报低，对暂时退出劳动力队伍所产生的不利程度低的职业。这些职业往往是容易进入和离开的低技能、低薪、升迁机会少和工作不稳定的职业。

---

① Sylvia Walby："Sgregation in employment in social and economic theory", in Sylvia Walby (eds)：《Gender Segregation at Work》, Open University, 1988：14.

② Richard Anker："Theories of occupational segregation by sex: An overview",《International Labour Review》, Vol. 136, No. 3 (Autumn)；1997：317.

在劳力需求这方面，根据人力资本理论，在影响妇女和男子对特定职业的偏好的一些因素中，也有许多因素影响了雇主对男性工人或女性工人的偏爱。第一，妇女与男子相比是人力资本水平或生产率较低的工作者，雇主更可能把对教育水平、经验和培训的要求相对较高的职业提供给男子。第二，与男性工人相比，妇女也被认为是较不稳定的或间接劳动成本较高（如妇女的缺席率和劳动流动率都被认为比男子高）的工人，这就影响到雇主提供给妇女的职业类型，往往分配她们担任补缺成本最小的工作。换言之，雇主这样做是为了避免这种"成本/代价"，也是理性的选择。

总之，按照人力资本理论，职业的性别隔离是妇女的人力资本较男子少，是妇女和雇主理性选择的结果。

2. 文化理论的解析

人力资本理论是以人们的行动是他们对于经济获益的理性思考的结果这一假设为基础。与之不同，文化解释的方法则强调，男子和妇女所接受的社会化不同，其建立的社会价值观和文化价值观也不相同，人们选择他们认为与男子气概或女子气质相适合的工作，即性别化的工作认同。这就是说，引起职业性别隔离的主要决定因素存在于工作场所之外，存在于先前的社会化过程。男子气概或女子气质的工作场所文化与工作任务的性质无关，或者说，界定一个职业是男性的或女性的是工作文化，而非工作任务本身。[①]

社会化对社会生活中男女角色的塑造使得男女两性发展不同的性别特质和担任不同的性别角色，这不仅影响着人们日常生活的行为模式，也影响着个人对职业的选择，造成职业被性别标签化，进而延伸为性别职业隔离。

马太（Matthaei JA）（1982）对美国经济史中的男女职业隔离进行了研究。她论证说，一些工作被看作是"男子的"工作，其他工作被认为是"妇女的"工作，这被称作工作的"性别类型"（sex-typing）；工作的性别

---

① Catherine Hakim：《Key Issues in Women's Work：Female Diversity and the Polarisation of Womens Employment》，The GlassHouse Press，2004：158.

类型在很大程度上是文化的，是形成职业隔离的主要因素。每一种新工作都被构建成适合于男子或妇女，因为这些工作是在具有性别差别的社会气候下产生的。在工作的性别分类后面的一个基本力量是男女工人为了维持和重申他们自己的男性气概和女子气质的愿望，他们不仅试图阻止另一性别的成员进入他（她）们的工作领域，而且因为同样的理由也不愿意他（她）们自己进入另一性别的职业领地。①

关于男子和妇女天生适合于不同职业的看法，乔多罗（Nancy Chodorow）从"女子气质"和"女性职业"的联系的角度进行了解释。她说，"女子气质"在文化上是从母性这方面来界定的，它暗示了（虽然呈现不同的文化形式）照顾、养育和服务性工作，男子气概的界定则是与此相对应的。这表明，对于那么多"女性职业"具有服务性质的解释必须考虑性别其本身，工作任务的服务成分加强了这个职业为"女性工作"的定义。

在婚姻中家务工作的传统服务关系和就业中服务性职业的关系之间，有着强烈的相似性，这些相似性意味着，女孩子的社会化只要使她们为这两类关系中的一个作好了准备，就是为两者都作好了准备。此外，当把女子气质与养育和服务联系起来的一般性别意识形态本身没有解释妇女在服务性职业中的优势时，一般的性别意识形态和特定职业的性别意识形态之间的趋同肯定促进了妇女在服务业中就业的合理性。②

性别类型还影响了劳动力的招收，规范的做法是强调男人或女人对某一项工作的"适合性"，而不是强调他们做这项工作的实际能力。职业被赋予以女性气质和男性气概的概念，这些概念不是该工作的技术部分，而是变成了它的职业文化的部分。因此，在"男性"工作中的妇女被期许是好斗的和"在扮演男人"，在"女性"工作中的男子则被期许是敏感的、计较的和可能是同性恋。对于男女跨越职业性别类型的界限的抵制产生于

---

① Mattaei JA:《An Economist History of Women in America: Women's Work, the Sexual Division of Labour and the Development of Capitalism》, New York: Schocken/ Brighton: Harvester, 1982: 187 - 197.

② L. Murgatroyd: "Gender and Occupational Stratification", p. 595,《Sociological Review》, 1982, N. S. 30.

更广泛社会中对于性别角色逆转的禁忌。①

3. 女性主义理论的解析

女性主义理论以父权制的概念和理论来解释职业的性别隔离，提出了理解性别关系和其他社会关系间的相互联系的问题，认为职业隔离和性别分类是一组特定的社会关系的产物，强调职业隔离是对妇女进行结构性限制的一个结果。

哈特曼的父权制理论对父权制、男性组织和职业的性别隔离进行了解释。她指出，按性别划分职业源于父权制。父权制就是男子对妇女的统治，尤其是通过把妇女限制于家庭劳动或非常有限形式的有报酬工作对妇女的劳动进行控制。哈特曼强调职业隔离是由男子构筑的，职业隔离有利于男子，并以牺牲女性为代价。男子以两种方式得益于职业的性别隔离。第一，性别隔离可使男子避免男女在工作场所的竞争，以便男子得到高报酬的工作。第二，性别隔离也可使男子限制和约束妇女获得收入，从而使她们在经济上依靠男子，迫使她们成为自己丈夫的家庭仆人。所以，历史上的职业隔离很大程度上是男子为了确保获得最好的工作和维持获得妇女的家务劳动而采取的深思熟虑的父权制策略。同时，资本家也得益于职业隔离并有意加剧性别的差异，因为它可使雇主只需支付妇女以低工资。

哈特曼理论的另一个重要组成部分是，男子集体组织起来，通过劳动力市场、工会组织、法律、政治、文化和思想意识来推进自己的利益，反对妇女的利益。首先，男性工人把雇佣妇女看成是对他们工作的威胁，尤其是资本家以低报酬雇佣妇女加剧了这种威胁。她说，"我认为男人将他们自己组织起来的能力在限制妇女进入劳动力市场方面起了决定性作用……。"此外，"男人组织工会的能力看来对于他们维持职业划分和家庭分工至关重要。"② 男工工会控制了对于特定工作和技能的接近，不仅拒绝向妇女传授技能，还用许多办法排挤妇女，其中保护性法规成了只针对妇

---

① Rosemary Crompton (edited):《Gender and Stratification》, Polity Press, 1986: 160.
② 海迪·哈特曼："资本主义、家长制与性别分工"，李银河主编：《妇女：最漫长的革命》，三联书店，1997: 59, 66。

女的优先策略，它们强化了妇女作为工人"异己"的地位。

沃尔比发展了哈特曼的理论。在对英国工会政策进行历史性分析的基础上，她区分了男子用来限制妇女获得工资收入的两种机制：把妇女完全排斥在市场经济和工资劳动之外；对劳动力中的男女进行隔离，把妇女限制于低报酬工作。沃尔比声称，19世纪的职业隔离主要体现于排斥策略，即反对妇女进入工厂就业从而成为男性工人的竞争者；20世纪主要是隔离策略，即限制妇女参与劳动力，限制她们的报酬水平和她们在特定就业部分获得强有力的立足之地的机会。[1] 男子把妇女隔离在特定的工作之外，同时宣称这些工作"不适合"于妇女。沃尔比还通过具体比较英国三个就业部分——办事员、工程业和棉纺业——在历史上的隔离发展状况显示了隔离的多样性，并得出结论说，"因此，当我们试图解释劳动力的性别隔离时，不但必需考虑父权制结构和资本主义结构，而且也要考虑种族主义结构。"[2]

第三节 劳动力市场的性别歧视理论

性别歧视广泛地存在于劳动力市场，是构成劳动力市场上性别不平等的一个不可忽视的重要因素。早在19世纪中期，西方社会科学家们就对社会歧视问题给予了关注，其中经济学研究尤具代表性。1940年以来，歧视问题逐渐成为西方经济学的热点。1944年，缪尔达尔（Karl Gunnar Myrdal）的《美国的两难处境》一书的出版标志着歧视经济学的产生。之后，发展经济学家刘易斯（William Arthur Lewis）在其一系列的著作中对歧视问题进行了深入研究。1957年，贝克尔的《歧视经济学》面世标志着歧视

---

[1] Catherine Hakim:《Key Issues in Women's Work: Female Diversity and the Polarisation of Womens Employment》, The GlassHouse Press, 2004: 9.

[2] Sylvia Walby: "Segregation in employment in social and economic theory", in Sylvia Walby (eds):《Gender Segregation at Work》, Open University, 1988: 27.

经济学的成熟。贝克尔采取一种非金钱动机的定量分析方法，首先建立了解释歧视经济效应的模型。一直以来，对于性别歧视问题的研究主要集中于两性在职场上机会（含就业机会、升迁机会、从事各种职业和工作的机会等）和报酬（含工资、福利等）方面的不平等。

一、歧视的界定和类型

性别歧视是一种性别成员对另一种性别成员的不平等对待，尤其是男性对女性的不平等对待。1979年联合国通过的《消除对妇女一切形式歧视的公约》认为，所谓对妇女的歧视是"基于性别所做的任何区分、排斥或限制，其结果和目的是损害或否认妇女（无论婚否）在男女平等基础上，认识、享有或行使在政治、经济、社会、文化、公民或任何其他方面的人权和基本自由"。

性别歧视中的一个重要问题是就业歧视。1958年国际劳工组织通过的《关于就业和职业歧视公约》的规定对就业中的性别歧视作出如下结论，"就业中的性别歧视"就是基于性别的任何区别、排斥或特惠，"其后果是取消或损害就业方面的机会平等或待遇平等"，但"基于特殊工作本身的要求的任何区别、排斥或特惠，不应视为歧视"。

在西方经济学中，就业歧视主要是指劳动力歧视。"一个人在劳动力市场上的价值应当取决于影响其边际生产率的所有供求因素，当与生产率无关的因素在劳动力市场上取得了正的或负的价值的时候，就产生了歧视"。[1] 因此，"歧视是在所有经济方面都相同的个人之间的报酬差别。这些人有相同的生产能力，只是在一些非经济的个人特征上有所不同，如种族、性别、国籍、宗教和偏好等，从而引起待遇上的差别"。[2] 或者"当生产率相同的人得到不同的工资时，或者生产率不同的人得到相同的工资

---

[1] ［美］伊兰伯格·史密斯：《现代劳动经济学》，潘功胜、刘昕译，北京：中国人民大学出版社，1999年版，第392页。

[2] ［美］萨尔·D. 霍夫曼：《劳动力市场经济学》，崔伟、张志强译，上海：上海三联书店，1989年版，第256页。

时，劳动力市场中就存在着歧视"。①

劳动力市场的性别歧视可分为两种主要类型，工资歧视和职业歧视。

工资歧视即同工不同酬，干同样工作的劳动者，不能享受同样的工资、福利等待遇。贝克尔下的定义是："工资歧视是指妇女与男子工作一样，学历一样，经验一样的情况下，因为习俗或者公司政策而获得的收入却比男性的少。"②

职业歧视即工作机会不均等，包括男女就业机会的不均等和升迁机会的不均等等，它意味着职业隔离的存在。具体而言，它是指在劳动力市场上，某些劳动力即使完全有能力胜任某些职业，却因非经济的个人特征（如性别或种族）而导致被限制或禁止进入，或者被排挤到同一职业中的过低档次的位置上。

二、个人偏见歧视理论

美国经济学家贝克尔从经济学观点来探讨歧视现象，他在1957年出版的《歧视经济学》一书中提出了歧视偏好模型（Taste-for-Discrimination Model）。该理论把歧视看作是歧视者的一种偏好，贝克尔指出，"人类的一切活动都蕴涵着效用最大化的动机，最高效用水平往往体现在偏好的最大的满足。"③ "如果一个人具有歧视的'偏好'，他就乐于以某一群体替代另一群体，并愿意直接或间接（以收入减少的形式）地支付某种费用。"④ 贝克尔的模型是建立在假定雇主、雇员和顾客可能具有歧视性偏好的基础上。

1. 雇主歧视

雇主如果对具有某种特征（如性别、种族、年龄等）的雇员带有偏

---

① ［美］安塞尔·M. 夏普、查尔斯·A. 雷吉斯特、保罗·W. 格里米斯：《社会问题经济学》，郭庆旺译，北京：中国人民大学出版社，2000年版，第150页。
② 转引自张抗私：《劳动力市场性别歧视问题》，东北财经大学出版社，2005年版，第58页。
③ ［美］加里·S. 贝克尔：《人类行为的经济分析》，王业宇、陈其译，上海人民出版社，1996年版，第5页。
④ ［美］加里·S. 贝克尔：《歧视经济学》，蓝科正译，台湾中正书局，1996年版，第37页。

见，就会在任何可能的情况下都不愿意雇佣具有此种特征的人，或者支付较低的工资，进行歧视性雇佣。

倘若一些雇主对女性雇员抱有偏见，即使女性与男性具有相同的劳动生产率，他们也只愿意招聘男性雇员，除非女性雇员与男性雇员之间的工资差别大到足以抵消对女性雇员的偏见的程度，才会招聘女性。贝克尔模型认为，带有这种偏见的雇主只有在以下一些情况下才会雇佣女性雇员：一是支付给女性雇员的工资低到足以能抵消因雇佣她们而产生的负效应；二是付给女性雇员的工资低到足以能抵消因歧视性消费者以较低的价格购买妇女生产的产品所造成的利润损失时；三是女性愿意接受较低报酬，以获得与男性共事的机会。因为歧视妇女的雇主是效用最大化者，他们注视的是雇佣妇女的完全成本，这除了工资之外，还包括一个歧视系数，即由于雇主雇佣了妇女而遭受的负效用的金钱价值。所以，他们只有在支付低于男子工资的情况下才会愿意雇佣妇女。也就是说，雇主歧视的结果是使女性劳动者得到的工资低于她们的边际产品。[①] 男女工资差异的大小则取决于雇主偏见的强烈程度。

2. 雇员歧视

这是指企业中的一些雇员，通常是占有优势地位的雇员（如男性白人雇员），对具有某种特征的雇员（如女性雇员、少数民族雇员）带有偏见，不喜欢与其在工作中发生接触。

这样，占优势地位的雇员就可能会避开那些使得他们不得不以一种自己不喜欢的方式与另一类成员打交道的工作，或者他们可能会从执行非歧视型雇佣和提升标准的雇主那里辞去工作或不去那里求职。雇员歧视对雇主的劳动力需求将产生两方面的影响：一是雇主要留住那些有偏见的雇员就必须支付给他们更高的工资，支付工资奖励（一种补偿型工资差别）；二是减少雇佣受到歧视的雇员如妇女、黑人的数量，或降低他们的工资。雇主认为，在工作中，一个"团队"成员间的关系如果不融洽，会导致劳动生产率的降低。所以，企业往往通过隔离的方式解决雇员歧视问题，如

[①] 张抗私：《劳动力市场性别歧视问题研究》，东北财经大学出版社，2005年版，第150—151页。

只雇佣妇女或男子来担任某一种职业或职位的工作,其结果是受歧视群体的利益受到损害。

3. 顾客歧视

劳动力市场上的歧视现象也可能由消费者的缘故而产生。顾客对服务的提供者会有偏见,如有的顾客有时只喜欢男性提供的服务(如外科医生、司机等),而在另外一些场合却只喜欢女性提供服务(如护士、空中小姐等)。企业为了迎合顾客的需要,将会雇佣那些顾客所偏爱的雇员群体中的人来工作,导致出现相互隔离的工作场所。另一方面,被歧视的人员即使拥有相同的资质条件,如果想要获得该工作,就得接受歧视性的工资待遇。

三、非竞争歧视理论

非竞争性的劳动力歧视理论的前提条件是:劳动力市场并非是完全竞争的,存在着某些非竞争性的劳动力市场力量或非竞争性动机。它们可能来自于雇主的垄断,市场的分割和职业的隔离等等。

1. 垄断性模型

该模型认为劳动力市场歧视的根本原因在于厂商拥有某种程度的垄断势力,歧视的动机往往不是偏见而是货币收益。因为独家垄断企业有能力决定市场上的工资水平,这使得歧视者制定歧视性的企业策略成为可能,而这种歧视行为可以为其带来收入。与此同时,在买方独家垄断的市场结构中,由于缺少可供选择的雇主,某些类型的劳动者(如妇女和少数民族)只能接受被歧视的一系列不公正对待,尤其是少于竞争工资的报酬。

在歧视的垄断性模型中,存在多种歧视类型,诸如人力资本歧视、雇佣歧视、工资歧视、职业歧视、资本歧视、价格歧视等,每一种类型的歧视都可以促进其它类型的歧视。并且,在每一种歧视类型中,相比于男性,女性群体都更可能成为被歧视群体。

2. 拥挤效应模型

拥挤假说理论认为职业隔离和收入差异之间的关系是由于过度拥挤造

成的，伯格曼（Bergmann，1971）是最早应用拥挤理论来解释两性职业隔离的学者，职业隔离也被认为是为了在某些特定行业中降低工资而故意采取的拥挤政策所造成的一种后果。从拥挤的概念可以发现，职业隔离可能造成工资差异，尤其当某类群体集中的部门的就业机会远远少于劳动力的供给时，就会导致工资下降。男性和女性的工资差异取决于各自工作领域中劳动力的供需状况。一方面，雇主本身的偏好会左右其选择某种特质的劳动力，进而形成供需失调的现象。另一方面，女性的就业被限制在狭窄的职业领域内，女性涌入较低边际生产力的工作，造成劳动力供给过多。事实上，女性进入女性职业是受到供需等因素的限制而被迫选择的，雇主和男性藉此将女性隔离在女性职业中而获利。

3. 二元劳动力市场歧视理论

多林格和皮奥里（P. B. Doeringer & M. J. Piore，1971）按照雇佣和报酬支付等特征，将劳动力市场分割成主要市场和次要市场两大非竞争性部门，它们有着不同的工作和待遇，而且各自有着自己的运行方式，最重要的是这两大部门之间的流动受到严格限制。从历史上看，大部分弱势群体（诸如妇女和少数民族成员）一般都是在次要劳动力市场工作，这导致了一种长期延续下来的对他们的歧视。

4. 搜寻成本歧视理论

搜寻成本歧视理论试图对工人从一些职业群体向其他职业群体流动时所受到的严格限制作出解释。求职者寻找工作，需要对企业进行搜寻。但是，搜寻是有成本的。只要存在有歧视偏见的雇主，受歧视群体不得不比不受歧视群体化更多时间和作更艰苦的搜寻，其工作搜寻成本就会上升。该理论认为，搜寻成本的高低会影响其劳动力供给的弹性，成本越高弹性越小。如果给定搜寻企业数目，那么受到歧视群体的最高工资期望值就会小于未被歧视群体的工资期望值。这意味着相对于男性而言，如果歧视提高了妇女的搜寻成本，那么就会使女性劳动者寻求另一种就业机会的可能性减小，女性的"工作匹配"质量将会比男性差，其工资期望值也将小于男性的工资期望值。雇主是按照劳动力的边际成本等于边际收益的原则选择雇佣水平的，尽管具有相同的劳动生产率，搜寻成本高的员工的工资就会相对较低。

四、统计性歧视理论

统计性歧视理论是由菲浦斯（E. Phelps, 1972）提出的。所谓统计性歧视是指企业在劳动力市场上雇佣员工时，由于统计方法不科学或者信息不完全，将就职者的群体特征推断为该群体中每一个个体的个体特征，并利用这个群体的典型特征作为雇佣标准而产生的歧视。

通常，雇主总是希望雇佣生产率最高的员工。但是，雇主在有限的招聘时间里往往只是收集求职者的一些与生产率有关的个人信息，包括年龄、教育、经验等。或者他们会再采取某些筛选方法，如笔试、面试或者心理测试来补充若干信息。这些信息是不完全的，可观察的个人特征或书面资料与本人的实际劳动生产率常常不对称，而要获取更多的信息则需要支付成本。为此，雇主在进行雇佣决策的过程中，会不知觉地运用求职者的群体特征来推断最终应当雇佣何人。这种做法可能会引起劳动力市场歧视，特别是使弱势群体遭受统计性歧视。

在劳动力市场上，雇主因统计性歧视而错误地甄选是十分常见的现象。

首先，总体特征中存在着个体差异，由个体特征组成的总体特征不等于单个个体特征。求职者群体的总体特征中的个体差异越大，利用群体特征作为甄选依据就越容易产生统计性歧视，其所带来的代价就越高。倘如雇主用性别作为筛选求职者的指标，他们就会拒绝许多优秀的女性求职者，接受生产率水平和劳动能力也许不如女性的男性求职者。

其次，群体特征，尤其是一些弱势群体的总体特征常常受到传统观念、文化、约定俗成等因素的浸染。先入为主的统计性歧视，可能会导致某类劳动力因为所谓的共同群体特征（例如妇女被认为是不稳定的、生产率低的劳动群体）遭到雇主的限制，或者被排斥在某种职业之外，从而造成职业隔离，或者不能获得与其人力资本相匹配的职位和相应的工资。

五、"玻璃天花板"理论

"玻璃天花板"理论也被用来解释有关职业场所中的性别不平等现象。所谓玻璃天花板是一种比喻，指的是设置一种无形的、人为的困难，以阻碍某些有资格的人（特别是女性）在组织中上升到一定的职位。

"玻璃天花板"这一词汇最早出现在1986年3月24日《华尔街日报》的"企业女性"专栏当中。莫里森（Ann M. Morrison）等人在《打破玻璃天花板：妇女能够进入美国大企业的高层吗？》（1987）的文章中首先使用了这个概念。他们把"玻璃天花板"定义为："一个透明的障碍，使得女性在公司里无法升迁到某一水平之上……它适用于仅仅因为是女人便不能进一步高升的女性群体。"[1] 美国劳工部在一份关于玻璃天花板的缘起的报告中（Washington, DC, 1991）把"玻璃天花板"界定为："以阻止合格人才提升到其组织中的管理职位的态度和组织方面的偏见为基础的人为障碍。"[2]

"玻璃天花板"的隐喻不仅仅意味着女性在工作环境和管理层中面临着不利的条件和歧视，而且意味着随着女性向更高等级迈步，这种相比于男性的不利条件还会增加。[3] 也就是说，越往上，"玻璃天花板效应"越大，玻璃天花板的障碍就越难以突破。

自工业革命以来，虽然越来越多的妇女正在进入公共领域，妇女在职场中的地位也在逐渐改善，但是"玻璃天花板"现象仍然普遍存在。由于性别差异，女性的职业选择和职务晋升都被一层无形的玻璃阻挡着，"玻璃天花板"将女性隔离在职业阶梯的底层，被迫接受薪资较低的职位，从事支持性、辅助性的工作，"玻璃天花板"尤其降低了女性在组织中担任

---

[1] Ann M Morrison, Randall P. White, Ellen Van Velsor, and the Center for Creative Leadership：《Breaking the Glass Ceiling: Can Women Reach the Top of America's Largest Corporations?》, New York: Addison Wesley, 1987: 13.

[2] Abbey Begun：《Women's Changing Role》, Information Plus, Wylie, Texas, 2000: 30.

[3] ［美］埃里克·奥林·赖特：《后工业社会中的阶级：阶级分析的比较研究》，辽宁教育出版社，2004年版，第333页。

管理职位的机会，剥夺了女性与男性平等竞争的权利，使女性在职业领域中处于从属地位。

玻璃天花板是人为的障碍，文化偏见和组织结构因素是造成女性遭遇这一障碍的重要原因。一方面，对于女性所怀的性别刻板印象使人们对于她们担任企业高管产生不适合、不放心和不喜欢的感觉。人们认为，女性具有柔弱、情绪化等特质，不适宜当领导者。人们还认为，女性在职业发展的道路上容易为家庭分心，甚至要中断事业，即使最优秀的女性也往往没有充分的时间和精力穿越长长的企业晋升渠道达到企业的高层。更有不少男性雇员和男性管理者，不喜欢（或不习惯）由女性来当他们的领导，或与女性管理者共事。另一方面，正如一些学者所指出的，工作组织仍然以结构性力量建构妇女在职业发展中的从属地位。首先，在性别分割的劳动力市场中，大部分妇女根本没有机会进入主要劳动力市场工作，这意味着市场组织结构决定了妇女具有较少的进入职业阶梯升迁的可能性。其次，妇女即使进入了内部劳动力市场，她们也被隔离在职业阶梯的低层，高端的职业位置离她们很远，甚至是"封闭"的。虽然已有妇女进入了工作场所等级分层中的高层职位，她们也只是例外，在工作组织的等级结构中只是处于装点门面的状况，并不能充分发挥她们的潜力。而且，为了保持这种象征性的地位，她们饱受了紧张、压力和孤独，不得不比同等职位的男子付出数倍以上的努力。

为此，美国政府于1991年建立了名为"玻璃天花板委员会"（The Glass Ceiling Commission）的机构。作为人权法案的一部分，这个部门的职能是找出并消除私有企业中阻碍女性职业发展的阻碍因素，帮助她们获得平等的机会和权利。

六、前劳动力市场歧视理论

劳动力市场歧视根据歧视发生的时间阶段可分为前市场歧视和后市场歧视，例如，工资的差别主要是由于所受教育的差别引起的，教育投资是人力资本投资的重要组成部分，人力资本投资歧视在进入劳动力市场之前就已经发生，称之为前市场歧视；而工资歧视、晋升歧视、雇佣歧视和职业歧视等通常是在进入劳动力市场以后遇到的歧视，称之为后市场歧视。前劳动力市场歧视理论认为，不同的人口群体获得不同的生产率特征是前市场歧视的结果，并且前市场歧视与后市场歧视是互为因果的。这种理论可以追溯到冈纳·缪尔达尔（G. Myradal）的循环积累因果原理。

1. 循环积累因果原理

缪尔达尔是著名瑞典经济学家，瑞典学派的创始人之一，由于关注弱势群体1974年获得诺贝尔经济学奖。他在1938年受美国卡内基公司的委托主持一项有关美国黑人问题的调查研究，1944年出版了其研究结果，《美国的两难处境：黑人问题和现代民主》一书。他发现，白人对黑人的歧视和黑人物质文化生活水平低下，是两个互为因果的因素。这两个因素互为因果并不断加强，造成了黑人问题的严重。缪尔达尔指出，白人的偏见和歧视，使黑人的物质文化水平低下；而黑人的贫困和缺乏教育，又反过来增加了白人对他们的歧视。这是一种"循环积累因果关系"，这种循环方式的运动，不是简单的循环流转，而是具有累积效应的循环流转。同样，这一解释也可以用于分析女性在劳动力市场上遭受的歧视。累积性的历史因素是歧视的一种。

2. 人力资本投资的性别歧视

如前文所述，人力资本是人们在教育、职业培训、健康等方面的投资所形成的资本。人力资本形成的过程实际上就是人力资本投资的过程，人们通过对劳动力进行投资，可以提高其素质，从而影响一个人或一个群体在劳动力市场上的地位和收入。妇女在进入劳动力市场前在人力资本投资方面所受的歧视是前劳动力市场歧视，"前劳动力市场歧视剥夺的是劳动者生来具有的能力和就业前所应当具备的能力"。[①]

人力资本投资性别歧视的一个明显特征是人力资本投资向男性倾斜，针对女性进行的人力资本投资远不如男性。人力资本投资的性别差异不仅表现在家庭和社会在资源配置方面首先用于对男性的人力资本投资（这突

---

① 张抗私：《劳动力市场歧视问题研究》，东北财经大学出版社，2005年版，第73页。

出表现在正规学校教育投资和健康保健投资方面），而且也表现在人力资本投资的不同专门化方面（男性积累市场人力资本，女性积累家庭人力资本）。

　　人力资本投资的这种性别歧视降低了妇女的教育水平，尤其是市场人力资本水平，带来了两性劳动者竞争能力的不平等，导致女性劳动者的劳动生产率低于男性，从而"激励"了劳动力市场对女性的歧视，造成了男女两性的就业机会和工资水平的差别。反之，劳动力市场对女性的歧视又强化了人力资本投资的性别歧视，并诱发了被歧视群体的自我歧视性投资（妇女对人力资本投资的选择是一种客观局限性的内化），进一步影响了女性人力资本积累水平和能力的提高。这就形成了一个因果循环的怪圈，出现了对于妇女的前劳动力市场歧视和后劳动力市场歧视的累积效应的循环流转。

实 践 篇

在人类社会漫长的发展历史中，妇女一直和男性一起参与劳动生产。早在原始社会里，男子狩猎，女子从事采集。后来，男子驯养和放牧动物，女子从事耕种，并负责照顾幼小动物等。总之，从远古时候起，妇女便参与了劳动生产。艾里斯·扬在"超越不幸的婚姻"一文中指出，在资本主义以前的社会，婚姻是经济伙伴关系，妇女的劳动和知识是家庭、庄园和村子里必不可少的。在16—17世纪，妇女还从事工业和商贸活动。到了19世纪，资本主义在历史上首次把妇女推向经济活动的边缘。① 但是，妇女与生产的分离在历史上只是一个短暂的插曲，劳动力的女性化成为了工业化后的一个明显特征。本篇将以文献资料和具体数据来展示，自工业革命发生后二百年来妇女参与社会劳动的历史和现实，主要涉及妇女劳动力参与的水平和模式，女性的职业结构和劳动力参与的质量，并从两性差异和地区差异的不同角度进行考察，最后阐述了女性劳动力的异质性。

---

① 艾里斯·扬："超越不幸的婚姻"，李银河主编：《妇女：最漫长的革命》，三联书店，1997年版，第93—94页。

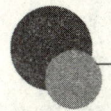

第五章
女性劳动力的参与

许多研究文献表明,当社会实现现代化时,女性劳动力的参与呈现出一条"U形"的曲线,即随着经济的发展女性劳动力的参与呈现先下降后上升的趋势。在经济发展的早期阶段,当生产场所开始与家庭相分离时,妇女趋向于逐步退出经济活动和被局限于家庭领域。在经济发展的后期阶段,经济增长又增加了女性的劳动力市场参与。本章各节分别阐述了女性劳动力参与的历史沿革和女性劳动力的人口结构以及女性劳动力参与的地区差别。

第一节 女性劳动力参与的历史沿革

"人们自己创造自己的历史,但是他们并不是随心所欲地创造,并不是在他们自己选定的条件下创造,而是在直接碰到的、既定的、从过去承继下来的条件下创造。"[1] 女性劳动力参与的实践也正是这样形成的,其过程大致可分成三个连续性的阶段。

一、工业革命前的经济时期

在工业化前的社会里,家庭构成了生产的基本经济单位,大部分生

---

[1] 马克思:"路易·波拿巴的雾月十八日",《马克思恩格斯选集》第1卷,人民出版社,1972年版,第603页。

产，包括日常使用的和市场出售的，都在家里或家庭领域里进行，家庭活动和工作活动是交叠的。即当社会的经济是以简单的家庭生产方式为基础时，男女的经济角色和家庭角色就趋向于整合在一起。

例如，在工业革命前的英国社会中，农村妇女除了基本的家务活外，她们还要挤奶、制作黄油及奶酪、喂养牲口、管理菜园、纺纱织布，农忙时还必须下田帮助男人干农活，丈夫外出时更要独自承担里外事务。① 在城镇，商人之妻照看店铺，手工业者之妻协助生产。16—18世纪，欧洲的家庭手工业和工场手工业主要从事满足人民基本生存资料的纺织等行业的生产，16世纪英国从事毛纺织业生产的人数几乎占全国居民的50%，17世纪也至少有五分之一的人口从事这一行业的生产。他们在小屋里用木制的机器进行纺织，妻子和儿女纺纱，作为一家之主的丈夫（父亲）把纱织成布，然后卖给布商。② 汤普森（E. P. Thompson，1963）对工业革命前英国织布工的家庭生活进行了具体描述："年幼的孩子绕线轴，年长的孩子看布上的疵点，把它从布上摘走，或者帮助扔宽幅织布机上的梭子，年轻人操作第二架或第三架织布机，妻子织一会儿布，做一会儿家务活。整个家庭是在一起的，……工作并不阻止谈话或唱歌。"③ 那时的英国妇女同男子一样从事各种手工业生产，并且参加行会。"在英国五百个行会中，只有五个是完全排斥妇女的。"她们或凭借自己的资格，或作为师傅家里的人，参加各项行会活动。④

需要指出的是，当时由于经济原因，所有的家庭成员都参加生产。丈夫和妻子的工作是相互交融和合作性的，并不存在明确的家庭角色和工作角色的分割，事实上，配偶双方都严重地依赖于相互的支持。如在工厂制度发展起来前普遍存在的小型家庭企业中，男子从事生产物品的手工艺劳动，妻子除了负担一般的家务外还负责出售、记账和经营商店。因为家庭

---

① 马缨：《工业革命与英国妇女》，上海社会科学出版社，1993年版，第2页。
② 高德步、王珏：《世界经济史》，第二版，中国人民大学出版社，2005年版，第228页。
③ Eugen Lupri："The Changing Positions of Women and Men in Comparative Perspectivse", in 《The Changing Position of Women in Family and Society》, edited by Eugen Lupri, Leiden-E. J. Brill, 1983：5.
④ 马缨：《工业革命与英国妇女》，上海社会科学出版社，1993年版，第3页。

是社会的经济和生产单位，妇女的劳动也就成了家庭生产活动的一部分，与男子的劳动一样在经济上都是创造价值的。"在前工业经济中，……为家用生产的劳动和为交换生产的劳动处于同等生产性的体系之中，两种类型生产的价值对于家庭没有什么不同。所以，虽然妻子的劳动与市场交换的连接要比丈夫相对弱一些，家庭并没有认为她的劳动价值要少一些。"[1]

二、工业化的早期阶段

英国是工业革命的发源地。18世纪的英国，一方面农业革命极大地提高了农业劳动生产率，为工业发展提供了基本的生活资料和生产资料的物质要素。同时，长期的圈地运动使大批农民丧失了生存资料，成为一无所有的劳动者，他们摆脱了封建的人身依附，成为法律上的自由人，从而为劳动力成为商品和提供大批可供雇用的劳动力创造了基本条件。另一方面，工业革命的两大标志是机器的发明和应用以及工厂制的产生。机器发明首先出现在棉纺织部门，18世纪中期蒸汽机的发明解决了机器的动力问题，至19世纪中叶，英国机器制造业作为大工业部门基本形成。同时，机器的发明导致了生产过程的机械化和专业化，分散的家庭作坊逐渐遭到淘汰，19世纪30年代起，工厂制度逐步全面建立，生产场所由家庭转入工厂。从此，家庭和工作相分离，家庭成为新建立的工业经济的一个支持性制度。男子和妇女也被分割开来，男子开始进入工厂参加生产活动，专职的家庭主妇则开始成为现代妇女的主要角色。随之，妇女参与经济活动的形态也发生了很大变化。

在工业化的早期阶段，英国农村一些失去土地的妇女受雇于资本主义大农场，成为工资劳动者。但是作为整体，参加劳动的乡村妇女人数急遽下降。1841年，妇女只占农业劳动力的3.9%。[2] 大量的失去土地的农民家庭的女儿开始从乡村走向城市。

---

[1] Marjorie Cohen: "Changing Perceptions of the Impact of the Industrial Revolution on Female Labour", in 《International Journal of Women's Studies》, Vol. 7 No. 4 Sep. / Oct. 1984: 293.

[2] 马缨：《工业革命与英国妇女》，上海社会科学出版社，1993年版，第24页。

随着工业化的发展，男人们似乎没有能力单独承担起大工业发展所必需的全部劳力，机器生产以及低工资促使资本家吸纳了成千上万的妇女进入劳动力市场，正如马克思所说的，"……资本主义使用机器的第一个口号是妇女劳动和儿童劳动。"1851年，英国职业妇女的人数在全国劳动者中约为30%，[①] 法国在大工厂劳动的工人中39%是妇女。[②] 在有些行业中，工厂的工人甚至主要是由妇女和儿童组成，这一现象在成为工业革命的心脏、工业化的发动机的纺织制造业中尤为显著。例如，在1844年的英国，妇女代表了棉纺厂工人的56%，羊纺厂工人的69%，丝绸和亚麻厂工人的70%。[③] 再如，1790年，在法国毛纺工业，女工占45.6%，童工占35%，男工仅19.3%，。[④] 可见，在工业化开始时，妇女曾在一段时期里成为某些行业的主要劳动力。

然而，当工业生产进一步机械化时，妇女趋向于被男子所取代。世界劳工组织曾对纺织业进行的一项广泛研究发现，当安装了一种新机器时，总的趋势是"用男性工人来取代女性工人，把女工放在比较老的和非自动化的机器上。"[⑤] 特别是当工业化过程进入到重工业发展时期，妇女更不被普遍雇佣。整个19世纪，妇女在劳动力市场上的活动受到种种限制。除纺织业之外，工厂并没有大量使用妇女。直到20世纪初，行政革命使白领工作快速增加，女性的经济参与才呈现出上升趋势。从表5—1可以发现，英国的女性经济活动率在19世纪下半叶呈下降趋势，20世纪初才出现上升现象，从32%上升到38%，基本保持在三分之一强的水平上。[⑥] 又据美国商务部和劳工部的统计资料（见表5—2），美国女性劳动力参与率在

[①] 马缨：《工业革命与英国妇女》，上海社会科学出版社，1993年版，第9页。

[②] 玛依玳·阿尔毕丝杜尔等："中世纪以来法国女权运动史"，《外国女权运动文选》，中国妇女出版社，1987年版，第273页。

[③] Ivy Pinchbeck：《Women Workers and the Industrial Revolution, 1750–1850》, London: Frank Cass & Co., 1969: 197.

[④] 玛依玳·阿尔毕丝杜尔等："中世纪以来法国女权运动史"，《外国女权运动文选》，中国妇女出版社，1987年版，第205页。

[⑤] Pamela M. D'Onofrio-Flores (eds)：《Scientific-Technological Change and the Role of Women in Development》, Westview Press, 1982: 98.

[⑥] Catherine Hakim：《Key Issues in Women's Work: Female Diversity and the Polarisation of Women's Employment》, GlassHouse Press, 2004: 60.

1890—1930年不间断地增加，从1890年的18.2%年上升到1930年的23.6%。同期，劳动力中的女性百分比也从17.1%上升到21.9%。[1] 不过，这些数字的上升幅度都不大，女性劳动力参与率在整体上处于较低的水平。

表5—1 英国男性和女性的经济活动率（1851—1931年） 单位：%

年份	1851	1861	1871	1881	1891	年份	1901	1911	1921	1931
男性20岁+	98	99	100	95	94	男性16—64岁	96	96	94	96
女性20岁+	42	43	42	32	32	女性16—59岁	38	38	38	38

资料来源：转引自 Catherine Hakim：《Key Issues in Women's Work: Female Diversity and the Polarisation of Women's Employment》，GlassHouse Press，2004：60 (Table3.1)。

表5—2 美国男性和女性劳动力参与率（1890—1990年） 单位：%

年代	男性劳动力参与率	女性劳动力参与率	劳动力中妇女比例	年代	男性劳动力参与率	女性劳动力参与率	劳动力中妇女比例
1890	84.3	18.2	17.1	1955	86.2	35.7	30.2
1900	85.7	20.0	18.1	1960	84.0	37.9	32.3
1911	—	23.4	21.2	1965	81.5	39.3	34.0
1920	84.6	22.7	20.4	1970	80.6	43.4	36.7
1930	82.1	23.6	21.9	1975	—	47.4	39.1
1940	82.5	25.8	24.6	1980	—	52.4	42.0
1945	87.6	35.8	29.2	1985	—	56.4	44.1
1950	86.8	33.9	28.8	1990	—	60.0	45.3

资料来源：U.S. Department of Labour, Burear of Labor Statistics, *Employment of Earnings*, Selected Years; U.S. Department of Commerce, Bureau of the Census, *Historical Statistics of the United States Colonial Times to 1970.*

---

[1] Hunter College Women's Studies Collective：《Women's Realities, Women's Choices》，Oxford University Press，1995：469 (Table 13.2)。Julie A. Mattaei：《An Economic History of Women in America》，Schocken Books，1982：141-142.

三、两次世界大战后时期

20世纪以来，世界发生了巨大的社会和经济变迁。不仅爆发了两次世界大战，还出现了第二次妇女运动高潮；不但爆发了经济大萧条，而且经历了新的科技革命和产业革命，出现了信息革命。此外，教育事业快速发展，家庭变得核心化，避孕措施被普及，婚姻禁止（marriage bar）制度①遭到取消……，这些变化都促使妇女大量地涌入有报酬的劳动力队伍。从20世纪40年代起，全球的男性人口参与劳动力的百分比开始稳步下降。而妇女进入劳动力市场的人数却急剧增加，并日益成为了劳动力队伍中的一个不可或缺的庞大的组成部分。劳动力中女性比例的不断上升和劳动力参与率性别差距的不断缩小是当今劳动力市场最显著的趋势之一，就业女性化正在成为当今的世界潮流。

首先，1950年以来，无论在发达国家还是发展中国家里，成人妇女参加劳动力的比例都上升了，尤其在发达国家更为明显。这不但表现在正参加（或正在寻求）有报酬就业的妇女在所有成年妇女中的比例方面，而且也表现在妇女在整个劳动力中所占的份额方面。例如，1950年，成年妇女的劳动力参与率在发达国家中是49%，在发展中国家是37%；到1985年，统计数字各上升了8个和5个百分点，发达国家妇女的劳动力参与率达到了57%，发展中国家也上升为42%。同时，1950年，妇女占整个劳动力的比例在发达国家和发展中国家中分别是38%和28%。1985年时，她们的份额分别增加到41%和32%。②至1990年，全世界共有8.54亿妇女是经济活动人口，占全球劳动力的

---

① Wikipedia: A marriage bar is the custom and practice of restricting the employment of married women in general or in particular professions or occupations; and sometimes the practice called for the termination of employment of a woman on her marriage, especially in teaching, clerical and other occupations.

② Susan Joekes:《Women in the World Economy》, Oxford University Press, 1987: 17.

32.1%，大约三分之一的（34.3%）15 岁及以上的妇女是在劳动力队伍中。① 2006 年，全球女性劳动力上升到 12.38 亿，占世界劳动力的 40%，和占所有工作年龄妇女的 52.4%。② 女性在劳动力队伍中显得越来越重要。

然而，英国社会学家哈金（Catherine Hakim）认为，以一种历史的观点来看，从 19 世纪中期到 20 世纪 70 年代或更晚一些，在英国、法国、西班牙、瑞典或荷兰等国，女性劳动力参与并没有出现明显的长期向上的趋势。近几十年中女性就业率的上升实际上或多或少地是反映了妇女从全日制工作向非全日制工作的转变。如果以每个非全日制工作等于半个全日制工作进行计算，那么女性就业的数量并没有增加。只是到了 20 世纪 80 年代，按等量的全日制工作测算，女性的就业量才有了真正的扩大。③

从国别来看，美国妇女的就业在 1940 年后的半个多世纪中一直保持了稳定而持续的增长趋势。如表 5—22 所示，1940 年，25.8% 的美国妇女参与劳动力队伍，经过 50 年不间断的增加，到 1990 年达到了 60%。同样，1940 年，妇女组成了美国全部劳动力的约四分之一，1990 年时则占到了将近一半的比例。但是，20 世纪 90 年代后半期，成为二战后一个重要特征的美国妇女劳动力参与的上升曲线开始变得平坦，并在 2000 年出现了略微下降，这也许表明它已达到了一个临界。20 世纪 90 年代末以来，男子和妇女的劳动力参与率的变动似乎显示出更加平行，而不是沿着相互会合的发展道路。④ 从全球来看，国际劳工组织在《2012 年全球妇女就业趋势》报告中指出，在 20 世纪 90 年代，两性的劳动力市场参与呈现趋同趋势，男女在劳动力参与率方面的差距不断缩小，1992 年时为 27.9 个百分点，到 2002 年缩小为 26.1 个百分点。但是，此后的 10 年中，女性劳动力参与率停止增长并稍有下降（2012 年为 51.1%，比 1992 年的 52.4% 下降了

---

① United Nations：《Women in A Changing Global Economy：1994 World Survey on the Role of Women in Development》，United Nations Publication，1995：48.
② ILO："Global Employment Trends for Women, Brief"，March 2007：14.
③ Catherine Hakim："Five feminist myths about women's employment"，《The British Journal of Sociology》，Vol. 46，No. 3，Sept. 1995.
④ Julie L. Hotchkiss："Changes in Behavioral and Characteristic Determination of Female Labor Force Participation，1975 – 2005"，p. 9，p. 16，《Economic Review》Second Quarter 2006.

1.3个百分点），两性的参与率差距基本保持不变，2012年时为26.0个百分点。①

第二节　女性劳动力的结构和人口特征

从上文可以发现，百余年来女性劳动力参与和男性劳动力参与所经历的实践是不相同的。无论从国别来看，还是从整个世界来看，女性劳动力参与的起点都远远低于男性，但是自20世纪近50年代以来，在整体上，男性劳动力参与显示出了稳步下降的趋势，而女性劳动力参与显示出的是稳步向上的趋势。其实，女性劳动力参与在劳动力结构和人口特征方面也具有不同于男性的特点，女性劳动力参与的增加是以一种特定方式进行的。

一、女性劳动力的结构

与男子的劳动力参与不同，妇女进入劳动力市场从一开始起就受到了来自各方面的种种限制，女性劳动力的结构尤其受到妇女的婚姻状况和生命周期的巨大影响。在历史上，女性劳动力的组成成分经历了若干次重要变化。

最早进入劳动力市场的女性是"工作女孩"（working girls）。工业革命早期，在英、美的一些工厂使用两种雇用制度，一种是通过"外包"形式，雇用整个家庭，即家中的男人、妇女和儿童一起干活，工厂向作为家长的男子支付一份"家庭工资"。另一种形式是雇佣年轻工人，工厂提供宿舍，并且具有替代家长的管理功能。随着19世纪的推进，年轻孩子直接受雇于工厂的形式逐渐盛行，工作女孩的大量出现成为这个时期引人关注的一个现象。女孩进入工厂都是因为家庭贫困，其中又大致分为两大类型。一类是来自失去土地的农民家庭，另一类是来自因为有"一个失败的

---

① ILO："Global Employment Trends for Women 2012" p. 17（Table 4）.

父亲，父亲或母亲去世，家庭成员生病等"原因而陷入困境的家庭。19世纪的女性劳动力，主要由年轻的和未婚的妇女组成，她们一旦结婚便立即退出劳动力市场，雇主一般也不雇用已婚妇女。恩格斯于1845年所写的《英国工人阶级状况》一书提到，"在他所视察的苏格兰，结了婚的女人几乎没有一个在工厂做工"。① 在1890年的美国，已婚妇女的劳动力参与率只有4.6%，女性劳动力中仅有13.9%是已婚妇女（见表5—3）。②

表5—3 按婚姻状况划分的美国女性劳动力和劳动力参与率（1890—1980年）[a]

年份	按婚姻状况划分的女性劳动力（%）			按婚姻状况划分的劳动力参与率（%）		
	单身	已婚	寡妇或离婚	单身	已婚	寡妇或离婚
1890	68.2	13.9	17.9	40.5	4.6	29.9
1900	66.2	15.4	18.4	43.5	5.6	32.5
1910	60.2	24.7	15.0	51.1	10.7	34.1
1920	77.0	23.0	b	46.4	9.0	b
1930	53.9	28.9	17.2	50.3	11.7	34.4
1940	49.0	35.9	15.0	45.5	15.6	30.2
1950	31.9	52.2	16.0	46.3	23.0	32.7
1960	23.6	60.7	15.7	42.9	31.7	36.1
1970	22.5	62.3	15.0	50.9	40.2	36.8
1980	25.6	59.7	14.7	62.7	50.0	40.0

资料来源：1890—1970年的数据：U. S. Department of Commerce, Bureau of the Census, *Historical Statistic of the United States: Colonial Times to 1970*, p. 133；1980年的数据：Statistical Abstract of the U. S., 1980, p. 402. 转引自 Julie A. Matthaei：《An Economic History of Women in America: Women's Work, the Sexual Division of Labor, and the Development of Capitalism》, Table 11 - 1, The Harvester Press · Sussex, 1982.

a. 1890—1930年为15岁及以上，1940—1980年为16岁及以上。1890—1970年为城市劳动力，1980年为民用劳动力。

b. 单身包括了寡妇或离婚者。

---

① 《马克思恩格斯全集》，第2卷，第446页。
② Julie A. Matthaei：《An Economic History of Women in America: Women's Work, the Sexual Division of Labor, and the Development of Capitalism》, The Harvester Press · Sussex, 1982：273（Table 11 - 1）.

进入二战后时期，女性劳动力参与率得到了极大的提高，女性劳动力队伍迅速扩大，这主要是由于已婚妇女大量进入劳动力市场，从而带来了女性劳动力构成的第一次重大变化。仍以美国为例（见表5—3），在1890—1940年长达半个世纪的时间里，美国女性劳动力始终以单身妇女为主，虽然已婚妇女在女性劳动力中的比例在50年中从13.9%增加到了35.9%，但也只是占到女性劳动力的三分之一强，远远低于已婚妇女在女性人口中的比例。已婚妇女的劳动力参与率在这50年中的增加是缓慢的（从1890年的4.6%上升到1940年的15.6%），仅增加了11个百分点（平均每10年增加2.2个百分点），至1940年已婚妇女的参与率仍低于单身妇女约30个百分点。可是在之后1940—1980年的40年中，美国已婚妇女的劳动力参与率增加了34.4个百分点（平均每10年增加8.6个百分点），1980年时仅低于单身妇女12.7个百分点，并且已婚妇女在女性劳动力中的比例已超过了单身妇女，达到了六成的份额，从而使美国女性劳动力的构成从以单身妇女为主转变成以已婚妇女为主。表5—4显示了这一发展趋势的世界性，1960—1980年间12个国家的已婚妇女的劳动力参与率都有较大幅度的增加，一半以上的国家增加了约20个百分点或以上，其中最突出的是瑞典和澳大利亚，20年增加了30多个百分点。一个国家的已婚妇女劳动力参与率水平往往决定了该国女性劳动力参与率的总体水平，1980年，已婚妇女的劳动力参与率最高的是苏联和瑞典，分别达到了88.2%和75.6%，在全部妇女的参与率中，它们也是最高的，分别为88.2%和76.9%。这12国已婚妇女的劳动力参与率都已非常接近其全部妇女的参与率，有的甚至等于或超过了后者。[①]

女性劳动力结构的另一个重要变化是工作母亲的大量增加。最初，已婚妇女一旦生育孩子便暂时或永久性地退出劳动力市场。但是，20世纪60年代以后的几十年目睹了工作母亲数量的巨大增加，她们正在成为女性劳

---

① 雅各布·明塞尔：《劳动供给研究》，表9.1，张凤林等译，中国经济出版社，2001年版，第258页。

表 5—4 12 国的女性劳动力参与率：全部妇女与已婚妇女（1960 年，1970 年，1980 年）

国家	澳大利亚	英国	法国	德国	以色列	意大利	日本[a]	日本[b]	荷兰	西班牙	瑞典	美国	苏联
全部妇女*													
1960 年	29.5	43.4	44.5	46.5	29.0[a]	35.2	47.7c	21.9	49.0	22.7[a]	50.1[a]	37.8	77.4
1970 年	42.8	54.6	47.1	50.9	32.0b	33.8	50.0	27.0	43.9	26.1	60.1	43.4	89.4
1980 年	55.4	62.3	57.0	56.2	39.2	39.9	52.7	29.5	34.9	33.2	76.9	51.3	88.2
已婚妇女#													
1960 年	19.2	33.7	35.6	36.5	25.7[a]	18.5	36.0c	12.6d	7.6	n.a.	43.1[a]	30.5[a]	77.4
1970 年	36.5	48.8	41.5	42.7	36.0b	24.2	39.5	18.3	17.3	16.3	56.2	40.8[a]	89.4
1980 年	50.8	57.2	52.6	54.4	45.3	35.4	41.9	26.0	30.6	26.0	75.6	50.1[a]	88.2

资料来源：《劳动经济学杂志》，1985 年，第 3 卷，第 1 号，第 2 部分；日本：劳工省妇青局，《妇女的状况》，东京：大藏省出版办公室，1982。转引自雅各布·明塞尔：《劳动供给研究》，表 9.1，张凤林等译，中国经济出版社，2001 年版。

注释：

*全部妇女为 15 岁以上。

#已婚妇女为 20—59 岁，以下特别注明的除外。

以色列：全部年龄。a：1961 年。b：1975 年。

日本[a]：年龄在 20—64 岁的非农居民户以及已婚的在家雇佣的全部妇女。日本[b]：全部年龄。c：1965 年。d：1962 年。

西班牙[a]：1964 年，年龄在 20—59 岁的全部妇女。

瑞典[a]：1963 年，年龄在 20—64 岁的全部妇女和已婚妇女。

美国[a]：全部年龄。

苏联：年龄在 20—54 岁的全部妇女。

动力的新鲜血液。例如，在美国，1960 年至 1982 年的已婚妇女的劳动力参与率从 30.5% 上升到 51%，增加了 20.5 个百分点，而其中工作母亲（有 18 岁以下的孩子）的劳动力参与率从 27.6% 上升到 56.3%，增加了 28.7 个百分点，不但其增幅超过了前者，而且其参与率也高于前者 5.3 个百分点。[①] 又据英国 2001 年春的劳动力调查，1991 年至 2001 年，英国

---

① Nancy E. McGlen & Karen O'Connor：《Women's Rights》，Praeger Publishers，1983：220（Table 6-2）.

16—59岁妇女的就业率从65.8%上升为69.3%，而有受抚养子女的工作年龄妇女的就业率从58.7%上升为65.4%，其增幅也超过了前者，两者就业率的差距也大大缩小，从7.1个百分点减少到3.9百分点。[1]

总之，在过去的一百多年中，女性劳动力的构成经历了三个发展阶段，从绝大部分是年轻的单身妇女到以已婚妇女为主体和工作母亲大量加入劳动力队伍。

二、女性劳动力的人口特征

1. 年龄

妇女参与劳动力市场的劳动与男子有着不同的年龄模式，或者说，女性劳动力具有与男性劳动力不同的年龄特征，并随着时间的推移而发生变化。以美国为例，从表5—5可发现，[2] 在总体上，任何一个年龄组的男性劳动力参与率都高于相对应年龄组的女性，该趋势在1900年到1963年的半个多世纪里一直得以保持，虽然两性间的差距正在缩小。这表明了在生命周期的任何一个年龄段，女性的劳动力归属都弱于男性。从具体年龄组来看，男性成年组（20—64岁）的劳动力参与率明显地高于其青年组（14—19岁）和老年组（65岁以上），在男子生命周期中这长达45年的时间里，始终维持了86%~97%的高水平的劳动力参与率。而女性各年龄组的劳动力参与率的变化要比男性复杂得多，且呈现出很强的生命周期特征。

首先，在所有年龄组中，女性成年组的劳动力参与率也高于女性青年组和老年组的劳动力参与率，但差距不大，没有男性那么明显。从性别差距来看，女性成年组的劳动力参与率与男性的差距最大，其中25—34岁年龄段在1963年时显示出的两性差别高达60.3个百分点。而女性青年组和老年组的劳动力参与率虽然也低于男性，可是性别差距相对较小，尤其是

---

[1] Breda Twomey: "Women in the labour market: results from the spring 2001 LFS", Labur Market Division, Office for National Statistics, March 2002, Labour Market Trends, p. 110, p. 112.

[2] 引自雅各布·明塞尔：《劳动供给研究》，表3.1，张凤林等译，中国经济出版社，2001年版，第82页。

青年组（14—19 岁）的性别差距始终是所有年龄组中最小的，1963 年仅约 12 个百分点。

第二，与男性形成显著对照的是，女性劳动力参与率不仅始终低于男性，而且在女性的生命周期中，女性参与劳动力的高峰期大大地短于男性，只是出现在 20—24 岁这个年龄段的短短几年，然后便大幅度地下降。但是在 1963 年，女性劳动力参与的这一趋势有所变化，高峰期后劳动力参与率的下降幅度减小，且在 35—54 岁年龄段后又出现了第二个高峰。

第三，女性青年组和老年组的劳动力参与率在这六十多年里一直保持着相对稳定的状况，但是近期发生了一些变化。国际劳工组织在《2012 年全球妇女就业趋势》报告中指出，年轻女性在劳动力市场的参与度与成年女性相比，在世界各地区均出现了下降趋势，其原因之一是她们花更多时间在学校接受教育。国际劳工组织还在 2013 年第 102 届大会上指出，老年妇女的劳动力参与率近期来有所提高，并预计还将继续提高，发展中国家尤其如此。

表5—5　按年龄和性别划分的美国劳动力参与率（1900 年，1939 年，1963 年）

	男性（%）			女性（%）			两性差距（百分点）		
	1900 年	1930 年	1963 年	1900 年	1930 年	1963 年	1900 年	1930 年	1963 年
14 岁及以上	85.7	82.1	77.7	20.0	23.6	36.5	65.7	58.5	41.2
14—19 岁	62.1	40.1	36.5	26.8	22.8	24.6	35.3	17.3	11.9
20—24 岁	90.6	88.8	86.8	31.7	41.8	47.3	58.9	47.0	39.5
25—34 岁	94.9	96.0	97.0	19.4	27.1	36.7	75.5	68.9	60.3
35—44 岁	94.5	95.7	97.8	15.0	21.7	45.5	79.5	74.0	52.3
45—54 岁	92.8	93.8	96.0	14.2	19.7	51.0	78.6	74.1	45.0
55—67 岁	86.2	86.5	86.3	12.6	15.3	40.0	73.6	71.2	46.3
65 岁以上	63.1	53.9	28.5	8.3	7.3	9.5	54.8	46.6	19.0

资料来源：1900 年和 1930 年的数据，参见班克罗夫特（1958），表 D-1a，第 207 页；1963 年的数据，参见美国劳动统计局（1963），表 A-12，第 7 页。转引自雅各布·明塞尔：《劳动供给研究》，表 3.1，张凤林等译，中国经济出版社，2001 年版。

2. 婚姻

对于男子来说，无论单身还是已婚，都终生参与社会劳动。事实上，由于男子担任着养家糊口者的角色，他们一旦结婚，就更加全力地加入到劳动力队伍中去赚钱养家，因此婚姻不是男性劳动力的一个重要的人口特征，已婚男子始终是男性劳动力的主要组成部分。而妇女则不同，婚姻是女性劳动力的一个特别重要的人口特征，尤其在19世纪和20世纪初，婚姻状况曾是当时女性劳动力参与的一条清楚的划分线。从表5—3可以发现，早期的女性劳动力主要由单身女性组成，1890—1920年美国的女性劳动力68%—77%都是单身妇女，单身妇女是进入劳动力市场的先驱者。那时，妇女一旦结婚就得离开劳动力队伍，暂时地或永久地退出劳动力市场。婚姻对女性劳动力参与的这一负面影响直到20世纪中期，才开始逐渐下降。例如，美国已婚妇女从1950年起成为了女性劳动力的主体，而且其劳动力参与率随着时间的推移仍不断增长，16岁及以上的已婚妇女的劳动力参与率从1950年的20%多上升为1994年的60%多。[1] 英国在1984～2002年间也是以女性劳动力参与的大量增加为特征，16～59岁妇女的参与率从1984年的65%增加到2002年的72%，但这个趋势不是对所有妇女都是相同的。其中，单身妇女经历了参与率从76%到68%的下降，而已婚妇女经历了参与率从62%到74%的上升。[2] 总之，在过去的几十年中，许多国家的女性劳动力的人口特征从以单身妇女为主变为以已婚妇女为主，已婚妇女已从早先的结婚后便退出劳动力市场或只有非常低的劳动力参与的阶段，进展到了间歇性的劳动力参与的阶段。

3. 孩子

生儿育女被认为是妇女的首要角色，家庭中是否有受抚养孩子的存在和他们的数量及年龄尤其对妇女的劳动力参与有着重要影响，因此，是否有孩子是女性劳动力的又一个重要人口特征。英国2001年和2002年的劳

---

[1] Saul D. Hoffman："The changing impact of marriage and children on women's labor force participation"《Monthly Labor Review》，February 2009.

[2] Maria Gutiérrez-Domènech & Brian Bell："Female labour participation in the United Kingdom: evolving characteristics or changing behaviour?"，Table A，Working Paper no. 221，© Bank of England 2004，ISSN 1368－5562.

动力调查（LFS）表明，首先，有受抚养的孩子限制了妇女的劳动力参与。2001 年春，没有受抚养孩子的妇女的总就业率为 72.2%，相比之下，有受抚养孩子的妇女是 65.4%，两者相差 6.8 个百分点。其中，对于 16~24 岁年龄组来说，没有和有受抚养子女的妇女的就业率各为 63.4% 和 31.4%，更相差了 32 个百分点。第二，妇女的劳动力参与随着受抚养孩子的数量的增加而减少。2002 年，没有受抚养子女的已婚妇女的劳动力参与率是 79%，有一个受抚养子女的下降为 77%，有二个受抚养子女的再下降为 74%，有三个受抚养子女的则进一步下降为 55%。第三，妇女就业随着受抚养孩子的岁数、尤其是最幼小的受抚养孩子的年龄的增加而增加。2001 年，有 5 岁以下学龄前孩子的妇女的就业率是 53.9%，有 5~10 岁学龄孩子的妇女的就业率便上升到约 70.0%，有 11~15 岁受抚养孩子的妇女的就业率更上升到 75.1%，有 16~18 岁受抚养孩子的妇女具有最高的就业率，为 80.4%。[1]

H. 布斯海（Heather Boushey）在"妇女选择退出吗？"一文中指出，据美国劳动统计局的全国调查，1984 年时，在 25~44 岁的妇女中，有孩子在家的妇女的劳动力参与率要比没有孩子在家的低 20.7 个百分点。但是，随着时间的推移这一差距正在缩小，到 2004 年已减小为 8.2 个百分点。[2] 换言之，作为影响妇女劳动力参与的一个因素，有孩子这个作用正在减弱而非增加。例如，在 1950 年至 1980 年，美国已婚妇女中没有 18 岁以下孩子的妇女的劳动力参与率从 30.3% 上升到 46%，增加了 15.7 个百分点，而有 18 岁以下孩子的妇女的劳动力参与率从 18.4% 上升到 54.1%，增加了 35.7 个百分点（见表 5—6）[3]。1986 年时，美国有 7 岁以下幼孩的

---

[1] 2001 年的数据来自 Breda Twomey: "Women in the labour market: results from the spring 2001 LFS", Labour Market Division, Office for National Ststistics, Labour Market trends, March 2002, p. 111 - 112。2002 年的数据来自 Maria Gutiérrez-Domènech & Brian Bell: "Fmale labour participation in the United Kingdom: evolving characteristics or changing behaviour?", Table A, Working Paper no. 221, © Bank of England 2004, ISSN 1368 - 5562.

[2] Heather Boushey: "Are Women Opting Out? Debunking the Myth", Center for Economic and Policy Research, November 2005.

[3] 转引自 Nancy E. McGlen & Karen O'Connor：《Women's Rights》，Praeger Publishers, 1983: 220（Table 6 - 2）.

妇女的劳动力参与率为55%；在全世界，有幼孩的妇女中，劳动力参与率最高的是瑞典，达到了85.6%。①

表5—6 按孩子情况划分的美国已婚妇女的劳动力参与率（1950—1980年）

年份	总计（%）	没有18岁（%）以下的孩子	有18岁以下的孩子（%）		
			合计	6—17岁	6岁以下
1950	23.8	30.3	18.4	28.3	11.9
1960	30.5	34.7	27.6	39.0	18.6
1970	40.8	42.2	39.7	49.2	30.3
1980	50.1	46.0	54.1	61.7	45.0

资料来源：U. S. Department of Labor, Bureau of Labor Statistics, *Perspective on Working Women* (June, 1980), p.4 and Howard V. Hayghe, Office of Current Employment Analysis, Bureau of Labor Statistics, Oral Report. 转引自 Nancy E. McGlen & Karen O'Connor：《Women's Rights》, Table 6–2, Praeger Publishers, 1983.

4. 教育

妇女劳动力参与的不断增加与妇女受教育水平的日益上升紧密相关。如果按教育程度划分，女性劳动力的参与趋势凸显了明显的差异，有资格证书的妇女的劳动力参与率要高于没有资格证书的妇女，而受过高等教育的妇女相应地具有更高的参与率。据英国1984年和2002年的劳动力调查（LFS），有学位的女性劳动力参与率分别为79%和88%，而没有学位的女性劳动力参与率分别只有58%和48%。② 又据美国1970～1995年的3月份现时人口调查（March Current Population Surveys）（见表5—7），妇女劳动力参与率随着其受教育水平的提高而上升。如果把教育水平按"低于中学"、"中学"、"相当于大学"、"大学或以上"四个等级划分，那么1970年时处于这四个层次教育水平的妇女的劳动力参与率，依次从43%上升到

---

① Jane Lewis & Gertrude Aström："Equality, Difference, and State Welfare: Labor Market and Family Policies in Sweden",《Feminist Studies》Spring Vol.18, No.1, 1992: 70–71.

② Maria Gutiérrez-Domènech & Brian Bell: "Fmale labour participation in the United Kingdom: evolving characteristics or changing behaviour?", Table A, Working Paper no.221, © Bank of England 2004, ISSN 1368–5562.

51.3%，再上升为50.9%和60.8%。可见，受教育最少的妇女的劳动力参与率远远低于那些受过较高教育的妇女，其中没有完成中学学业的妇女的劳动力参与率要比受过大学或以上教育的妇女低17.8个百分点，而且这个差距随着时间的推移正在不断地扩大，1995年时达到了35.6个百分点。此种现象也表明了，只具有低教育资历的妇女，其劳动力参与率的上升速度大大低于拥有高等教育资历的妇女。在这个四分之一世纪里，受教育最少的妇女的劳动力参与率仅仅从43%增加到47.2%，只上升了4个百分点，而具有其他受教育水平的妇女的参与率均上升了20个百分点左右。此外，从表5—7还可以发现，具有高等教育资历的劳动力的两性差别远远小于低资历的。1970年，大学或以上的女性劳动力参与率比同等男性低35.3个百分点，而教育水平低于中学这一档的两性差别则高达46.3个百分点。时间的推移也使这个两性差别随着资格水平的增加而进一步变窄。到1995年，有着大学或以上的教育水平的女性劳动力参与率（82.8%）已非常接近同等男子的参与率（93.8%），两性差别缩小到了11个百分点，而教育水平低于中学这一档的两性差别仍高达约25个百分点，为前者的2倍还多。[1]

表5—7 按教育水平划分的美国男女劳动力参与率（1970—1995年）

教育水平	1970（%）妇女	男子	性别差距	1980（%）妇女	男子	性别差距	1990（%）妇女	男子	性别差距	1995（%）妇女	男子	性别差距
所有劳动者	49.0	93.5	44.5	59.6	89.8	30.2	68.9	88.8	19.9	71.5	87.4	15.9
低于中学	43.0	89.3	46.3	43.9	79.4	35.5	46.2	75.1	28.9	47.2	72.0	24.8
中学	51.3	96.3	45.0	61.4	92.2	30.8	68.7	89.9	21.2	68.9	86.9	18.0
相当于大学	50.9	95.8	44.9	66.5	92.7	26.2	75.9	91.5	15.6	77.3	90.1	12.8
大学或以上	60.8	96.1	35.3	73.6	95.5	21.9	81.1	94.5	13.4	82.8	93.8	11.0

资料来源：来自于美国3月份现时人口调查（March Current Population Surveys）。转引自 Francine D. Blau: "Women's economic well-being, 1970-1995: Indicators and trends", Table 1, University of Wisconsin-Madison《Focus》Vol. 20 No. 1 Winter 1998-1999.

---

[1] Francine D. Blau: "Women's economic well-being, 1970-1995: Indicators and trends", Table 1, University of Wisconsin-Madison《Focus》Vol. 20 No. 1 Winter 1998-1999.

5. 阶级和种族

在过去的100多年中，女性的劳动力参与也按其阶级和种族的差异而形成不同的轨迹。首先，最早走出家庭参加社会生产的早期女性劳动力是来自劳动阶级的妇女，通常是年轻和未婚的，往往被称为工作女孩，她们主要是当家佣和工厂女工。1880年对美国波士顿城市1032名工作女孩的一项研究发现，其中90%是未婚的。在这些未婚工作女孩中，几乎有一半失去了父亲。另一项1927年对年轻受雇女孩的研究，访问了500个年龄从14岁至16岁的工作女孩和其中的263个家庭。这些家庭没有一家是富裕的，相反，其中有209个家庭或因父母去世、生病，或因父亲的收入不足而难以维持生计，受访的500个工作女孩中有490名都把自己的全部收入交给家庭。[①]

19世纪和20世纪初，中产阶级妇女在劳动力队伍中是一个微不足道的组成部分。因为那时当全职太太是中产阶级身份的重要标志，该阶级的妇女几乎完全退出了生产活动。只有在养家糊口的男子亡故造成了"家庭经济"崩溃的情况下，她们才会为了养活自己或扶养家庭的需要走出家庭参加工作。中产阶级妇女普遍受过教育，当家庭教师是那时社会习俗唯一允许她们从事的"体面"工作。后来，随着白领职业的大量出现，才有不少中产阶级妇女受到吸引、走进办公室从事办事员的工作。

此外，不同种族妇女的劳动力参与最初也有很大差别，这在一些西方国家尤为明显。例如，在19世纪末和20世纪初的美国，非白人妇女的劳动力参与率远远高于白人妇女，特别是已婚妇女。但是，随着时间的推移，她们之间的差距逐渐缩小。1890年，美国白人妇女的劳动力参与率是16.3%，非白人妇女为39.7%。其中，白人已婚妇女的参与率只有2.5%，而非白人已婚妇女却高达22.5%，足足为白人的9倍。这一差距到1920年缩小为5倍，1950年时进一步缩小为1.5倍，至1988年两者已非常接

---

① Julie A. Mattaei：《An Economic History of Women in America》，The Harvester Press · Sussex，1982：146-147.

近，白人和非白人的已婚妇女的参与率分别是 55.8% 和 64.4%。[1] 对于美国社会女性劳动力中的这种种族差别的解释是，非白人男子、尤其是非裔男子被局限于低报酬工作和失业率较高，从而迫使妇女分担男子养家糊口的角色，同时，非裔妇女较为普遍地外出从事有酬工作也是奴隶制传统的一种表现。

第三节 女性劳动力参与的地区差别

女性的劳动力参与率在不同地区之间存在很大差别，这种差别不仅体现在各年龄组女性劳动力参与水平方面，也体现在劳动力参与率的性别差距方面，并且这种差别随着时间的不同而发生变化。

一、各地区的女性劳动力参与

1. 各地区的女性劳动力参与率

据联合国的统计资料（见表 5—8），在 1970—1990 年期间，世界各大地区的女性劳动力参与的大致情况是，1970 年，妇女平均经济活动率最高的是东亚、撒哈拉以南非洲、东欧和中亚，这 4 个地区都达到了 55%～57%；其次是东南亚、大洋洲和其他发达地区，为 40%～49%；再次是加勒比海地区和西欧，它们分别是 38% 和 37%；南亚，西亚和拉丁美洲的经济活动率比较低，在 22%～25% 的水平；最低的是北非，只有 8%。20 年后的 1990 年的情况基本相同，东亚、中亚和东欧的妇女平均经济活动率继续是最高的，达到了 56%～58%；其次是其他发达地区、撒哈拉以南非洲和东南亚，为 53%～54%；接下来是西欧、加勒比海地区和大洋州，在 50% 左右；南亚妇女的经济活动率增加到了 44%；而拉丁美洲和西亚的比

---

[1] Claudia Goldin：《Understanding the Gender Gap: An Economic History of American Women》，Oxford University Press，1990：17（Table 2.1）.

率仍然比较低，分别为34%和30%；最低的依旧是北非，虽然有了较大的增加，但还排在末位，为21%。① 进入21世纪后这种分布态势继续被保持，据国际劳工组织《2012年全球妇女就业趋势》报告，2002年和2011年全球女性劳动力参与率最高的地区是东亚和撒哈拉以南非洲，分别达到了63.5~69.1%和64.5~66.7%；其次是东南亚和太平洋地区，分别是58.4%和58.7%；再次是发达经济体和欧盟、拉丁美洲和加勒比海地区、中欧和东南欧（非欧盟）及原苏联的国家，它们都在50%左右；比较低的是南亚，分别为35.8%和31.8%；最低的是北非和中东，分别只有17.2%~21.2%和18.4%~24.2%（见表5—9）。② 以上的数据表明，全球女性劳动力参与率的地区差别是明显的，在1970—2011年的40年中，女性劳动力参与率最高的地区是东亚，最低的地区是北非和中东，差距最大时达到了50个百分点左右，最小时也有35个百分点。相比之下，男性劳动力参与率的地区差别要小得多，其幅度仅为11~15个百分点。

表5—8 世界各地区成年女性和男性的经济活动率（1970—1990年）

年份	15岁及以上成年人的经济活动率（%）							
	1970			1980			1990[a]		
	妇女	男子	性别差	妇女	男子	性别差	妇女	男子	性别差
发达地区									
东欧[b]	56	79	23	56	77	21	58	74	16
西欧[b]	37	78	41	42	75	33	51	72	21
其他发达地区	40	81	41	46	78	32	54	75	21
非洲									
北非	8	82	74	12	79	67	21	75	54
撒哈拉以南非洲	57	90	33	54	89	35	53	83	30

① United Nations：《The World's Women 1995—Trends and Statistics》，United Nations，New York，1995：109-110.

② ILO："Global Employment Trends for Women 2012"（Table A.7）.

续表

年份	15 岁及以上成年人的经济活动率（%）							
	1970			1980			1990[a]		
	妇女	男子	性别差	妇女	男子	性别差	妇女	男子	性别差
拉丁美洲和加勒比海地区									
拉丁美洲	22	85	63	25	82	57	34	82	48
加勒比海地区	38	81	43	42	77	35	49	72	23
亚洲和太平洋地区									
东亚	57	86	29	58	83	25	56	80	24
东南亚	49	87	38	51	85	34	54	81	27
南亚	25	88	63	24	85	61	44	78	34
中亚[b]	55	76	21	56	77	21	58	79	21
西亚[b]	22	83	61	26	81	55	30	77	47
大洋洲	47	88	41	46	86	40	48	76	28

资料来源：转引自 Chart 5.4B, United Nations, New York, 1995.

a：以国家人口普查和各国报告的调查资料为基础，不以国际上推荐的定义作比较而进行调整。

b：1970 年和 1980 年的数字包括 ILO 对前苏联解体后的那些国家的估计。

表 5—9 世界各地区女性和男性劳动力参与率（2002 年和 2011 年）

年份	女性和男性劳动力参与率（%）						
	2002			2011		
	妇女	男子	性别差	妇女	男子	性别差
全球	52.1	78.1	26	51.1	77.1	26
发达经济体和欧盟	51.7	69.4	17.7	52.8	67.6	14.8
中欧和东南欧及原苏联国家	49.1	68.0	18.9	50.0	70.4	20.4
北非	21.2	74.1	52.9	24.2	74.2	50.0

续表

年份	女性和男性劳动力参与率（%）					
	2002			2011		
	妇女	男子	性别差	妇女	男子	性别差
撒哈拉以南非洲	63.5	76.5	13	64.5	76.2	11.7
拉丁美洲和加勒比海地区	49.6	80.3	30.7	53.3	79.6	26.3
东亚	69.1	81.4	12.3	66.7	79.6	12.9
东南亚和太平洋地区	58.4	82.8	24.4	58.7	81.8	23.1
南亚	35.8	83.3	47.5	31.8	81.3	49.5
中东	17.2	73.8	56.6	18.4	74.0	55.6

资料来源：转引自《Global Employment Trends for Women 2012》p. 56 Table A7.

2. 各地区女性劳动力参与率的变化

在1970年至1990年间，世界各大地区15岁及以上男子的经济活动率出现了下降。从表5—8可以发现，1970年时各大地区的男子经济活动率最低的是76%，最高的为90%；1990年时这两个数字分别下降到72%和83%。而与之相反，妇女的经济活动率则呈现出上升趋势，同期从最低的8%和最高的57%分别增加到21%和58%，且地区间的差距有了很大程度的缩小。一方面，撒哈拉以南非洲和东亚的经济活动率在1970年时高于任何其他地区，在1990年时略有下降，它们分别减少4个和1个百分点；另一方面，南亚、西欧和其他发达地区则有了大幅提升，同期分别增加了19个和14个百分点。虽然到2002年，东亚和撒哈拉以南非洲的参与率分别上升到69.1%和63.5%，比1990年增加了10-13个百分点。但是，跨入21世纪后的最初10余年里，世界各大地区的女性劳动力参与率趋于稳定，增加幅度均很小。其中，增幅最大的是拉丁美洲和加勒比海地区、北非，但实际上也仅仅增加了4-3个百分点。与20世纪下半叶一样，东亚的女性劳动力参与率还是略有下降（减少2.4个百分点），但它仍是全球最高的（见表5—9）。

二、各年龄组女性劳动力参与的地区差别

1. 不同地区各年龄组女性劳动力参与率

按年龄组划分的女性劳动力参与率也存在着明显的地区差别。据对全球5大地区111个国家的统计资料的分析（见表5—10），以1990年为例，年轻组（15-19岁）妇女劳动力参与率最低的是拉丁美洲和加勒比海地区，为24.6%，最高的是撒哈拉以南非洲，为53.6%，差别幅度达29个百分点；成年组（20-49岁）妇女劳动力参与率最低的是北非/中东地区，为40.3%，最高的是撒哈拉以南非洲，为68.5%，差别幅度达28.2个百分点；老年组（50-64岁）妇女劳动力参与率最低的是拉丁美洲/加勒比海地区，为31.6%，最高的是撒哈拉以南非洲，为62.6%，差别幅度达31个百分点。可见，每个年龄组的最高参与率和最低参与率的地区差别都达到了30个百分点左右，其中撒哈拉以南非洲的参与率在每个年龄组中始终是最高的。

2. 不同年龄组女性劳动力参与率的地区差别的变化

从表5—10还可以发现，从1970年至1990年的20年中，年轻组妇女的劳动力参与率有所下降，而成年组和老年组的参与率都增加了。从全球来看，年轻组妇女的劳动力参与率下降了4.9个百分点；从各地区来看，虽然5大地区都下降了，但下降的程度却各不相同，其中下降幅度最大的是欧洲/北美，为9.3个百分点，下降幅度最小的是北非/中东，只有1.2个百分点。与之形成反差的是，成年组的参与率出现了全球性的快速增加，上升了10.1个百分点；老年组的参与率是略有增加，也上升了3个百分点。从各地区来看，除了撒哈拉以南非洲的成年组和北非/中东的老年组的参与率稍有下降（分别下降1.4个百分点和1.9个百分点）之外，其余地区的参与率都有不同程度的增加。其中欧洲/北美地区的成年组和老年组的参与率增加幅度最大，分别增加了23.7个百分点和9.6个百分点。[①]

[①] Robert L. Clark etc. : "Cross-national Analysis of Women in the Labour Market", Table 2.2, in Brígida García edited:《Women in the Labour Market in Changing Economies》, Oxford University Press, 2003.

表5—10 按地区和年龄划分的女性劳动力参与率（1970年，1980年，1990年）

单位:%

年龄组	15—19岁			20—49岁			50—64岁		
年份	1970	1980	1990	1970	1980	1990	1970	1980	1990
全球	42.5	40.0	37.6	48.5	53.8	58.6	40.4	42.0	43.4
撒哈拉以南非洲	58.0	55.5	53.6	69.9	68.8	68.5	66.1	63.7	62.6
北非/中东	32.6	32.2	31.4	37.4	38.5	40.3	34.1	33.5	32.2
亚洲/大洋洲	46.1	43.6	39.7	50.0	55.2	60.3	38.8	41.1	44.0
欧洲/北美	44.0	40.1	34.7	43.8	57.7	67.5	29.8	36.4	39.4
拉丁美洲/加勒比海地区	27.3	25.0	24.6	34.3	41.4	48.9	25.9	28.4	31.6

资料来源：联合国和国际劳工组织的资料。转引自 Robert L. Clark etc.: "Cross-national Analysis of Women in the Labour Market", Table 2.2, in Brígida García edited:《Women in the Labour Market in Changing Economies》, Oxford University Press, 2003.

注：全球5大地区共111个国家：撒哈拉以南非洲——29个国家，北非和中东——14个国家，亚洲和大洋洲——18个国家，欧洲和北美——23个国家（含以色列），拉丁美洲和加勒比——27个国家。

三、各地区劳动力参与的性别差距

1. 不同地区的劳动力参与率的性别差距

女性劳动力参与率存在着明显的地区差别，不同地区的劳动力参与率也存在着不一样的性别差距。从表5—8和表5—9不难观察到1970年到2011年全球各地区劳动力参与率的性别差距的大致情况。在表5—8可以发现，1970年和1990年全球经济活动率的性别差距最大的两个地区是北非（分别为74个百分点和54个百分点）和拉丁美洲（分别为63个百分点和48个百分点），性别差距最小的两个地区是东欧（分别为23个百分点和16个百分点）和中亚（均为21个百分点），1970年和1990年性别差距最大的地区和最小的地区之间分别要相差51个百分点和38个百分点。表5—9表明了2002年和2011年全球劳动力参与率的性别差距最大的两个地区是中东（分别为 56.6 个百分点和 55.6 个百分点）和北非（分别为 52.9 个百分点和 50 个百分点），性别差距最小的两个地区是东亚（分别为 12.3 个百分点和 12.9 个百分点）和撒哈拉以南非洲（分别为 13 个百分点和 11.7 个百分点）。2002 年和 2011 性别差距最大的地区和最小的地区之间分别要相差 44.3 个百分点和 43.9 个百分点。显然，在这 40 余年中，北非一直是劳动力参与率性别差距最大的地区之一，性别差距最小的地区则显得比较分散。

2. 各地区劳动力参与率性别差距的变化

上述资料表明了各地区的劳动力参与存在着性别差距，但是这个性别差距不是一成不变的。从全球来看，随着 20 世纪下半叶女性劳动力参与程度的增加，两性劳动力参与的差距呈缩小趋势，而在 21 世纪的 10 多年中则持稳定态势。据国际劳工组织《2012 年全球妇女就业趋势》的报告，1992 年时，全球女性和男性的劳动力参与率分别是 52.4% 和 80.2%，其性别差距为 27.8 个百分点，2002 年时缩小为 26 个百分点，然后保持稳定，2011 年则基本相同，仍是 26 个百分点。[①] 从各大地区来看，性别差距呈现出较大的不同，有的地区的性别差距在不断降低，有的则保持不变，有的发生了逆转，反而扩大了。具体来说，1970 年至 1990 年期间，全球 13 个地区中有 12 个地区的经济活动率的性别差距都降低了，只有中亚 1 个地区保持不变。降低程度较大的有南亚、北非、西欧、其他发达地区和加勒比海地区，均降低了 20 个百分点及以上，其中降低程度最大的是南亚，降低了 29 个百分点。降低程度较小的有拉丁美洲、西亚、大洋洲和东南亚，其降低幅度在 15~11 个百分点。降低程度最小的是东欧、东亚和撒哈拉以南非洲，只降低了 7~3 个百分点（见表5—8）。在 2002~2011 年间，全球 9 个地区中的劳动力参与率的性别差距有 6 个地区降低了，有 3 个地区扩大了。在拉丁美洲和加勒比海地区、发达经济体和欧盟、北非、撒哈拉以南非洲、东南亚和太平洋地区以及中东，劳动力参与率的性别差距都不同程度地降低了，其中降低程度最大的是拉丁美洲和加勒比海地

---

① ILO: "Global Employment Trends for Women 2012: 17" (Table 4).

区，降低了 4.4 个百分点，降低程度最小的是中东，仅降低 1 个百分点。同时，在南亚、中欧和东南欧及前苏联国家、东亚，其劳动力参与率的性别差距扩大了 2~0.6 个百分点（见表 5—9）。

第六章
女性劳动力的参与模式

女性劳动力参与模式是在复杂的历史进程中演化而来的,同时具有很强的生命周期特征,要比男性复杂得多。女性劳动力的参与不仅具有非连续性的特点,而且大量地是非正规就业,尤其是全日制工作与非全日制工作正在体现为当代劳动领域里的一个重要的性别差异。此外,女性的工作时间模式也与男性不同。

第一节 女性的非连续性工作模式

传统的标准工作模式是终生全职就业模式,几乎所有的男子都毕生连续性地从事全日制工作,而女性的工作模式最显著的特点是非连续性的劳动力参与,即市场就业的非连续性。历史地看,女性的工作模式的变迁经历了三个发展阶段。

一、暂时性或临时性就业的工作模式

在 19 世纪和 20 世纪初,妇女进入劳动力市场参与工作只是她们婚前的一个短期的暂时性行为,她们参与劳动力的经历只是婚前的一个重要和特殊的过渡时期,婚后就被主妇的持家实践所取代。在那时的劳动力市场上,雇主一般不雇佣已婚妇女,工作妇女一旦结婚也就退出劳动力市场,

回归家庭。已婚妇女当全职太太是当时中产阶级家庭的一个重要标志，也是体现其丈夫的地位和能力的一个重要标志。换言之，作为妻子的妇女是其丈夫追求男子气概过程中的补充物。即使是贫困家庭也尽量把它们的家庭主妇留在家中，而让其未婚女儿去工作。因此，婚姻状况比年龄更是决定妇女劳动力参与的重要变项。

以美国为例，19世纪和20世纪初，单身妇女构成了美国女性劳动力的大部分。从表5—3可以看到，在1890年至1930年，美国女性劳动力中单身妇女和寡妇或离婚妇女的比例高达86.1%~71.1%；1890年，已婚妇女中只有4.5%从事"有报酬工作"，到1900年，其参与率仍然只有5.6%，就是在1920年和1930年，也仅达到9%和11.7%的水平。表5—5显示了各年龄组妇女的劳动力参与率，从该表可发现，在1900年和1930年，美国妇女一生中劳动力参与率最高的是在20—24岁（31.7%和41.8%），这正是妇女结婚生子前的年龄段。进入结婚生子阶段后，绝大部分妇女就退出劳动力市场，25—34岁年龄组的劳动力参与率因而明显下降（19.4%和27.1%），分别低于20—24岁年龄组12.3个百分点和14.7个百分点，在接下来的所有年龄组中，妇女的劳动力参与率继续下降。与之不同，男子一生中劳动力参与率的最高峰出现在25—34年龄组，他们进入结婚生子阶段后仍然基本上保持了这个高参与率。男性在35—44岁年龄组的劳动力参与率仅分别低于25—34岁年龄组0.4个百分点和0.3个百分点，直到进入老年阶段才有较大幅度的下降。这表明，最初的女性工作模式是一种暂时性的就业，年轻的单身妇女在婚前参与有报酬的市场工作是妇女在结婚或生育之前进行的临时短期行为。她们中大部分是贫困家庭的女儿，在结婚之前进行短期工作，以帮助供养家庭（如为了让其兄弟能上学）和她们自己（包括为自己积攒一份嫁妆）。

二、阶段性或M型就业的工作模式

20世纪中叶，也就是二战后时期，已婚妇女开始大量涌入劳动力大军。虽然她们大部分是走出家庭进行工作，其就业模式仍然不同于男子的就业模式，趋向于比男子更频繁地进入和离开劳动力市场，进行不规则的阶段性就业，即根据自身的需求，在一定时间阶段内参加社会劳动，在另一时间阶段内又自愿停止社会劳动。也就是说，已婚妇女从早先的结婚后退出或仅是非常低水平的劳动力参与过渡到了间歇性劳动力参与的阶段。妇女的劳动力参与程度在整个生命周期内不断变动的这种状况，使妇女的劳动力参与率形成了一个 M 形状的曲线图，通常称为 M 型就业。

M 型就业乃是非连续性市场就业的工作模式，其特点是妇女婚前或生育前普遍就业，婚后或生育后暂时性地离开工作，待孩子长大后又重新回到劳动力市场（即"婚前就业—结婚生子—再就业"）。从劳动力参与的生命周期看，不同年龄段女性就业率的变化曲线呈 M 型：M 型两端是妇女就业的两个高峰期，两峰的中间是妇女就业的低谷期。仍以美国为例，从表 5—5 可以发现，1963 年的美国女性劳动力参与率出现了两个高峰，第一个高峰出现在 20—24 岁年龄组，其劳动力参与率为 47.3%；第二个高峰出现在 45—54 岁年龄组，其参与率是 51%；低谷出现在 25—34 岁年龄组，其参与率只有 36.7%，分别低于两个高峰期 10.6 个百分点和 14.3 个百分点。长期以来，单身年轻妇女的劳动力参与率一直较高，是妇女职业生涯中的第一个高峰期。25—34 岁通常是妇女结婚和生育的时期，表 5—6 显示，1960 年，美国没有 18 岁以下孩子的已婚妇女的劳动力参与率是 34.7%，有 18 岁以下孩子的参与率仅为 27.6%，而有 6 岁以下幼儿的妇女的参与率更进一步下降到 18.6%。换言之，这期间有一个大的结婚育儿期的就业低谷。不过，要注意的是，过去妇女结婚后大多永久性地退出劳动力市场；现在由于经济的发展、市场需求的变化、婚姻禁止制度的废除和社会观念的转变等，家庭主妇大众化的时代已经宣告终结，越来越多的妇女在这个时期只是暂时性地退出劳动力市场，一旦孩子长大，便再重返劳动力市场，进行再就业，有些妇女甚至多次进出劳动力市场。这样，妇女在育儿期后的劳动力参与率逐渐向上回升，在 40 岁和 50 多岁时又出现了第二个高峰，从而形成了一个 M 形状的曲线图。

M 型就业是当今世界大部分国家，尤其是发达国家妇女就业的主要工作模式。通过这一工作模式，妇女在完成其家庭角色的前提下，一定程度地参与了社会劳动，把家庭和工作结合起来。

三、倒U型或抛物线型就业的工作模式

20世纪下半叶，随着世界社会经济的变化出现了许多新现象，例如家庭规模缩小，未婚和离婚女性增多，因生育而离开工作岗位的女性"人生风险"加大等，这些都促使了女性劳动力参与模式的进一步变化。当今世界，妇女就业的阶段性模式虽然没有发生根本性的改变，但也出现了不少新的发展趋势。

其中一个重要的发展新趋势是，妇女就业逐渐向倒U型就业的工作模式转化。在女性劳动力中，20世纪初是年轻女子居多，20世纪中叶是20—24岁和45—54岁这两个年龄组的妇女（M型的两个高峰）比任何其他年龄组都多，而到了20世纪下叶几乎所有年龄组的妇女都积极地参与劳动力队伍，其中最突出的表现是处于M型谷底这个年龄段妇女的就业率不断增加，从而使M型的底部呈现不断上移的态势，妇女的劳动力参与曲线图看上去像一个颠倒过来的"U"。

对20世纪下叶加拿大妇女劳动力参与率变化的考察可清楚地显示这一新趋势。在一战后的半个多世纪中，加拿大女性劳动力参与率在整体上稳步上升，从第一次世界大战结束时的约18%的水平增加到1978年的48.5%，1998年更达到了58.1%。如果把劳动力划成4个年龄组，在1978年至1998年期间，除了15—24岁和55岁及以上两个年龄组的女性劳动力参与率变化不大外，25—44岁和45—54岁这两个组的参与率分别增加了19个百分点和23个百分点（见表6—1）。从表6—11还可以进一步发现，随着25—44岁和45—54岁这两个年龄组的参与率的大幅上升，1988年和1998年加拿大女性劳动力参与模式已呈现出与男子的参与模式较为相似的倒U型或抛物线型的转化态势。女性就业的工作模式的这个转化反映了婚育期妇女退出劳动力市场、中断工作的比例正在减少，选择连续性工作的妇女正在增多。这既表现为加拿大已婚妇女的劳动力参与率有很大的增

加，从 1978 年的 47.1% 上升到 1998 年的 62.3%；但更为重要的是又体现于有孩子妇女的劳动力参与率的变化，即连续工作而不是离开劳动力队伍去抚养孩子的妇女比例增加了，尤其是有 2 岁以下婴儿的妇女的劳动力参与率的急剧增加，1978 年时她们的劳动力参与率是 37.9%，到 1998 年上升为 64.4%，足足增加了 26.5 个百分点。[①] 已为人母的妇女积极加入劳动力队伍对当今世界女性劳动力参与率的上升和工作模式的变化发挥了巨大的作用。

表 6—1　按年龄组划分的加拿大女性劳动力参与率（1978—1998 年）

	女性			男性		
	1978	1988	1998	1978	1988	1998
15—24 岁	59.7	67.3	60.4	70.1	72.7	63.6
25—44 岁	59.4	75.8	78.8	95.6	94.4	92.4
45—54 岁	50.9	66.5	73.7	92.8	91.5	88.6
55 岁及以上	18.2	17.8	17.3	47.2	39.0	32.9

资料来源：Statistcs Canada, Labour Force Survey, Cat, No. 71F004XCB. 转引自 Richard P. Chaykowski & Lisa M. Powell: "Women and the Labour Market: Recent Trends and Policy Issues", Table 1, Canadian Public Policy-Analyse de Politiques, vol. xxv supplement/ numéro spécial 1 1999.

随着妇女对于劳动力市场归属的增加和劳动力市场对妇女（起初是对于已婚妇女，然后是对于有较大孩子的妇女，最后是对于有较年幼孩子的妇女）接受度的增加，产生了女性劳动力参与的新模式。在 20 世纪末，女性劳动力参与模式从 M 型向倒 U 型或抛物线型转化的趋势进一步增强，在劳动力市场参与模式方面的性别对称似乎正在形成之中。

[①] Richard P. Chaykowski & Lisa M. Powell: "Women and the Labour Market: Recent Trends and Policy Issues", Canadian Public Policy-Analyse de Politiques, vol. xxv supplement/ numéro spécial 1 1999.

第二节 女性的工作时间模式

经济学家认为，在现实生活中，男子和妇女配置时间的方法是不同的。因此，在劳动力市场上，男性劳动力和女性劳动力对于有酬工作和无酬工作的时间分配也是不相同的。

一、妇女的工作时间分配

经济学家明塞尔在《劳动供给研究》一书中指出，男女时间配置的方法是不同的，女性的时间实质上是在闲暇—非市场工作—市场工作这三个部分进行配置，而男性只是在闲暇和工作两个部分进行配置。所以，研究已婚妇女的劳动力供给，除了考虑工作与闲暇的替代以外，还应该考虑她们在市场工作与非市场工作中的选择，也就是在有酬工作与无报酬工作（包括为家庭和家人提供物品和劳务所进行的生产以及各种形式的自身投资）之间的选择。仅从闲暇的需求角度来分析已婚妇女的劳动力参与行为显然是不充分的，既要考虑有关闲暇时数的需求，又要考虑有关家务劳动时数的需求。

联合国的一些研究资料有助于具体了解男女工作时间的不同分配。据联合国妇女发展基金会发布的《2000年世界妇女的进步》报告，对12个发达国家的研究发现，妇女平均每周用于家庭部分和非政府组织（NGO）的无报酬工作时间为35个小时，其中家庭部分的工作有三分之二至四分之三是由妇女担任的，而男子用于无报酬工作的时间则只有妇女的一半。有酬工作的情况正好相反，男子一周用于公共部门、私人部门和非政府组织的有酬工作时间平均为31个小时，妇女在这方面所用的时间则只有男子的一半（Iroumonger，1996；UN，1995）。发展中国家在时间分配方面的性别差距甚至更大，有关9个发展中国家的男女用于市场工作和非市场工作的时间分配比例的资料表明：男子平均在市场工作上花76%的时间，在非市场工作花24%的时间；而妇女在市场工作上只花34%的时间，66%的时间用于非市场工作（UNDP 1999, table 27）。① 可见，妇女的工作时间大部分是用于无报酬工作，约占66%～69%，用于有酬工作的时间只占31～34%，仅为前者的一半。而男子把小部分时间（24%～36%）用于无报酬工作，绝大分时间（64%—76%）都花在有酬工作方面。如果把工作时间的分配按照该经济活动是属于国民核算体系或非国民核算体系来划分，那么妇女用于国民核算体系和非国民核算体系的时间的分配比例正好与男子倒过来，妇女为34：66，男子是66：34（见表6—2）。在所选13个工业国中，妇女分配给非国民核算体系经济活动的时间比例最高的是荷兰，达81%；妇女用于国民核算体系经济活动的时间比例最高的是丹麦，为58%，而且其时间分配比例的性别差距是最小的，仅低于该国男子21个百分点，性别差距最大的是以色列和意大利，这两国的妇女仅把22%的时间用在属于国民核算体系的经济活动，而两国的男子用于国民核算体系的时间比例高达77%，为妇女的3.5倍，性别差距为55个百分点。②

表6—2 所选13个工业国中妇女与男子的时间分配（占总工作时间的百分比）

国家	年份	总工作时间 SNA	总工作时间 N-SNA	妇女 SNA	妇女 N-SNA	男子 SNA	男子 N＝SNA
澳大利亚	1992	44	56	28	72	61	39
奥地利	1992	49	51	31	69	71	29
加拿大	1992	52	48	39	61	65	35
丹麦	1987	68	32	58	42	79	21
芬兰	1987/88	51	49	39	61	64	36
法国	1985/86	45	55	30	70	62	38
德国	1991/92	44	56	30	70	61	39
以色列	1991/92	51	55	22	78	77	23

---

① UNIFEM Biennial Report: "Progress of the World's Women 2000", General Assembly Fifty-fourth session, Report of the Secretary-General, United Nations Development Fund for Women, p. 27.
② 联合国开发计划署：《1995人类发展报告》，第101页，表4.4。

续表

国家	年份	总工作时间		妇女		男子	
		SNA	N-SNA	SNA	N-SNA	SNA	N = SNA
意大利	1988/89	45	55	22	78	77	23
荷兰	1987	35	65	19	81	52	48
挪威	1990/91	50	50	38	62	64	36
英国	1985	51	49	37	63	68	72
美国	1985	50	50	37	63	63	37
平均		49	51	34	66	66	34

资料来源：参看 Goldschmidt-Clermont 1995。转引自联合国开发计划署：1995 年人类发展报告，表4.4。

注：SNA：国民核算体系，N-SNA：非国民核算体系。

二、对妇女工作时间的一些规定

工作时间的规定一直深受社会、雇主和工人的关注，它既涉及到工人的权利，又涉及到工人的劳动保护。原先并不像现在这样规定每周工作5天和每天8小时，妇女曾为此进行了长期的斗争。1857年3月8日，美国纽约的服装和纺织女工为反对非人道的工作环境、12小时工作制和低薪而举行了抗议。1908年3月8日，15000名妇女在纽约市游行，要求缩短工作时间、提高劳动报酬与享有选举权、禁止使用童工。有关工作时间的规定也是劳动立法最早的关注点之一，各国都有法定的工作时间，国际劳工组织也制定了有关工作时间的国际标准。早在1919年，国际劳工组织（ILO）通过的第一个公约就是关于工作时间的。1930年的第30号公约规定，工作时间的一般标准是每周工作48小时，每天最多工作8个小时。1935年的第47号公约和1962年的第116号公约又作出了每周工作40小时的规定。戈尔登（Claudia Goldin）在《理解性别差距：美国妇女的经济史》的著作中具体描述了工作时间在美国的变化进程。19世纪时，美国工厂的工作时间是每星期工作6天，每天工作10个多小时。1900年时减少到每周工作 55 个小时，1910 年时又进一步减少到 52.2 个小时。20 世 20 年代，每周工作时间继续下调到 5 天半，每周约 48 个小时。一直到二战后，才进入到每周工作 5 天和 40 个小时的标准规范时期。

除了有关工作时间的一般标准之外，国家和企业对妇女的工作时间也有不同于男子的一些规定。早在 19 世纪中期，美国各州就开始陆续通过有关女性雇员的工作时间、工资和工作条件的法令，至 1919 年已达到 40 个州。第一个有关法令是由新罕布什尔州于 1847 年通过的，它规定制造业企业不能迫使妇女每天工作 10 个小时以上。19 世纪 80 年代通过的强制实行的有关法令，大部分是规定妇女不能受雇于工作超过限定时间或要求她们上夜班的商行。[①] 现今世界的许多国家和地区也都对妇女的工作时间作出了自己的规定。以中国为例，《中华人民共和国劳动法》第二十七条规定对怀孕七个月以上的女职工，不得安排其延长工作时间和夜班劳动。香港劳工法中《妇女及青少年（工业）规例》规定，任何工业机构内的妇女劳工在任何工作日内工作不得超过 8 小时，在任何 1 周内工作不得超过 48 小时；16 岁及以上妇女劳工的上班时间也必须在早上 6 时至晚上 8 时以内。

这些有关妇女工作时间的规定被认为是对妇女的劳动保护，因为女性的体力较男性弱，而且女性家庭任务较重，工作时间太多会妨碍她们对家庭的照顾。同时，对男女劳动者的这种差别限制也被认为会让雇主有一个理由排斥对女性的雇用。

三、妇女的有酬工作时间

从妇女的工作时间分配可以发现妇女的有酬工作时间大大少于无报酬工作时间，事实上，妇女结婚后在劳动力市场中平均花费的时间还不到其生命期的一半。[②]

---

① Claudia Goldin：《Understanding the Gender Gap: An Economic History of American Women》，Oxford University Press, 1990：179，180，189.
② 雅各布·明塞尔：《劳动供给研究》，张凤林等译，中国经济出版社，2001 年版，第 143 页。

据联合国对四大洲22国每周有酬工作时间的统计（见表6—3），妇女的工作时间平均只有男子的约60%。如果以每周工作36—40小时为有酬工作的"标准"时间，那么只有14%国家（计3个国家）的妇女达到这个标准，86%国家（计19个国家）的妇女每周平均工作10—35个小时，其中每周平均工作10—20个小时的国家最多，为11个，另有7个国家的妇女每周平均工作21—30个小时，还有1个国家是33.4个小时。相比之下，41%国家（9个国家）的男子每周平均工作36—40小时及以上，为妇女的约3倍；周工作时间在此以下的有13个国家，其中绝大部分（8个国家）是工作31—35个小时，没有1个国家的男子每周工作少于27个小时。此外，各国妇女之间也有很大差别，有酬工作时间最少的是荷兰，每周为10.4个小时，最多的是立陶宛，每周是47.5个小时，它们相差4.5倍。而各国男子之间的差别则小得多，男子工作时间最少和最多的也同为这两个国家，分别为26.6个小时和50.6小时，它们仅相差1倍多。[①]

表6—3　22国按性别划分的每周有酬工作时间（1984—1992年）

国家或地区	年份	每周工作小时 女	每周工作小时 男	国家或地区	年份	每周工作小时 女	每周工作小时 男	国家或地区	年份	每周工作小时 女	每周工作小时 男
北美和澳洲				西欧				东欧和苏联			
澳大利亚	1992	14.7	31.4	意大利	1989	10.6	27.9	保加利亚	1988	37.7	46.9
加拿大	1992	18.7	31.5	拉脱维亚	1987	33.4	43.8	苏联	1986	38.5	49.0
美国	1986	24.5	41.3	立陶宛	1988	47.5	50.6	匈牙利	1986	26.0	41.1
西欧				荷兰	1988	10.4	26.6	波兰	1984	24.9	42.2
奥地利	1992	15.9	32.7	挪威	1990	19.3	30.8	亚洲			
丹麦[a]	1987	21.8	35.0	西班牙	1991	11.4	29.4	以色列	1992	12.8	32.7
芬兰	1987	23.1	31.7	瑞典	1991	27.3	41.7	日本	1991	19.5	40.8
西德	1992	14.7	29.5	英国	1984	14.1	26.8	韩国	1990	21.4	35.4

资料来源：转引自U.N.：The World's Women 1995：Trends and Statistics, Table 8.

---

① U.N.：《The World's Women 1995：Trends and Statistics》，p.132，Table8, United States, N.Y., 1995.

又据英国 2001 年春的劳动力调查结果，工作年龄的劳动力每周工作 36—40 小时以上的，男子为 84%，妇女是 48%；妇女比男子少 36 个百分点，仅为男子的 57%。而且，有 35% 的男子每周工作 46 个小时或以上，相比之下，妇女是 10%，还不到男子的三分之一。此外，如果按有或无受抚养子女对妇女作进一步划分，则可显示出妇女之间的差别。每周工作 36—40 小时及以上的，在没有受抚养子女的妇女中占 57%，而在有受抚养子女的妇女中只有 32%，比前者减少了 25 个百分点，仅为前者的一半多。此外，在没有受抚养子女的妇女中，其最大的群体（占 33%）趋向于每周工作 36—40 小时；而在有受抚养子女的妇女中，其最大群体（占 41%）趋向于每周工作 16—30 个小时，尤其是在有 11 岁以下孩子的妇女中，44% 的人每周工作 16—30 个小时。[①] 显然，孩子不仅是妇女是否参与劳动力的重要决定因素，而且也是妇女参与劳动时间多少的重要决定因素。同时，这也决定了已婚妇女的工作时间更可能是灵活的或非固定的。

第三节 女性非正规就业的工作形式

20 世纪中期以来，非正规就业在全球呈现上升趋势，并具有明显的女性化特点。女性劳动参与的增加是与非正规就业的上升相伴而行的，在当今世界，非全日制工作正在成为越来越重要的妇女工作形式。

一、非正规就业的概念和特点

1. 概念

传统的正规就业形式是"标准的"全日制的永久性工作，具有固定的劳资关系，受到政府相关部门的支持和保护；它也是劳动法、集体合同和

[①] Breda Twomey: "Women in the labour market: results from the spring 2001 LFS", Table 5, Labour Market Division, Office for National Statistics, March 2002, Labour Market Trends.

社会保障制度发展的基础，就业者享受一定的福利和保障。

"非正规就业"是相对于正规就业而言，源自于国际劳工组织1973年发表的肯尼亚就业考察报告《就业、收入和平等：肯尼亚增加生产性就业的战略》。该报告认为，肯尼亚的就业问题主要不是失业而是存在着一大批在"非正规部门"的"有工作的穷人"，从而首次提出了"非正规部门"的概念。后来，国际劳工组织在《1991年局长报告：非正规部门的困境》中，进一步将非正规部门定义为"发展中国家城市地区那些低收入、低报酬、无组织、无结构的很小生产规模的生产和服务单位"。

国际劳工组织"劳动统计家国际会议"（International Conference of Labour Statisticans）对非正规就业的统计测量所采用的概念框架区别了生产单位的非正规性和工作的非正规性。其中包括两个概念：一个概念是在非正规部门就业，指在非正规企业就业。另一个概念是非正规就业，指从事非正规工作的就业。因此，对非正规就业的概念可以从两个方面进行理解。第一，劳动组织形式的非正规性。"劳动统计学家国际会议"把非正规的自负赢亏的企业（informal own-account enterprises）定义为由自营工作者拥有和运行的家庭企业（enterprises in the household sector），……"其组织的运行通常是低水平和小规模的，其组织内作为生产要素的劳动和资本之间的区分很小"。[1] 第二，劳动者就业方式的非正规性。非正规就业是一种灵活的工作形式，不仅就业关系具有不稳定性和临时性，而且劳动者无固定的工作时间和/或工作场所。非正规就业的具体形式多种多样，主要有非全日制工、临时工、季节工、散工、外包工、独立承包者、自雇就业者等。此外，随着新兴产业的发展，也产生了许多现代非正规就业形式，如远程工作、合做一份工作（企业将一个全日制劳动者的工作分摊给两个非全日劳动者）等。

2. 特点

非正规就业的首要特点是就业方式灵活多样。其劳动场所和劳动时间可根据生产经营方式、市场和劳动者的需求不断调整变化，富有很大弹

---

[1] United Nations：《The World's Women 1995——Trends and Statistics》，United Nations，New York，1995：116.

性。第二，劳动组织简单，劳动关系非规范化。非正规部门就业的劳动组织规模小，结构简单，运作水平低，一般都是微型企业、家庭企业和独立服务者，其组织内作为生产因素的劳动和资本之间的区分很小，劳动者和雇主的劳动关系松散，有的没有正规劳动合同，或者本身就是自雇者，不存在劳动关系权利义务问题。第三，缺乏社会保护和福利享受，劳动者极易受伤害。非正规就业没有固定的劳资关系，劳动者的工资低，福利差，往往被排斥在社会福利和保险体系之外，不受现有法律或规章制度框架保护。第四，非正规就业者异质性大，且以女性为主。

二、非正规就业的女性化

在当今世界，非正规经济构成了许多国家的国民经济和劳动力市场中的一个重要部分，尤其在发展中经济和过渡经济中，非正规经济在创造就业、促进生产和收入方面起到了不可忽视的重要作用。自20世纪五六十年代以来，特别是70年代后，全球的正规就业比例开始下降，"非正规就业"的比例则呈现上升趋势。在大多数国家中，非正规就业者占整个就业人口的比重均出现了增加。

在发展中国家，随着从农村向城市迁移的劳动力迅速增长，非正规就业成为了一个更为显著的经济现象。据国际劳工组织2002年发表的统计资料，从地区来看，非正规就业在非农就业中的比例在撒哈拉以南非洲是72%，在亚洲是65%，在拉丁美洲是51%，在北非是48%。如果按性别来看，则可以发现非正规就业的女性化趋势，非正规部门正在成为妇女的重要就业来源，同时非正规就业也是大量妇女的主要就业形式。在整个发展中世界，2000年，约60%或以上从事非农工作的妇女都是非正规就业，仅北非（为43%）除外。在撒哈拉以南非洲，从事非农工作的妇女更有84%是非正规就业，相比之下，男子为63%。在拉丁美洲，这两个数据分别是58%和48%。亚洲的数据比较分散，从事非农工作的印度妇女有86%是非正规就业，在叙利亚这个数字是35%，但是亚洲国家中从事非正规就业的性别差距是最小的。① 在经济全球化、自由化和正规部门对高技能劳动力的需求不断增加的背景下，非正规就业也正日益成为发达国家重要的就业渠道和新增就业岗位的来源，并将成为未来的就业趋势。例如，在欧共体（EC），20世纪90年代有三分之一的工作是某种形式的非标准工作，所有工作妇女中几乎有一半是从事这样的工作，而相比之下，男子只有三分之一。② 1990年，日本的批发、零售和餐饮业所雇用的女性临时工占了女性雇员总数的35.5%。③

妇女非正规就业的形式众多，可以是家庭服务、小规模贸易和微型企业（这些企业是典型的个体劳动方式），也可以是由厂商"给料收活在家加工"，如缝纫衣服、装配珠宝、糊火柴盒、包装衬衣等。但是，妇女最普遍的非正规就业形式还是非全日制工作，尤其是在发达国家。非全日制工作正在成为越来越重要的妇女工作形式。

三、妇女就业与非全日制工作

1. 非全日制工作的定义

非全日制工作是最广泛和最重要的非正规工作。所谓非全日制工作，是指工作时间比"正常"少的有规则的工资就业（Thurman & Trah 1990）。国际劳工组织对非全日制工作的定义是：非全日制工作是"雇主和雇员双方同意工作时间比常规短的、在有规则基础上进行的自愿工作"。对于非全日制工作的工作时间的界定各国都不同，如美国界定为一周不到35小时，加拿大和英国通常以一周30个小时为非全日制工作的界限。④

---

① ILO: "Women and Men in the Informal Economy: A Statistical Picture", Geneva, ILO, 2002: 19 (Table 2.1).

② C. Hakim: "Workforce Restructuring in Europe in the 1990s",《International Journal of Comparative Labour Law and Industrial Relations》, 5 (1990): 167 – 203.

③ 美国和日本的数据转引自胡传荣:《经济发展与妇女地位的变迁》，上海外语教育出版社，2003年版，第13—14页。

④ Arne L. Kalleberg: "Nonstandard Employment Relations: Part-time, Temporary and Contract Work", p.343,《Annu. Rev. Socilo.》2000, 26: 341 – 65.

2. 非全日制工作的兴起和人口特征

非全日制工作本身并不是一个新现象，早就有课余时间进行打工的学生和从事第二份职业的兼职人员等，但在20世纪中叶之前它在劳动力市场上很少出现。1961年时，英国劳动力队伍中只有9%从事非全日制工作（Hakim 1996）。[①] 美国非全日制工作的比例在1957年时也只是13%。可是近半个世纪以来，非全日制工作在发达国家大量出现，成为了这些国家新近快速发展的一种就业形式。如1993年美国已有近五分之一的就业者从事非全日制工作（Tilly 1996），荷兰和奥地利的非全日制工作自1985年以来分别增长了约65%和114%（Fagan 1999）。[②]

从事非全日制工作的劳力构成具有明显的人口特征，性别是其最突出的特征之一。第一，非全日制工作以女性为主。根据对十几个欧洲国家的统计，大部分国家的非全日制工作有八成左右都是由女性从事。从表6—4可以看到，在表中所列的9个国家，1981年时，其非全日制工作中的女性比例，最高的达到了94.3%（英国），最低的也有63%（希腊）。再从就业妇女中非全日制工作的比例来看，最高的是挪威，其妇女中有53.6%是非全日制工作，换言之，非全日制工作已成为挪威妇女的主要就业形式。相比之下，男性就业者中非全日制工作的最高比例只有10.6%。第二，非全日制工作以已婚妇女为主。妇女在结婚生子中断劳动力参与后重返市场工作往往趋向于从事非全日制工作。据英国1981年的人口调查，从事非全日制工作的妇女中有87%是已婚妇女。[③] 全日制工作与非全日制工作正在成为当代劳动领域里的一个重要的性别表现形式。非全日制工作以妇女为主，并成为了妇女的重要就业形式，妇女的工作越来越建筑在非全日制工作的基础之上。

[①] C. Hakim:《Key Issues in Women's Work: Female Heterogeneity and the Polarization of Women's Employment》, The Athlone Press Ltd, 1996: 166.

[②] Arne L. Kalleberg: "Nonstandard Employment Relations: Part-time, Temporary and Contract Work", p. 343 – 344,《Annu. Rev. Socilo.》2000, 26: 341 – 65.

[③] Veronica Beechey & Tessa Perkins:《A Matter of Hours: Women, Part-time and the Labour Market》, Polity Press, 1987: 17、42~43 (Table1.11, Table 1.12).

表6—4 9个欧洲国家的两性劳动力参与率和非全日制就业（%）

国家	劳动力参与率（1983）男	女	非全日制就业（1981）男	女（序列）	非全日制就业中的女性比例（1981）
瑞典	85.9	76.6	7.2	46.4（2）	84.5
芬兰	82.7	73.5	1.7	7.6（7）	80.2
丹麦	89.2	72.5	3.0	43.6（4）	92
挪威	86.1	67.0	10.6	53.6（1）	77.9
英国	87.9	57.5	1.4	37.1（5）	94.3
意大利	81.0	40.8	1.4	5.8（8）	64.1
荷兰	80.3	38.7	8.4	45.2（3）	67.6
爱尔兰	86.5	36.2	1.3	8.0（6）	68.6
希腊	78.8	36.1	1.1	4.3（9）	63

资料来源：OECD（1985）。转引自 Veronica Beechey & Tessa Perkins：《A Matter of Hours: Women, Part-time and the Labour Market》, Table1.11, Table 1.12, Polity Press, 1987.

3. 女性就业的上升和非全日制工作的增加

非全日制工作是女性参与经济活动的比率上升的重要驱动力之一，可以说，过去几十年中女性劳动力参与率上升主要得益于非全日制工作的增加。据英国1991年春和2001年春的劳动力调查，英国妇女在这10年间的非全日制就业增加了13%，相比之下，全日制就业只增加7%。[1] 在荷兰，从1945年以来，妇女的全日制工作比例并未发生变化，女性就业的所有增加几乎都是由于一支新的非全日制劳动力队伍的涌现，1994年荷兰女性就业者中有66%是非全日制就业，大约为女性全日制劳动力的2倍。[2] 表6—4还表明了，除芬兰和荷兰之外，女性劳动力参与率比较高的国家也正是女性劳动力中参与非全日制工作的比例比较高的国家。

但是跨国数据同时也说明，女性劳动力参与率和非全日制工作之间的

---

[1] Breda Twomey: "Women in the labour market: results from the spring 2001 LFS", p.110, Labur Market Division, Office for National Statistics, March 2002, Labour Market trends.

[2] International Report: "Part-time work by women in OECD countries: A sociological perspective", University of Wisconsin-Madison:《Focus》vol. 20 no. 1 Winter 1998–1999.

关系不是如普遍认为的那样简单。仍以表6—4的数据为例，在9个欧洲国家中，芬兰妇女的劳动力参与率很高，名列第二，但从事非全日制工作的程度却是比较低的，仅排位第七，为倒数第三。而荷兰妇女的劳动力参与率并不高，名列倒数第三，但从事非全日制工作的比例却是很高的，排位第三位。显然，其中必定有许多其他因素在起交互作用，影响着妇女的就业和非全日制工作。被普遍认同的因素之一是，非全日制工作的产生与一个国家的经济结构息息相关，非全日制工作的增长与服务业的发展是平行的。一方面，服务性工作的时间安排一般比物质生产的工作时间更为不规则和非连续性，更可能提供非全日制工作。另一方面，服务性工作一直被认为是比较适合于妇女从事的工作。因此，服务部门的发展为妇女非全日制工作的增长提供了产业基础，同时也正是女性大量地在第三产业中的劳动就业构成了非全日制工作的核心力量。第二，政府对非全日制工作的积极推动作用也是至关重要的。为了促进就业，在许多西方国家，一方面政府本身成为了非全日制工作的最大雇主，另一方面还制定了一些有利于非全日制工作的有关政策。如挪威妇女非全日制工作的比例在欧洲国家中是最高的，这与挪威政府对于非全日制工作所持的积极支持态度是分不开的，它将非全日制工作看成是为了让妇女把照顾家庭和市场工作结合起来而向妇女提供一揽子选择中的一个部分。从20世纪80年代起，挪威的非全日制工作经历了"正规化"过程，"非全日制工作的工作时间普遍增加，工作合同更有保障，而且从事非全日制工作的工人往往都是工会会员。"（Ellingsaeter，1992：32）从事非全日制工作的工人还同样可以享受高度的社会权利和社会保障，从而吸引了大量妇女加入到非全日制工作的队伍中去。① 第三，还有诸如雇主的需求也帮助产生了许多非全日制工作。非全日制工作最初是战后劳动力短缺时作为对全日制工作的一种补充而引入的，但是随着全球化进程的推进和产品使用周期的逐渐缩短，雇主往往通过雇佣更多的非全日制工人来满足快速变化的市场需求量和灵活的雇员配

---

① 参见 Ellingsaeter, Anne Lise: "Part-time Work in European Welfare States: Damark, Germany, Norway and the United Kingdom compared", Rapport (1992: 010) Oslo: Intitute for Social Research (57p.).

置的需求，非全日制工作遂由对全日制工作的一种补充转变为对全日制工作的一种取代。同时，非全日制工作的工人是一支廉价的劳动力队伍，妇女自进入劳动市场起就是典型的廉价劳力，雇主也分配妇女担任补缺成本最小的工作，于是妇女顺理成章地成为了非全日制工作劳动力队伍的主要组成部分。当然，妇女本身的选择也是妇女非全日制就业快速增长或成为一些妇女主要就业形式的不可或缺的重要因素。

对于妇女的非全日制工作，学者们基本上有三种截然不同甚至是相互冲突的看法。一种观点认为，妇女劳动力参与的增加——无论其特定形式（全日制工作或非全日制工作）如何——减少了她们对于男子的依靠，这可导致妇女和男子在劳动市场和家庭中的更大平等。第二种观点认为，非全日制工作在妇女中的扩大使妇女在劳动力市场和家庭中处于不利地位和边缘化，非全日制工作不能被简单地视为是缓和孩子问题的一个过渡阶段，它对妇女的就业地位具有永久性的降级作用。第三种观点认为，在家庭两性劳动分工的背景下，非全日制工作和其他低报酬或非事业性工作不仅受到依靠丈夫的妻子和其他第二挣钱者的认可，并且还受到他们的热情赏识。[①] 不论哪种观点是正确的，非全日制工作正在成为一种越来越重要的妇女工作形式，都是不争的事实。

---

① Hans-Peter & Catherine Hakim edited：《Between Equalization and Marginalization: Women Working Part-Time in Europe and the United States of America》, preface, Oxford University Press, 1997: 353.

第七章
女性的职业模式

长期以来,工作的性别分类是所有社会的一个共同现象,绝大部分职业都被贴上了性别的标签。同时,所有已知社会也都运用性别作为工作分配的一个标准。无论什么地区或哪个国家,都脱离不了这种职业模式。妇女一直集中于少数"女性职业",女性职业具有自身的结构和特点,而且其具体内容也是在不断发展和丰富的。

第一节 妇女的职业构成

女性所从事的职业在各产业部门的分布存在着明显的地区差别和性别差别,并且女性的职业范围要比男性狭小得多。

一、产业部门的分布

国际劳工组织《2012年全球妇女就业趋势》报告表明,2012年,在世界范围内,就业妇女中有三分之一强(36.4%)就业于农业,近一半(47.4%)就业于服务业,还有六分之一强(16.2%)在工业部门。① 就业妇女在产业部门的分布不仅存在着地区差别,与男性也是不相同的。

---

① ILO:"Global Employment Trends for Women 2012", ILO, Geneva, p. 57 (Table A8).

1. 性别差别

农业曾是人们最早从事的主要工作。据国际劳工组织的报告，1950年时，工业化国家有47%的妇女是在农业部门工作，在发展中国家这一比例更高达87%。[①] 随着现代化进程中产业结构的不断优化，妇女的劳动力参与逐步从农业向工业和服务业部门转移。表7—1显示了，1996年，全球就业妇女中从事农业工作的比例下降为45.4%，服务业为37.2%，工业为17.4%。到2005年，在总体上，农业第一次不再是妇女最主要的就业部门，服务业部门向妇女提供了更多的工作。2006年时，全球就业妇女中从事农业的比例再次下降为40.4%，比从事服务业的比例（42.4%）低2个百分点（全球8大地区中，已有4个地区的妇女在服务部门就业的份额超过了农业），但高于工业部门的比例23个百分点。

然而，女性劳动力在农业、工业和服务业部门的具体分布状况与男性是不相同的，具有自身的一些特点。首先，在非农化过程中，相比于男子，妇女的非农转移是滞后的。1996年，全球妇女在农业部门就业的比例要比男子（41.6%）约高4个百分点（到2006年缩小为3个百分点）。其中，拉丁美洲和加勒比海地区除外的欠发达地区妇女从事农业生产的比例更明显地高于男子，如南亚妇女在农业部门就业的比例高于该地区男子18.7个百分点。第二，在非农部门，女性比男性更趋向于集中在服务业部门。2006年，全球就业妇女在服务业部门的份额要比男子（38.4%）高4个百分点；全球8个地区中，发达经济体和欧盟、拉丁美洲和加勒比海地区的就业妇女中在服务业部门的份额更高于男子20多个百分点，只有东亚和南亚的妇女在服务部门的份额低于男子。第三，在全球的所有地区，妇女在工业部门就业的份额都比男子低。2006年全球就业妇女中在工业部门工作的比例要低于男子（24%）约7个百分点，其中发达经济体和欧盟的妇女在工业部门的份额更低于男子21.2个百分点。第四，女性劳动力趋向于集中分布于某些产业部门，2006年全球就业妇女的产业部门间的差距最大的要达到25.2个百分点。而男性劳动力在各产业部门中的分布则相对比

[①] 张秋俭：“女性就业现状与前景——调查、统计与分析”，《社会学研究》（京），1996年9月，第24页。

较均匀，同年，男性劳动力在各部门间的差距最大的只有 14.4 个百分点。①

对于女性劳动力在中东欧国家以及英国、美国和法国的各产业部门中所占份额的分析，可进一步显示劳动力在各产业部门分布的性别差别。20 世纪 80 年代末，在中欧和东欧国家，妇女在农业部门就业人员中的比例为 22%—65%，在工业部门的就业人员中的份额大约有 40%，还构成了服务业部门就业人员的 55%—70%。在英、美、法国家，1983 年，妇女分别占农业部门就业人员的 17%—20%，占工业部门的 23%—26%，占服务部门的 51%—52%。② 总之，男性比女性更可能在工业部门工作，而女性比男性更可能是服务业的主要劳动力。

表 7—1 女性和男性在各产业部门就业的份额（1996 年和 2006 年）单位：%

产业部门	女性就业 农业部门 1996	2006	工业部门 1996	2006	服务部门 1996	2006	男性就业 农业部门 1996	2006	工业部门 1996	2006	服务部门 1996	2006
全球	45.4	40.4	17.4	17.2	37.2	42.4	41.6	37.5	23.9	24.0	34.5	38.4
发达经济体和欧盟	4.3	2.5	16.8	12.4	78.9	85.1	5.8	3.7	37.3	33.6	56.9	62.7
中欧东欧和独联体	25.5	21.6	22.1	19.7	52.4	58.7	26.8	22.4	32.7	34.3	40.5	43.3
东亚	58.4	52.1	24.0	24.7	17.6	23.3	50.4	45.3	26.2	26.8	23.3	27.9
东南亚和太平洋地区	52.5	47.2	13.7	15.4	33.8	37.3	49.9	46.8	18.3	19.5	31.8	33.6
南亚	72.6	64.5	12.0	17.7	15.4	17.9	53.9	46.4	16.8	19.3	29.3	34.3
拉丁美洲/加勒比海地区	14.0	9.9	14.5	14.3	71.5	75.8	28.5	24.7	23.7	23.4	47.9	51.9
中东和北非	33.0	39.1	17.7	11.7	49.2	49.2	28.8	26.7	22.8	26.5	48.4	46.8
撒哈拉以南非洲	69.4	64.2	5.8	5.5	24.7	30.3	67.0	62.1	11.4	11.3	21.5	26.6

资料来源：ILO, Global Employment Trends Model, 2006. 转引自 ILO："Global Employment Trends for Women, Brief", March 2007, Table 4.

---

① ILO："Global Employment Trends for Women, Brief", March 2007, p.15 (Table 4).

② U.N.：《Women in A Changing Global Economy: 1994 World Survey on the Role of Women in Development》, p.70-71.

2. 地区差别

首先，在农业部门。妇女从事农业劳动的份额在人均收入较低的经济体中较高，它们大多仍是以农业生产为主的农业社会。从表7—1可以发现，2006年，全球就业妇女在农业部门工作比例最高的地区是南亚、撒哈拉以南非洲和东亚，分别为64.5%、64.2%和52.1%，显然这些地区的妇女仍以务农为主；比例最低的地区则是发达经济体和欧盟以及拉丁美洲和加勒比海地区，分别只有2.5%和9.9%。再从农业部门劳动力中的女性比例来看，2010年时，在发展中国家，女性平均占农业劳动力的43%，但拉丁美洲仅为20%，东亚、东南亚和撒哈拉以南非洲则高达约50%。[1] 可见，女性劳动力在从事农业工作的比例方面，地区差别很大，远远超过了相对应的两性差别。

第二，在工业部门。无论在哪个地区，即使是在发达国家，或其工业化是以出口为导向的发展中国家，妇女在工业部门的代表性都比较弱。2006年，全球就业妇女中只有17.2%在工业部门工作，8大地区中有7个地区均低于20%的比例，其中撒沙哈拉以南非洲的比例更是低至5.5%。而且，各地区妇女在工业部门的代表性具有较大的相似性，从表7—1可发现，全球8个地区中有6个地区的女性劳动力在工业部门的比例均在11.7~19.7%的幅度之间。虽然在21世纪初全球各地区女性劳动力在工业部门的比例在总体上都比较低，但是一些发展中国家在20世纪下半叶经历了较为明显的增长，如1970—1980年，女性工业劳动力在发展中国家平均增加了56%，其中中等收入的国家里，亚洲国家增加了62%，非洲国家增加了56%，拉丁美洲国家也增加了43%。[2] 2006年，东亚女性劳动力在工业部门的比例为24.7%，是全球中唯一超过20%比例的地区。这是因为在经济全球化的浪潮中，一些发展中国家的工业化是以出口为导向的，同时也是以女性为导向的，工业化以前所未有的程度把妇女结合入工业劳动力队伍中，妇女则为发展中国家的出口经济提供了大量的廉价劳动力。

第三，服务业部门。随着工业经济的持续迅速增长，以及非物质生产

---

[1] 联合国粮食及农业组织："2010—11年世界粮食及农业状况"，2011年第7页。
[2] Susan Joekes：《Women in the World Economy》，Oxford University Press，1987：93.

的各类服务业的分化和发展，第三产业逐渐成为了许多国家国民经济的主要部分。在一些国家，尤其是以服务业迅速发展为标志的后工业社会，服务业部门是最大的就业部门。据联合国 1995 年的人类发展报告，工业化国家有超过三分之二的劳动力和发展中国家有超过四分之一的劳动力在服务行业中工作。[1] 由于第三产业是容易发挥妇女特点的一个产业部门，它的发展对于提供妇女工作机会来说尤为重要，事实上以女性劳动力居多已成为服务业部门的特点。早在 1980 年，发达国家的所有就业妇女中就有 57% 是在服务业部门工作，她们占了这一部门劳动力的 49%，超出了妇女在整个劳动力中占有 40% 的比例，并高于她们在任何其他部门所占的比例。即使在农业就业仍占绝对优势的发展中国家，所有就业妇女中也有 17% 是在服务业部门工作，占了这个部门劳动力的 27%。[2] 进入 21 世纪后，女性劳动力大量集中在服务业部门的态势进一步增强。2006 年，发达经济体和欧盟的就业妇女中从事服务业部门工作的比例高达 85.1%，拉丁美洲和加勒比海地区、中欧东欧（非欧盟）和独联体的这个比例分别为 75.8% 和 58.7%；比例最低的是南亚、东亚和撒哈拉以南非洲，依次为 19.9%、23.3% 和 30.3%，即使如此，它们也比 1996 年增加了 4.5～5.7 个百分点（见表 7—1）。从表 7—1 还可以发现一个有趣的现象，全球八大地区的妇女，凡是在服务业部门就业比例最高的就是在农业部门就业比例最低的，反之，凡是在农业部门就业比例最高的，在服务业部门的就业比例便是最低的。这除了反映该地区的发达程度之外，还从另一个角度表明了世界妇女在工业部门工作的比例比较接近，其地区差别较小。

二、职业分布

1. 职业范围

作为一种全球性的普遍现象，妇女就业的一个持续性特征就是职业范

---

[1] 联合国开发计划署：《1995 年人类发展报告》，第 14 页。
[2] Susan Joekes：《Women in the World Economy: An INSTRAW Study》，Oxford University Press, 1987: 106 – 107.

围非常狭窄,集中于少数一些职业,所涉的职业类别远远少于男性。

美国于1879年的人口普查是第一次开始对"从事每种职业的女性"进行计算的人口普查,[①] 在1890年的统计所列举的369种职业中,妇女从事的职业仅有9种。到1910年,美国职业妇女中约八成是集中在3种职业中:家佣(31.3%)、制造业工人(22.6%)、农业(22.4%)。[②] 此后,经过长达约90年的发展,美国妇女的职业分布范围仍然相当有限。按照1999年的统计,美国16岁及以上就业妇女有八成以上(85.4%)集中于5职业种:包括办事员在内的行政支持工作(23%)、专业人员(18%)、服务业(17.5%)、行政管理(13.9%)、销售(13%)。[③] 其他一些国家的资料也提供了相似的佐证,例如,1974年,秘鲁所有就业妇女中,几乎66%的人从事107种职业中的13种,它们是日常所熟悉的服装、销售和办事员工作,以及个人和福利服务。[④] 再如,2001年,英国工作年龄就业妇女约有一半是集中在三个职业大类:行政和秘书(23.5%)、个人服务职业(13.6%)、销售和客户服务职业(12%)。[⑤] 又据安克(Richard Anker)在"性别和工作:世界上的职业性别隔离"(1998)一文中提供的关于37个发展中国家和发达国家的研究资料,在可能具有的185种职业中,主要由女性从事的非农职业(80%以上的就业人员是妇女)只有5个职业大类,共含25种不同职业。它们是专业技术人员(护士、教师)、办事员(速记员、打字员、秘书等)、销售人员(售货员、店员等)、服务人员(女佣、洗衣工、理发员、招待员等)、生产人员(裁缝、纺织工人等)。[⑥]

女性就业集中于一个非常狭窄的职业范围内的另一个表现是,劳动力

---

① Wikpedia:History and present-day status of women in the workforce, in "Women in the workforce".

② 洛伊斯·班纳著:《现代美国妇女》,东方出版社,1987年版,第6,271页。

③ Abbey Begun:《Women's Changing Role》, Information Plus, Wylie, Texas, 2000:36.

④ Alison MacEwen Scott: "Industrialization, Gender Segregation and Stratification Theory", in 《Gender and Stratification》edited by Rosemary Crompton & Michael Mann, Polity Press, 1986:169.

⑤ Breda Twomey: "Women in the labour market:results from the spring 2001 LFS", p.114 (Table4), Labour Market Division, Office for National Statistcs, March 2002 Labour Market trends.

⑥ Richard Anker: "Gender and Jobs:Sex Segregation of Occupations in the World", Geneva:ILO, 1998:282.

市场上的以女性为主职业和以男性为主职业的数量形成了明显反差。安克在上文中提供了另一份关于41个国家的研究资料（17个经济合作和发展组织、4个过渡经济国家、6个中东和北非国家、7个亚太国家和7个其他发展中国家），列出了全球5个地区男性集中的职业类别和女性集中的职业类别。它表明，在劳动力市场上以男性为主的职业要比以女性为主的职业多得多，前者大约为后者的7倍。某些地区的差别就更大，例如，在中东和北非，以男性为主的非农职业是以女性为主的非农职业的72倍。[1] 又据哈金（Catherine Hakim）提供的研究资料，1971年在英国，所有职业中，约75%的职业是"男性职业"，相比之下，只有四分之一的职业是"女性职业"（Hakim, 1979）。[2] 可见，妇女在劳动力市场上的职业选择范围非常狭小，远远不及男子那么广泛。

2. 职业的性别类型

（1）男性职业和女性职业：在历史上，世界上的绝大部分职业不是男性职业就是女性职业，同时，绝大部分劳动力不是从事以男性为主的职业就是从事以女性为主的职业。

首先以发达国家中的英国为例，据英国1971年的人口普查和1991年的劳动力调查（LFS）资料，在1971年和1991年，所有职业中（1971年为223种职业，1991年为371种职业）各有82%和75%是男性职业（该职业中女性工人少于25%）和女性职业（该职业中女性工人大于55%），所有劳动中各有85%和81%的劳动者从事的是以男性为主的职业和以女性为主的职业，其中，男性劳动力中从事男性职业的比例各为72%和66%，女性劳动力中从事女性职业的各为76%和74%，分别高于男性4个和8个百分点。但是，随着时间的推移也出现了一个明显的变化，即在这些性别化的职业中，完全由女性或男性从事的职业正在大量减少。在英国，1901年，有11%的工作妇女从事完全由女性从事的职业，到1961年这种完全

---

[1] Robert L. Clark, Anne York & Richard Anker: "Cross-national Analysis of Women in the Labour Market", in 《Women in the Labour Market in Changing Economies》 edited by Brígida García etc., Oxford University Press, 2003: 28.

[2] Alison MacEwen Scott: "Industrialization, Gender Segregation and Stratification Theory", in 《Gender and Stratification》 edited by Rosemary Crompton & Michael Mann, Polity Press, 1986: 162.

由女性从事的职业全部消失。也在1901年，有47%的男性劳动力从事完全由男子从事的职业，到1971年时这一数字下降到了14%。与此同时还发生了另一个变化，即混合职业（女性工人处于25%—55%的比例）在逐步增加，1971年混合职业占英国全部职业的18%，1991年时增加到了25%。[1]

再以发展中国家秘鲁为例，1974年，秘鲁80%的大都市劳动力所从事的职业高度地以某一性别为主，有66%的劳动力从事其劳动力90%以上的男性或女性的职业。具体地说，秘鲁的男子有75%以上从事男性职业，85%的妇女就业于女性职业，其比例还高于男子10个百分点。[2]

需要注意的是，尽管总的说来妇女集中于女性职业的程度高于男子集中于男性职业的程度，但各国有着很大差异。据联合国的统计，1990年，芬兰有68%的妇女集中在女性劳动力占了70%的职业中；而日本只有28%的妇女从事女性劳动力占了70%以上的职业，与此同时却有47%的妇女集中在女性劳动力占50%—70%的职业中。1980年，70%的马来西亚妇女是集中在女性劳动力占30%—50%的职业中。1988年，塞内加尔的绝大部分妇女（72%）从事的是女性劳动力只占30%以下的职业，仅有2%的妇女就业于女性劳动力占70%以上的职业。[3]

（2）主要职业的性别分布：如果对职业族群作进一步的细分，即可具体地显示在农业、制造业、服务业和白领工作中的性别分布，以更详细地了解妇女主要从事的具体工作。首先，在农业生产中，妇女主要从事种植粮食作物的生存农业，男子主要从事种植经济作物的现金农业。在传统农业中，除了耕地通常是由男子从事外，妇女要承担栽种、收割、筛物、脱粒、舂米等工作。在现代农业中，向城市超市和出口市场提供新鲜果蔬、花卉和畜产品等高值产品的商业经济迅速发展，但是女性农民在很大程度

---

[1] Catherine Hakim：《Key Issues in Women's Work：Female Diversity and the Polarsation of Women Employment》，The GlassHouse Press，2004：162，151.

[2] Alison MacEwen Scott： "Industrialization, Gender Segregation and Stratification Theory"，in 《Gender and Stratification》edited by Rosemary Crompton & Michael Mann，Polity Press，1986：169.

[3] United Nations：《The World's Women 1995——Trends and Statistics》，United Nations，New York，1995：126（chart 5.18）.

上被排除在这些活动之外。例如，在肯尼亚新鲜果蔬出口部门与小农签署的合同项目中，妇女仅占项目农民数量的不到10%（Dolan，2001年）；在抽样调查的59个塞内加尔生产出口菜豆的合同农民中，只有1个是妇女（Maertens和Swinnen，2009年）。虽然如此，与传统农业相比，高值及外向型农业产业还是给妇女带来了一些新的工作，如从事外向型农业产品的包装，在哥伦比亚，直接从事出口鲜切花种植的劳动力中有64%是妇女（Friedemann-Sanehez，2006年）。①

第二，在制造业工作中，1994年，妇女占全球制造业劳动力的30%，为所有参加经济活动妇女总数的12.7%。在结构上，总的来说工业部门向妇女开放的只有轻工业中少数几个劳动密集型行业，包括传统工业部分的纺织和服装、皮革和食品加工、制鞋等，现代工业部分的化工品、橡胶、塑料制品和电子产品等。例如，全球服装业的劳动力有三分之二是女性，相当于在制造业工作的女性劳动力的五分之一。而男子在其他行业中占有优势，尤其是诸如钢铁、汽车、采矿、造船等重工业和比较强调技能的金属和电力加工之类的行业。在技术构成上，约三分之二的妇女都集中于直接生产的工作，如生产装配流水线上的工作，只有5%的妇女从事专业—技术工作，1.9%的妇女从事行政—管理工作。而男子则更多地从事设计、管理和维修等之类的工作，他们在行政—管理职位上的人数以8∶1超过妇女，在专业－技术职位上的人数以5∶1超过妇女。② 即使在同一个行业中，男子和妇女从事的工作也有明确的分工。如，在服装行业中，男子负责裁剪和熨烫，妇女则担任缝纫和加工。在制鞋业中，切割、精加工和最后的修整是男子的工作，鞋帮缝纫是妇女的工作。

第三，服务业是女性最为集中的一个部门，一般可分为现代服务业和传统服务业。传统服务业是为消费者个人提供服务（生活服务），其中的许多服务是小规模的和非正规的；现代服务业是为公司提供服务（生产服

---

① 联合国："粮食及农业状况2010—2011年"，联合国粮食及农业组织，2011年，第13、21页。

② United Nations：《Women in A Changing Global Economy: 1994 World Survey on the Role of Women in Development》，United Nations Publication，1995：60、61。

务），它正以技术为基础迅速发展。男子支配了现代服务业中的金融和商务服务以及房地产之类的工作，并从事保护性的服务，担任警察、消防人员和警卫人员等。妇女则集中于传统上与她们的性别角色相联系的工作，包括家政服务中的女佣、管家和保姆，医院中的护工，旅游业中的餐饮供应、旅馆服务和娱乐工作人员等。例如，1990年中国的幼儿保育员、家政服务员、护理人员、旅店和饭店服务人员这四大女性职业中，女性比例依次为99.75%、98.77%、95.66%和85.19%。[1] 还有一种带有色情意味的特殊女性职业被称为"性工作者"，它以男性为主要服务对象。其工作场所通常为酒吧、夜总会、旅馆、按摩室等，以及以男性为主的那些行业（如矿井或军队）的所在地。

第四，白领工作是女性具有较大代表性的一种工作，一般包括行政和管理人员、专业和技术人员、销售人员、办事员等。其中，办事员被清楚地打上女性工作的烙印，政府部门尤其如此，而秘书几乎是一个完全女性化的职业。在大部分先进工业社会里，办事员工作是妇女最重要的就业来源。例如，在英国，1911年时有21%的办事员是妇女，到1971年这个数字是73%。[2] 在美国，所有办事员中，每五个人中就有四个是妇女。[3] 在专业技术人员中，女性集中于教师和医护职业，而男性集中于工程技术工作。在教师队伍中，中、小学教师绝大部分是女性，大学教师则绝大部分是男性。在医务人员中，绝大部分护士是女性，绝大部分医生是男性，如果再进一步细分，则大部分儿科医生和妇科医生是女性，大部分外科医生是男性。在销售业中，也许妇女在劳动力的数量上超过了男子，但是妇女趋向于集中在零售销售，而男子大部分从事批发销售；同时他们销售的物品也不相同，如妇女销售化妆品和女性服装，男子销售车辆和保险。在行政管理人员中，女性的比例不仅比较小，并且集中于人事和人力资源管理

---

[1] 刘建中，牛变秀："中国的职业性别隔离与女性就业"，《妇女研究论丛》，2000年第4期。

[2] L. Murgatroyd："Gender and Occupational Stratification"，《Sociological Review》，1982，N. S. 30，p. 588.

[3] Belinda Probert："Gendered Work"，in《Pink Collar Blues Work Gender & Technology》，edited by Bēlinda Probert & Bruce W. Wilson，Melboume University Press，1993：1.

之类的工作，在研发和生产等部门则代表性很弱，而且她们大多担任基层行政管理人员，或者其管理的下属基本上都是女性，CEO之类的高级管理工作则基本上是男子的天下。

第二节 女性职业

在现代社会的发展过程中，虽然世界各国妇女都集中在为数甚少的若干"女性职业"中，但是女性从事的职业是个动态发展的过程。

一、女性职业的形成和发展

在工业化的起步阶段，妇女最早从事的主要职业是家庭女佣。整个19世纪，家庭仆人在各种文化中都成为唯一持续增长的女性职业，是女性就业的一个典型模式。1851年英国进行人口普查时，有女佣113.5万人，占全部工作妇女总数的四成以上。[①] 1870年，美国有一半工作妇女从事家庭服务工作，法国则有三分之一。[②] 到20世纪初，仍有大批妇女加入到家佣的队伍之中。事实上，直到一战前夕，家佣始终是妇女从事的最大一个行业。随着工业化的推进，当家庭主妇逐步得到了可以节省劳力的消费物品和社会服务时，从事这一最早女性职业的妇女才开始明显减少。1930年美国工作妇女中从事私人家庭和个人服务的比例减少到37.1%，1960年进一步下降到29.6%。[③] 但是直到21世纪的今天，家政服务人员（包括照顾孩子和老人、做饭和清扫等）仍是一项典型的女性职业，大都由农村妇女或移民妇女（如菲律宾女佣）担任。

---

① 马缨：《工业革命与英国妇女》，上海社会科学院出版社，1993年版，第9页。
② Catherine Hakim：《Key Issues in Women's Work: Female Diversity and the Polarisation of Women's Employment》，GlassHouse Press，2004：165.
③ Julie A. Matthaei：《An Economic History of Women in America》，The Harvester Press，1982：284.

20世纪最具代表性的女性职业是办事员。在此之前，办公室工作（书记员）并不雇用妇女，而是一种由男子垄断的技能性工作，它向男子提供进入管理层或取得合伙人身份的晋升阶梯，雇主往往选用自己的男性家庭成员来担任。20世纪初的经济繁荣导致现代公司的出现，并带来了一场行政革命，其特征之一是建立大型集中的办公室科层制度，对经济活动进行科学管理。现代办公室由职业经理和办事员组成，不仅规模扩大，而且功能被常规化、程序被标准化、任务被专门化和操作被机械化（如打字机和加法机的使用），这减少了对办公室工作的技能要求，从而催生了一支数量庞大的办事员队伍。与此同时，随着公共教育水平的提高和妇女受教育机会的扩大，数量不断增长的妇女（最初是中产阶级妇女）在进入办公室之前就具备了基本的办公室技能，不再需要像过去的书记员那样通过在职培训获得特定技能和知识。于是，市场需求和新技术为妇女打开了办公室的大门，并进而出现了办事员工作的女性化。在英国，第一个女性办事员是1872年被邮电局雇用的一位电报员，到1900年英国公共部门中的女性办事员的比例超过了英国所有其他主要行业。[1] 美国内战时期，由于男子严重缺乏，联邦财政部第一个打破了不成文的办公室就业法规，开始雇用妇女。随着内战后美国经济的强劲发展，对办事员的需求也大幅增加，到1900年，办事员工作成为了美国女性的主要白领工作。事实上，这个趋势一直延续至今。20世纪美国就业妇女中从事办事员工作的比例从1910年的7.3%上升到1962年的31%；[2] 1998年秘书职业中有98.4%是妇女。[3]

20世纪70年代以来，妇女所从事的职业有了很大扩展，并实质性地进入了一些以男子为主的新职业领域，从而使许多职业中的性别分布发生了变化。一方面，妇女中从事专业技术和行政管理工作的比例在全世界都有了明显增加，虽然各地区的增加程度是不相同的。1970～1990年期间，发达地区妇女从事专业技术和行政管理工作的比例从13%增加到了23%，南亚妇女的这一比例也从4%上升到11%，东亚、东南亚、大洋洲、撒哈

---

[1] Graham S. Lowe：《Women in the Administrative Revolution》，Polity Press，1987：17，19.
[2] 洛伊斯·班纳：《现代美国妇女》，东方出版社，1987年版，第271页。
[3] Abbey Begun：《Women's Changing Role》，Information Plus，Wylie，Texas，2000：40.

拉以南非洲、拉丁美洲和加勒比海地区只增加了1~2个百分点。另一方面，各地区妇女在专业技术和行政管理职业中的代表性也得到了加强，其中发达地区女性尤为突出。1990年时，发达地区专业技术工作中的女性比例达到了44%~56%，几乎与男子平分秋色；行政管理工作中的女性比例也从1980年的12%~22%上升到1990年的18%~33%，增加了6~16个百分点。相比之下，不发达地区妇女在这些职业中的代表性差一些。1990年时，北非妇女在专业技术工作和行政管理工作中的比例分别是29%和9%，南亚妇女的比例也分别只有32%和6%。① 此外，从国别来看，有些国家在这两个职业领域中的性别分布状况有了更大幅度的改善。例如，1999年时，美国的工作妇女和男子中从事管理和专业工作的比例已非常接近，分别为32%和28.6%；而在所有的管理者和专业人员队伍中的两性比例几乎相等，男子占51%，妇女占49%。②

在专业技术职业领域中，妇女已担任了当今世界上许多专业和技术工作，计算机工作就是一个突出的范例。在过去几十年中，计算机工作是广受关注和增长最快的一个领域。早期的硬件发展大部分是由男子从事，而妇女创造了许多必不可少的软件，如第一批程序编制员被称为"ENIAL女孩"。20世纪末起，已有更多的妇女进入了计算机工作领域，无论是发达国家还是发展中国家都是如此。例如，在美国从事计算机系统分析的人员中，女性所占的比例在1975年是15%，1995年上升到了30%，足足增加了一倍。③ 在巴西的两个大型计算机服务公司ALPHA商行和GAMMA商行，1992年雇用的全部职工中有44%是女性，其中计算机程序编制员的32.5%为女性。④

进入管理层的妇女大量增加是妇女在职业领域中取得重大进展的

---

① United Nations：《The World's Women 1995：Trends and Statistics》，United Nations，New York，1995：124-125.

② Abbey Begun：《Women's Changing Role》，Information Plus，Wylie，Texas，2000：38.

③ Abbey Begun：《Women's Changing Role》，Information Plus，Wylie，Texas，2000：39（Table3.2）.

④ Swasti Mitter，Sheila Rowbotham edited：《Women Encounter Technology：Changing Patterns of Employment in the Third World》，Table 10.2，Routledge，1995.

又一个突出表现。管理层一直是男子的领域，为男性所统治，近几十年来，这一情况也正在发生变化。仍以美国为例，1978 年，美国妇女只占行政管理人员的 26%，1999 年妇女在这一职业中的比例已与男子比较接近，达到了 44%。其中，金融界管理人员中的女性比例在 1975~1995 年的 20 年中从 24% 上升到了 50%，从而改变了这一职业以男子为主的面貌。还需注意的是，妇女不仅加快了进入管理队伍的速度，而且正在高级主管层取得自己的位置。正如哈佛大学经济学家戴维·布卢姆（David E. Bloom）指出的："妇女走上高级经理的职位将是今后 20 年里妇女的一个主要发展。"据纽约《催化剂》的调查，1998 年美国《财富》杂志上所列 500 家大公司中，429 家公司（总数的 85.8%）至少有一名妇女担任公司的负责人，188 家公司（总数的 37.6%）有两名或以上女性负责人。妇女还占据了这些公司董事会 6064 个席位中的 671 个席位（总数的 11.1%），比 1994 年增加了 2.3% 的席位。而且，1997 年，这些公司的 1728 个最高职位中，妇女占了 51 个（总数的 3%），也比 1996 年有所提高。[1]

伴随着女性所从事职业的不断扩展，女性创业的激增也成为了 20 世纪世界妇女就业的另一个新趋势。在长达一个多世纪里，自雇就业在全世界几乎是持续下降，直到 20 世纪 70 年代末、80 年代初，这一下降趋势才开始停止，并出现了回升。在自雇就业的世界性回升潮流中，妇女站在了潮头。在美洲，1970 年美国企业中只有 5% 为妇女所拥有，到 1999 年这一数字上升到 38%。[2] 在欧洲，荷兰自雇就业者中的女性比例从 1960 年的 8% 增加到 1994 年的 30%。在澳洲，澳大利亚妇女在全部自雇就业者中的比例从 1960 年的 16% 上升到 1994 年的 32%。[3] 在一些国家，女性创业人数的增长速度还超过了男性。如英国自雇就业的女性人数在 1981~1987 年间

---

[1] Abbey Begun：《Women's Changing Role》，Information Plus，Wylie，Texas，2000：41、39（Table3.2）、31、32.

[2] Abbey Begun：《Women's Changing Role》，Information Plus，Wylie，Texas，2000：46.

[3] Patricia A. McManus："Women's Participation in Self-Employment in Western Industrialized Nations"，p. 74，《International Journal of Sociology》，vol. 31，no. 2，Summer 2001.

增长了70%，而同期男性只增长了30%。[1] 同时，女性自雇就业的增长速度也超过了女性就业的增长速度。1975~1990年间，美国妇女的就业人数增长了45.6%，而妇女的自雇就业人数增长了137.5%，是前者的3倍。[2] 随着女性创业群体的崛起，世界各地涌现了不少光彩夺目的商界女杰，以至于有人声称商业进入了"女性时代"。

二、女性职业的结构和特点

1. 职业结构

上文显示了女性职业的发展历程，接着将进一步从职业类别的角度具体考察女性职业的结构。1988年的职业国际标准分类（ISCO-88）把职业分为10个主要大类。根据这一分类，2010年时，在全球共计16个地区中，妇女从事的第一大职业是"服务和销售"，它是其中7个地区妇女的最重要就业来源，同时也是4个地区妇女的第二重要就业来源。在这11个地区中，从事"服务和销售"的女性在其就业妇女总数中所占的比例为18%~27%。全球妇女从事的第二大职业是各种"非技术类职业（初级职业）"（Elementry Occupations）[3]，有3个地区的妇女以此为最重要的职业，同时有4个地区的妇女以此为第二重要职业。这7个地区从事"非技术类职业"的妇女占其就业妇女总数的15%~29%。此外，农业也是发展中经济体妇女的重要职业，它是北非、东非、南亚和在亚洲的独联体国家妇女的第一重要职业，也是东南亚妇女的第二重要职业，农业在这些地区的就业妇女总数中所占的比例高达20%~51%。

作为对照，全球男子主要从事的第一大职业是"手艺人及有关行业工

---

[1] Sara Cater & Tom Cannon：《Women as Entrepreneurs: A Study of Female Business Owners, Their Motivations Experiences and Strategies for Success》，Academic Press，1992：p. vii.

[2] Theresa J. Devine："Characteristics of self-employed women in the United States"，《Monthly Labor Review》，March 1994：22 (Table 3).

[3] 初级职业由主要使用手工工具和一些体力的各种简单及日常的任务组成，包括街头或入户销售或服务、清洁、洗涤、看管物业和护理、递送货物与信件或运送包裹，以及在农、渔、矿、建筑、制造和运输行业的简单工作，它们所要求的培训相对较少。

人"（craft and related trade workers），有13个地区的就业男子以此为重要职业，其中在7个地区（包括5个发达地区和2个非发达地区）它是男子的第一重要职业，在另外6个地区是第二重要职业。从事这一职业的男子在这些地区就业男子总数中占14%~24%的比例。男子从事的第二大职业与妇女一样是各种"非技术类职业"，所涉及的地区数目也是7个，但该职业在2个地区是第一重要职业，在5个地区是第二重要职业，从事这一职业的男子在这7个地区就业男子总数中所占的比例是15%~25%。此外，与妇女一样，农业也是发展中经济体男子的重要职业，更是北非、东非、东南亚、南亚和在亚洲的独联体国家男子的第一重要职业，从事农业的男子在这些地区的就业男子总数中占到了24%~53%的比例。①

由此可见，21世纪初，全球男子和妇女的职业分布有相同之处，也有不同之处。不同的是，妇女从事的第一大职业是"服务和销售"，男子从事的第一大职业是"手艺人及有关行业工人"，而相同的是两性从事的第二和第三大职业都是各种"非技术类职业"和"农业"。

从自雇就业妇女所拥有企业的行业分布也可从另一个角度显示女性职业的结构。女性创办的企业大部分集中在服务业和零售业，而男子则更集中于建筑业。以美国为例，1999年时，美国妇女拥有的企业中，50.65%在服务业，18.26%在零售业，只有4.3%在建筑业。② 即使同样在服务业领域，自雇就业女性更可能是从事个人服务和社会服务业，而男子则更可能从事商业服务。

2. 职业特点

女性所从事的职业具有一些鲜明特点，突出地表现于以下三个方面：

与女性的家庭角色密切相连，是家庭服务功能的延伸。一个多世纪来，妇女的劳动力参与率有了极大的提高，所从事的职业也在扩展，但又保持了惊人的相似性。1911年时，英国全部就业妇女中有67%从事秘书、电话接线

---

① United Nations：《The World's Women 2010：Trends and Statistics》，Department of Economic and Social Affairs，2010：91（Table 4.8）。

② Abbey Begun：《Women's Changing Role》，Information Plus，Wyline，Texas，2000：47~48（Table 3.6）。

员和销售助理、护理、教书、理发、洗衣和清洁、裁缝和烹调等职业。半个多世纪以后，1971时，从事这些职业的女性在全部就业妇女中所占的比例仍然高达66%，几乎没有变化。[1] 美国妇女比较集中的一些职业也反映了同样的特点，她们在注册护士、中小学教师、出纳员、秘书—打字员中所占的比例，1950年时分别是97.8%、74.5%、81.3%和94.6%，在40年后的1990年，这些职业中的女性比例分别为94.5%、73.7%、81.4%和99%，变动幅度只在0.1~4.4个百分点之间，变化同样也很小。[2] 更令人关注的是，妇女所从事的这些职业与妇女的家庭角色紧密相联，是由妇女传统的家庭角色转化而来，是妇女的家庭角色在公共领域或在劳动力市场上的延伸。例如，幼儿园保育员、小学教师和护士反应了妇女在家庭内对孩子和病人的照顾，洗衣、清扫、裁缝和烹饪反映了妇女在家庭内担负的日常家务，而办公室工作被认为"是一件相当于家务管理的工作"。总之，妇女所从事的职业大部分都具有一种明显的"服务"成分，是妇女在家庭中的服务活动于劳动力市场上的体现。

知识和技能含量少。女性职业的第二个特点是它们大多为劳动力密集型的、重复操作的、很快就能学会的非技能性或半技能性的工作。在制造业中，虽然不是所有的劳动力密集型行业都是雇用妇女，但是所有大量雇用女性的行业都是劳动密集型的。纺织业和服装业是制造业中两大传统的女性职业，在这两个职业中，大量妇女所从事的是低技能的挡车工和缝纫工，而男子从事的是高技能的修车工和裁剪工。据美国的统计资料，1988年时所有就业妇女中只有2%是在技能性行业，仅占这些行业工人的8.7%。[3] 在专业技术人员中，虽然近期来女性比例有较大上升，但是她们主要从事的仍然是知识和技能含量较少的低层次专业工作。例如，传统上妇女在医务工作和教学工作中都有较大的代表性，但是，在医务人员中，

---

[1] Alison MacEwen Scott: "Industrialization, Gender Segregation and Stratification Theory", in 《Gender and Stratification》edited by Rosemary Crompton & Michael Mann, Polity Press, 1986: 240.

[2] Hunter College Women's Studies Collective: 《Women's Realities, Women's Choices》, Oxford University Press, 1995: 471 (Table 13.3).

[3] M. Margaret Conway etc: 《Women & Public Policy: A Revolution in Progress》, A Division of Congressional Quarterly Inc., 1995: 73.

医生主要由男子担任（只有极少数的例外，如苏联每 4 名医生中有 3 名是妇女，占了 74% 的比例①），妇女绝大部分是护士、营养师、药剂师、理疗师和医生的助手。就是在医生中，女性也主要集中在较低的层次上。在 20 世纪 90 年代的英国，医生中的女性比例是 29%，而在高级顾问医师（Consultant）或最有影响的专科医师中，女性的代表性都明显不足，如女性只占外科医生的 4%（Allen，1994）。② 在教师队伍中，女性比例更是随着教学程度的提高而明显下降。1980 年，妇女占小学教师的比例，在发达国家为 65%，在发展中国家为 45%。中学教师中的女性比例，在发达国家是 38%，在发展中国家是 30%。在大学教师中，发达国家的女性比例为 28%，发展中国家为 23%。③ 在新技术白领职业中，妇女也集中于低技能一端，如在 IT 行业中，妇女从事的是基础性的"软件蓝领"工作，诸如数据输入等操纵键盘的工作。就是在服务行业中，妇女也集中于非技能性的岗位，例如：餐馆里的引座员、招待员和洗碗工往往是女性，大厨则由男性担任；理发店的美发师大多是男性，而洗发工全是女性。

工作职位低下。与男子相比，妇女更多地是基层劳动者，能当上管理者的很少。虽然自 20 世纪 70 年代以来，进入管理部门工作的妇女在数量上增加了，但她们在管理部门的地位并未发生根本变化。实际上，妇女趋向于进入管理部门内的"女性位置"，集中在主要使用其专业技能的部门，而不是被放在具有组织权力的职位上。简言之，妇女从事的是支持性的管理职业而不是"控制性"或"决策性"的高层次管理职业。

例如，1988 年，美国拥有管理职位的人中有 39.3% 是妇女，但她们只占有 1% 或 2% 的高层行政管理职位。④ 又据格雷格和梅钦（Gregg &

---

① Eugen Lupri："The Changing Positions of Women and Men in Comparative Perspective"，in《The Changing Position of Women in Family and Society》，edited by Eugen Lupri，Leiden-E. J. Brill，1983：20.

② Rosemary Crompton：《Women and Work in Modern Britain》，Oxford University Press，1997：119、120.

③ Susan Joekes：《Women in the World Economy》，Oxford University Press，1987：108

④ M. Margaret Conway etc：《Women & Public Policy：A Revolution in Progress》，A Division of Congressional Quarterly Inc.，1995：73.

Machin，1993）对 533 个英国公司在 1989~1992 年间的状况的研究，这些公司的高端主管中只有 8% 是女性，并且她们所占的份额随着向公司等级制度顶端的移动而急剧下降。① 再如，在上世纪末的英国教育部门中，妇女构成了初等教育教师总数的 81% 和中等教育教师总数的 50%，但是小学校长和中学校长中分别只有 50% 和 22% 为女性；在高等教育中，妇女构成了教授总数的 8%，而在"老牌"大学中只有一位妇女担任了副校长。但是，在继续教育学院（为成年人或离校人员设置的进修机构）中，妇女在最高管理层的代表性出现了一丝曙光。20 世纪 90 年代初，这类学院的校长中只有 3% 是妇女，1996 年这一数字上升到了 14%，1998 年又迅速上升到 20%。一位女校长评论说："它花了我们 20 年的时间去达到最初的 14%，但只花了 2 年的时间达到了其余的 6%。"② 即便如此，总体而言，妇女离高端职业位置的距离仍然很远。

综上所述，妇女在劳动力市场上集中在经济的基础部分，她们大多数从事的是劳力密集型的、报酬低的和缺乏发展前途的工作，被排斥于可行使权力、需要科学知识、能控制资本或技术等的职业和职位之外。或者说，妇女担任的角色主要是服务的提供者，是支持性和辅助性的，是普通劳动者以及他人决定的执行者。

三、女性的职业流动

职业流动是指劳动者在不同职业之间的变动。女性的职业结构和特点表明了妇女进入职业阶梯向上流动的机会要比男子少得多，而且女性在整个职业流动模式上具有以下三个明显不同于男子的特点：首先，在职业流动频率方面，女性变换职业的比例要低于男性。据美国国民纵向调查，1965 年，就业妇女中有 7% 更换了职业，与之形成对照的是男子更换职业

---

① Judy Wajcman："Women and Men Managers"，in《Changing Forms of Employment: Organization, Skills and Gender》，edited by Rosemary Crompton etc.，Routledge，1996：260.
② Stephen Whitehead："Woman as Manager: A Seductive Ontology"，《Gender, Work & Organization》，2001，January，Vol. 8，No. 1，pp. 91，92，102.

的比例达到了10%。[1] 而且，与男子相比，女性的职业流动更可能是外生因素造成的，也更可能是因与家庭相关的原因而变换职业，如丈夫的职业更换带来的地区流动，或因照顾孩子或老人需要更多时间待在家里等。

第二，在职业流动的速度和方向方面，也存在着两性差别。有大量研究表明，在职业生涯的入口处，两性的初始职业层次大致相同，相同学历的男女职业地位的差异往往并不明显，但随着工作年限的增长，男性职业上升的速度和幅度远远大于女性。男性的职业地位基本上是持续上升的，只是上升的空间和速度有所不同，而女性出现职业向下流动的现象要比男性严重得多。结果，经过十几年或几十年的发展，原来处于同一起跑线上的男女在职业地位上出现了明显差异，两性职业层次的结构差异呈现出扩大的趋势。修厄尔、豪泽和沃尔夫（Sewell, Hauser & Wolf, 1980）分析了第一份工作和当前工作的两性差别，发现在职业成就的水平和过程方面都存在着性别差异。在第一份工作时，妇女的邓肯社会经济地位指数评分（Duncan SEI score）往往高于男子；当考察当前工作时，男子的评分却高于妇女。换言之，男子的评分随着他们的工作生活过程而上升，但妇女的评分却是下降的，即使没有孩子的妇女在职业地位方面的增进也很小。[2] 据第二次中国妇女社会地位调查资料（2000年12月），在职业生涯中，有过向上流动经历的，男性的比例为25.87%，女性的比例是19.66%，男性比女性要高出6个百分点；而有过向下流动经历的，女性的比例为19.68%，男性的比例是10.9%，女性比男性高出了近9个百分点。[3]

第三，工作妇女在结婚和生育后往往会出现职业流动的现象，而且倾向于职业的向下流动。最明显的表现之一是因生育中断工作后再就业的妇女往往会从全日制工作流向非全日制工作，从原来从事的某种白领工作流到低层次的服务工作。结婚也对女性经历职业的向下流动产生了重要影

---

[1] 雅各布·明塞尔：《劳动供给研究》，张凤林等译，中国经济出版社，2001年版，第223页。

[2] Joanne Miller etc.: "Sex Roles: The Division of Labor at Home and in the Workplace",《Annual Review of Sociology》, Vol. 8, 1982: 245.

[3] 宋月萍："职业流动中的性别差异：审视中国城市劳动力市场"，《经济学》（季刊），2007年1月第6卷第2期。

响。一项对中国台湾（1989年）和韩国（1985年）的25~29岁城市已婚妇女的婚前和婚后工作的考察表明，妇女在婚前和婚后的工作是没有连续性的，许多妇女在婚后都进行了职业流动。在婚前，台湾和韩国的工作妇女中是雇员的比例都很高，分别达到93%和88.9%，而婚后，这些数字大幅度下降，台湾下降到66.7%，韩国更是跌落到30%，韩国妇女结婚后大量流向了自雇就业者（45.8%）或家庭工人（24.2%）的队伍。[1]

---

[1] Mary C. Brinton etc.: "Married Women's Employment in Rapidly Industrializing Societies: Examples from East Asia", in 《American Journal of Sociology》, Vol. 100 No. 5 March 1995: 1113 (Table4).

第八章
女性劳动力参与的质量

女性劳动力参与在数量上的增加,并不意味着必然转变成劳动力参与质量的提高。更有学者认为,妇女参加经济活动在数量上的增加,往往是以降低工作质量为代价的。事实上,劳动力参与的质量是个多方面的指数,也是一个带有主观性的概念,很难进行直接量度。下面将从工作和就业这两个方面对女性劳动力参与的质量状况作一考察。

第一节 工作质量

妇女进入劳动力市场所从事工作的质量体现为四个方面:这些工作的具体内容和要求,妇女通过这些工作可以获得的地位以及在工作中得到的技能培训。

一、工作内容

首先,从全球来看,据前述的安克(Richard Anker)于1998年关于37个国家的研究,以女性为主导的(该职业的就业人员中有80%以上是妇女)最大的非农职业分布于5个(非农)职业大类共25个具体职业:服务业(佣人、大楼看管人、保管人、洗衣工、干洗工、厨师、招待员、理发师等)、行政管理办事人员(速记员、打字员、秘书、簿记员、出纳员等），专业技术人员（护士、教师），生产人员（裁缝、女装裁缝、缝纫工，纺纱工，织布工等），销售人员（售货员、店员等）。同时，安克也对35个国家的男性进行了调查，发现以男性为主导的职业（男性工人占80%以上）主要是：建筑工人，工具制造者和领班，生产管理人员，销售主管和采购员，经理，建筑师、工程师和有关技术人员，立法官和政府行政人员，保护性服务人员。[1]

再从具体的国别来看，表8—1显示了1980年美国妇女最集中的十大职业（就业人员中的女性比例均高于90%）：牙医助理/洗牙师、注册护士、教师（含幼儿园及幼儿园之前的老师）、数据输入者、银行出纳员、电话接线员、秘书、速记员、打字员、招待员、私人家庭的职业、照看孩子者（私人家庭除外）。而美国男子最集中的十大职业（就业人员中的男性比例均高于90%）是：飞行员和领行员，工程师，机械工和修理工，铁路交通职业，卡车司机，建筑工人，码头工，垃圾收集者，主管和保护性服务职业，消防和防火职业。[2] 表8—2也显示了2001年英国妇女和男子最集中的职业（这些职业中的女性或男性比例都大于60%）。妇女最集中的职业是：行政和秘书，个人服务业，销售和客户服务。男子最集中的职业是熟练工种的职业，经理和高级职员，专业性职业，加工、工厂和机器操作员。此外，专业技术人员的男女比例也都比较高，且性别比例比较接近。[3]

妇女的工作内容显示了妇女主要从事的工作种类基本上是在第三产业部门，其中绝大部分都是低层次的白领工作（以秘书为代表的办事员和以护士及教师为代表的专业技术人员）和服务工作（以个人服务和私人家庭服务为代表的服务人员）。成为对照的是，男子更多从事的是以建筑工人、

---

[1] Robert L. Clark, Anne York & Richard Anker: "Cross-national Analysis of Women in the Labour Market", in 《Women in the Labour Market in Changing Economies》 edited by Brígida García, Oxford University Press, 2003: 31~33.

[2] Francine D. Blau & Marianne A. Ferber: 《The Economics of Women, Men, and Work》, by Prentice-Hall, 1986: 167 (Table 6.6).

[3] Breda Twomey: "Women in the labour market: results from the spring 2001 LFS", Labour Market Division, Office for National Statistcs, March 2002 Labour Market trends, p.114 (Table4).

制造业工人、码头工人等为代表的蓝领工作，以工程师、建筑师、飞行员等为代表的专业技术工作，以经理、主管和生产管理人员为代表的行政管理工作，和以保护性服务为代表的服务工作。

表8—1　美国妇女和男子最集中的十大职业（1980年）　　单位:%

职业	女性比例	职业	女性比例	职业	男性比例	职业	男性比例
牙医助理/洗牙师	98.5	私人家庭的职业	95.3	飞行员，领行员	98.6	垃圾收集者	97.0
秘书/速记员/打字员	98.3	照看孩子者（私人家庭除外）	93.2	码头工	98.6	建筑工人	96.8
教师，幼儿园及之前	96.4	数据输入者	92.4	铁路交通职业	98.0	机械工和修理工	96.6
注册护士	95.9	银行出纳员	91.1	消防和防火职业	98.0	主管，保护性服务职业	95.7
招待员	95.8	电话接线员	91.0	卡车司机	97.7	工程师	95.4

资料来源：Bureau of the Census, *Detailed Occupation of the Experienced Civilian Labor Force by Sex for the United States and Regions*: 1980 and 1970, Supplementary Report PC80-S1-15, March 1984. 转引自 Francine D. Blau & Marianne A. Ferber:《The Economics of Women, Men, and Work》, Table 6.6, by Prentice-Hall, 1986.

表8—2　英国就业妇女和男子的主要职业群分布（2001年春）　　单位:%

职业群	女性的职业构成	职业的女性比例	男性的职业构成	职业的男性比例	职业群	女性的职业构成	职业的女性比例	男性的职业构成	职业的男性比例
经理、高级职员	9.1	29.4	17.5	70.6	个人服务职业	13.6	84.3	2.0	15.7
专业性职业	10.6	39.3	13.0	60.7	销售、客户服务业	12.0	67.9	4.5	32.1
专业技术人员	13.7	45.5	13.1	54.5	基础职业	12.0	44.4	11.9	55.6

续表

职业群	女性的职业构成	职业的女性比例	男性的职业构成	职业的男性比例	职业群	女性的职业构成	职业的女性比例	男性的职业构成	职业的男性比例
行政和秘书	23.5	78.6	5.1	21.4	加工、工厂和机器操作者	3.3	17.1	12.9	82.9
熟练工种的职业	2.1	7.8	20.0	92.2					

资料来源：劳动力调查（LFS）。转引自 Breda Twomey: "Women in the labour market: results from the spring 2001 LFS", Table4, Labour Market Division, Office for National Statistics, March 2002, Labour Market Trends.

二、工作要求

妇女的工作内容决定了妇女所从事的职业在工作要求方面具有以下一些特点：

第一是非重体力工作。在非农职业中，妇女大多从事的是第三产业部门的工作，2012 年时只有六分之一强的女性劳动力（16.2%）在工业部门工作。而且，即使在工业部门，妇女也主要集中在生产轻工业消费品的行业。无论是站在生产流水线旁，还是行走在纺织机间，这些工作都不是力量型的，与炼钢工人和码头工人相比，显然属于轻体力的劳动。

第二是非高技能工作。从表 8—2 可以发现，女性从事的蓝领工作，如缝纫工、纺纱工和织布工，与典型地由男子担任的裁剪工和机修工相比是非技能或半技能工作，简单、易学、重复操作性强，主要要求的是手指灵巧与敏捷，细致和耐心。女性从事的白领工作，如办事员，20 世纪办公室工作实现了机械化后已不再是技能性的，具有一定教育水平就能胜任。此外，妇女所从事的这些工作需要的培训也较少，就是被中断了，其造成的劳动者人力资本折旧也较小。

第三是非重大责任性的工作。表 8—2 也显示了，与男性相比，女性趋向于集中在行政管理职业和专业技术职业中的较低责任层面上，所从事的工作支配性低，自主性小，较少要求经营策划、组织、整合等能力，也不需对他人的工作担负高度的管理责任,只要按部就班、不折不扣地完成上司设定的目标任务即可,因此压力不大,可取代性较强。

第四是明显的服务性质的工作。妇女的工作大多在服务行业,特别是提供个人或家庭服务的行业。在表8—2中,妇女占据了个人服务职业的八成以上。这些工作所要求的知识技能不高,其提供服务的能力更多地体现在服务态度方面,如热情、温柔、不急躁、勤快、不怕脏、不怕累、机灵、善解人意、较强的与人沟通和交往能力等,因而往往被认为是一种情感劳动。

三、工作地位

此处所讲的工作地位包括了一个人通过职业工作在职业结构中所占据的地位和与职业工作相连的社会地位,可从职业层次和职业所具有的权力特征这两个方面加以阐述。职业层次的高低决定了一个职业的社会地位,表8—3是根据1971年英国人口普查资料按职业类别划分的社会等级,从表8—3可以发现,男性比女性更多地集中在体力劳动中,女性比男性更多地集中在非体力劳动中。但是,无论在体力劳动还是在非体力劳动中,男子都集中在每个类别组的等级的顶端,而妇女则拥挤在这些等级的底部。例如,当56.5%的妇女集中在非体力工作中时,39%是处于社会等级ⅢN(日常的白领工作),只有1%是在最高的社会等级Ⅰ(专业和管理职业);而男子虽然只有34.9%从事非体力工作,却有5.2%处于这个最高的社会等级。同样,当65.1%的男子从事体力劳动的工作时,其中39%是集中在体力工作等级的顶端社会等级ⅢM(技能性蓝领工作),然而妇女虽然只有43.6%从事体力工作,却有26.1%是集中在社会等级Ⅳ(半技能性工作)。[①]可见,妇女在劳动力市场上所进入的工作种类集中在职业层次结构的中、低层,尤其是低层次的白领工作。这类工作在西方国家也被称为"粉领工作",一般包括以女秘书为代表的办事员、中小学老师、护士、银

---

① L. Murgatroyd: "Gender and Occupational Stratification",《Sociological Review》, N. S. 30, 1982: 578~579 (Table 2A).

行出纳员、计算机数据输入员以及接待员等。粉领工人不仅报酬较低,与相对应的办公室经理、大学教师、医生等比较,其职业声望也较低。而女性从事的以小规模和非正规为特征的个人服务和家政服务工作(诸如女佣、管家和保姆、医院中的护工等),更是处于职业等级制度的底部。

表8—3 按职业分类的社会等级在英国就业男子和妇女中的比例(1971年)

单位:%

社会等级		男子	妇女	社会等级		男子	妇女
非体力劳动	等级Ⅰ	5.2	1.0	体力劳动	等级ⅢM	39.0	10.0
	等级Ⅱ	17.8	16.6		等级Ⅳ	17.8	26.1
	等级ⅢN	11.9	38.9		等级Ⅴ	8.3	7.5

资料来源:Census of Population (British), 1971. 转引自 L. Murgatroyd: "Gender and Occupational Stratification",《Sociological Review》, Table 2A, N. S. 30, 1982.

权力因素是判断职业地位的又一个重要标准。在职场上,管理人员是具有权力特征的职业,管理职位越高,权力越大,工作地位也越高。男子可以直接进入有技能的"男性"工作或通过"男性"工作向上流动,而职业的性别隔离限制了妇女的职业获得和职业流动,她们普遍地从事辅助性的和从属性的工作,进入职业阶梯得以升迁的可能性要小的多,更难以被提升到权力职位上。例如,在现代办公室中,那种"男性"经理和"女性"办事员的普遍构成典型地体现了性别不平等的权力结构,即男子占据了办公室的上等权力职位,妇女则处于支持性的辅助工作的职位。虽然近期来进入管理层的妇女在不断增加,她们仍被"玻璃天花板"阻挡在最高决策层之外,大多分布在基层管理职位上,进入高级主管职位的妇女只是凤毛麟角,高层决策工作明显地被男子所占据。

四、技能和发展

职业培训是学习和提高技能、增加晋升机会和取得事业进步的一个重要途径,也是企业向雇员提供的工作条件的一个重要组成部分。在历史上，妇女实际上是被剥夺了接受职业培训、特别是技术培训的机会。一些西方国家的学徒制曾与行会制结合在一起，拒绝向妇女传授技能。男工工会也在妇女获得技能方面起了阻止的作用，不让妇女获得与男子同样的技能。几乎在所有熟练工种中，妇女都受到了排斥。1976年时，美国妇女只构成全部注册学徒的1%强，而且她们大多都分布在报酬比较差的职业。[1]

又据明塞尔的研究，女性工人一般是从工作场所之外的商业学校、技术学校和职业学校等获得其大部分职业培训。企业外部所进行的职业培训通常并不专门为特定商行而设置，应用于特定商行的技能通常只能通过企业内部的职业培训而获得，而且这种职业培训只有在劳动力市场中才可获得回报。许多雇主认为，与男性雇员相比，女性雇员的职业生涯较短，工作期间的缺席率和工作间断率较高，连续工作的稳定性低。他们对于女性雇员的这种工作预期直接影响了企业的培训计划。"对美国劳动力市场的一项调查发现，尽管25岁以下的青年男子只有14%接受过公司的正式培训，但是妇女的比例甚至更低，只有8%。在英国的劳动力市场调查中发现，尤其是青年妇女接受雇主出资培训的机会比男子少得多。"[2]

近些年来，社会和国际组织也设立了一些帮助妇女就业的培训项目，它们大多是短期的和零碎的培训活动，培训内容也往往局限于传统的女性领域，学习妇女传统上所使用的那些职业技能，知识和技术含量很低，对于提高妇女的人力资本水平和存量，尤其在专业人力资本方面，作用不大。

妇女没有被给予学习和提高工作技能的平等机会，直接影响了她们的技能水平和劳动力的质量，加强了劳动力市场上长期存在着的有技能的男性工作和非技能的女性工作这一传统的职业性别隔离模式。妇女的工作不仅枯燥乏味，职业层次低，而且缺少发展前途。更重要的是，在工业化过程中，这些低技能的妇女劳动将会首先被新的工艺技术所取代。

---

[1] Nancy E. McGlen & Karen O'Connor：《Women's Rights》, by Praeger Pblishers, 1983：233.
[2] 国际劳工局：《世界就业报告1998—1999》，余祖光译，中国劳动社会保障出版社，2000年版，第128页。

第二节 就业质量

妇女的就业质量也体现为四个方面：就业类型和形式、就业"灵活性"与就业"脆弱性"、工资收入和福利状况以及妇女的就业机会和失业风险。

一、就业类型和就业形式

国际劳工组织考察就业地位有一个指标是就业类型，它区别了三种就业类型：工资和薪水工人，自雇就业者（含雇佣雇员的雇主和没有雇员的自雇工作者），以及家庭工人或家庭雇员（在家人开办的企业中无酬工作的劳动者）。家庭工人和自雇工作者属于脆弱性就业，工资和薪水工人以及雇主是非脆弱性就业。

在总体上，发达经济体的妇女趋向于工资和薪水工作，脆弱性就业的比例较低，例如2012年时，全球就业妇女有50.4%是脆弱性就业，其中发达经济体和欧盟的妇女只有8.3%是脆弱性就业，中欧和东南欧以及前苏联国家妇女的这个比例是20%。而许多发展中国家的妇女则更可能属于脆弱性就业，比例最高的是撒哈拉以南非洲，为84.4%，南亚是83.3%，发达经济体与撒哈拉以南非洲的地区差别达到了76.1个百分点。至于脆弱性就业的性别差距，从全球而言差别不大，2012年，全球就业男子有48.1%是脆弱性就业，只低于女性2.3个百分点。但是，从地区而言差距则可能很大。性别差距最大的地区是北非，女性脆弱性就业的比例高于男性23.7个百分点；其次是中东，两性相差15.1个百分点；然后是撒哈拉以南非洲，也达到了14.9个百分点。反之，在发达经济体和欧盟、中欧和东南欧以及前苏联国家，妇女脆弱性就业的比例要低于男子2.7~0.7个百分点。如从自雇工作者和家庭工人的角度看，在所有地区，自雇工作者在就业妇女中所占的比例（平均是 25.5%）都低于在就业男子中的比例（平均是 39.5%），而家庭工人在就业妇女中所占的比例（平均是 25%）则都高于男子（平均是 8.6%），在撒哈拉以南非洲、南亚、东南亚和太平洋地区，每 10 个就业妇女中就有约 4 个是家庭工人，而在男性中是 2 个。①

倘若把就业形式划分为正规就业和非正规就业，那么非正规就业正在成为大量妇女的主要就业形式，她们在非正规经济领域工作的人数要比男子多得多。如前所述，在发展中国家（北非除外），2000 年，有 60% 或以上的非农工作妇女都是非正规就业，其中撒哈拉以南非洲更高达 84%；在发达国家，非全日制工作是妇女最重要的非标准就业形式之一，1998 年，经济合作与发展组织（OECD）成员国的非全日制工人中有 60% 或以上都是妇女，其中，美国和日本为 68%，英国为 80%，瑞典为 98%。② 事实上，非正规经济领域的许多女性劳动者是难以看见的，她们在家里生产物品或销售在家生产的物品，包括服装制作者，刺绣者，卷烟者，糊纸盒者，风筝制作者，发箍制作者，食品制作者等。

二、就业的灵活性和脆弱性

在劳动力市场上，由于妇女缺乏体面就业和工作的机会，她们往往就会转向非正规就业，籍此还可获得工作时间和工作地点的灵活性。因此，妇女灵活就业的比例要大于男子，而且妇女的灵活就业也非常不同于男子。首先，在灵活就业的结构方面，越来越多的妇女可能是临时工、季节工或非全日制工。而且，妇女较少可能是雇主，更可能是家庭工人和个体工商户或个体服务者。相比之下，男子灵活就业更可能是当雇主和自由职业者。其次，妇女进行灵活就业的手段也与男子非常不同。例如，男子往往通过计算机或网络连接并结合自身的专业和技术在家里进行工作，而妇女（尤其是发展中国家的妇女）趋向于从事诸如家庭佣工、街头摊贩、以

---

① ILO: "Gloal Employment Trends for Women 2012", p. 23 (Figure5), p. 58 (Table A9).

② ILO: "Women and Men in the Informal Economy: A statistical picture", Geneva, ILO, 2002: 8.

家庭为基础的外包工等之类的工作。再次，妇女对于灵活就业的态度也非常不同于男子。例如，男子从事家庭办公的主要原因可能是"增加我的生产率"或"按我自己的方式工作"，而妇女大部分强调灵活就业可有助于平衡工作和家庭。

就业的灵活性和就业的脆弱性是相伴而行的。妇女就业方式的灵活性和劳动组织的非正规性的增加意味着妇女在劳动市场上更可能缺乏与体面就业相联系的一些要素，具有更大的就业脆弱性。这种脆弱性一方面表现在就业关系的非正规性方面。非正规就业者与用人单位的劳动关系处于一种松散的状态，或自雇就业者就根本没有劳动关系，因而面临着更大的经济风险和职业风险。另一方面，这种脆弱性表现在就业者与工作之间的制度连接力量方面。非正规就业的模式带有很强的异质性、分散性、无组织性和流动性，有的还带有隐蔽性，大部分非正规就业群体游离在制度边缘，缺乏有效的社会对话机制的资源，因此难以受到工会、专业行业组织和联谊组织等的社会支持，从而无法有效地维护自己的基本劳动权益和获得以就业为基础的社会保障。总之，灵活就业的低稳定性、低组织化程度以及低社会保护不仅导致了非正规就业女性与正规就业女性的差距，并且使就业领域中业已存在的两性差别进一步扩大。

三、就业工资和福利

联合国的统计显示，尽管妇女组成了世界人口一半稍多这个事实，她们担任了 2/3 的世界工作量，却只得到 10% 的世界收入，和拥有百分之一的世界财产。这些统计数据成功地描绘了一幅妇女在劳动力市场上所面临的工作和报酬间严重不平衡的画面。

在劳动力市场上，世界各国的女性就业者的收入都严重地低于男子。据国际劳动组织的统计资料，2008/09 年，在大部分国家中，妇女的工资平均为男子工资的 70%—90%。[1] 无论是以小时、日、周或月为基础来计

---

[1] International Lobour Office (Geneva):《Global Wage Report 2008/09》, p. 29.

算，男子都挣得比妇女多。对于30个国家的一个统计资料显示，1990年时，如果按小时计算，女性工资是男性工资的77.8%；按日/周计算，这一数字是76.7%；按月计算，则为71.6%。① 另外，即使在同一职业中，女性所挣得的工作报酬仍与男性相差甚远，女性与男性的工资比率处于0.74%~0.87%的幅度。② 例如，在典型的以男性为主的金属制造业的焊接工人中，工业化经济体中的女焊工平均挣得的报酬为男焊工的79%；在典型的以女性为主的护理和教学职业中，新加坡的男护士比女护士多挣21%，小学男教师也比女教师多挣约6%。③ 而且，职位层次越高，工资收入的性别差距就越大。据来自英国的近期资料表明，在管理层中，部门负责人的平均基本薪水的性别差距是9%，职能主任是10.2%，经理/董事（directors）一级则为23%。④

从国别来看，2001年英国全日制工作妇女每小时的平均工资报酬是9.76英镑，为男性全日制工作雇员（11.97英镑）的81.6%。⑤ 美国妇女和男子的平均周工资在1970年是94美元和151美元，1980年是204美元和322美元，1990年是348美元和485美元，或者说女性工资依次是男性工资的62%、63%和72%。⑥ 即使在雇员报酬的性别差距没有私有部门那么大的美国联邦政府，女雇员仍然挣得比男雇员少。1988年，男性雇员每挣得1美元，女雇员只能挣得72美分；1998年他们的工资比率是1：

---

① ILO: Yeabook of Labour Statistics (Geneva), various issues. 转引自 Richard Anker: ": Theories of occupational segregation by sex: An overview", 《International Labour Review》, Vol. 136, No. 3 (Autumn), 1997: 331.

② [美] 伊兰伯格·史密斯：《现代劳动经济学》，潘功胜等译，中国人民大学出版社，1999年版，第392页。转自张抗私：劳动力市场性别歧视问题研究，东北财经大学出版社，2005年版，第57页。

③ ILO: "Women's Employment: Global Trends and ILO Responses", United Nations, New York, 2005: 14.

④ United Nations: "Women in A Changing Global Economy: 1994 World Survey on the Role of Women in Development", United Nations Publication, 1995: 74

⑤ Breda Twomey: "Women in the labour market: results from the spring 2001 LFS", p. 114, Labour Market Division, Office for Nationsl Statistics, March 2002 Labour Market trends.

⑥ Hunter College Women's Studies Collective: 《Women's Realities, Women's Choices》, Oxford University Press, 1995: 473.

0.81；2007 年为 1∶0.89。① 当然，这些数据也反映了一个值得关注的发展趋势，即男女工资报酬的差距正在逐步缩小。

在劳动力市场上，妇女是高度集中于低工资工作的廉价劳动力。其中，家庭服务工作（包括烹调、清扫或照看孩子等）是妇女从事的最传统的职业之一，就是典型的低薪工作。据国际劳动组织近期对 10 个拉丁美洲国家的调查，家庭服务工作人员占全部就业人员的 6% 和妇女就业人员的 15%，并且 90% 的家庭服务工人是妇女。对该地区 11 个国家的调查显示，家庭服务工人的工资只有就业者平均工资的 46%，一半还不到。②

妇女不仅是低薪劳动者，她们中的许多人还成为工作的贫困者，以至于出现了就业贫穷者的女性化现象（在全世界的 5.5 亿工作穷人中，有 3.3 亿是妇女）。③ 而且，她们能得到的以就业为基础的社会福利也比男子少得多，大量的非正规就业妇女尤其如此。作为一个普遍的规则，许多社会福利（诸如医疗保险、老年退休金、失业补贴、病假、带薪假期等）都是以就业为基础，社会保障的覆盖是与积极参与正规就业呈正相关联系的。因此，非全日制工作雇员能得到的福利就要比全日制雇员少得多。在美国，全日制工人大约有 87% 享有雇主资助的医疗保险，而从事一般非全日制工作的工人只有 18% 能享有这样的医疗保险。同样，60% 的全日制工人具有雇主提供的退休金，而在从事一般非全日制工作的工人中这个比例只有 19%。在加拿大，1995 年的工作安排调查（Survey of Work Arrangements）资料也显示，非全日制工人享有的福利还不到全日制工人的五分之二。在欧盟，法律明令禁止雇主在报酬、一定的福利和工作条件方面歧视非全日制工人。但是，在它的一些成员国，这些保护性法令并不适用于工作小时低于一定起始量的非全日制工人，享受公共保健、老年退休金和失业福利都要求一定的最低工作时间量，例如在德国是一个星期至少工作 18

---

① EEOC Women's Work Group Report 2010.
② International Labour Office (Geneva): "Global Wage Report 2010/11", p. 62.
③ ILO: "Women's Employment: Global Trends and ILO Responses", United Nations, New York, 2005: 23.

小时，瑞典是 17 小时（OECD 1994：95）。① 许多非全日制工人往往达不到有关标准，结果只有极少数非全日制工人能得到这样的福利。如在英国，1991 年时，能够成为养老金计划成员的，在全日制工作的男子中有61%，在全日制工作的妇女中有 55%，而在非全日制工作的妇女中只有17%（OPCS 1993：118）。② 总之，由于妇女大量地在体制外的非正规经济领域工作，她们很难享受到劳动就业带来的社会福利。

四、就业机会和失业

有人说，妇女在劳动力市场上是最后被录用和最先被辞退的，这是对妇女在劳动力市场上的弱势地位的又一生动写照。

首先，妇女缺乏平等工作机会。一方面，妇女没有像男子那样选择工作的自由度。历史上就曾出现过种种阻止妇女就业的法律规定和习惯做法，它们剥夺了妇女的就业权利，限制了妇女的就业机会。19 世纪欧洲的工厂法和"婚姻禁止"制度就是一例。当时，一系列的工厂法令规定了妇女工作时间的限度和对妇女上夜班的禁止；而"婚姻禁止"是主要针对教师和办事员的政策，即不雇佣已婚妇女和受雇的单身妇女一旦结婚就被解雇。这些法令和习惯做法极大地减少了妇女尤其是已婚妇女的就业机会，使妇女在寻求工作方面面临比男子更大的挑战。在当今社会里，招工模式中的性别歧视也是一种排斥妇女的做法。工作岗位被贴上性别的标签，或者在就业招聘广告中对求职者进行性别限制，雇主在招工时也往往是在群体特性的基础上筛选求职者，从而使妇女的就业机会远远少于男子。此外，在许多社会，妇女没有像男子一样享有从事社会生产劳动所需的诸如土地、贷款等生产资源的平等权利，这又从另外一个角度限制了妇女的就业机会，尤其是妇女自雇就业的机会。

---

① International Labour Office (Geneva): "Women and Men in the Informal Economy: A statistical picture", 2002: 27 - 28.

② Catherine Hakim: "Five feminist myths about women's employment",《The British Journal of Sociology》Vol. 46, No. 3, Sept. 1995: 439.

另一方面，妇女不能像男子一样获得体面工作的机会。妇女受雇的职业范围要比男子狭窄得多，获得好工作的机会就更加稀少，往往被局限于带有较大经济风险和缺乏体面工作特征的就业领域，她们成为了劳动力中的一个边缘部分。所谓体面工作是具有一定的稳定性和安全度、在工作中能行使基本权利和发出自己声音、可获得必要的社会保护和相应的报酬、以及能充分体现自身价值的工作。妇女缺乏这样的体面工作的机会，在劳动力市场上就具有更大的脆弱性，不仅比男子更可能在非正规经济领域就业，而且通常集中于低技能、低地位、低收入的工作，不能充分发挥自己的潜力，也不能像男子一样享受就业带来的社会福利和社会保护，并更容易成为就业贫穷者和失业者。

第二，在世界范围内，女性失业率在总体上一直高于男性。表8—4显示了近20年来全球男女失业率的状况：1993年时，女性失业率比男性高0.3个百分点；经过约20年的发展，男女失业率都上升了，但是女性上升的幅度更大，2012年全球失业率的性别差距增加到了0.6个百分点。

此外，男女性失业率在地区层面上则显示出一定的多样性。第一，世界上绝大多数地区的女性失业率都高于男性，其中性别差距最大的是中东和北非地区，1997~2012年间，这两个地区的女性失业率要比男性失业率高5~11个百分点。第二，也有少数地区的女性失业率低于男性，其中东亚地区的女性失业率从1997至2012年一直低于男性，中欧、东南欧和独联体从2003年起、发达经济体和欧盟从2009年起也开始低于男性。第三，相对而言，男女失业率最为接近的是中欧、东南欧和独联体地区、发达经济体和欧盟、东南亚和太平洋地区，这三个地区的失业率性别差距仅为1个百分点左右。

同时，女性失业率本身的地区差别也很大，失业率最低的是东亚，仅为3.1%~3.7%，最高的是中东和北非地区，达到14.1%~19.7%的水平，为前者的5倍左右。显然，女性失业率的地区差别要大于性别差距。（见表8—4）。

造成女性失业率高的原因有许多，其中经济危机经常是一个可怕的催化因素。自从1825年英国发生第一次经济危机以来，几乎每次经济危机对于女性的冲击都要大于男性，尤其是在经济危机中妇女往往首当其冲地遭到解雇，不成比例地失去工作。例如，在1997年的亚洲金融危机中，许多雇佣了大量妇女的以出口为导向的小型企业纷纷破产，导致大批妇女失业。即使在大企业里，雇主为了保护"养家"的男子，也常常最先解雇女性员工。在该危机发生前的1996年，全球男女的失业率分别为5.9%和6.3%，性别差距是0.4个百分点，[1] 1997年就扩大到了0.7个百分点（见表8—4）。较为突出的一个例证是，朝鲜妇女在这场危机中失去工作的比率为男子的两倍，尽管在危机之前，她们的失业率只为男子的一半（Wiltront，1998）。[2]

表8—4 全球男女失业率（1993—2012年） 单位：%

	1993 男	1993 女	1997 男	1997 女	2000 男	2000 女	2003 男	2003 女	2006 男	2006 女	2009 男	2009 女	2012 男	2012 女
全球	5.5	5.8	5.8	6.5	5.9	6.3	6.1	6.5	5.6	6.2	6.0	6.4	5.8	6.4
发达经济体和欧盟			6.9	8.1	6.2	7.3	7.2	7.5	6.1	6.7	8.7	7.9	8.8	8.3
中欧和东南欧和独联体			10.6	10.9	10.3	10.8	10.3	9.4	9.2	8.8	10.5	9.7	8.5	8.2
东亚			4.2	3.1	4.7	3.4	4.4	3.2	4.5	3.3	5.0	3.7	5.1	3.7
东南亚和太平洋地区	4.7	3.9	4.2	5.0	4.9	5.7	7.0	5.7	6.6	5.1	5.1	4.3	4.7	
南亚			4.4	5.3	4.4	4.6	4.3	4.9	4.2	4.5	3.6	4.4	3.5	4.6
拉丁美洲和加勒比海地区			6.3	10.7	6.9	10.7	6.9	11.0	6.1	9.8	6.5	9.6	5.9	9.0
中东			11.3	18.6	9.0	14.1	10.7	15.9	9.0	19.2	8.2	18.6	8.2	18.2
北非			10.1	16.5	12.4	19.7	11.1	19.1	8.1	18.1	7.3	16.5	8.1	19.1
撒哈拉沙漠以南非洲			7.7	9.6	7.9	8.5	8.1	8.0	7.2	8.4	7.4	8.3	7.3	8.4

资料来源：1993：ILO：Global Employment Trends for Women 2004，p.3；1997：ILO：Global Employment Trends for Women 2008，p.25；2000，2003：ILO：Global Employment Trends for Women 2009，p.36；2006，2009，2012：ILO：Global Employment Trends for Women 2012，p.51.

---

[1] ILO："Global Employment Trends for Women, Brief", March 2007, p.14 Table3.
[2] Report of the Secretary-General (U. N. General Assembly Fifty-fourth session): "1999 World Survey on the Role of Women in Development：Globalization, Gender and Work", p.81, paragraph 284.

第九章
女性劳动力的异质性

大量的事实和资料文献表明，劳动力参与存在着明显的性别差异，与此同时，女性劳动者本身也因地区、族裔、年龄、婚姻等因素呈现出很大的差异，与男性劳动者相比是个更为异质性的群体。本章涉及了其中的地区差异和族裔差异，并对移民妇女和女性劳动力的分化状况进行了阐述。

第一节　较发达地区和欠发达地区的差异

这一节将以联合国的统计资料着重从女性劳动力的参与率、在主要经济部门和职业领域的分布以及就业形式等四个方面考察不同地区间的差异，为了便于表述，这里粗略地将欧洲和其他发达地区划为较发达地区，将亚（日本除外）、非、拉美和加勒比地区以及大洋洲划为欠发达地区（见表9—1）。

一、劳动力参与率

女性劳动力参与率是与各地区的经济发展水平紧密相关的，较发达地区的女性参加社会经济活动比较活跃，其劳动力参与率在总体上要高于欠发达地区的女性。如表9—1所示①，2010年较发达地区的女性劳动力参与

---

① 联合国经济和社会事务部："2010年世界妇女：趋势和统计"，第77页表4.1，第78页表4.2，第84页表4.5，第91页表4.8，第86页表4.6。

率在50%以上（53%～54%）；而在欠发达地区，女性劳动力参与率差异很大，高的甚至超过较发达地区达到了60%或以上，如东亚、大洋洲、撒哈拉以南非洲和亚洲独联体国家依次为69%、64%、62%和60%，低的则还没有达到30%，如北非和西亚的女性劳动力参与率分别只有29%和23%。其中，东亚地区的女性劳动力参与率是西亚地区的3倍，高出了46个百分点。在欠发达地区中，拉丁美洲和加勒比海地区则与较发达地区的女性劳动力参与率的特征比较相似，总体水平较高，且相互间的差距也较小。

表9—1 女性劳动力参与状况的地区比较（2004—2010年） 单位:%

	女性劳动参与率2010年	女性占劳动力的比例2010年	经济部门2004—2007年			从业者最多的两种职业2004—2008年		就业状况2004—2007年			
			农业	工业	服务业			拿工资薪金的雇员	雇主	自营工作者	家庭雇员
较发达地区											
东欧	54	49	12	22	66	服务和销售	技术专业人员	84	2	10	4
北欧	—	—	3	13	84	服务和销售	技术专业人员	93	2	4	1
南欧	—	—	10	17	73	服务和销售	技术专业人员	81	3	10	6
西欧	—	—	3	12	85	技术专业人员	服务和销售	89	3	6	3
其他发达地区	53	45	3	11	86	办事员	服务和销售	88	2	7	2
非洲											
北非	29	28	42	16	41	农业、渔业等	技术专业人员	46	2	19	34
东非	—	—	68[a]	6[a]	26[a]	农业、渔业等	非技术工人	20[c]	1[c]	47[c]	32[c]
南部非洲	62[b]	44[b]	19	11	70	非技术工人	服务和销售	76	3	17	4

第九章 女性劳动力的异质性

续表

	女性劳动参与率 2010年	女性占劳动力的比例 2010年	经济部门 2004—2007年			从业者最多的两种职业 2004—2008年		就业状况 2004—2007年			
			农业	工业	服务业			拿工资薪金的雇员	雇主	自营工作者	家庭雇员
亚洲											
东亚	69	45	11	13	76	服务和销售	办事员	86	2	7	5
东南亚	57	41	30	17	54	非技术工人	农业、渔业等	52	2	23	23
南亚	36	30	55	17	28	农业、渔业等	非技术工人	30	1	22	46
西亚	23	26	15	8	77	服务和销售	专业人员	80	1	6	12
亚洲独联体国家	60	47	48	7	45	农业、渔业等	非技术工人	45	1	39	15
拉丁美洲加勒比											
加勒比海地区	48	41	4	10	85	服务和销售	办事员	80	2	16	2
中美洲	43	37	6	16	78	服务和销售	非技术工人	64	3	25	7
南美洲	59	44	10	12	78	非技术工人	服务和销售	62	3	28	6
大洋洲	64	46									

资料来源：联合国经济和社会事务部："2010年世界妇女：趋势和统计"，依次为第77页表4.1，第78页表4.2，第84页表4.5，第91页表4.8，第86页表4.6。

注：a 此处为东非、中非和西非。b 此处为撒哈拉以南非洲。c 此处为东非和西非。

女性在劳动力中的比例显示了女性相对于男性进入劳动力市场的程度。2010年，较发达地区的女性在劳动力中已接近一半（45%~49%），即接近性别均等。欠发达地区的女性在劳动力中的比例远未达到这一状态，如果以较发达地区女性在劳动力中比例的低端45%为界线，那么在欠发达的11个地区中，只有3个地区（亚洲独联体国家、大洋洲和东亚）

达到了这一程度（45%~47%）。其余8个地区劳动力中的女性比例介于44%至26%之间，尤其是西亚、北非和南亚的女性在劳动力中还未达到三分之一的比例（26%~30%）。从全球来看，东欧和亚洲独联体国家劳动力中的女性比例最高，分别为49%和47%。

二、主要经济部门的分布

较发达地区和欠发达地区的女性劳动力在主要经济部门的分布也是不同的（见表9—1）。首先，较发达地区的女性劳动力都主要供职于服务业，其中西欧、北欧和其他发达地区的女性从事服务业的比例高达85%左右；而在欠发达地区，女性劳动力中以服务业为主的比例还不到三分之二，其中东非、中非和西非以及南亚的女性从事服务业的比例只有26%和28%。第二，农业对于较发达地区的女性来说是最不重要的就业来源，仅占女性劳动力的3%~12%；而在欠发达地区，农业在许多地方依然是比工业或服务业更重要的女性就业来源。有三分之一强的欠发达地区的农业为妇女提供了最多的就业机会，其中非洲女性劳动力从事农业活动的比例最高，东非、中非和西非女性劳动力中的务农比例都达到了68%，相比之下，东欧是较发达地区女性务农比例最高的（12%），也仅为非洲女性务农比例的五分之一弱。第三，在所有地区，工业部门都不是女性最重要的就业来源。女性劳动力就业于工业部门的比例均比较低，只有东欧女性的比例是刚刚超过20%，其余都低于20%。但是，在较发达地区，工业部门成为了女性的第二重要就业来源，而在欠发达地区，工业部门是大部分地方的最不重要的就业来源，只有东亚、中美洲、南美洲和加勒比海地区，工业部门成为女性的第二重要就业来源。

三、职业分布

通过考察不同地区女性劳动力所从事的前两大职业可以发现她们在不同职业中的涉足程度。表9—1显示，女性劳动力参与的职业类别在各地区之间也存在着很大差异，不同地区的女性往往从事着特定类别的职业。较发达地区女性从事的第一主要职业是"一般服务人员及商场和市场的销售人员",第二个主要职业是"技术人员和有关专业人员",第三个主要职业是"办事员"。欠发达地区女性从事的第一主要职业也是"一般服务人员及商场和市场的销售人员",但是其第二个和第三个主要职业与较发达地区女性不相同,她们的第二个主要职业是"非技术工作",这类工作由主要要求使用手工工具和一些体力的各种简单和日常的任务组成,包括街头和入户销售或服务、清洁、洗涤、看管物业和护理、递送货物和信件等。欠发达地区女性从事的第三个主要职业是"农业",但是在大部分非洲地区、南亚和亚洲独联体国家,农业往往是这些地方的女性所从事的最重要的职业类别。简言之,作为一种世界性趋势,服务和销售是女性劳动力最多从事的职业;在此背景下,较发达地区女性从事的其他主要职业是技术专业工作和办事员工作,而欠发达地区女性从事的是非技术性的初级工作和农业工作,显然欠发达地区女性的职业层次在整体上要低于较发达地区的女性。

四、就业形式

在比较不同地区的女性劳动力参与情况时,考察其就业形式是十分重要的。从表9—1可以发现,首先,全球女性最普遍的就业形式是获取工资和薪金的就业(东非、西非和南亚除外)。在整个较发达地区,就业女性都是以有酬就业为主,而且在就业女性总数中所占的比例高达80%以上。在欠发达地区,有八成以上其女性是以有酬就业为主,但是她们在就业女性中所占的比例较低,除了东亚之外,其余的都没有超过80%。第二,在世界范围内,女性成为雇主的比例都极小,仅为1%~3%,无论在较发达地区还是在欠发达地区均是如此。第三,从全球来看,自营工作者和(或)家庭雇员在亚、非、拉美的部分地方较为普遍。在非洲,自营工作者是东非和西非女性的最主要就业形式,其比例高达47%,约占其就业女性的一半。在亚洲独联体国家和南美洲,自营工作的女性也分别达到39%和28%,成为了当地女性的第二主要就业形式。家庭雇员在非洲女性中非常普遍,是南部非洲之外的所有非洲地区女性的第二主要就业形式,其所占比例达到了32%~34%。在南亚地区，家庭雇员是女性最主要的就业形式，其所占比例在全球最高，达到了46%。

以上的数据分析表明，与较发达地区相比，欠发达地区女性更可能是脆弱就业。尤其在非洲和亚洲的大部分地区，成为自营工作者和家庭雇员的女性达到了很高的比例。例如，在东非和西非以及南亚，从事这两种工作的女性分别占其总数的79%和68%，在亚洲独联体国家、北非和东南亚也都达到了50%左右的比例。这种状况意味着欠发达地区的女性更可能被集中于劳动生产率较低的工作领域，面临较高的经济风险，并缺乏良好的社会保障。

第二节 族裔的差异

妇女的劳动力参与也存在着族裔的差异。在世界上，美国是个多族裔的国家，除了白人之外，还有大量的有色人种，包括非裔、亚裔、拉丁裔（西班牙裔、墨西哥裔）等等，本节将以美国为例比较不同族裔女性劳动参与的差异。

一、劳动参与率

在历史上，美国非白人妇女的劳动力参与率几乎一直高于白人妇女。由于种族歧视和受教育程度相对较低等，有色人种处于社会的边缘和底层。在劳动力市场上，少数族裔的男子很难挣得一份能养家糊口的"家庭工资"。因此，非白人女性、尤其是非裔女性，在改善家庭收入方面起着重要作用，她们必须从事有关生计和有收入的生产活动。

表9—2列出了1930年、1970年和2010年美国不同族裔女性的劳动力参与率。在这80年的时间跨度中，非白人妇女在1930年和1970年以及非裔妇女在2010年的劳动力参与率都超过了白人妇女。特别是在1930年时，非白人妇女的劳动力参与率为白人妇女的1.8倍（分别为43.3%和

23.7%),如果以已婚妇女作比较,那么非白人已婚妇女的劳动力参与率更是为白人已婚妇女约3.4倍(分别是33.2%和9.8%)。二战以后,第二次妇女解放运动打破了"幸福家庭主妇"的神话,白人妇女尤其是中产阶级的已婚妇女开始大量进入劳动力队伍。1970年白人妇女的劳动力参与率是41.9%,比1930年的23.7%增加了18个百分点,约为1930年的1.8倍,几乎达到了非白人妇女在1930年的水平。更引人注目的是,同期,白人已婚妇女的劳动力参与率从9.8%激增到39.7%,上升了约30个百分点,为前者的4倍多,超过了非白人已婚妇女在1930年的水平。与此同时,非白人已婚妇女的劳动力参与率虽然也有较大提高,从1930年的33.2%上升到1970年的52.5%,增加了约20个百分点。但是在整体上,非白人妇女劳动力参与率的增加幅度并不大,只上升了5个百分点,从而减弱了她们对于白人妇女的领先程度。事实上,1970年时,美国白人妇女的劳动力参与率(41.9%)尽管仍低于非白人妇女(48.5%),但已高于其中的西班牙裔或拉丁裔妇女(41%)。

在1970年至2010年的40年中,随着社会和经济的发展,美国各族裔妇女的劳动力参与率进一步提高和接近。2010年,白人妇女、非裔妇女、亚裔妇女和拉丁裔妇女的劳动力参与率依次为58.5%,59.9%,57.0%,和56.5%,差距仅在1.4~3.4个百分点之间。在诸多少数族裔妇女中,非裔妇女的劳动力参与率始终是最高的,这被认为与非裔人口中单亲家庭和由女性维持的家庭的比例较高有关。

二、职业分布

表9—2粗略地显示了1930~2010年间美国妇女按族裔划分的职业分布的状况,描绘出了美国妇女(包括白人妇女和若干主要少数族裔妇女)在这80年中职业分布变化的路线图。1930年时,服务业(以诸如"女仆和洗烫衣物"等低层次服务工作为主要内容)是白人妇女除外的所有美国妇女的第一主要职业,农业是非裔和墨西哥裔妇女的第二重要职业,制造业是华裔妇女的第二重要职业。与此同时,白人妇女的第一主要职业是销售和办公室工

作，服务业是其第二重要职业。经过40年的发展，到1970年，销售和办公室工作成为除非裔妇女以外的所有美国妇女的第一主要职业，但更引人关注的变化是管理和专业技术工作开始成为白人妇女和华裔妇女的第二重要职业，这意味着美国妇女开始实质性地进入一直以男子为主的新职业领域。再经过又一个40年的发展，美国妇女的职业结构进一步优化，2010年时，管理、专业和与之相关职业上升为白人妇女、非裔妇女和亚裔妇女的首要职业（仅拉丁裔妇女除外），而销售和办公室职业下降为第二主要职业。

在美国妇女职业结构不断优化的过程中，白人妇女和非白人妇女的职业发展轨迹是不同的。首先，在1930年至2010年的这80年中，白人妇女始终以白领工作为主。早在1930年时，白人工作妇女中就有约一半的人从事办事员和销售（33.1%）以及专业（管理）工作（16.5%），2010年这两项职业的比例进一步上升到了74.1%。相比之下，非白人妇女从事白领工作的比例要低于白人妇女；另外，虽然经过80年的发展，到2010年时白领工作也成为了非白人妇女的主要工作，但是她们往往是集中在白领工作的较低层面上。例如，1980年，非裔妇女组成了所有办事员的10.8%，但是在秘书、银行出纳员和薄记员等"技能性"岗位中只占6%弱，反之，在文件管理、邮件处理和办公室机器操作等这些低层次岗位中占了15%强的比例。第二，非白人妇女中从事服务业的比例在总体上始终高于白人妇女。1930年时服务业曾是非白人妇女的最主要工作，直到2010年仍是她们从事的重要工作。但是，就是在这些工作中，白人妇女和非白人妇女也有不同的分工。例如，一位洗衣店的老板说，在他的洗衣店中，技能性的工作，诸如做标签、分类、收银员、管理员和办公室助理，是由英裔妇女担任，而几乎所有非技能性的工作都由墨西哥裔妇女来做。第三，非白人妇女中从事制造业的比例在总体上也高于白人妇女。同样，制造业中也存在着白人妇女和非白人妇女的不同分工。例如，在烟草厂里，制作香烟的实际操作毫无例外地都由白人妇女担任，非裔妇女只是处理原始烟草，为制作香烟作准备。[1] 简言之，白人妇女以白领工作为主，非白人妇女比白人妇女更多地

---

[1] Evelyn Nakano Glenn：" Racial Ethnic Women's Labor：The Intersection of Race, Gender and Class Oppression"，《Review of Radical Political Economics》，Vol. 17 (3) 86–108, 1985：95, 96, 101.

从事着服务业和制造业工作，且集中于工作层次较低的岗位上。

表9—2 美国妇女劳动力参与状况的族裔差异（1930年、1970年、2010年）

单位:%

	白人			非白人		黑人/非裔			华/亚裔[a]			墨西哥/西班牙/拉丁裔[b]		
年 份	1930	1970	2010	1930	1970	1930	1970	2010	1930	1970	2010	1930	1970	2010
劳动参与率（≥16岁）	23.7	41.9	58.5	43.3	48.5		49.3[c]	59.9			57.0		41.0[c]	56.5
已婚	9.8	39.7		33.2	52.5									
单身	48.7	54.5		52.1	43.6									
管理、专业和有关职业	16.5	20.6	41.5			3.4	12.7	33.8	11.3	23.2	46.1	3.0	8.3	24.1
专业和有关职业	16.5	16.6	27.3			3.4	11.3	23.1	11.3	19.4	31.7	3.0	6.4	15.4
管理和有关职业		4.0	14.2				1.4	10.7		3.8	14.4		1.9	8.7
服务职业（含有其他次项）	22.8	17.2	20.1			62.7	43.3	28.3	39.3	14.8	21.3	44.4	26.1	33.2
公共服务	0.2					0.1			0.0			0.1		
女仆和洗烫衣物女工	2.5					27.2			11.7			30.8		
私人家庭服务工人		1.9					17.8			2.0			5.5	
销售和办公室职业	33.1	45.1	32.6			1.4	23.3	30.7	26.5	36.9	25.2	11.6	31.6	31.7
商业/销售和有关职业	10.7	8.1	11.7			0.8	2.6	11.4	15.3	5.1	11.7	9.0	5.7	11.8
办事员	22.4	37.0	20.8			0.6	20.7	19.4	11.2	31.8	13.6	2.6	25.9	19.9
农渔林、建筑和维修	4.5	0.7	1.0			26.9	1.2	0.7	1.5	0.5	0.6	21.2	4.0	1.7

续表

	白人			非白人		黑人/非裔			华/亚裔[a]			墨西哥/西班牙/拉丁裔[b]		
年 份	1930	1970	2010	1930	1970	1930	1970	2010	1930	1970	2010	1930	1970	2010
农业	4.5	0.7				26.9	1.2		1.5	0.5		21.2	4.0	
生产、交通和运输	23.1	15.5	4.9			5.6	17.9	6.5	21.5	23.7	6.8	19.8	28.1	9.3
制造业/操作人员	20.0	13.7	3.2			5.5	16.5	3.8	20.4	22.5	5.7	19.3	25.8	6.2
交通运输	3.1		1.8			0.1		2.7	1.1		1.1	0.5		3.1
手艺人		1.8					1.4			1.2			2.3	
非农劳动者		0.9					1.5			0.9			1.8	
收入（周）	$206d	$684				$190d	$592			$773		$177d	$508e	
（男性）	$329d	$850				$247d	$633			$936		$238d	$560e	

资料来源：作者根据以下资料编制。劳动参与率：Claudia Goldin："The Female Labou Force and American Economic Growth, 1890-1980", Table 10.1 (in《Long-Term Factors in American Economic Growth》edited by Stanley L. Engerman etc, 1986); Demographics (CPS) - Bureau of Labor Statistics："Labor Force Statistics from the Current Population Survey, 2010", p.8, Table 2. 职业分布：U.S. Bureau of Census, see Evelyn Nakano Glenn："Racial Ethnic Women's Labor: The Intersection of Race, Gender and Class Oppression", Table 1, Table 2 (1985); Demographics (CPS) - Bureau of Labor Statistics："Labour Force Statistics from the Current Population Survey, 2010", p.15, Table 5. 收入：U.S. Bureau of Labor, Department of Labor Statistics："Employment and Earnings", January 1993; Bureau of Labor Statistics, Current Population Survey, 2010, in DOL Special Report-Women's Employment During the Recovery, Table 1.

注：a 华裔（1930，1970），亚裔（2010）。

b 职业分布：墨西哥裔（1930，1970），西班牙/拉丁裔（2010）。

c 劳动力参与率：非裔（1973），西班牙/拉丁裔（1973）。

d 白人（1980），非裔（1980），拉丁裔（1980）。

e 拉丁裔（2010）

此外，非白人妇女之间的职业分布也存在着差异。服务业是非裔妇女的一项主要职业类别，1930年时每5个非裔就业妇女中就有3个从事服务业（62.7%），其比例高于所有其他少数族裔的妇女。二战以后这一数字开始有较大的下降，1970年时，从事服务业的非裔妇女在所有就业非裔妇女中的比例不足二分之一（43.3%），但它仍是非裔妇女的首要职业；2010年这一比例继而下降为不到三分之一（28.3%），从而使服务业成为了非裔妇女的第三重要职业。与此同时，非裔妇女从事管理和专业工作以及销售和办公室工作的比例有了较大的提高，2010年时各有三分之一左右的就业非裔妇女从事这两项职业，成为了她们第一和第二重要职业。墨西哥裔妇女在1930年也主要从事服务业工作，到1970年时其主要职业转变为销售和办公室工作，服务业下降为第二重要职业，同时墨西哥裔就业妇女从事蓝领工作的比例也有很大提高（是所有妇女中最高的），但从事管理和专业职业的比例提高不多（是所有就业妇女中最低的）。在非白人妇女中，华裔/亚裔妇女的职业分布与白人妇女最为相似，她们更多地从事白领工作，尤其是管理和专业性工作，而且从1970年开始从事这一职业的比例已高于白人妇女，2010年时更高于白人妇女4个多百分点，成为其从事的首要职业。

三、工资收入

工资收入在现代生活中扮演了不可或缺的角色，了解不同族裔间工资收入的差异有助于更全面地了解女性劳动力参与的族裔差异。表9—2的第三部分表明了美国不同族裔妇女在1980年和2010年的周收入情况。显然，无论在哪年白人妇女的平均收入水平都高于非白人妇女。1980年，非裔妇女和拉丁裔妇女的收入分别为白人妇女的92%和86%；2010年，这两个数据依次为86.5%和74%，即非白人妇女的收入水平进一步低于白人妇女。而2010年时，非裔和拉丁裔妇女的收入分别为本族裔男子收入的93.5%和90.7%，也就是说族裔差距大于了性别差距，但仍小于少数族裔男子与白人男子的差距。同年，亚裔工作妇女是美国唯一平均收入超过白人妇女的少数族裔，这部分地是因为她们的教育程度和职业层次都较高。

第三节 移民妇女的劳动力参与

从宏观层次上看，劳动力的迁移往往是在国与国之间和同一国家中不同地区之间出现的社会－经济水平失衡的一个反应。就迁移者个人来讲，劳力迁移往往与提高个人或家庭生活水平的愿望相关联。目前，移民的女性化正在成为当代国际移民的一个明显趋势，女性移民也成为了女性劳动力中的一个较为特殊的群体。

一、国际移民的女性化

卡斯特（Stephen Castles）和米勒（Mark J. Miller）认为，虽然迁移这个现象在整个人类历史上是一直不断发生的，但是当代国际迁移具有独特性，因为自1945年以来，特别是20世纪80年代以来，它表现出四个趋势：全球化（世界上受到迁移影响的国家越来越多）、加速化（迁移人数的快速增加）、多样化（影响每个国家的迁移类型的增加）和女性化（参与迁移运动的妇女比例的增加）。[①]

近几十年来，劳动力市场迅速呈现出高度跨国化趋势。据联合国人口基金会（UNFPA）2006年发表的《世界人口状况》的统计资料，全世界"生活在非本人出生国的跨国移民"在过去的50年中增加了一倍，2005年达到了1.9亿多。[②] 在国际移民数量极大程度地增加的同时，全球移民结构发生了巨大变化，移民妇女的数量大幅增加，移民中妇女对男子的比率不断上升，换言之，国际迁移正在女性化。1990年，全世界的

---

① Stephen Castles and Mark J. Miller：《The Age of Migration：International Population Movements in the Modern World》，New York：The Guiford Press，1993，参见"BOOK REVIEW"，《Political Psychology》，Vol. 18，No. 1，1997.

② UNFPA：《State of World Population 2006 – A Passage to Hope：Women and International Migration》，p. 5.

女性移民和男性移民分别为 5710 万和 6260 万,女性占总数的比例为 47.7%。[1] 到 2000 年,全世界约有 1.2 亿移民,其中女性移民在数量上几乎相当于男性移民,大约构成了工业化国家中移民总数的 51% 和发展中国家移民总数的约 46%。[2] 在 2005 年的 1.9 亿国际移民中,有 9450 万是女性,约占总数的一半(49.6%)。对发展中国家出国移民的结构的分析可进一步表明国际迁移的女性化趋势。拉美的一些国家(如巴西、多米尼加等国)2001 年的出国劳工中,女性比例已经大于男性,达到或超过出国劳工总数的 70%。[3] 自 20 世纪 80 年代起,亚太地区国际移民中的女性比例一直稳步上升,有些国家也超过了男性移民的数量。其中,2000 年至 2003 年,从印尼到国外务工的人员中,女性占 79%。在南亚,2002 年从斯里兰卡向国外迁移的人口中,女性与男性的比例为 2∶1。[4] 西亚的女性移民在 2000 年达到了 760 万,也构成了其全部移民工人的 48%。[5] 所以有学者指出,近 20 年里亚洲妇女"移民人数之多是前所未有的"。[6]

这些移民妇女成为了接收国女性劳动力中的一个重要组成部分。美国是世界上最大的移民国,在 19 世纪和 20 世纪初的移民流动中,女性移民属于少数。但是自 20 世纪 20 年代使家庭重新团聚成为美国移民政策的基石以来,女性移民大量增加,构成了移民总数的一半多。移民妇女也成为了美国工作妇女中的一个总是不断增加的部分,1960 年,她们构成了美国全部女性劳动力的 6%;在 1994 年,她们的比例上升为 9%。在美国各地,每 20 名工人中有一名是移民妇女;在加利福尼亚州,每 6 名工人就有一名

---

[1] Report of the Secretary-General (U. N. General Assembly Fifty-fourth session):《1999 World Survey on the Role of Women in Development: Globalization, Gender and Work》, p. 59, note 58.

[2] ILO:《Women's Employment: Global Trends and ILO Responses》, 2005: 21.

[3] UNFPA:《State of World Population 2006 – A Passage to Hope: Women and International Migration》, p. 21, p. 23.

[4] UNFPA:《State of World Population 2006 – A Passage to Hope: Women and International Migration》, p. 23.

[5] ILO:《Women's Employment: Global Trends and ILO Responses》, 2005: 21.

[6] 乌拉圭《南方》杂志:《亚洲的女性移民》, 2004 年 5 月 31 日, 转引自《参考消息》2004 年 6 月 2 日。

是移民妇女。①

二、迁移模式的变化

传统的跨国迁移模式，特别是经济迁移，都是以男性为主，女性留守在家照顾老小，待男性家人在异国立足之后，女性才作为他们的"跟随者"或"依附者""被动"迁移。在新近的国际移民潮流中，除了女性迁移的人数大量上升之外，更重要的是女性移民的属性发生了变化，越来越多的女性是以个人身份独立迁徙走出国门，作为自己或家庭的"挣面包者"进行迁移。原籍国的经济结构的调整、经济/财政危机的发生、向市场经济的过渡以及政治冲突等，都会成为推动她们迁移的动力，和使她们甘冒风险到异国他乡寻求就业和获取收入的机会。② 当然现代女子受教育程度的提高、视野的开拓、自立意识的增强，也为她们走出国门创造了条件。

长期以来，以西欧和北美洲为代表的发达国家被女性移民视为理想的接收国，自20世纪80、90年代起，太平洋沿岸的富裕国家和高收入的中东国家也成为具有吸引力的目的地。例如，联合国艾滋病规划署、开发计划署和合作伙伴共同开展的一项研究显示，阿拉伯国家是许多亚洲女性移民的主要目的地。在由斯里兰卡和菲律宾前往阿拉伯国家的移民中，70%~80%为女性。1991~2007年间，孟加拉国的全部女性移民中，有60%是在阿拉伯国家就业。③

在国外，不少移民妇女通过劳动不仅改善了自己和家庭的生活，而且也为就业国和自己的出生国的经济与发展作出了贡献。据统计，1991年，一位菲律宾护士在海湾国家可挣得她在本国的三倍的工资，在美国可挣得

---

① Georges Vernez："Immigrant women in the United States labor force", University of Wisconsin-Madison, Institute for Research on Poverty：《Focus》Vol. 20 No. 1, Winter 1998–1999：25.
② ILO：《Women's Employment：Global Trends and ILO Responses》, 2005：22.
③ 联合国新闻中心，2009年3月11日。

她在本国的十八倍的工资。① 除了成为其家庭收入的重要赚取者和缓解了所在国的"护士荒"以外，这些菲律宾女子同时也成为其原籍国侨汇的重要贡献者。联合国国际移民组织指出，在移民工人当中，女性在经济发展上为本国所作出的贡献超过了男性，她们寄回家乡的汇款要比男性多。例如，斯里兰卡的移民在1999年向本国寄回了10亿多美元的外汇，其中62%以上为女性移民所作的贡献。②

三、女性移民的工作

国际女性移民通过什么工作来赚取收入？她们进入的最大就业部门之一是家政和家庭护理的服务工作。一些比较富裕的国家（地区）的妇女尤其是有孩子的母亲越来越多地参加工作，再加上这些国家（地区）出现了人口老龄化和政府未能有效地制定有利于妇女照顾家庭的政策，导致她们不得不依靠移民女工来帮助解决家务和护理问题。西班牙每年的移民配额约有一半是直接给予家政工人的；2003年，中国香港有20万外籍女佣，马来西亚也有15.5万外籍女佣。近年来，具有丰富石油资源的中东国家随着收入的上升产生了新的生活方式，雇用外籍佣工成为一个家庭取得成功的象征，例如在阿联酋，每户家庭平均雇佣3个家庭佣工。③ 因此，大量亚洲女性移民前往该地区充当家庭佣工。事实上，移民女工的帮助已成为发达国家或富裕国家的主妇获得自由的关键。

女性移民中也有相当一部分人从事专业工作，最具代表性的是护士。每年都有大量受过良好训练的专业人士从贫穷国家流向富裕国家。例如，在英国工作但由国外培养的护士基本上来自于非洲、亚洲和西印度群岛。在美国的主要城市中，每四名护士和护理人员中有一个多是在国外出生

---

① Report of the Secretary-General (U. N. General Assembly Fifty-fourth session):《1999 World Survey on the Role of Women in Development: Globalization, Gender and Work》, p. 60, note 59.

② UNFPA:《State of World Population 2006 - A Passage to Hope: Women and International Migration》, p. 29.

③ UNFPA:《State of World Population 2006 - A Passage to Hope: Women and International Migration》, p. 25、p. 51.

的。新西兰2002年的护士注册也显示了，有23%的护士是在国外出生的。非洲每年外流的护士和医生达到2万名。菲律宾是护士的主要输出国，2003年菲律宾护士有85%是在国外工作。[1]

全球化导致了娱乐业和色情行业的爆炸。按照英国2004年的记录资料，外籍妇女申请工作许可的第二大领域是"娱乐和休闲"，而"娱乐业"和"性工作"之间是不易清晰划分界线的。2004年，日本向6.5万名外籍妇女发出了"娱乐业"的工作签证，她们大部分来自菲律宾。[2] 自从20世纪90年代以来，东欧是妇女作为性工作者迁移国外的重要地区之一。这些性工作者主要来自罗马尼亚、俄罗斯和乌克兰，她们流向西欧、亚洲的一些大城市和世界上的国际旅游中心。[3]

移民妇女的另一个主要就业方式是当工厂工人。随着全球化的推进，在工业化国家把劳动密集型生产向低工资国家转移的过程中，催生了许多出口加工区，这些加工区的工厂吸收了大量来自贫困国家的移民女工。2001年，在毛里求斯服装和纺织部门工作的外国工人中有四分之三是妇女。在泰国曼谷北部来兴府（Tak）四周的200个工厂里，70%的劳动力是来自缅甸的移民妇女。[4]

从家政人员到护士和护理人员，再到性工作者和工厂工人，移民女性业已从多方位、多层次地成为了发达国家和高收入国家的不可或缺的人力资源。必须指出的是，当国际迁移扩大了妇女的就业机会的同时，它也给移民妇女带来了重大风险。由于处于脆弱的法律地位，缺乏与社会和家人的接触，又常常囿于语言障碍，她们要比当地妇女更难得到体面的工作，更可能处于不安全的工作环境之中，更容易成为性剥削和暴力的受害者。

---

[1] UNFPA：《State of World Population 2006 – A Passage to Hope：Women and International Migration》，pp. 27 – 28.

[2] UNFPA：《State of World Population 2006 – A Passage to Hope：Women and International Migration》，p. 26.

[3] Report of the Secretary-General (U. N. General Assembly Fifty-fourth session)：《1999 World Survey on the Role of Women in Development：Globalization，Gender and Work》，p. 64.

[4] UNFPA：《State of World Population 2006 – A Passage to Hope：Women and International Migration》，p. 28.

第四节　女性劳动力的分化

妇女的劳动力参与具有明显的多样性，就业妇女在劳动力市场上出现了异质性较高的市场行为，这种多样性和异质性与她们所从事的职业和工作在质量上的差异性紧密相关，从而形成了女性劳动力的分化现象。

一、女性劳动力分化的背景

20世纪下半叶，几乎所有国家的女性劳动力参与率都大幅上升。与此同时，也出现了两个新的现象。第一，早期的女性劳动力主要是由单身女性组成，二战后女性劳动力队伍的构成发生很大变化，大批已婚妇女，尤其是有孩子的母亲，进入劳动力市场，并逐渐成为女性劳动力的主体。第二，全球的正规就业比例开始下降，非正规就业大量增加并成为许多妇女的主要就业形式，非正规部门正在成为妇女越来越重要的就业领域。

妇女最普遍的非正规就业形式是非全日制工作，它是伴随着二战后已婚妇女大规模进入劳动市场而出现的一个新发展，也是女性更多参与经济活动的重要驱动力之一。非全日制工作不仅仅是工作时间少于全日制的简单的时间问题，而是一种在就业类型、职业结构、工资收入等多方面与全日制工作全然不同的劳动力参与。全日制工作与非全日制工作正在成为男女工作形式的重要性别特征，也正在使女性劳动力发生分化。一方面，在当今多元化的社会里，纵然同为女性，她们也会根据自身的具体条件选择（被动或主动地）不同的生活态度和工作取向。另一方面，与男子相比，妇女有着两条生活道路，即除了通过就业展现自己的价值并获取相应的报酬以外，还可以凭借婚姻来改善自己的处境，生活道路的不同更增添了女性劳动力参与的多样性。这种多样性往往促使就业妇女呈现出异质性较高的劳动力市场行为，并带来不同的劳动结果，其突出表现在劳动力参与模式和工作质量这两个方面。

二、劳动力参与模式的差异

一般而言，女性的劳动力参与模式要比男性复杂和更加多样化。例如，婚姻和孩子对于男子的工作模式并无太大的影响，几乎所有的男子都终生连续性地从事全日制工作，而女性则不同，她们的劳动力参与模式明显地受制于家庭因素和性别角色，并在过去的二百年里，经历了很大的变化。最初的女性劳动力参与模式是一种暂时性的就业，即年轻的单身妇女参与有报酬的市场工作是婚前的一种临时短期行为，一旦结婚，特别是一旦生了孩子，就永久性地退出劳动力市场。但是，自20世纪50年代以来，这一短暂而临时性的就业模式便退出主导地位，仅仅为少数妇女、特别是丈夫收入丰厚的妇女所采用，越来越多的女性根据自身的需求和条件选择了新的就业模式。一方面，许多婚育期妇女可能多次进出劳动力市场，进行不规则的阶段性就业。例如，生孩子后暂时退出劳动力市场，等孩子长大后，重新回来进行再就业。这种间断性的劳动力参与模式，是当今世界大部分国家、尤其是发达国家妇女的主要就业模式。另一方面，自20世纪末，像男子一样连续性工作的妇女逐渐增多。她们大多是单身妇女以及没有孩子或只有很少孩子的已婚妇女，一般都受过较高等级的教育。她们不因结婚或有孩子而停止工作，也不因丈夫收入丰厚而改变其工作取向。不过，总体上，这种连续性工作的女性在就业妇女中还是少数。

对于欧洲妇女工作史的研究也显示了女性劳动力参与模式的这种差异性。例如，1965年，对16—59岁英国妇女就业模式进行的全国性调查发现，总是连续工作的占四分之一，结婚或生第一个孩子后就永久性地退出劳动力市场或只是再偶然工作一些时间的也占四分之一，还有一半妇女的工作史是间歇性的。1980年对英国妇女就业状况进行的另一次全国性调查再次发现，四分之一的妇女说一直是工作的，三分之二的妇女则具有间歇性的工作史。①

可见，妇女参与有酬工作大致有三种模式，大部分女性是间歇性、阶段性地参与劳动力市场，其余的女性要么像男性一样连续性地参与劳动力市场，要么以当家庭主妇为主，只是暂时性地参与劳动力市场，这两种模式的工作女性在数量上都是少数。当然，采取不同工作模式的群体的规模在各国是不相同的，而且不少女性在一生中可能会在不同群体中移动。

但是，连续性和间断性的劳动参与模式有一个重要差别，那就是连续性工作的女性一般都是全日制工作，而间断性工作的女性则趋向于非全日制工作，她们的工作质量也是有差异的。

三、工作质量的差异

就业女性在劳动力参与模式上的差异与她们所从事的职业和工作质量紧密相关。表9—3是根据1994年、1995年和1996年的英国国家统计调查资料制成，显示了英国工作妇女的职业等级和就业模式间的联系。从纵向来看，它按工作等级将职业分成了五个类别。在处于最低端的从事非技能性职业工作的妇女中，全日制工作的妇女只占7%，但随着工作等级的上升，全日制工作妇女所占的比例也不断增加，在处于最高端的专业和管理人员/雇主中，全日制工作妇女的份额达到了68%。反之，非全日制工作妇女的比例在专业和管理人员/雇主中仅占14%，然后随着工作等级的下降其所占份额不断上升，在非技能性工作中达到了51%。从横向来看，在从事专业和管理工作/雇主的妇女中，三分之二以上都是全日制工作，非全日制工作的只占六分之一还不到；而从事非技能性工作的妇女中，有一半以上都是非全日制工作，全日制工作的仅为十二分之一弱。②

---

① Catherine Hakim：《Work-Lifestyle Choices in the 21st Century》，Oxford University Press，2000：108.

② Catherine Hakim：《Work-Lifestyle Choices in the 21st Century》，Oxford University Press，2000：103.

妇女与劳动力市场研究
/ 240 /

表9—3　英国工作妇女（16—59岁）的职业和就业模式（1994—1996年）

单位:%

职业类别	全日制工作	非全日制工作	失业	经济不活动	人数 N = 100%
专业和管理人员/雇主	68	14	3	15	2342
中级和初级的非体力劳动	41	32	5	22	9146
技能性体力劳动和自营工作	39	32	4	24	1409
半技能性劳动和私人服务	27	31	6	34	3941
非技能性职业	7	51	5	36	1202
所有职业	39	31	5	25	18040

资料来源：Catherine Hakim: Work-Lifestyle Choices in the 21st Century, Oxford University Press, Table 4.4, 2000.

显然，非全日制工作妇女的职业结构与全日制工作妇女的职业结构形成鲜明对照。总体上，全日制工作妇女所从事的职业更可能是男女混合型的或男性占支配地位的，知识或技能含量较高、责任性较强，在等级和质量上均高于非全日制妇女。例如，专业工作需要投入大量的时间和精力去接受较高水平的教育和培训，即使参加工作以后仍需不断更新知识。而管理人员往往会碰到许多突发事件要求处理，有大量的出差任务要求完成，承受了巨大的时间压力和精神压力，需要全身心的投入才能胜任。为此，从事这些类型的职业更需要进行连续性的、全日制工作。相反，建立在间歇性的、非全日制工作基础上的职业则通常是技能性较低、责任性较弱、工作时间较短的简单而重复性强的工作。它们最可能是传统的女性职业，所要求的投资较小，收入也较低。

妇女在劳动力参与模式和工作质量方面的差异造成了女性劳动力的分化，这在发达国家中更为明显。正如英国社会学家哈金所指出的，在整个欧洲和美国，妇女在专业技术和管理职业中的比例正在增加，同时妇女在低层次的服务部分和办事员工作中的比例也在增加，女性劳动力正在两极分化。[1]

---

[1] Catherine Hakim:《Key Issues in Women's Work: Female Diversity and the Polarisation of Women's Employment》, GlassHouse Press, 2004: 156.

探 讨 篇

实践篇简略地阐述了工业革命后妇女参与社会劳动的历史和现实,从中可发现,妇女参与社会劳动的轨迹与男子是不同的,无论是女性劳动力的人口结构和特征、妇女劳动力参与的程度和模式,还是妇女的职业结构和特点、工资报酬和工作地位,与男性之间都存在着明显的差异,甚至明显的不平等。形成这些差异和不平等的原因是什么?决定和影响妇女劳动力参与的因素又是什么?针对诸如此类的问题,众多学者进行了大量的研究,发表了许多著作和文章,提出了林林总总的观点。本篇仅对与妇女参加社会劳动紧密相关的社会经济因素、文化因素、国家的制度和政策、劳动者本身的人力资本和社会资本以及一些重大历史事件的影响作一探讨,为解析这些问题提供若干思路。

第十章
妇女参加社会劳动与社会经济

历史唯物主义认为，社会存在决定社会意识，物质生产是整个社会生活的基础，生产力是一切社会发展的决定因素。生产力的发展不仅标志着人对自然界的自由程度，也决定着人与人之间关系的根本状态。生产力的发展水平决定了人们的劳动方式、劳动工具和劳动组织，决定了一个社会的经济社会形态、产业结构和职业变化，也决定了对不同类型和素质的劳动力的需求。

第一节 生产力是推动妇女劳动力参与的根本动力

生产力是推动社会发展的根本动力，而"劳动生产力是随着科学和技术的不断进步而不断发展的"，马克思早在100多年前就在《资本论》中作出了"科学技术将是未来社会生产力发展的最重要的因素"的论断，[①]邓小平同志则进一步提出"科学技术是第一生产力"。近现代社会经济发展历史清楚地表明，科学技术的革命导致了人类生产力的巨大发展，生产工具的进步充分体现了这一点，而生产力的发展又导致了产业结构的优化，从而推进了人类劳动的变革，尤其是妇女的劳动力参与。

---

① 转引自何玉长等编著：《知识就是力量——走向前沿的知识经济学》，广东旅游出版社，1999年版，第65页。

一、生产工具的进步

制造和使用生产工具是人区别于其他动物的标志，人类劳动就是从制造工具开始的。生产工具的发展和变化不仅是社会生产力发展水平的最主要标志，也是划分各种经济时代的主要标志：以石器、棍棒作工具是原始社会的主要标志，青铜工具的发明和使用是奴隶社会的主要标志，铁器工具的发明和使用是封建社会的主要标志，蒸汽机的发明和使用则是工业社会的主要标志，而智能工具的发明和使用是后工业社会（智能社会）的主要标志。

生产工具的进步是和科技革命紧密联系在一起的。人类历史的第一次科技革命是以18世纪中叶英国人瓦特发明蒸汽机为标志，第二次科技革命是以19世纪末电的发明和广泛使用为标志。这两次科学技术革命的核心是动力机的不断发展，它使人类从依靠原始劳动力的第一代手工生产力时代进入了第二代的机器生产力时代。20世纪50年代以来，在以原子能、电子计算机、空间技术和生物工程的发明与广泛使用为主要标志的第三次科技革命中，智能机器体系正在取代普通机器体系，从而使人类社会进入第三代的智能生产力时代。

三次科技革命和社会生产力的发展呈现出了人类劳动由体力化向智力化演进的历史趋势：最初是以消耗劳动者体力为主要特征和以手工工具为劳动手段的"体力型"，演进到以体脑并用为主要特征和以普通机器体系为劳动手段的"文化型"，再发展到以智力支出为主要特征和以智能机器体系为劳动手段的"智能型"。

生产工具的发展水平又决定了人们在生产过程中的分工形式，尤其是两性劳动分工，它是影响人们劳动力参与的重要因素，特别是妇女的劳动力参与。

丹麦经济学家博斯拉普（Ester Boserup）以农业生产为焦点，分析了男女两性如何依照农业体系的不同形态而参与不同的农务。在其先锋之作《妇女在经济发展中的作用》（1970）中，她根据使用的农业生产工具、耕作的强度和女性参加田间劳动的情况等,把农业生产制度分成三大类型:第一类农业生产制度是和耕作粗放、农业技术低下(锄头)相联系的,即锄耕农业体系。第二类农业生产制度是和农业技术水平较高(犁)、一定程度的精耕细作有关,即犁耕农业体系。第三类农业生产制度则和高密度人口、更高程度的精耕细作有关。①

博斯拉普指出,轮耕/游耕是劳动密集型的,耕作粗放,农业技术低下,人们使用的是锄头和挖棒之类的简单手执工具。同时,在锄耕农业中,农活可以随时间断并很容易再重新开始,便于妇女边干活边管孩子。因此,在这一农业体系中,妇女担任了重要的耕作角色和大量的农活劳动,劳动力参与程度高。相对于锄耕农业,犁耕是资本密集型的,并要求一定的操作技术和体力强度,因此男子相对于妇女更具有优势。于是妇女从事农活的比重降低了,甚至不参与田间劳动,而更专注于家里的活动。博塞鲁普认为,是犁耕农业产生了以性别为基础的劳动分工,形成了有关性别角色的规范,减少了妇女的劳动力参与。在农业生产发展到更高程度的精耕细作以后,男性和女性就分担田间劳动。②

总之,当劳动工具的发展不利于或不适合妇女使用时,女性的劳动力参与便会下降;反之,当劳动工具的发展有利于或适合于妇女使用时,女性的劳动力参与就会提高。办公室工作的机械化和自动化同样证明了这一点。

直到19世纪末,办公室都是规模较小,结构简单,因此要求办事人员具有比较全面的能力,既掌握了相当的专业知识,又能参与一定的管理工作,同时还可充当文书和会计。这样办公室就一直是男性雇员的天下,事实上,他们也很有可能被提升为企业领导系统中的高层人员。随着经济进入机器化大生产和企业进入普遍发展阶段,就需要建立大型的科层制办公室,于是产生了专职的办公室人员。同时,科学技术的进步导致了一系列

---

① 转引自弗兰克·艾利思:《农民经济学——农民家庭农业和农业发展》,胡景北译,上海人民出版社,2006年版,第197页。

② Alberto Alesina etc.: "On the Origins of Gender Roles: Women and the Plough",《The Quarterly Journal of Economics》, Vol. 128 February 2013.

办公设备的创造发明。其中,最先进入办公室的机器是打字机。在美国,由雷明顿公司生产的首批打字机于1874年上市。由于打字机只需中学水平的读写能力就可操作,而女性又拥有一双灵巧的手,所以正如雷明顿公司在广告中所宣称的:"没有任何发明能像打字机那样,为妇女开辟一条如此宽广、便捷、有利可图、恰到好处的就业之路。"[①] 在1880年,美国的打字员和速记员中就有40%是女性,到1890年女性比例超过半数达到64%,至1930年更高达96%。[②] 19世纪后期发明的电话机产生了同样的作用,女性的工作机会大量增加。进入20世纪后,作为操纵许多现代办公室设备的下级工作人员,更多的妇女开始走入了办公室。1900年办公室工作人员占美国就业妇女的4%,到1970年上升为34.5%,成为美国妇女最主要的一个职业。[③] 与此同时,女性的劳动力参与率也从1900年的20%上升到1970年的43.4%(见表5—2)。

二、产业结构的变化

生产力的发展也决定了产业结构的发展,是影响产业结构层次、催生新产业的最主要因素。而产业结构的变化又必定会引起劳动力的就业结构和就业容量的相应调整。妇女就业的演进是与产业结构的变化过程紧密地连接在一起的。

一方面,世界各国通常将产业划分为三大类,即第一、第二和第三产业。当第一产业(产品直接取自自然界的部门)和第二产业(对初级产品进行再加工的部门)的劳动生产率提高到一定程度时,即社会生产力的发展达到能够允许一部分人脱离直接生产过程去从事为生产和消费提供服务的各类行业的水平时,第三产业便逐渐分化出来形成独立的产业部门。第

[①] [美] 萨拉·M. 埃文斯:《为自由而生——美国妇女历史》,沈阳,辽宁人民出版社,1995:150.

[②] Kwokel-Folland (1994), p.30, from "Gender & the Office—Early Office Museum", www.officemuseum.com/office_gender.htm

[③] Dora L. Costa: "From Mill Town to Board Room: The Rise of Women's Paid Labor",《Journal of Economic Perspectives》, Vol. 14, No. 4, Fall 2000: 109.

一产业占优势的国家为农业国，第二产业占优势的国家为工业国，第三产业占优势的国家为后工业国。另一方面，根据主要生产要素在各产业中的相对密度，产业又可划分为劳动密集型产业、资本密集型产业和技术密集型产业。劳动密集型产业的生产主要依靠大量使用劳动力，一般来说是指农业及纺织、服装等传统制造业。资本密集型产业是指在单位产品成本中资本成本与劳动成本相比所占比重较大的行业，如钢铁、化工、汽车等重化业和基础工业。技术密集型产业指在生产过程中严重依赖于技术和智力要素的行业，包括微电子与信息产品制造业、宇航工业、现代制药业、新材料工业等。

随着产业结构由低级向高级的发展，妇女可得到工作的机会和性质都在经历着变化。

农业是发展中国家的经济主体，也是这些国家妇女的主要就业来源，而且妇女和男子一样都是重要的农业劳动力。据联合国粮农组织的统计资料，2010年，妇女占发展中国家的农业劳动力的约43%，其中在大洋洲（不包括澳大利亚和新西兰）和非洲的东部与中部，妇女甚至成为了这些地区的主要农业劳动力，其比重分别达到了52%，51.3%和50.8%，非洲撒哈拉以南、东亚（不包括日本）和西亚的女性也是农业劳动力的重要组成部分，其所占比例分别为48.7%和47.9%，将近一半。事实上，农业生产向众多发展中国家妇女提供了大量的就业机会。2010年，大洋洲（不包括澳大利亚和新西兰）、非洲和亚洲的从事经济活动的妇女中分别有67%、62.2%和57.6%务农，其中，东部非洲和中部非洲的这个比例甚至高达79.2%和70.2%，撒哈拉以南非洲、东亚和南亚的女性经济活动人口中也有六成以上从事农业生产，其比例分别为65.0%，61.8%和60.4%。① 而且，从全球来看，女性劳动力参与率最高的地区也是就业女性更多从事农业生产的地区。2011年，全球女性劳动力参与率占前二位的依次是东亚（66.7%）和撒哈拉以南非洲（64.5%），超过全球女性平均水平（51.1%）约14个百分点左右（见表5—9）。

---

① 联合国粮食及农业组织：《粮食及农业状况2010—2011年》，附表A3、A4，2011年罗马。

随着经济的发展，整个发展中世界有大量人口（以男性为主）从农村迁移到城市寻找工作，因而越来越多的妇女走上了农业生产第一线，全球农业生产正在女性化。妇女尤其被普遍认为是世界粮食的主要生产者和提供者，在大部分发展中国家，她们生产的粮食甚至占到60%—80%。[1] 与此同时，尽管以市场为导向的经济作物的种植和加工主要是属于男性，但也为妇女提供了新的工作机会。比较突出的一个表现是，妇女大规模进入非传统外向型农业生产的包装环节，这被认为可能是过去几十年来女性就业最重要的进展之一（Deere，2005年）。再如，2005年，在塞内加尔的四季豆和圣女果的产业链中，女性从业人员占到了90%的比例。[2]

在农业经济向工业经济转变时，农业劳动力不断地向工业部门流动。不过，在一个国家的工业化过程中，女性的就业机会与男子是不同步的，女性的劳动力参与更多地取决于表明该过程特征的行职业的类型和特点。

工业化早期是以劳动密集型的轻工业为主体，不仅需要大量的劳动力，而且也创造了一些适合于妇女从事的行职业。在此背景下，妇女成为早期工业生产中的一支不可或缺的劳动力量。例如，在19世纪时，妇女和儿童就是英国等欧洲发达国家的工业化过程赖以起步的纺织业的主要劳动力（见"实践篇"第一章）。时至今日，一些发展中国家以出口为导向的（劳动密集型的）制造业同样也吸纳了大量妇女，成为东南亚新兴工业国四小龙之一的韩国就是一个突出的例子。20世纪50年代末，韩国主要还是一个农业社会，全部劳动力中有五分之四是农业劳动人员。经过30年的工业化转型之后，到80年代，其农业占国内生产总值的比例从50年代末的39.4%急剧下降到14.6%，制造业则从18.6%的份额迅速增加到44.4%，同时，每5个劳动人口中也只有1人务农。与早期欧洲一样，韩国的工业化也是以对女性劳动力的严重依赖为特征。在1963年至1985年，

---

[1] Royal Frederick Kastens & Christine Nelima Okhoya："千年发展目标—性别尺度：女性与实现世界千年发展目标之间的联系不应被低估"，《国际原子能机构通报》2007年9月。

[2] 联合国粮食及农业组织：《粮食及农业状况2010—2011年》，第21页，第20页，2011年罗马。

韩国制造业部门雇用的妇女人数增长了7.4倍，相比之下，雇用的男子人数只增加了5倍。尤其在60年代初至70年代中期的工业化初期，女工数量的增长最为明显。1963年女工人数占全部生产工人的41%，1976年时增加至53%。到1985年，在女工所集中的少数几个轻型制造行业中，如服装、纺织和电子行业中，女性比例已依次高达88%，77%和68%。这些行业都具有一些共同的特征：其生产方式是劳动密集型的，技能含量较低，同时也不需要强体力。与之相伴的是，从1965年到1980年，韩国非农业部门的女性劳动力参与率也从30.9%增加到36.1%。[1]

随着工业化的深化，工业化从轻工业发展阶段进入到以重化工业为中心的发展阶段，并进一步由生产以原材料为重心的结构向高、精加工的阶段转化。工业内部结构的这一转型导致了劳动力构成的相应变化。一方面，它产生了对于男性劳动力的极大需求，如重工业部门的汽车和钢铁行业等出现了劳动力"男性化"的趋势。另一方面，由于女性工人集中的许多劳动密集型的传统行业日趋收缩，妇女在制造业的就业机会减少，职业范围变得愈发有限。因此，虽然第二产业的发展曾为妇女提供了许多工作机会，但总体上看，妇女在工业部门就业的比例还是比较低的，1980年时，这一比例在发达国家为29%，在发展中国家为26.5%。[2] 2006年，全球女性就业人员中只有17.2%在工业部门，相比之下，男子的比例是24%，约为妇女的1.4倍（见表7—1）。

第二次世界大战结束后，随着生产力水平的提高，尤其是在第三次科技革命中电子计算机和微电子技术的广泛应用，70年代后以服务业为主的第三产业逐渐成为西方发达国家国民经济增长的主要动力和劳动力市场的主导部分。早在20世纪40年和50年代，美国和英国从事服务业的劳动力就先后超过劳动人口的一半；60年代末和70年代初，西欧和日本等发达国家也开始步入后工业社会，从以蓝领工作为主的制造业经济向以白领工

---

[1] 参看［韩］具海根：《韩国工人：阶级形成的文化与政治》，梁光严、张静译，社会科学文献出版社，第二章第三节，2004年版。

[2] Susan Jockes：《Women in the World Economy》，Oxford University Press, N. Y. Oxford, 1987：81.

作为主的服务业经济转型。2006年，全球女性和男性就业人口中分别有45.2%和40.5%在服务部门工作，均超过了在农业部门和工业部门的比重[①]。

第三产业部门的增长带来了妇女就业状况的重大变化。首先，第三产业的快速成长产生了大量适合妇女就业的工作，促使了社会对女性劳动力需求的不断增长，为妇女打开了广阔的就业市场。一方面，服务业工作降低了对劳动者体力的直接依赖，使女性在体力上的弱势和生理特点不再成为阻碍她们就业的不利因素。不仅如此，许多服务部门的工作还被认为是妇女所擅长的家务工作在劳动力市场上的延伸。另一方面，20世纪经济发展带来的白领工作的爆炸向妇女提供了大量被社会认为较蓝领工作更适合于妇女从事的体面工作，有力地推动了包括中产阶级妇女和已婚妇女在内的女性纷纷加入到就业队伍中来。事实上，第三产业如今已成为全世界女性就业最为集中的一个产业部门，发达国家尤其如此。2006年，发达经济体和欧盟的就业妇女中有高达83.8%的人集中在服务部门。[②] 第二，随着第三产业的快速发展，在后工业社会，现代知识型服务业正在崛起，创造了大量的知识型白领工作岗位，为妇女就业的增长以及职业范围的扩展和职业层次的上升提供了新的推动力。美国是世界上现代服务业最为发达的国家，自20世纪70年代以来，管理和专业工作成为整个就业领域中增长最快的部分。管理和专业人员在总的就业人员中所占的比例从1970年的18.5%上升到2013年的38%，增加了一倍。而女性管理和专业人员的增长速度更快，同期，她们在总的女性就业人员中的比例从16.5%上升到41.6%，增加了一倍半；女性在管理和专业工作中的份额也从33.9%提高到51.4%，已超过男子占据了主导地位。与此同时，随着大量高新技术工作的涌现，当代妇女的工作范围得到了拓展，工作层次也在不断提升。在2013年，美国妇女担任了34.9%的计算机系统分析员，39.5%的网络开发者，58.1%的市场研究分析员和营销专业人员，56.5%的金融专业人员，

[①] ILO："Global Employment Trends for Women, March 2009", Table A6b, Table A6c.

[②] ILO："Global Employment Trends for Women, March 2009", Table A6b.

和50.8%的法律工作者等。①

历史事实表明，社会生产力是创造就业的发动机，妇女劳动力参与的广度、深度和自由度在根本上都取决于构成妇女劳动力参与的物质基础的社会生产力的发展程度。无论是生产工具从体力型向文化型和智能型的进步，还是产业结构从劳动密集型的初级层次向资本密集型和技术密集型的高级层次的优化，生产力都是推动妇女劳动力参与的根本动力，生产力的发展为妇女提供了更多的就业机会和更有利的就业条件。但是，需注意的是，妇女的劳动力参与与经济发展水平并非是简单的直线关系。关于这一点，在实践篇中已经提及，下一节将加以更为专门的讨论。

第二节 女性劳动力参与的U型模型和经济发展

在经济发展过程中，女性劳动力参与率与经济发展水平之间呈U型关系。即在经济发展的初级阶段，女性的劳动力参与率很高；但是随着经济的进一步发展，女性劳动力参与率会出现下降；最终女性劳动力参与率又在经济高度发展的阶段开始上升，这就是女性劳动力参与的U型模型。

一、U型模型的提出和研究

U型模型首先由印度经济学家辛赫（J. N. Sinha）于1965年在联合国世界人口会议上提交的一篇文章"在发展中经济中女性参与经济活动的动力"中提出。他在分析印度的资料和联合国的人口调查资料

---

① 1970年的数据来自：U. S. Department of Commerce, Bureau of The Cencus: Statistical Abstract of the United States1986, p. 400 No. 677; 2013年数据来自：United States Department of Labor, Bureau of Labor Statistics, Current Population Survey, Houshold Data Annual Averages, 11. Eemployed persons by detailed occupation, sex, race and Hispanic or Latino ethnicity, 2014.

（1950年）时发现：非常贫穷的国家具有很高的女性劳动力参与率，但在发展的早期阶段开始趋于下降；中等收入国家的女性劳动力参与水平则相对较低；而在高度发达的国家，女性劳动力参与的程度又很高。对此现象，他作出了经济发展和妇女的劳动力参与之间存在着一种U型关系的假设，即女性U假设（feminization U hypothesis）。在发展经济的文献中，它已成为一种"程式化事实"。有许多学者通过大量的国际比较和专题分析来论证或验证这一假设。在这些研究中，杜兰德（J. D. Durand）在对1946—1966年的国际人口调查资料进行比较后得出结论说，女性经济活动率在经济发展早期阶段的下降得到了很好的文献证明，但是它在发展后期阶段的上升并没有得到明显的支持。[①] 戈尔丁（Claudia Goldin）考察了100个国家的数据资料，以人均GDP（1985）作为衡量经济发展程度的指标，以45—59岁妇女的劳动力参与率（1980）作为衡量女性劳动力参与率的指标，提供了关于女性劳动力参与率和经济发展间的U型关系的理论模型，并以美国作为个案进行了论证。她指出，这个U型的底部在美国是出现在20世纪20年代，此后便转入U型的向上部分。[②] 克拉克（Robert L. Clark）等分析了111个不同经济发展水平国家在1970—1990年间的女性劳动力的活动状况，按世界银行界定的人均GDP把国家分成低等收入、中等收入和高等收入三个组，将妇女也按年龄分成15—19岁、20—49岁和50—64岁三个组。其分析的结果是，1970年、1980年和1990年都显示出了这三个年龄组的女性劳动力参与率与人均收入间的非线性的U型关系，例如，1990年时20—49岁年龄组妇女的平均参与率在低、中、高收入国家依次是66.7%、48.1%和69.6%；这个U型的底部在三个年龄组依次发生在人均收入＄4000、＄2800和

[①] Rober L. Clark, Anne York and Richard Anker: "Cross-national Analysis of Women in the Labour Market", in 《Women in the Labour Market in Changing Economies》, Brígida García ed., Oxford University Press, 2003：14.

[②] Claudia Goldin: "The U-Shaped Female Labor Force Function in Economic Development and Economic History", p. 79, p. 63, in 《Investment in Women's Human Capital》 T. Paul Schultz ed., University of Chicago Press, 1995.

$3200 时，按世界银行的界定都属中等收入的范围。①

二、U 型模型研究的因素分析

有关女性劳动力参与 U 型模型的研究文献大部分探索了决定女性劳动力参与变化的关键性因素，其讨论焦点基本涵盖了四组因素。第一组因素是经济从农业向工业和服务业的转化。女性 U 假设基于经济发展是深刻的结构变化的概念之上，结构变化和产业部门的转变对于妇女劳动力参与的动力具有重要意义。一些研究认为，农业部门和服务部门的增长与妇女的经济活动水平的上升相连接，而工业部分——尤其是采矿业、建筑业和其他重工业——的增长则导致了女性劳动力参与水平的停滞、甚至下降。

第二组因素是妇女的受教育程度的提升。许多学者认为，女性教育的增加是她们在 U 型曲线的底部向上上升时加入现代经济部门的一个先决条件，是女性进入白领工作的转折点。戈尔登（1995）指出，"在 U 型中，女性劳动力参与的上升发生在经济发展的更为先进的阶段，在大部分国家里，它只是在女性教育水平增加到高于小学的时候才发生。当妇女获得中学教育水平和可以在白领部分获得职位时，她们的劳动力参与率才会增加。"② 戈尔登还以美国为具体例子说，在美国历史上，只要求中等教育水平的办公室工作的大量增加与中小学义务制教育的普及正好相一致，女孩子从学校教育获得了明显的职业回报，这无论是在女性办事员的绝对数量方面还是在办公室工作人员的性别构成方面都体现了出来。

第三组因素是人口结构、尤其是生育率的长期变化。这对女性的劳动力参与的影响是巨大的。当生产方式发生变化、生产地点从家庭转向工厂时，由于妇女难以把生产劳动与抚养孩子结合起来，许多已婚妇女就被迫

---

① Rober L. Clark, Anne York and Richard Anker: "Cross-national Analysis of Women in the Labour Market", in 《Women in the Labour Market in Changing Economies》, Brígida García etc. ed., Oxford University Press, 2003: 17、23.

② Claudia Goldin: "The U-Shaped Female Labor Force Function in Economic Development and Economic History", in 《Investment in Women's Human Capital》 T. Paul Schultz ed., University of Chicago Press, 1995: 68.

退出劳动力市场。当科学技术的发展提供了控制生育的可能性和妇女接受了更多教育后，她们就倾向于晚婚和计划生育，从而延长了妇女婚前的劳动力参与时间，并减小了婚后不参与市场劳动的可能性。在上述克拉克等人（2003年）对111个国家所作的考察中，发现生育率明显地随着经济发展水平的提高而下降。1990年，低等收入、中等收入和高等收入国家的生育率依次为5.90，4.12和1.77。[①] 虽然尚不能证实女性劳动力参与率与生育率的因果关系（在一些以农业为经济主体的国家，妇女的劳动参与率和生育率均很高），但是女性工资工作的增加显然是与生育率的下降紧密地缠绕在一起的。

第四组因素是有关妇女工作的社会规范。社会舆论对于妇女工作一直具有强烈的影响，例如是在家里还是到家庭外工作，从事何种性质的工作等等。博塞鲁普（Boserup，1970）曾指出："社会舆论对在家工作和'读写工作'的看法与对工厂工作的看法是不同的，'读写工作'被认为是受尊重的职业，而工厂工作被认为是对妇女不尊重的。"戈尔登（Goldin，1995）说，"社会对妻子从事家庭外的体力劳动所怀的耻辱感显然是普遍的和强烈的"，"只有懒惰的、散漫的、完全无视其家庭的丈夫才允许妻子去从事这样的工作"，但是"由于各种原因，这种耻辱感一般并不涉及在白领部门工作的妇女。"[②] 换言之，女性在家庭外工作，尤其是从事体力劳动，被社会构建为是一种耻辱。社会耻辱感对于妇女在工业化早期的劳动力参与具有不可低估的负面干涉作用。

事实上，这四组因素是相互作用的，女性劳动力参与的变化是它们共同作用的一个结果。戈尔登融合了这些因素，以新古典经济理论的女性劳动供给模型解释了女性U假设。她认为，当收入非常低时，妇女通常与其他家庭成员都在家庭农场和家庭工场一起工作，或成为自负盈亏的工人。

[①] Rober L. Clark, Anne York and Richard Anker: "Cross-national Analysis of Women in the Labour Market", in《Women in the Labour Market in Changing Economies》, Brígida García ed., Oxford University Press, 2003: 17.

[②] Claudia Goldin: "The U-Shaped Female Labor Force Function in Economic Development and Economic History", in《Investment in Women's Human Capital》T. Paul Schultz ed., University of Chicago Press, 1995: 71、75.

工业化早期阶段带来妇女劳动力参与的下降,这是因为制造业创造的蓝领工作使男子的就业机会上升,在家庭中,男性收入增加,产生了减少女性劳动力参与的收入效应。这种收入效应又由于下述因素而得到了进一步的加强:一是农业劳动对妇女需求的减少;二是生产地点从家庭向工厂转移;三是工厂工作给予妇女的报酬不足以补偿她们离家工作的固定成本;四是家庭生产物品的价格的相对减低;五是反对妇女在家庭外从事体力工作的社会规范的加强。在此背景下,收入效应在这个发展阶段占据了主导地位,妇女,尤其是已婚妇女普遍以投身于家庭劳动替代参与市场劳动。但是,随着经济的进一步发展,一方面,人均GDP的增加使经济经历了服务部门快速增长的结构性转变,劳动力市场上出现大量白领工作,女性人力资本价值提升;另一方面,人均GDP的增加刺激了公共教育的扩大,教育的性别差距缩小,生育率下降。此外,当妇女从事体面的白领工作时,社会对妇女外出工作曾怀有的耻辱感也逐步消除了。于是,供需同时增加的效应导致了女性重新进入劳动力市场。戈尔登的结论是,"U型向下部分的基本原因是最初较强的收入效应(男性的就业提高了家庭工资)和较弱的替代效应(女性自己的市场工资)的结合"。"而妇女受教育程度的提高和在比较受尊重职业中的工作能力的提升都增加了替代效应和减少了收入效应。当替代效应开始超过收入效应时,U型的向上部分便开始形成,妇女的劳动力参与也进入了新的时代"。[①]

第三节 科学技术进步和妇女就业

科学是人类在认识自然和自我的过程中总结出来的理论体系,技术是科学知识在生产过程中的应用。科学技术的进步从根本上解放和发展了社

---

① 参见 Claudia Goldin: "The U-Shaped Female Labor Force Function in Economic Development and Economic History", in《Investment in Women's Human Capital》T. Paul Schultz ed., University of Chicago Press, 1995.

会生产力，推动了产业结构的升级以及职业结构的优化，带来了劳动过程和劳动力需求结构的变化。

一、科学技术进步对劳动就业的影响

科学技术的进步是影响劳动就业的最重要因素之一，突出体现在以下三个方面：

1. 技术进步的就业效应：破坏效应和创造效应

熊彼特（J. A. Schumpeter）的创新理论认为，经济发展的逻辑是持续创新、持续破坏、持续优化、持续发展。在熊彼特的创新概念中，技术创新是重要组成部分。工业化过程的重要特征之一是旧技术不断被新技术替代的"创造性破坏"，同时，为技术进步所推动的产业结构的升级调整也是一个"创造与破坏"并存的过程。技术进步对就业的影响同样具有双重性，一方面，技术进步导致了劳动生产率的提高，对劳动力的需求减少；另一方面，技术进步开发了新的产业和新的产品，创造了新的就业岗位，从而增加了对劳动力的需求。某种技术进步最终究竟是增加了就业还是减少了就业，这取决于它的破坏效应和创造效应之间的比较。

自从18世纪人类进入工业化进程以来，200多年间经历了三次技术革命，大多数工作实现了机械化、自动化和信息化。在最初的机械化过程中，一方面是机器作为劳动力的替代物出现，工人成为机器手臂的延伸，其工作效率大幅提高，结果是机器夺走了部分工人的工作。但是，另一方面，机械化又创造了新的工作岗位，如办公室工作的机械化创造了大量的办公室工作人员的工作岗位，打字员等白领工作像雨后春笋般地出现。20世纪中叶以来，建立在计算机和微电子技术基础之上、包括机器人在内的各种自动化设备大量涌现，摧毁和取代了许多常规工作的岗位。与此同时，特别是70年代起，信息技术、生命科学技术等高新科技在各个领域不断渗透并在全球范围内迅速扩散，促进了新兴产业的兴起以及传统产业的改造，增加了对新型劳动力的需求，创造了大量新的就业机会。

总的来说，技术进步既会减少传统行业对劳动力的需求，对就业产生负面影响，又会促进产业结构和就业结构的调整，创造新的就业机会，这两种正负效应博弈的结果在很大程度上取决于就业岗位所需要的技术升级与劳动者实际的技术升级之间的时滞长短。从长期的角度来看，技术进步最终所创造的工作无疑会多于它所消除的工作。

2. 技术进步对劳动过程的影响：去技能化和技能偏向型技术进步

技术进步既可能带来劳动过程的去技能化（deskilling），也可能是技能偏向型的，导致劳动过程的再技能化（reskilling）。这也显示了技术进步的路径是从劳动密集型技术，到资本密集型技术，再到知识密集型技术。

劳动过程的去技能化趋势在第二次世界大战前的工业化时期表现得最为明显。在传统的手工艺生产时期，生产工人垄断工艺知识，掌握整个生产过程的控制权。大机器生产打破了以工人技能为基础的劳动过程的壁垒，把传统工艺式生产过程分解为不同的工序，复杂劳动退化为简单化的、程式化的重复操作的低技能工作，并实行定量和标准化的劳动动作与时间规定。按照布雷弗曼（Harry Braverman）在1974年出版的《劳动和垄断资本：二十世纪劳动的退化》中提出的劳动过程理论，分工细化和去技能化是资本主义劳动过程的一种基本特征，资本家籍此以低技能工人取代高度熟练的工匠，从而实现降低劳动成本和提高生产效率的目的。布雷弗曼特别分析了工厂劳动和和办公室工作的"去技能化"。

20世纪、尤其是在它的下半叶，随着信息技术的重大变革，计算机和网络技术日新月异，自动化和智能化日益取代机械化大生产。这种技术进步越来越表现出技能偏向型的特征，即新技术与劳动技能之间具有很强的互补性，参与生产的劳动力只有具有更高的技能水平和更高的教育程度，才能应用新型技术设备进行生产。

3. 技术进步的就业结构效应：劳动力的两极分化

技术进步和新技术的引入势必会造成就业结构的变化。在工业化初期，机械化和生产过程的工序化导致了不同技术等级的产生，工人被分化为少数的高技能工人和多数的低技能工人，并组成了不同的二元劳动力市场。20世纪中期以来的技术进步是偏向技术或知识密集型的，尤其是在信息化的条件下，计算机化减少了市场对"常规性"工作的需求，但增加了对"非常规性"任务执行者的需求。所谓常规任务是指中等技能的工作，特别是一般的手工操作（机器操作）和通常的以经验为基础的工作（计算/核算和簿计），这些工作容易通过有关的计算机程序加以控制和完成。"非常规性"任务分布于职业技能光谱的两端：一端是所谓的抽象任务，是专业型、管理型、科技型和创意型职业所特有的，做这些工作的人需要较强的创新能力和解决问题能力，往往受过良好的教育和具备较高的技能水平，计算机无法取代他们，只是成为他们手中的工具。另一端则是低技能劳动，如餐饮服务人员、安保人员、清洁工和汽车修理工等，从事这些工作需要环境适应能力、认知能力以及现场互动能力，因此这类劳动者也不会被计算机取代，不过他们的技能并不稀缺。

这样，一方面企业对高技能劳动力需求激增，具有创新特征的劳动者成为现代企业中最稀缺的劳动资源，另一方面对低技能工作的需求也在增加，在新增加工作中，低技能服务行业所占的比例往往是最大的。于是，高技能和低技能行业的工作机会越来越多，而中等技能的工作岗位逐步减少，其结果是带来了劳动力的"两极化"。与此同时，虽然很多中等技能的常规性任务被计算机所取代，但是那些能将中等教育基础与具体职业技能有效结合起来的"新技工"（如医疗辅助岗位）和"多技能工"的就业机会却会增加。

二、科学技术进步对妇女就业的影响

技术本身是中性的，技术进步也不考虑性别的差异，但是技术不是存在于真空之中，而是受到它所存在的那个社会的各个基础部分的影响。其中很重要的一点是，由于性别偏见和一些陈规陋习，技术被贴上了性别标签，技术能力被等同于男子气概，女子则被认为在本质上是非科学的或非技术性的。结果就形成了这样一种恶性循环：一方面妇女在获得技能的机会方面受到的制约和障碍要比男子大得多，另一方面妇女的工作通常是典型的低技能或无技能的。结果，妇女从技术变迁中的获益要比男子弱得多。下面是对技术进步过程中机械化、自动化和信息化对妇女就业影响的具体考察。

1. 机械化

技术进步是劳动方式转换的基础。在现代工业生产中，起初出现了一种以非技能劳动取代技能劳动、以女性劳力取代男性劳力的趋势，增加了女性对于男性的相对生产率。一方面，当时兴起的工厂以机器替代人力，降低了对劳动者体力的要求，男子的体力开始贬值。另一方面，生产过程的机械化和去技能化孕育了非技能工人的就业，向妇女提供了大量的工作机会。例如，在服装厂，过去由一个裁缝（技能工）进行的服装制作过程被划分成多个步骤并逐渐实行机械化，众多妇女被雇用来从事范围广泛的各种简单的缝纫操作，如高速度地缝制口袋，袖子和领子，再把缝好的各个衣片缝合成完整的服装。而有技能的男性工人却逐渐退出，只是集中在裁剪、熨烫等少数部门。白领工作也是如此，19世纪的办公室曾是男子的世界，信息的收集、整理、传递和储存等都是技能性的手工劳动。到了该世纪后半叶，办公室工作逐步采用了办公机械（如打字机和电话机）和去技能化，大批妇女就被吸收进来当办事员。不过，那时作为办公室中心的簿记员仍然是男性。1880年时，美国妇女只占簿记员的5.7%。后来，随着簿记工作的去技能化（划分为会计和出纳等）和机械化（如加法机、簿记机等的使用），女性财会人员才开始大量取代男性簿记员。1940年在费城，妇女占簿记机操作员的82%。[①] 显然，无论是19世纪早期的制造业还是半个世纪以后的办公室工作，技术进步都促进了非技能工人的就业，尤其是妇女。

可是，机械化对于妇女就业具有的影响是混合性的。一方面，如上所述，它创造了妇女的大量就业机会，扩大了妇女的就业范围；另一方面，它对于女性劳力又具有巨大的取代作用，这在农业部门尤为明显。农业新技术的推广应用，是以农业机械为载体。然而，从拖拉机、插秧机到联合收割机，农业机械基本上是主要供男子使用的技术产品，适用于妇女操作

[①] Sharon Hartman Strom: "Machines Instead of Clerks: Technology and the Feminization of Bookkeeping, 1910–1950", in Heidi I. Hartmann edited: 《Computer Chips and Paper Clips》, National Academy Press, 1987, pp. 63–64.

的极少。即使是一个体积不大的手工喷雾器,也因为其具有相当的重量,妇女也很难背着它使用较长时间。于是,受到农业机械化排挤的首先是妇女劳动力,而她们又往往缺乏为在现代经济部分就业作准备的培训机会,因而在就业市场上被日益边缘化。

2. 自动化

办公室自动化是学者研究技术变迁对妇女就业影响的重要关注点之一。因为办公室自动化设备的引入首先是针对非行政管理工作的,而这些工作(例如秘书,打字员和其他办事员)大部分都由妇女担任,妇女成为了办公室自动化的首要目标。复印机等办公用具的出现标志着办公自动化迈出了第一步,但是直到20世纪70年代以计算机为代表的电子设备大量进入办公室时,才出现了真正意义上的办公自动化。因为办公室的大部分信息是用文字记录或传送的,文字处理系统就成为办公室自动化中最重要的设备。它的引入对传统的秘书工作产生了重要影响。一方面,秘书的文字处理任务得以减轻;另一方面,她们可以集中精力去完成各种相对重要的任务。文字处理机还对打字员技能造成了威胁,专职打字员的工作正在为办公室自动化系统操作员所兼管。可见,办公自动化技术加强了办公室职业的两极分化,比如秘书的工作职能得到了提升,而专职打字员的岗位正在被淘汰。

妇女就业也受到了自动化生产技术的影响。戈尔登(Goldin,Claudia)等在"技术—技能互补的起源"一文中指出,机械化大生产取代手工制作有利于低技能劳动者,而自动化和智能化取代机械化大生产则有利于高技能劳动者。并且举例说,"在汽车制造史上,最初的技术进步减少了对技能劳动的需求,但是后来的技术进步增加了对技能劳动的需求。"[1] 在全世界都是女性劳动力最为集中的纺织和服装部门同样如此,自动化使得对一般操作人员和无(特殊)技能劳动者的需求减少,而对技术和管理人员的需求增加。在20世纪70年代之前,纺织和服装部门的低技能要求起到了拉动对女性劳动力需求的重要作用。但是,70年代末自动化技术的引入对

---

[1] Goldin, Claudia & Katz, Lawrence F.: "The origins of technology-skill complementarity", [J].《Quarterly Journal of Economics》, Vol. 113, no. 3 (1998), pp. 693 – 732.

劳动者的技术提出了更高的要求，女性劳动力首先受到了威胁。在纺织行业，随着自动化纺纱装置、智能化织机等的普遍采用，劳动者需要在纺织工程、纺织设计、计算机科学等方面具有相当的专门技能。在服装行业，快速自动裁剪机、计算机数字控制裁剪系统（CNC）、计算机辅助设计（CAD）和计算机辅助制造（CAM）系统的引用，使得大量的"妇女工作"被淘汰。总之，女性劳动力在纺织和服装部门中的下降正是这些行业的技能要求变化的标示，因为她们都分布于低技能要求的岗位，尤其容易受到自动化的伤害。如果她们要保持在劳动力中的份额，女性劳动力必须进行技能升级或实现技能多样化。

3. 信息化

信息技术对妇女就业也产生了重要影响，最突出的表现是它向妇女提供了新的就业机会和广阔的就业市场。第一，计算机的使用总的来说是一项有利于妇女的技术进步，它增加了女性在银行、保险、电信以及其他服务行业的参与，使妇女成为与计算机有关的新白领工作的受益者。例如，当可以通过计算机进行排版和桌面出版时，印刷行业的工作变得女性化了。在美国，排字工人中的女性比例从 1970 年的 17% 上升到 1988 年的 74%；在英国，这一比例也从 1971 年的 3% 上升到 1991 年的 24%。[1] 第二，随着现代通讯与信息技术突飞猛进，企业趋向于更加灵活的组织方式，逐渐形成了以大制造商为首、有众多承包商（或供应商）参加的企业网络，这对于女性的劳动具有重要的意义。一方面，这个体系向服装等行业的妇女提供了新的工作机会。分包网络允许她们的微型事业的加入，事实上女性被认为特别适合于以小批量、灵活生产为特征的团队工作方式。另一方面，随着远程通讯办公的增多，以及大范围实行的弹性兼职制度和工作制度，远程工作和弹性工作为女性提供了广泛就业的可能性，便于她们兼顾工作和家庭。第三，信息技术的快速发展和广泛应用推动了经济全球化，导致许多跨国公司将大量工作岗位转移到发展中国家，对于提高这些国家的妇女就业水平起到了重要作用。这首先发生在制造业（尤其是纺

---

[1] Catherine Hakim：《Key Issues in Women's Work: Female Diversity and the Polarization of Women's Employment》, The GlassHouse Press, 2004: 158, 160.

织、服装和电子行业），20世纪80年代，发达国家的跨国公司纷纷在工资低、并拥有大量年轻女性劳动力的发展中国家开办企业。21世纪初，随着互联网的应用、数字化的商务和全球高速数据网络的快速发展，发达国家开始成规模地向成本较低的发展中国家转移由白领承担的初级知识型服务业工作。由于大量的与计算机有关的工作是属于直接和间接的低技能类别的工作，妇女再次成为不发达国家中承担这些服务业"外包"工作的主力军。美国国会对办公室自动化的一项研究（OTA，1985）指出，为了减少成本，"国外办公室工作"是对于"以国内为基础的自动化办公室工作"的一个可供选择的替代策略。它还提到，在拉丁美洲的一些国家里，"年轻妇女组成了这些工人的99%"，"她们大部分都受过至少是中学的教育，许多还完成了中学后的培训"。[①]

三、科学技术进步对两性劳动分工模式的影响

科学技术的进步，或者说新技术在某种程度上提供了改变传统性别分工模式的一些可能性。

从机械化到自动化再到信息化，科学技术进步的总趋势是在不同程度上以机器代替人，尤其是信息技术的发展使得劳动过程中智能化程度极大提高，降低了生产过程对人力的直接依赖，为妇女能像男子一样参与市场劳动提供了物质基础。正如美国未来学家约翰·奈斯比特在《2000年大趋势——90年代十个新趋向》中所指出的："假如产业工人的原型是男人，那么信息工人的典型则是女人。妇女和颂扬脑力胜于体力的信息社会是一对天生的伙伴。哪里的信息社会繁荣发达，哪里的妇女就投入劳动行列之中。一旦什么地方开展信息革命，妇女就汇集成一支劳动大军。"此外，新技术曾通过减少工作的技能含量，使妇女得以进入过去曾是男性工作的领域，缩小了一些工作领域内劳动力的性别差距，甚至使得曾经的男性工作"女性化"。无论是制造工作中的纺织业、服装业和印刷业，还是办公

[①] U. S. Congress, Office of Technology Assessment： "Automation of America Offices"，U. S. Government Printing Office，OTA-CIT-287，December 1985，p. 217.

室工作，男性都曾通过客观的技能要求和使用排斥的手段来维持其优势地位，尤其是男性工作的技能地位，而现在，通过新技术的应用和工作的重组正在使这些工作的性别差异受到削弱或发生变化。

但是，技术进步往往引起工作过程本身性质的变化，结果产生了技能的两极分化和劳动力的两极分化，这种两极分化具有鲜明的性别特征。以计算机工作为例，可以对它的有关工作进行两种划分，第一，按照技能的划分，即"高技能"工作（系统分析和程序编制等）和"低技能"工作（数据输入和机器操作等）之分。第二，按照性别的划分，以女性为主的工作和以男性为主的工作。这两种划分又有着内在的联系。在计算机工作的金字塔中，数据输入是对教育水平和技能水平的要求都比较低的，为类似办事员的工作，被认为是"适合"于妇女的，因此，数据输入操作员基本上都是女性，也就是说妇女集中于计算机工作的底层。相反，金字塔上层和顶层的那些对教育水平和技能水平要求高、因而待遇也丰厚得多的岗位，则被认为更"适合"于男子，因此更多地为男性所占有。也就是说，尽管计算机技术的发展给妇女提供了新的就业机会，但在本质上并没有改变妇女通常在低技能、低地位和低报酬的岗位上工作的状况，而是秉承了传统两性劳动分工的基本模式，只是具体内容有所变化而已。

此外，妇女受到技术发展所带来的负面影响也可能较男子为大。一方面，在工业化早期，妇女只是简单地获得去技能化即技能要求已经被降低的工作，此种工作并没有带给她们新的技术训练或技术能力。这意味着妇女更容易受到以后的自动化和信息化对人力劳动的冲击。另一方面，如前所述，由于计算机的发展和广泛使用，虽然在非常规的互动任务和分析任务方面，妇女就业明显下降，而男子则几乎保持不变。[1] 这一趋势反映了明显的性别差别，表明妇女不仅可能陷入失去工作的困境，而且也面临着被进一步边缘化的危险，除非她们能掌握先进的技术技能。

---

[1] Sandra E. Black, Alexandra Spitz-Oener: "Explaining Women's Success: Technological Change and the Skill Content of Women's Work", Discussion Paper No. 2803, May 2007, p. 24.

第十一章
妇女参加社会劳动与社会文化因素

文化是人类特有的一种社会现象，既是人们社会实践的产物，又在人类社会中起着发动机和指挥棒的作用，不仅对社会具有整合和引导的功能，而且对社会成员的观念、态度和行为也具有规范教化功能。社会文化是以社会伦理道德和思想理念为指导，以法律、法规、政策、制度等为依据，来调整、协调、平衡各种社会组织、群体、个人间的社会关系的综合性多元化文化体系。文化是共有的，也是习得的。

除了社会经济因素以外，女性的劳动力参与也受到各种社会文化因素的重要影响。妇女的工作观念、工作态度和工作行为尤其受到了传统文化的严重制约。文化大致包含三个层次：表层次的物质文化、中层次的制度文化和深层次的观念文化（精神文化）。其中的婚姻家庭制度、组织文化、性别观念和习俗文化对女性劳动力参与的影响尤其值得关注。

第一节　婚姻家庭制度

恩格斯说："根据历史唯物主义的观点，历史中的决定性因素，归根结蒂是直接生活的生产和再生产。……一定历史时代和一定地区内的人们生活于其下的社会制度，受着两种生产的制约：一方面受劳动的发展阶段的制约，另一方面受家庭的发展阶段的制约。"① 婚姻家庭制度是最原始的社会制度，婚姻是两性的社会结合，而家庭是社会的细胞，个人正是通过家庭与社会联系在一起。有学者指出，虽然男女都是劳动力市场的参与者，但是家庭制度对他们的冲击和影响是不同的，家庭对妇女的约束力要比对男子的约束力更为强大，因此对于妇女在经济领域中的角色所作的任何分析只有被置于家庭背景之下才是有意义的。② 历史也告诉我们，妇女就业是随着婚姻家庭制度的变迁而不断变化的。

一、婚姻家庭观念

婚姻家庭是一种社会现象，也是一种历史现象。长期以来，"男大当婚，女大当嫁"似乎是天经地义的，是社会公认的普世价值和社会多数常态。婚姻的这种普遍性和固然性给世人带来了一种强制性，如果男女到了成年还不结婚成家就会感到有一种社会压力，甚至会被称作"光棍"或"剩女"划入社会另类。因此，在传统上，人的一生中除了结婚成家似乎没有选择其他生活方式的自由。这种状况的出现有着它的社会背景。婚姻家庭具有私人性，更具有社会性。在历史发展过程中，社会需要一种制度——"婚姻"和形成一个单位——"家庭"来完成人类生命世代繁衍的任务。在中国文化中的"不孝有三，无后为大""多子多福"等说法就是婚姻家庭的这种社会性的反映。但是，传统的婚姻家庭观念赋予男女完全不同的人生历程。女人结婚是为了能在经济上有所依靠，而男人结婚是为了传宗接代和生活上有人照顾。因此，男人是家庭的"养家糊口者"，他们把毕生的精力都放在工作上；而对于女人来说，家庭便是她们人生的全部。表5—1和表5—2显示了，在过去的一百多年中，男性劳动力参与率始终保持在80%左右的高水平。而女人则完全不同，她们在传统社会只是

---

① 《马克思恩格斯选集》（第4卷），北京：人民出版社，1972年版，第2页。
② Yasodha Shanmugasundaram: "An Institutional Theory of Women Development", in 《Women's Contribution to India's Economic and Social Development》 edited by V. S. Mahajan, DEEP & DEEP Publication, 1989: 44.

在婚前才工作，一旦结婚尤其是有了孩子后就退出劳动力市场回归家庭之中，因此其劳动力参与率严重地低于男子。从表5—2和表5—3可以发现，1900年时，美国男性的参与率为85.7%，女性参与率是20%，为男性的四分之一都不到；其中已婚女性的参与率只有5.6%，还不及男性的十分之一。此外，妇女一生中参与市场劳动的时间不仅极大地少于男子，而且女性劳动力参与的模式从一开始起就是非连续性的，因为当贤妻良母才是她们人生的第一角色。可见，婚姻家庭是制约妇女劳动力参与的最大因素之一。

自从20世纪后半叶以来，传统的婚姻家庭观念在世界范围内受到了强烈的挑战。虽然大多数现代人仍重视婚姻、孩子和家庭生活，但是它们的强制性变弱了，个人的自主性变强了。确实，现代的婚姻家庭存在于一个非常不同于过去的情景之中。首先，婚姻家庭制度失去了其大部分的传统含义。对很多人而言，婚姻不再是为了满足社会、经济或道德需要而必做之事，婚姻也不再是生育的必要条件。尤其是对于妇女来说，物质保障不再是婚姻的首要目的，婚姻家庭也不再是女性价值之全部所在，结婚与否更不再被视为女性受尊重的前提。第二，在婚姻家庭问题上，个人、特别是女性获得了更大的选择自由，现代社会正在变得更加世俗化和注重个人自主，可以根据自身的需求选择生活方式，婚姻、家庭乃至孩子都变成了一种选择的结果。单身不婚，非婚同居，做单身父母，做丁克族（通常是受过高等教育、收入稳定且注重物质和精神享受的人的选项）、实施同性恋或同性婚姻等都成为可供选择的生活方式。因此，结婚率下降，晚婚率大量增加。第三，婚姻家庭制度削弱，婚姻家庭更趋向私人性。即使结婚成家，家庭功能也以满足个人情感为主，婚姻不再是一种终身的关系；婚姻家庭的稳定性减低，离婚率上升。

上述背景情况对女性就业问题产生了巨大的影响。尤其是在第二次妇女运动以后，越来越多的妇女打破传统观念的束缚，要"为自己而活"、"过一点属于自己的生活"、先做"人"再做"女人"。她们或是推迟结婚或是保持独身（通常是从事高薪行业的白领），即使是已婚妇女，她们对担任传统家庭主妇和母亲的热情也日益减退，纷纷冲出家庭这个"舒适的集中营",走向社会。仍以美国为例,美国女性劳动力参与率在1900—1950年的50年间,增加了约14个百分点,而在1950—1990年的40年间增加了26个百分点(见表5—2)。其中,最令人瞩目的是已婚妇女的参与率在1900—1950年的50年间增加了17个百分点,而在1950—1980年的30年间增加了27个百分点(见表5—3),后30年的增幅不仅超过了前50年的增幅,而且超过了整个女性劳动力参与率的增幅,到1980年已有一半已婚妇女参与劳动力。在这近百年的时间里,美国妇女在整个劳动力中的比例从不到四分之一增加到将近一半(见表5—2),已婚妇女在女性劳动力中所占比例也从七分之一增加到了五分之三(见表5—3)。可见,随着婚姻家庭观念的变化,婚姻家庭对妇女劳动力参与的束缚正在逐渐减弱。

不过,尽管如此,在婚姻家庭对男女劳动力参与的影响方面依然存在着明显的性别差异。按照美国劳动统计局的资料,1970至2010年,在男性劳动力中,已婚男子的参与率始终是最高的;而女性劳动力中,单身女子的参与率才一直是最高的,是最可能参与市场劳动的(见表11—1)。又据美国2012年的现时人口调查,已婚男子的劳动力参与率仍然是最高的,为74.6%,高于离婚男子(68.4%)的参与率。而妇女的情况正好相反,离婚女性的劳动力参与率才是更高的,为66%,相比之下,已婚妇女的参与率为59.5%。[①] 也就是说,婚姻对于男子的劳动力参与具有积极影响,而对于妇女的劳动力参与则具有负面的不利影响,但其影响程度正在不断减弱(见表11—1)。

表11—1　按性别和婚姻状况划分的美国劳动力参与率(1970—2010年)

	男性劳动力参与率(%)			女性劳动力参与率(%)		
	单身	已婚	其他*	单身	已婚	其他*
1970	65.5	86.1	60.7	56.8	40.5	40.3
1980	72.6	80.9	67.5	64.4	49.8	43.6

[①] U. S. Bureau of Labor Statistics:《Women in the Labor Force: A Databook》, in BLS REPORTS, May, 2014: 2.

续表

	男性劳动力参与率（%）			女性劳动力参与率（%）		
	单身	已婚	其他*	单身	已婚	其他*
1990	74.8	78.6	68.9	66.7	58.4	47.2
2000	73.6	77.3	66.8	68.9	61.1	49.0
2010	67.3	75.8	63.0	63.3	61.0	48.8

*包括丧偶、离婚和分居者

资料来源：U. S. Bureau of Labor Statistics, Bulletin 2217 and Basic Tabulations, Table12.

二、婚姻家庭形式

随着社会的变迁，人类的婚姻家庭形式也在发生变化。传统社会里，家庭是生产单位，主干式大家庭成为主要的家庭模式。现代社会里，家庭功能削弱，家庭成员减少，家庭规模由大变小，核心家庭成为主流。同时，传统上由经济、宗教信仰及法律牢固约束的婚姻，现在越来越成为一种个人化的关系，婚姻对性行为和生育的控制力减弱，婚姻自由度和婚姻脆弱性增加，社会对婚外性行为和未婚生育越来越宽容，婚姻家庭形式也日趋多元化。除了传统上的以婚姻和血缘为基础由父母子女组成的完整家庭外，还出现了独居家庭，单亲家庭，同居家庭，再婚家庭，丁克家庭等非传统的家庭形式。其中，最显著的现象之一是单亲家庭数目的增加。在整个世界，尤其是在西方发达国家，单亲家庭正在成为一种可接受的形式和选项。在历史上，离婚不易，非婚生育更不被社会规范所允许，单亲家庭主要是由于配偶中一方的死亡形成的。而现在，单亲家庭则主要是由于离婚和非婚生育形成。并且，单身父母中，单身母亲占了绝大部分。美国是世界上单亲家庭较多的国家，自20世纪60年代以来有了很快的增长。据美国人口普查局的统计，1960年，有18岁以下孩子的家庭中，单亲家庭占9%，2000年增加至27%。[1] 2013年，美国有18岁以下孩子的单亲家

---

[1] Suzamme M. Bianchi & Lynne M. Casper: "American Families", in 《Population Bulletin》, Vol. 55, No. 4, December 2000: 20 (Table 4).

庭中，83%是单身母亲家庭，只有17%是单身父亲家庭。2011年，美国单身母亲中，有46.5%是未婚的，31.4%是离婚的，18.1%是分居的，寡妇的比例只有4%。① 此外，孩子的存在对于单身妇女的作用也非常不同于已婚妇女，为了养家未婚母亲比已婚母亲更可能参与社会劳动。2012年3月，美国有18岁以下孩子的母亲的劳动力参与率是70.9%，其中已婚母亲的参与率是68.5%，未婚母亲的参与率则达到了75.8%。② 可见，单亲家庭的增加是妇女劳动力参与率上升的一个促进因素。但是，未婚母亲往往比较年轻，所受的教育也较少，她们从事的工作更可能是非全日制的，挣得的收入往往低于已婚母亲，易于陷入贫困。

三、婚姻家庭关系

在过去的百余年中，婚姻制度的发展趋势经历了由制度化婚姻向伴侣关系婚姻再向个人化婚姻的演变。婚姻是家庭的基础，随着婚姻的变化，人们的家庭观念也由"家本位"向"人本位"转变。同时，家庭模式由传统的主干式大家庭向小规模的核心家庭转化，家庭轴心由血缘关系（父子关系）向姻缘关系（夫妻关系）转移。在传统大家庭中，各种家庭关系的重要性依次是：父子关系，兄弟关系，然后才是夫妻关系，男性家长是家庭生活的主宰。现代家庭中夫妻关系是家庭的基础，一切家庭生活都围绕夫妻关系这一中心来扩展和运行，家庭关系也由男权专制趋向于以权利和义务为基础的民主平等，而夫妻平等最主要是显示在家庭权力分配和家务劳动分工方面。

家庭权力分配状况主要是通过夫妻各自对家庭事务决策权和个人事务自主权的拥有程度来体现。在父权制的家庭中，男性起主导和支配作用，"男主女从"的家庭生活原则尤其典型地体现在女性一旦结婚就被剥夺了

---

① U. S. Census Bureau: Table FG10. Family Groups: 2013; Table FG6. One-Parent Unmarried Family Groups with Own Children/1 Under 18, by Marital Status of the Reference Person: 2011.
② U. S. Bureau of Labor Statistics:《Women in the Labor Force: A Databook》, in BLS REPORTS, May, 2014: 2.

与男性平等参与劳动的权利方面。她们不能按照自己的意愿和需要来决定是否工作和如何参加工作；即使被允许外出工作，妇女劳动力参与的自由度也受到家庭的极大限制。首先，丈夫外出工作是不言而喻和义无反顾的，而妻子是否工作则要经过家庭对各方面因素（经济和非经济的）的斟酌来作出决定。一般来说，妻子是否工作最可能取决于其丈夫的收入，她们只是在家庭经济因丈夫收入低或失业等发生困难的前提下才参与市场劳动。第二，丈夫和妻子的劳动被赋予不同的意义，丈夫参与市场劳动是家庭的"唯一"或"主要赚钱者"，而妻子外出工作只是家庭的"第二赚钱者"，具有一种明显的补充性质。当妻子的工作和家庭发生矛盾时，妻子便要把家庭放在第一位，不能妨碍家庭生活以及对家庭的责任。因此，已婚妇女的市场工作时间、劳动力参与模式等都必须服从家庭的需要。她们更可能是非全日制和非连续性地参与市场劳动，工作时间不仅明显少于已婚男子，并且往往不能像男子那样"出差"和"加班"，即使这对于她们的工作提升是必要的。第三，妻子的工作也要依从于丈夫的工作需要，在丈夫和妻子的工作发生冲突时，妻子便要放弃自己的工作利益。例如，在家庭迁移的决策中，妻子常常因丈夫工作变动而成为"被捆绑的"迁移者，而倘若妻子有好的工作机会需要丈夫跟随前往，则往往是很困难的。

家务劳动分工是家庭关系的另一个重要组成部分。有关家务劳动分配主要有三种理论观点。第一，"时间可得性的观点"。按照这一观点，妇女和男子用于家务的时间与他们用于市场劳动的时间是密切相关的，由于妇女用于市场劳动的时间较少，她们就有较多的时间可用于家务劳动。第二，"相对资源的观点"。它有两个理论框架。一种理论是：家务的分配反应了配偶间的权力关系，夫妇双方带给家庭的相对资源（如教育和收入）的多少，决定了每方完成的家务劳动的多少。这实际上是将资源转化成家庭权力。另一种理论认为，夫妇双方具有不同的市场劳动或非市场劳动的技能，而女性更多地从事家务劳动是一种符合比较优势原则的家庭分工方式。这种看法与贝克尔的微观经济理论有很大联系。第三，"性别观点"。它从性别关系和性别分工的角度来阐述家务劳动，认为性别分工的意识形态形成了"男主外、女主内"的角色分配，男性从这种性别分工中获得了绝对的利益，他们以远低于市场价值的代价获取了妻子所提供的服务或产品。无论采用哪一种观点分析家务劳动分工，一个不争的事实是，在传统上，婚姻对女性的家务劳动时间的影响要比对男子的大得多。妇女结婚以后用于家务的时间实质性地增加了，甚至当妻子参与市场劳动时，妻子用于家务的时间仍大大多于丈夫，而婚姻状况对于男子用于家务的时间并没有影响。① 妇女在家务劳动中的高度投入，既体现了她们在婚姻关系中的依赖性和从属性，也奠定和决定了她们作为市场劳动者的不利基础，削弱了妇女对于劳动力市场的归属和在劳动力市场上的地位。

尽管如此，随着已婚妇女大量进入劳动力市场，自 20 世纪 60 年代以来传统的"男人养家、女人持家"的一人挣钱的家庭模式已快速地让位于两人挣钱的家庭模式（双职工家庭）。例如，美国的已婚夫妇家庭中，丈夫和妻子都工作的夫妇比例在 1967 年已达到 44%，至 2010 年更进一步上升为 54%；而同期，只有丈夫工作的夫妇比例从 36% 下降到了 19%。② 今天，双职工家庭已经成为一种常态。在这种家庭中，男性权威趋于下降，家庭性别角色分工趋向灵活，家庭决策权力和家务劳动分配也趋向于平等。一方面，作为妻子的妇女、尤其是工作妇女尽可能地利用市场上的家务劳动替代品来减轻家务劳动的负担，如到餐馆用餐或购买半成品食物，使用各种家电产品或雇佣家庭清洁工。另一方面，丈夫也增加了对家务劳动的参与，那些对妻子的就业行为持肯定态度的男子尤其如此。有研究表明，自从 20 世纪 60 年代以来，美国妇女用于家务劳动的时间几乎减少了一半，而男子用于家务的时间约增加了一倍。③

现代婚姻家庭的这些变化无疑是有利于妇女的劳动力参与和妇女在劳动力市场上地位的提高，以至于在一些家庭中妻子挣得的钱超过了丈夫，而且这一发展趋势还在增强。据美国实时人口调查和劳动统计局的资料，

---

① Suzanne M. Bianchi etc.: "Is Anyone Doing the Housework? Trends in the Gender Division of Household",《Social Forces》September 2000, 79 (1): 197.

② U. S. Bureau of Labor Statistics:《Women in the Labor Force: A Databook》, BLS Reports, February 2013: 3.

③ Suzanne M. Bianchi etc.: "Is Anyone Doing the Housework? Trends in the Gender Division of Household",《Social Forces》September 2000, 79 (1): 191.

在两人挣钱的夫妇中，妻子的收入超过其丈夫的比例在1981年时为16%，1996年上升到23%，2010年更增加到了29%。① 当然，这是一种良性循环：妇女经济收入的增加，有利于妇女家庭地位的提高，使家庭决策权力和家庭劳动分工更加趋向平等，而这反过来又会进一步有利于妇女市场劳动力参与和在劳动力市场上地位的改善。

四、生育

有关生育与妇女劳动力参与关系的研究通常有两大理论，即社会学的"角色冲突"理论和经济学的"机会成本"理论。角色冲突理论认为，男女担任着不同的家庭角色和社会角色，丈夫外出工作与其家庭角色是相一致的，而妻子外出工作就要承担家庭和社会的双重责任，极易产生角色冲突，特别是母亲的角色和就业者角色间的冲突。大量的实证研究表明，家庭与社会对性别角色的期待使生育成为阻碍妇女劳动力参与的一个强大因素，影响到妇女的劳动力参与率、参与模式、工作机会、晋升机会和劳动报酬等等。例如，据乔希（Joshi，1987）计算，一位1946年出生的抚育了两个孩子的英国妇女，一生中只挣得男子所赚平均工资的47%，而没有孩子的妇女可挣得男子所赚平均工资的76%。② 来自美国的研究报告也表明，1991年时，在年龄为30岁的工作妇女中，做了母亲的女性比30岁的男性所挣的工资报酬要低25%，而那些没有做母亲的女性则只比男性低5%。③ 又据1990年对美国大学的一次调查，担任副校长级别及以上的行政管理人员的女性中，没有孩子的占了37%的比例，而在相应的男性中只有5%没有孩子。④ 总之，"造人"的巨额投资主要是由女性承担。

---

① 1981年和1996年的数据见 Anne E. Winkler："Earnings of husbands and wives in dual-earner families"，《Monthly Labor Review》，April 1998：42。2010年的数据见 U. S. Bureau of Labor Statistics：Women in the Labor Force: A Databook, BLS Reports, February 2013：3。

② Rosemary Crompton edited：《Gender and Stratification》，Polity Press，1986：XV-XVi。

③ [美]伊兰伯格、史密斯：《现代劳动经济学》，潘功胜等译，人民大学出版社，1999年版，第393页。转摘自《劳动力市场性别歧视问题研究》，第56—57页。

④ Dora L. Costa："From Mill Town to Board Room: The Rise of Women's Paid Labor"，《Journal of Economic Perspectives》，Vol. 14，No. 4，Fall 2000：118。

按照经济学的机会成本理论,生育与女性劳动力参与之间会出现三种关系的状况:第一,当劳动市场给予妇女的就业机会增加和妇女获取收入的能力增强时,生育的机会成本便增高,妇女的就业率与生育率间就会负相关。由此还引申出另外一点,即妇女的受教育水平也与生育率成负相关,原因之一是具有较高教育水平的妇女往往就业机会较多和职业层次较高,获取收入的能力也较强,所以她们的生育机会成本便增高。第二,女性因生育而离职或转职后再就业的机会减少以及收入减少的程度越大,生育的机会成本就越高,妇女的就业率与生育率也会负相关。第三,倘若女性兼顾工作和家庭的难度较低,包括丈夫对家务的分担、工作时间和工作场所的灵活性、有关育儿福利的保证、托儿设施的充分等,生育的机会成本便会降低,生育率与妇女的就业率间就可能出现不相关或正相关的联系。[①]

当然,影响生育与妇女劳动力参与间关系的因素是众多的,诸如经济发展水平、文化习俗、宗教、妇女的受教育程度、妇女自己对于工作期望和生育愿望的设定及选择等都是重要的影响因素,而社会对妇女就业的接受程度更是形成妇女劳动力参与和生育间关系的一个基本因素。

在传统社会,劳动力尤其是男性劳动力是家庭经济的基本来源和养老的保障,"多子"既是主观的选择,也是客观的需要。婚姻的主要目的之一就是生育。在科学进步还没有达到能有效控制人类生育行为的时候,无节制的自然生育模式使妇女一生中用于实际生育的时间长达二十年或更多,生儿育女成为妇女一生中最重要的大事,也是妇女的生命主旋律,尤其在妇女地位低下的情况下,她们不得不通过"母以子贵"来改善处境和体现人生价值。简言之,妇女一旦结婚,就成为了"生育的机器"。毫无疑问,这种状况对于妇女的劳动力参与起到了严重的阻碍作用,虽然在不同的经济发展阶段其程度有所差别。

现代社会的发展促使了人们婚育观念的变化,传统的早婚早育,多子多

[①] 参见山口一男:"关于女性就业和出生率的真实关系——OECD 各国的分析与政策性意义",《研究与评论》2006 年 4 月号。

福的观念，正在转变为现代的晚婚晚育，少育优生的观念，甚至出现了不愿生育的丁克族。同时，随着避孕技术的提高，特别是20世纪60年代避孕药研制成功，越来越多的人进行计划生育，"当母亲"已不再是女人的"天职"，而成了一种选择。在此背景下，生育率下降已成为一个总趋势。根据联合国的资料，世界总生育率在1970—1975年间是4.45，2005—2010年下降到2.52。其中，发达国家的平均生育率在20世纪70年代上半期只有2.16，在2005—2010年又下降为1.66，已明显低于世代更替水平的2.1；发展中国家的生育率也从70年代上半期的5.37下降到2005—2010年的2.67，即使是生育率居全球首位的最不发达国家也跌至4.41。[①]

妇女的劳动力参与和生育率间的关系，在发达国家与发展中国家的表现很不相同。就整体而言，发达国家呈现出高参与率和低生育率的负相关关系。不过，自20世纪90年代起，在经合组织内，出现了生育率和女性就业率成正相关的现象，女性就业率高的国家往往同时也是出生率高的国家（但其生育率始终稳定地处于接近世代更替率的低水平），这主要是因为这些国家制定了一系列有助于女性解决工作与家庭生活间矛盾的社会措施，对提高生育率产生了积极的影响。在发展中国家，女性就业率和生育率的关系则呈现出负相关、正相关及不相关的多样性。有些国家同时具有很高的生育率和女性劳动力参与率，例如在1995—2000年间，撒哈拉沙漠以南的非洲国家加纳和肯尼亚的生育率都为4.6，其女性劳动力参与率（25~54岁）又分别高达90.0%和82.6%；南亚的尼泊尔和东南亚的东帝汶的生育率分别为4.8和4.4，其女性劳动力参与率（25~54岁）也分别高达89.2%和81.3%。有些国家的生育率在过去的几十年间虽有大幅度的下降，但其原来已很低的女性劳动力参与率同时也出现下降，如北非的阿尔及利亚和中东的叙利亚的生育率分别从1980~1985年间的6.4和7.4下降到1995~2000年的3.3和4.0，降幅接近50%，而同期其女性劳动力参与率（25~54岁）也分别从20.6%和24.1%下降到11.8%和19.5%，这两个

[①] Population Division of the Department of Economic and Social Affairs of the United Nations Secretariat (2011): "World Population Prospects: The 2010 Revision", Table II. 1.

国家的生育率远高于世界水平，其劳动力参与率也是世界上最低的。[1] 在过去的几十年，拉丁美洲和加勒比海国家的生育率也是下降较快的，从 1970~1975 年间的 5.0 下降到 2005~2010 年间的 2.3，其女性劳动力参与率则随着生育率的下降从 1992 年的 43.5% 上升到了 2010 年 53.1%。[2]

总之，婚姻、家庭和生育是影响女性劳动力参与的最重要因素之一，也是形成男女在劳动市场上不同处境及职业生涯差别的最大影响因素之一，更是女性劳动者必然会遇到和需要认真对待的人生课题之一。

第二节 组织文化

法国史学家芒图说，"所谓大工业，首先必须将其理解成一种组织、一种生产制度。"工业化也就是工业组织发展的过程。它以工厂制度取代家庭工业制度，以集中组织形式取代分散的组织形式，劳动者则以受雇的形式进入企业生产组织来参与市场劳动。可以看出，芒图所说的组织主要是指现代企业，本节在此所使用的组织这一概念不仅包括了企业，而且涵盖了机关、学校等其他各种机构。

组织依据本身的目标，采用特定的工作模式和雇用合适的员工来完成既定的工作任务。其成员在组织生产与工作实践的过程中，创造或逐步形成一些基本的价值观念、共同的信仰、行为准则和工作作风等，同时也以此作为他们思考和行动的规范，这就是所谓的组织文化或工作文化。凡团体组织都存在着某种程度的组织文化，它们或作为规章制度明文示之，或作为潜规则发挥作用。

---

[1] Lin Lean Lim: "Female Labour-Force Participation", Table 1, Gender Promotion Programme, International Labour Office. ww www.un.org/…/completing fertility/Revised LIMpaper.PDF

[2] Population Division of the Department of Economic and Social Affairs of the United Nations Secretariat (2011): "World Population Prospects: The 2010 Revision", Table II.1; Internation Labour Organization: "Global Employment Trends for Women 2012", p.56, TableA7.

一、组织文化的性别化

主流组织理论假设，组织在性别倾向上是中立的。开创性地把性别和组织联系起来，对组织文化中所蕴涵的性别意识形态予以分析和阐释的是凯恩特（Kanter, Rosabety Moss）和阿克（Acker, Joan）等一批学者。凯恩特（1977）最先对组织在性别倾向上是中立的这一假设提出了挑战。她通过对 Indsco（Industrial Supply Corporation）的研究发现，这个大公司在专业和管理层次上，毫无疑问这几乎是个单一性别的组织，妇女只占拿薪水员工的 10% 弱的比例，在公司的高层职位上，更是只有 5 名妇女。她还发现，Indsco 深受男子在高层占绝对多数这个事实的影响，组织中盛行着一种"男性伦理"（masculine ethic）。它所推崇的"理想"员工的形象是具有传统男性特质的工人，诸如具有进攻性、批判性的思考和"为了完成工作任务而能够做到把个人和情感的考虑放之一旁"，它所认为的工作成功实际上就是对男性气质的一种崇尚。凯恩特指出，并不是妇女的行为决定了她们在企业生活中相对缺乏成功，而是她们正为之工作的组织结构造成了这一状况。[①]

在凯恩特研究的基础上，阿克（1990）进一步提出，在工作场所，不仅权力结构是性别化的，整个工作组织结构都是性别化的。她认为，在企业工作组织中，"工作"和"工人"是相分离的，并且都是抽象的。而"工作"和"工人"的抽象概念正是现实工作场所的许多性别差异的起点，是组织性别化的基础。首先，"工作"是抽象的，没有占据者，没有人的身体，也没有性别。其次，填充抽象工作位置的工人也是抽象的，是只为工作才存在的、脱离了肉体的人。但是在现实中，抽象的工人实际上就是男人，男人因为其身体和性别属性，在生育中的最少责任和善于控制情感的习惯，以及以全日制和终生工作为中心的生活（其个人的需求和孩子由妻子或其他女性照顾），是理想工人的典范。而女人的身体和生育能力，

[①] 参见 Rosabety Moss Kanter：《Men and Women of the Corporation》, New York：Basic Books, 1977.

对家人和孩子的照顾，以及"富有情感"等，都不是工作所需要的，都不是理想工人的特质。因此，一方面，企业为了追求自身的利益，依照一个假设的"男性身体"设计理想工人的典范，换言之，劳动者即男性工人，并进而以男性身体作为建立组织期望、工作规范和区分工作类别的基础。这种对于男性身体和男性特质的强调不但使组织文化充满了男性气质，浸润了"男主外、女主内"的性别观念，而且将女性的劳动边缘化并使女性的贡献遭受贬抑。另一方面，按照这种组织文化，劳动者被认为应该全身心地投入工作，而不应该因为身体的生理需要或再生产的需要而影响工作，这些需要包括女性的生理期、母职与家务劳动。用"去身体化"（也就是"无性化"）对待女性劳动者的劳动力参与和劳动贡献，是对她们的排斥和歧视，同时也成为了深刻的性别意识形态。①

总之，按照凯恩特和阿克的分析，组织是具有性别意识形态的，而且迄今绝大多数组织的文化都是以男子为中心的性别文化，实际上就是男性霸权文化。

二、组织文化性别化的操作

以男子为中心的组织文化通过组织内的结构和制度进行性别化操作。大量的经验研究表明，这种性别化的操作广泛弥漫和深深镶嵌于组织的日常运转过程中。

1. 招聘和录用

基于僵化的性别刻板印象（社会对男性或女性的期待与评价），同时也是为了追求利润最大化，许多组织采取各种公开或隐蔽的手段，在招聘和录用的各个环节中对女性求职人员进行直接和间接的歧视，剥夺了她们平等求职和择业的机会。

这些组织通常采用的手段是：

---

① 参见 Joan Acker: "Hierarchies, Jobs, Bodies: A Theory of Gendered Organizations",《Gender & Society》, Vol. 4 No. 2, June 1990, 139–158; 张晋芬:"找回文化：劳动市场中制度与结构的性别化过程",《台湾社会学刊》2002 年第 29 期。

第一，招聘单位对拟招聘职位明确提出性别要求，直接把女性排除在外，或只向女性开放技术性不强、收入低下、条件较差的"女性工作"，自然而然地"拒"掉一批求职女性。第二，针对女性设置额外的附加条件，诸如年龄、身高、未婚、"禁孕"等，公然地"筛"掉一批求职女性。第三，在招聘时提出一些女性难以满足的要求，如必须能够上夜班或出差，堂而皇之地"排除"掉一批求职女性。第四，随着各国反对性别歧视的法令和政策的纷纷出台，在上述公开性别歧视的手段难以使用时，招聘单位普遍采用包含了各种隐形歧视的做法。例如，尽管并不公开地拒绝聘用女性或向女性提出苛刻的附加条件以及难以满足的要求，但在收取求职材料后不再通知女性求职者进行面试，或面试后进行内部黑箱操作，造成实际上不录用女性的事实。

2. 工作分类和职业隔离

组织文化的性别化和男性化，加强了组织内部的工作性别化和高度的性别隔离，被录用的女性普遍地被困于那些地位低、收入差的职位。

首先，工作是依照性别分类的。职场上的大部分工作都是以某一性别的劳动者为主，从文化上被划分成"男性工作"和"女性工作"，或"男性职业"和"女性职业"。而且，一旦被贴上性别标签，它们就有相当的稳定性，除非发生较大的变革才会有所改变。

其次，劳动者按性别被分配到不同类型的职业中，从事不同性质的工作。男人被认为具有理想工人的特质，并被视为挣钱养家的人，因此，男性劳动者与那些工作责任性强、工作技能高、具有威望和权力的工作划上等号；而女性则被认为不具有理想工人的特质，并被视为"天生适合于"担任辅助性、情感性和服务性的角色，所以被普遍地排斥在这些男性工作之外，从事所谓的女性工作。例如，进入法律职业的女性就不断受到怀疑，被认为女人太柔弱、太情绪化，不适合办理刑事案件，往往被分派办理婚姻之类的民事案件；在医生职业中，女性当外科医生的甚少，大多被安排在儿科和产科；即使进入新兴的现代职业，也同样如此，如在计算机行业中，女性集中于数据输入之类的基础工作。

再次，在性别化的组织文化中，职业的性别隔离形成了职场中一种特定的"共识",男女雇员习惯于从事符合性别标签的工作,而不愿意进入另一性别的职业领地,成为"另类",同时也不希望另一性别的成员进入他们的工作领域。许多历史事实表明,男性不仅占据了那些地位高、待遇好的职业,并且通过一些公开或隐蔽的手段阻止女性进入他们的工作领域,或竭力将少数已经进入男性"领地"的女性排除出去。

于是,通过与性别相联系的职业隔离,工作组织复制和强化了日常生活中的性别规范,成为产生和再生产广泛传播的性别文化的一个场所。

3. 工作评估、工作等级和职位晋升

在性别化和男性化的文化氛围下,组织也在工作评估和工作等级的确定以及职位晋升的过程中进行性别化的操作。

工作评估是每一个现代组织都会使用的管理工具,以使组织内部的等级理性化和帮助制定公平的工资。对工作进行评估一般要根据工作内容,按照知识标准、技能、复杂性、所需作出的努力和工作条件等,进行等级鉴定。但是,工作等级的确定是在性别化的组织文化和性别隔离的组织结构中进行的。一方面,女性被高度集中于女性职业和通常是低层次的职位;另一方面,对女性劳动的文化偏见使评估者自觉或不自觉地贬低女性工作。这样,在工作评估和确定工作等级的过程中,女性在组织中的弱势地位被进一步加强。即使男女做同样一份工作,透过组织的制度性设计,如以某些细节划分工作内容或工作业绩,也可造成事实上的男女同工不同级或同工不同酬。

性别化的操作在职位晋升方面更为典型。有不少经验研究表明,职位晋升中存在着明显的性别歧视,尤其是在管理层。首先,在观念层面上,组织内的性别假设是,充满阳刚之气的"男性气质"更适合 CEO、总经理等企业领导工作的要求,而阴柔的"女性气质"则是缺乏领导能力的,所以女性一般只能充当被领导者。在这样的文化假设之下,女性很难进入竞争中、高级职位的行列,攀登组织的晋升阶梯。事实上,在职业升迁的等级链中,许多位置对女性是封闭的,尤其在管理高层对女性设置了"玻璃天花板"。因此,组织内普遍存在着职位层级和职位晋升率的性别差距,男性总是负责领导或监管女性成为了组织的常态。其次,在操作层面上,

组织内的人事、进修等安排的具体做法也都浸润了阻挡女性升迁的性别文化。例如，在职位安排中，女性往往一开始就被安置在没有或缺乏向上流动机会的岗位上；上层主管经常拒绝给予女性外派、受训或升任基层主管的机会（这些往往是升迁所需要的预备性程序）。[①] 总之，组织等级制度是为男性而设计的，性别歧视是造成女性缺乏职位晋升机会的重要原因，而职位晋升的性别差异又导致了工资收入的性别差别。

三、组织文化性别化的劳动结果

组织文化用传统的性别角色看待男性和女性的劳动力参与，透过崇尚阳刚特质、贬抑阴柔特质的过程建构组织内部的结构和制度，明显地以"男性"作为建立工作规范和划分工作类别的基础，暗藏了以男性为中心的性别化工作内涵和男性优先权的性别关系秩序。这种组织文化的性别化必然会产生劳动结果的性别化，导致男性和女性显然不同的事业道路。

劳动结果的性别差异性突出地体现于女性工作的三大特征：低技能、低地位、低报酬。首先，在男性和女性实际上被角色极化的情景下，工作组织籍以女性的性别角色（家庭角色和再生产能力）和性别气质为理由，通过主要接受男性劳工的学徒制度和限制女性接受特定职业训练等途径，把女性高度隔离于简单易学、容易取代的低技能工作。无论是在蓝领工作还是在白领工作中，甚至在计算机行业这样的现代职业领域中，相对于男性，女性都集中于技术含量低的基础性工作。第二，在男权主义的组织文化中，女性不适合当领导进入管理层的文化观念根深蒂固，几乎在所有工作领域都是职位越高女性就越少。如今，虽然越来越多的妇女正在进入专业技术人员和行政及管理人员等具有职业声望和发展前途的工作，她们也往往被鼓励去选择专业而不是管理的提升路线。当妇女出现于管理者的队伍中时，她们是被置于"闯入者"的位置，被认为扰乱了妇女的从属性概

---

① 参见 Joan Acker："Hierarchies, Jobs, Bodies: A Theory of Gendered Organizations"，《Gender & Society》，Vol. 4 No. 2，June 1990，139－158；张晋芬："找回文化：劳动市场中制度与结构的性别化过程"，《台湾社会学刊》2002 年第 29 期。

念。在管理工作中，妇女管理者往往纠结于自己的身份，处于一种文化窘境。一方面，她们要面临对于女性的各种强烈抵制，挑战占统治地位的男性工作文化；另一方面，她们又必须按照工作组织的文化期待来展现自己的潜能，吸收和融入男性的工作文化中。这种文化窘境尤其给处于高级职位上的妇女带来了重重困难。[①] 第三，在性别化的组织文化中，利益总是向着男性倾斜，特别在报酬方面，一个重要原因是劳动力市场通常视男性为养家活口者，而视女性的薪资仅为补贴家用。冈德森（Gunderson，1994）归纳了男女报酬差异的五个主要来源，其中提到，由于性别歧视，相同职业中会出现男高女低的报酬差别，职位越高"同工不同酬"的性别差距越大。而且，一个职业的报酬水平往往与这个职业的性别类型相关，主要由男子从事的职业总是要比主要由妇女从事的职业具有高得多的报酬率。例如在北美，有许多以男性为主的高薪蓝领工人，其工资比一般的白领还要高。可见，由性别刻板印象带来的职业隔离在报酬的性别差异中起了非常重要的作用。[②]

在劳动组织内，女性工作的低技能、低地位、低报酬特征是组织文化性别化的结果，而这反过来又会影响妇女的工作意愿和工作行为。于是，性别意识形态在社会、家庭与工作场所之间被相互复制和强化。

第三节 性别观念

观念是文化的中心，它在一定的经济基础上形成，又作为一种无形的文化力量影响着人们的行为。性别观念也被称为性别意识形态或性别角色观念，指的是有关男性和女性在社会中的适当角色、权利和责任以及相互

[①] 参见 Joan Acker："Hierarchies, Jobs, Bodies: A Theory of Gendered Organizations"，《Gender & Society》Vol. 4 No. 2, June 1990; Julia Eventts: "Analyzing Change in Women's Careers: Culture, Structure and Action Dimensions"，《Gender, Work and Organization》Vol. 7 No. 1, January 2000.

[②] 参见 Richard Anker: "Gender and Jobs: sex segregation of occupations in the world", International Labour Office, Geneva, 1998.

关系的看法与态度。它支配了男女两性的性别规范，形成了社会所期待的男人行为和女人行为。

一、传统性别文化观念

几千年来，在父权制社会中逐渐形成的一套约定俗成的性别观念是社会的核心文化观念之一，始终处于社会的主导地位。虽然随着时代的变迁传统的性别观念正在不断地发生变化，但是它至今仍然深刻地影响着现代人在社会上、家庭里和职场中的角色地位、劳动分工和行为模式。

1. "男尊女卑"的性别观

"男尊女卑"是传统性别观念中最根本的一个性别观，也是人类历史上最重要的文化现象。古代的男尊女卑观念起源于父系氏族社会。随着社会生产力的发展和私有制的出现，男性在生产、生活、军事等领域中都占据了主要的地位，日益成为物质生产和社会组织的主导力量，而女性的地位则逐步削弱，乃至渐渐地被游离于主流社会之外，成为社会的一支边缘群体。男尊女卑意识乃因之而萌生，并在随后的父权社会中得到确立和巩固，它体现于社会制度和实际生活的各个方面。

一定的制度与一定的观念紧密相连，在男尊女卑的意识形态下，男性建构和维持了一种最基本、最持久的社会制度——以等级为特征的性别关系秩序，女性丧失了独立的社会身份，成为了附属于男性的"第二性"，开始了长达数千年的处于从属地位的生活。例如，女人可以是男人财产的一部分，被当作物品一样随意买卖，或成为占领者的战利品，甚至可以作为男人的附属品来殉葬。一直到19世纪时，许多国家在法律上都不承认妇女的独立存在。在政治上，妇女没有选举权；在婚姻中，妇女没有离婚权；在经济上，妇女没有财产权和继承权，也没有契约权，不占有土地等生产资料，形成两性在资源分配上的根本差别。

男尊女卑的观念也深深地影响着女性的劳动力参与。甚至到了20世纪，男主女从、男优女劣的现象依然充斥了整个劳动力市场。首先，在劳动力市场上，男性劳动力是主力军，女性劳动力只是"劳动后备军"、"蓄水池",处于一种辅助性和边缘化的位置。第二,劳动力市场上的组织制度、工作模式和理想工人的典范等都是以男性身体和生活模式为标准、以男性为中心制定的,女性被看作是低下的劳动者,处于劣势和从属地位。第三,如前所述,职场上的各个环节,包括雇用、劳动分工、培训和晋升、工资报酬,处处渗透了对女性的歧视和男性霸权主义,职场成为了授予男性以特权和男人对女人行使权力的又一个场所。

2. "男主外、女主内"的性别观

"男主外、女主内"是传统性别观念中另一个重要的性别观。作为一种社会现象,"男主外、女主内"自古以来就存在。由于生理差异,女性主要从事与人口劳动力的再生产相联系的劳动,而男性主要从事与物质资料再生产相联系的劳动,这是一种角色分工,也是一种劳动分工。但是,在原始社会中,两性的劳动分工是合作性质的、平等的。就像恩格斯在《家庭、私有制和国家的起源》中所指出的那样:"在包括许多夫妇和他们的子女的古代共产制家庭经济中,委托妇女料理家务,正如由男子获得食物一样,都是一种公共的、为社会所必需的劳动。"[1]

随着生产力水平的提高,阶级社会的产生,和市场经济的兴起,原本平等的两性劳动分工发生质变,导致和强化了社会中公/私领域的划分。一方面,男人的活动空间被确定在家庭以外的公共领域,他们是社会的"生产性劳动者",家庭的养家糊口者,劳动市场上的首要劳动力。女人的活动空间则被固化在家庭这一私人领域,在社会上,她们的角色是"非生产性劳动者",其主要角色是家庭主妇和母亲,充当贤妻良母成为女人的"天职"。即使进入公共劳动领域,她们也不过是具有辅助性质的后备军。另一方面,男女两性的劳动被赋予不同的价值。男性从事的具有交换价值的生产劳动得到了社会的承认和推崇,女性从事的家务劳动则因无法创造直接的利润而不被社会所承认,甚至遭到蔑视。恩格斯尖锐地指出,"妇女的家务劳动现在同男子谋取生活资料的劳动比较起来已经失掉了意义;男子的劳动就是一切,妇女的劳动是无足轻重的附属品。"[2]

---

[1] 《马克思恩格斯选集》(第4卷),北京:人民出版社,1972年版,第69页。
[2] 《马克思恩格斯选集》(第4卷),北京:人民出版社,1972年版,第158页。

同时,"男主外、女主内"也演变成一种异化的性别观,即被赋予了男尊女卑的含义。费孝通在《生育制度》一书中指出:"我们乡下就有一种谚语说:'男做女工,一世无功。'分工的用处并不只视为经济上的利益,而时常用以社会的尊卑,甚至还带一些宗教的意味。"① 在此基础上,"男主外、女主内"成了建立以男性占支配地位的社会秩序的一种工具:一方面,它造就了社会不支持甚至反对妇女参与公共劳动的态度,起到了阻碍妇女走出家门进入社会的作用,维持了女性对男性的依附和从属地位,确保了男性在整个社会上的优势地位。另一方面,它减少了男性在就业问题上可能遇到的来自女性的竞争,巩固了男性在劳动力市场上的支配地位。为此,即使女性已经冲破家庭的樊笼进入劳动力市场,一有机会由男性主导的社会就会强迫或诱导她们重新回归家庭,这在许多历史事实中频频地演绎出来。例如,在两次世界大战中,由于劳动力匮乏,参战国一度呼吁妇女去填补走上战场的男子留下的工作岗位,但是战争一旦结束,"女人的位置在家庭""妇女的天职是教养子女"等陈词滥调立即甚嚣尘上。又如,每当发生经济危机时,为了优先把就业位置给予男性,"女人回家去"的喊声就会再次响起,妇女成为首先遭到解雇和最后被雇用的人。甚至在妇女普遍就业的前社会主义国家,当国民经济衰退劳力过剩或经济转型和经济结构调整需要大批工人下岗时,女性也被鼓励回家做"社会主义的家庭妇女"。

如果从女性就业这一微观角度进行分析,可以发现"男主外、女主内"的性别观加剧了女性在劳动力市场上的边缘化状态。既然妇女的活动天地应该是在私人领域,社会对她们的期待自然是当好贤妻良母,这样女性就被假设为不可能像男性那样全身心地投入市场劳动,也不具备男性那样当理想工人的素质和能力。因此,即使女性劳动者有着与男性劳动者相似的教育水平和工作经验,雇主依然会"理性地"判定女性的生产力劣于男性,对于女性劳动力参与的期待和投资都不如男性。从而,妇女在劳动力市场上饱受了性别排挤和歧视,并被推向经济活动的边缘地位。此外,

---

① 费孝通:《生育制度》,天津人民出版社,1981年版,第25页。

女性劳动者也由此被假设为是家庭中的第二挣钱者，她们的薪资是补充性的，于是，在雇用实践中妇女普遍地被当作廉价劳动力，不仅男女同工不同酬，甚至被用做维持低工资水平的工具。

最后要提及的是，千百年来，"男主外、女主内"的观念已通过长期的教化内化为男女自身的价值观念，以至于家庭与工作对于男性和女性来说已成了截然不同的事情。建立家庭和有了孩子可能会激励男性更加积极地投入社会劳动，却会造成女性因此而完全退出社会劳动，或寻求非全日制、临时性之类的工作。男性因工作繁忙无暇顾及家庭会得到事业心强的美誉，而女性却会因工作太忙而对家庭尤其是孩子产生一种歉疚感，在公共领域的参与与私人领域内的角色期待相冲突时，她们也会常态性地把家庭和孩子放在第一位。换言之，作为一个女人，你可能逃避你的工作角色，却不能逃避你的家庭角色。

3. 性别刻板印象

性别刻板印象是社会与文化对男女性别角色的人格特质和行为表现的期待，并形成了一种概括的、僵化的、过度类化的刻板看法。社会、文化与环境是形成性别刻板印象的决定性影响因素，而性别刻板印象又是影响个体社会化和性别认同的重要因素，对人们如何担任性别角色（即做男人或女人）有着相当的约束，甚至是控制力量。当人们认同和表现出符合性别刻板印象的行为时，就被社会接受和视为正常，反之就会遭到贬斥和视之为异端。长此以往，这种影响潜移默化地深入人心，最终成为个体自身的性别意识，左右着男女两性的举手投足、角色扮演和现实选择，并世代传递下去。性别刻板印象的内容丰富，其中，人格特质性别刻板印象、社会角色性别刻板印象和职业性别刻板印象是其主要的表现或构成。

人格特质性别刻板印象：即通常所指的男性气质和女性气质，男性的性别特质集中表现为阳刚，女性则集中表现为阴柔。具体来说，男性的阳刚特质，也称为工具性特质，传统上被认为是主动、独立、自信、理性、勇敢、刚强、冒险、富有竞争性等；女性的阴柔特质，也称为情感性特质，体现为被动、温柔、细心、耐心、依赖、顺从、软弱、文静、善解人意、情绪化等。这种有关性别气质的看法和信念，旷日持久，构成了一对两相对立的性别气质印象。不过，随着时代的进步，人们对性别气质的态度也在趋向多元化，已经不再为这种单一的两极概念所束缚。

社会角色性别刻板印象：社会与文化赋予了两性气质以不同的意义，并与性别气质相对应，对男女行为产生了双重标准，以不同的社会规范来评判男女两性角色。人们对两性在社会角色扮演上的刻板印象是：男性独立、自信、勇于竞争，被期待扮演工具性角色，从事社会生活领域的活动，以工作和成就为取向；女性温柔、细心、善解人意，被期待扮演情感性角色，重视感情和人际关系，以亲和为取向，"天生适合于"从事家庭生活领域的活动，专注于家务和照顾工作。由于性别角色刻板印象的存在，男性在公共领域和女性在私人领域的不同角色要求世世代代都得到了强调。这种强调给予了男性以优势地位，使之成为社会的主导者和中坚力量，而妇女只是攀树的藤，是依附者和从属者。

职业性别刻板印象：劳动力市场是由不同职业所组成，职业性别刻板印象以性别划分职业，视某种职业只适合某一性别，是社会角色刻板印象在职场上的延伸。一方面，某些职业被认为只"适合"男性，而另一些职业只"适合"女性，从而造成了男女职业有别的"职业性别隔离"。久而久之，就形成了固化的职业性别刻板印象。例如，男性通常被视为适合于事业取向与成就取向的职业，从事管理性、专业性和技能性的工作；而女性则通常被定位在照顾者和辅助者的角色，适合于从事人力服务和低层次的工作。尤其是，男性被塑造成强者，人们往往认为成功管理者具有男性化特质；女性被塑造成弱者，缺乏与管理相关特质，则无法胜任高层管理职务。于是，"女性干活，男性管理"，"男子领导，女子辅助"便成为了一种常态。另一方面，劳动者——特别是女性——的职业选择也深受性别刻板印象的影响，极大地限制了他们自己在工作上的选择，即使受过高等教育的专业人士也难以幸免。伯尔布列斯库（Roxana Barbulescu）和比特维尔（Matthew Bidwell）在对美国1255名工商管理硕士职业选择中的差别进行考察后指出，影响职业选择有三大决定因素，即个人对不同工作所提供的回报的评估、对这些工作的认同和对申请获得成功的预期，其中每一个因素都受到社会文化性别角色的影响。比如，女性不像男性那样愿意申请像华尔街类型的金融业和咨询类工作，而更愿意申请企业内部财务或市场营销之类的一般性管理工作，尽管前者的薪水要高得多。这部分地是因为女性偏爱预期中容易与生活取得平衡的工作，以及她们对传统概念中带有男性特色的工作的认同感和在其中取得成功的期望都比较低。[①] 结果，不仅男性从事的职业较女性多元化，男性主导型职业远远多于女性主导型职业，而且妇女所集中的那些所谓"适合于女性"的工作往往是低地位、低技能、低收入并且提升机会很少的工作。反之，劳动力市场上的性别隔离反过来又强化了职业性别刻板印象。按照皮埃尔·布尔迪厄（Pierre Bourdieu）在《男性统治》一书中所说，职业性别隔离导致了妇女在职业选择中遵循三项原则：（1）适合妇女的职能应属于家庭职能的延伸部分；（2）妇女应局限于次要的辅助职能，不能对男人行使权力；（3）妇女应该将操纵技术产品和机器的专利给予男子。[②]

这些传统性别观念成为社会、家庭和劳动力市场上男女差别和性别不平等的文化基础，并且蕴含在形形色色的风俗和习惯之中。

二、习俗文化与女性生产劳动

习俗是指或大或小的某个地区的社会成员之间具有的一些生活准则和习惯，形成于不同地区的社会、物质和精神生活环境，在当地得到认同和尊重，并得到自然延续，世代相传成为传统习俗。正如有的学者指出的，习俗就像空气，虽摸不着，却无处不在。习俗包括风俗和习惯，依据地区的不同，种类繁多，涉及衣食住行，婚丧嫁娶，可谓五花八门。习俗是相对固定的，但是随着社会的发展，新旧习俗也可能出现更替。正如下文将要讲到的，在不同的地区，各种习俗对妇女的生产劳动产生了复杂的影

---

① 参见 Roxana Barbulescu & Matthew Bidwell: "Do Women Choose Different Jobs from Men? Mechanisms of Application Segregation in the Market for Managerial Workers",《Organization Science》Vol. 24 Issue 3, May-June 2013.

② [法]皮埃尔·布尔迪厄:《男性统治》，刘晖译，海天出版社，2002年版，第130页。

响,而且这些影响是在发生变化的。

中东地区的一些习俗受到宗教较大的影响,它重视家庭生活,认为妇女的角色首先是母亲,然后才是公民,并极力宣扬早婚多产的观念。与此习俗相适应,有的国家甚至将女子的法定结婚年龄由原来的最低18岁降为13岁,并且下令关闭了所有政府机构所属的幼儿园和托儿所。

当地的习俗还强调妇女与外界的隔离,尽管因国家的不同在程度上有所差异。对于大部分中东男子来说,男子气概主要被视为控制和支配妻女的能力以及满足她们经济需求的能力。因此,妻女外出工作是对作为一家之主的男人的地位和声望的损害,这些国家普遍不鼓励妇女就业。有的国家就明确规定,妇女必须首先获得其男性家族成员(丈夫或父亲)的许可后才可以参加就业、学习或迁移。如果妻子胆敢在未经丈夫许可的情况下走出家门,参加就业,就会成为丈夫离婚的理由,从而失去经济上的保障和对子女的监护权。这一规定使许多本想出去工作的女性望而生畏,最终抑制了自己的就业愿望。在此基础上,有些国家也通过职业隔离来阻止妇女就业或使就业妇女退出劳动力市场。例如,有的国家以妇女"太感情用事,缺乏理智和判断"为理由禁止女性担任法官,甚至把在政府部门从事法律工作的妇女进行清退。还有些国家的习俗不容许男女一起工作,为此要求招收女工的企业,或者为妇女设置专用通道,或者雇用保安防止男性擅闯女性属地,或者增建高墙分隔男女,从而明显地提高了企业雇佣女性劳动者的成本。也有国家为了方便妇女就业建立了一个禁止男人踏足的"女儿国",专供女性就业的工业城,涉及纺织、医药和食品加工等多个领域,以便让该国妇女在不违反当地习俗的同时,寻求自己的职业梦想。[①]

此外,按照当地的习俗,一些国家还对女性实行教育隔离,不容许进行男女混合教育,并且禁止女学生选择学习那些被认为与女性的身心特点不符、与女性的妻子和母亲角色不相容的专业。显然,此种教育隔离将使

[①] 利雅得亚洲新闻通讯社,2013年2月2日报道;英国《每日邮报》2012年8月11日报道。

女学生未来的职业范围受到严重的限制。①

这些习俗文化在妇女劳动力参与方面产生的结果是明显的,中东地区妇女的劳动力参与率在全球是处于最低水平。表11—2的统计数据显示了,2008—2010年,全球妇女的劳动力参与率是51.7%~51.2%,而中东地区的妇女劳动力参与率只有17.7%~18.1%。从国别来看,8个主要中东国家的妇女劳动力参与率都要低于世界水平23~38个百分点。在性别平等方面,世界经济论坛2010年发表的《全球性别差距指数报告》显示,如果按照性别差距由小到大的顺序将所涉的134个国家加以排列,那么,没有一个中东国家进入到前100名之内,相反,有14个中东国家排名在最后的30名内,其中,也门是倒数第一(第134位),即在男女不平等方面居全球榜首。②

表11—2　全球及部分中东国家的女性劳动参与率（2008—2010年）　　%

国别/年份	全球	中东	阿富汗	埃及	叙利亚	伊朗	伊拉克	土耳其	突尼斯	沙特
2008年	51.7	17.7	15	23	14	15	14	25	25	17
2009年	51.4	17.8	15	24	13	15	14	27	25	17
2010年	51.2	18.1	16	24	13	16	14	28	25	17

资料来源：全球及地区的资料来自ILO：Global Employment Trends for Women 2012 Table A7.，国别的资料来自World Economic Forum：Global Gender Gap Report 2012，Table2.

在亚洲也有许多地区习俗,此处将以中国的一些传统习俗为例,来说明它们对妇女的劳动参与所产生的影响。

女性缠足是中国历史上的一种特殊习俗,在世界上的其他国家都未出现过。这一习俗起源于北宋,主要限于上层社会,并集中于北方;到明朝进入兴盛时期,并由北方向南方迅速扩展;在清朝便达到了登峰造极的地

---

① 参见陈淑荣:"伊朗伊斯兰共和国初期的妇女观与妇女就业",《石家庄学院学报》,2007年第2期。
② World Economic Forum:"The Global Gender Gap Report 2010", Table 3a.

步，社会各阶层的女子不论贫富贵贱都纷纷缠足，"三寸金莲"在当时不仅成为女性美的标准之一，而且成为了身份的象征。这一摧残女性身体的陋习直到新中国建立后才被彻底消除。缠足不仅反映了以男性为主导社会的一种病态审美观，而且具体体现了对女性的一种控制。缠足有利于把妇女束缚在闺阁，远离社会公共领域，恪守"三从四德"，驯服地做"内人"。换言之，缠足成了约束女性行为、使之定位于家庭的一种方式。与此同时，缠足极大地影响了女性的劳动能力，因为小脚女人行走不便，更难以参加体力劳动，尤其是田间劳动。按照社会学家李景汉在1929年对河北省定县东平乡村515家进行的一项调查，所统计的1442人中，40岁以上妇女的裹脚比例为99.2%。[1] 又据美国卜凯（John Lossing Buck）教授于20世纪20年代在中国进行的调查，河北盐山县150户农家中，妇女的田间劳动参与率几乎为零；在江苏江宁县和武进县的农作劳动总量中，妇女劳动分别只占0~4.62%和1%。卜凯教授认为这样低的劳动参与率与妇女缠足有关。[2] 确实，缠足的习俗阻碍了妇女参与社会劳动，强化了劳动的性别分工，导致了女性在体力上、心理上、进而在经济上对男性的依赖，增强了妇女在家庭和社会生活中的从属地位。

与小脚女人成为鲜明对照的是中国客家的大脚婆姨。美国传教士罗伯史密斯在他的《中国的客家》一书中认为："客家妇女，真是我们所见到的任何一族妇女中最值赞叹的。"英国人爱德尔也在他的《客家人种志略》中评价说："客家妇女，是中国最优美的劳动妇女的典型。"客家人是在唐末至明朝中叶因战乱和灾祸数次南迁的中原汉人与当地土著居民融合而成，聚集于闽、粤、赣的连结地区。由于生存环境恶劣，当地逐步形成了这样的习俗：客家男子通常远走四方，甚至漂洋过海，到异国他乡谋生；客家妇女则留在家中，同时下地种田和操持家务，突破了"男主外，女主内"的角色分工。为了挑起生活的重担，客家女子多数不缠足，以"天

---

[1] 李景汉：《定县社会概况调查》，上海人民出版社，2005年版。
[2] John Lossing Buck：《Chinese Farm Economy》，The University of Nanking and the China Council of the Institute of Pacific Relations (Nanking)，1930. 卜凯主编：《中国农家经济》，张履鸾译，商务印书馆，1936年版。

足"为美,以"大脚婆姨"而著称。头戴竹笠,身着大襟衫和大裆裤,背着小孩,手扶犁耙,赤脚行走在田野,是传统的客家妇女形象。她们甚至还参军打仗,据说在太平天国的军队中,有不少女兵就是"大脚婆姨"客家妇女。

"自梳"是中国广东珠江三角洲地区的一种特殊的习俗,以此表明自梳女子将永不结婚,自立于社会。"盘发自立"的"自梳女"成了当地独有的特殊群体。它产生于清朝后期,当时珠江三角洲的经济已经比较发达(如顺德地区的蚕丝业),许多女子完全能够依靠自己的劳动实现经济独立;同时,她们发现一些姐妹出嫁后,在婆家地位低下,还要遭受丈夫的打骂。在此情况下,为了保持自己的自由和独立,这些女子宁可成为"自梳女"而终生不嫁。"自梳"习俗具有特定的仪式,经过"梳髻"(将自己的辫子挽成发髻)仪式后,这些"自梳女"就可以永久性地不受婚姻或养育孩子的束缚,她们或在家养蚕织布,或出外耕作,甚至远渡重洋经商、打工。据报道,1886~1934年间,佛山均安镇沙头村,有500多个"自梳女"赴新加坡。有的做女佣(在南洋称为"妈祖"),有的在建筑工地干活,有的在船上当工人。最近,京华时报记者曾前往沙头村探访了中国最后一批自梳女,其中有一位96岁的欧阳焕燕,她曾在著名华侨陈嘉庚家里工作过9年,后来又到新加坡前总理李光耀家里工作了40多年。[①] 可以说,在中国,这些"自梳女"是走出家门真正投入劳动力市场的妇女先驱。

[①] "探访中国最后一批自梳女",《京华时报》,2015年3月19日。

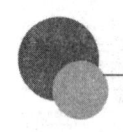

第十二章

妇女参加社会劳动与国家制度和公共政策

在当代社会,国家与市场和公民社会构成了一个活动舞台,在这个舞台上,国家通过运用国家机器拥有一种特殊的支配力量,其权力延伸到了社会的各个层面,制约着公民生活的各个方面。除了社会经济因素和社会文化因素对妇女的劳动力参与有着重要影响之外,不言而喻,国家也发挥了重要作用。通过制定各种政策和法律等的执政行为,它可能推进或阻碍妇女的劳动力参与,扮演着积极或消极的角色。下面将从国家制度和公共政策两个方面进行具体探讨。

第一节 国家制度

建立在一定意识形态基础上的国家制度对妇女的劳动力参与至关重要。现今世界上基本存在着两种制度,一种是私有制度,一种是公有制度。社会主义制度属于公有制度。

一、社会主义国家制度

社会主义制度是相对于资本主义制度而言的政治经济制度。
在社会主义制度下,国家有关妇女参与社会劳动的理念来源于恩格斯的妇女解放思想,"只要妇女仍然被排除于社会的生产劳动之外,而只限于从事家庭的私人劳动,那么妇女的解放,妇女同男子的平等,现在和将来都是不可能的。"① 恩格斯把妇女参与社会劳动的重要性放到了实现妇女解放和性别平等这一前所未有的高度。在历史上,社会主义国家成立初期,百废待兴,"动员一切力量恢复和发展生产事业"成为这些国家的头等大事,而占人口一半的妇女是一支庞大的劳动后备军。正如毛泽东指出的,"中国妇女是一种伟大的人力资源,必须发掘这种资源,为了建设一个伟大的社会主义国家而奋斗。"② 当时在中国流行的一些口号是,"时代不同了,男女都一样","男人能够做到的,女人也能做得到",最具影响力的是毛泽东提出了"妇女能顶半边天"的名言。社会主义国家还通过国家的舆论工具,形成了有利于妇女就业的社会环境。

在这一理念的指导下,社会主义国家在实践中建立起了促进妇女就业的社会支持体系和保障体系,有效地使社会主义国家妇女的劳动力参与达到了全世界的最高水平。例如,新中国建国以来,主要围绕就业保障、劳动保护、生育保险和社会服务这四个核心领域,通过法律制度和一系列的政策性规定和行政措施来促进妇女就业。首先是以法律制度保障妇女的劳动权益。在《中华人民共和国宪法》中明文规定妇女拥有同男子一样的劳动权利和同工同酬权,同时政府还采取了"广就业,低收入"等具体政策加以扶持。一方面保障城镇妇女高就业(农村妇女参与集体劳动),并将此纳入国家计划指标,甚至还将男女适当搭配作为劳动力分配指令性计划的重要内容;另一方面实行"男女同工同酬",使妇女的工资与同行业男性基本持平。第二是以制度政策为妇女提供劳动保护和维护生育妇女的权益。先后制定了《中华人民共和国女工保护条例(草案)》(1954)、《女职工劳动保护规定》(1988)等,规定了对女职工禁忌的劳动范围,尤其是对孕产妇和处于特殊期的妇女作专门的具体保护规定,如禁止加班加点或上夜班,设置女工卫生室等。第三是建立生育保险制度,给予生育妇女

---

① 《马克思恩格斯选集》(第4卷),北京:人民出版社,1972年版,第158页。
② 毛泽东:"发动妇女投入生产,解决了劳动力不足的困难"(1955年9月),《毛泽东、周恩来、刘少奇、朱德论妇女解放》,北京:人民出版社,1988年版,第64页。

一定的生育假期、生育津贴、生育补助及相应的医疗服务。第四是大办集体福利和社会服务事业，尤其是托儿设施，以解除妇女参加社会劳动的后顾之忧。①

受到国家制度与政策的双重保障，中国妇女就业便不受婚姻、生育的束缚，形成了连续就业和终生就业的现实。"妇女与男人享受同样的工作权利"以及"男女同工同酬"也成为了一种社会常态。早在20世纪50年代，中国妇女就实现了高就业率，成为世界上较早实现女性普遍就业的国家之一。近年来，在计划经济向市场经济转型的过程中，中国妇女的就业失去了一些原有的保障。尽管如此，因为有着过去几十年高就业的传统和基础，中国妇女的劳动力参与率在世界上仍然是名列前茅的，远远高于世界平均水平。据世界银行的资料，2000年，中国妇女的劳动力参与率高达70.9%，超过世界妇女平均水平（51.8%）19个百分点。②

此外，联合国的研究指出，与工业化的市场经济国家相比，工业化的社会主义国家中收入的性别差距较低（Anker 1985：6），而且，前苏联和一些东欧国家的妇女在典型的"男性职业"中取得了重要进展。例如1983年，前苏联所有工业工程师中有40%是妇女，建筑业的工程师和建筑师中有43%是妇女。1982年，在前苏联的国营农场和集体农庄中，30%左右的农艺师，55%的畜牧业专家和37.5%的兽医外科医生都是妇女。③

二、资本主义国家与福利国家制度

作为一种思潮，"福利主义"于19世纪末开始流行。第二次世界大战之前，发达资本主义国家所实施的社会福利主要是一些零散的救济性措施，直到二战后才逐步形成一套完整的体系。英国首先宣布建成福利国

---

① 参见黄桂霞："中国共产党妇女就业保障思想与实践的发展"，《妇女研究论丛》2011年7月；蒋永萍："重建妇女就业的社会支持体系"，《浙江学刊》2007年第2期。

② 世界银行WDI数据库：劳动参与率（2000/2008），www. stats. gov. cn/tjsj/…/t 20110629_402735633.

③ Valentine M. Moghadam: "Gender, Development, and Policy: towards Equity and Employment", World Institute for Development Economics Research of the United Nations University, 1990: 34.

家，然后各发达资本主义国家跟随。它们的"福利国家制度"大致经历了三个阶段：形成阶段（40年代后期到50年代）、发展阶段（60年代到70年代初期）和调整阶段（70年代中期到80年代初）。

福利国家体制论者艾斯平—安德森（Esping-Andersen）教授于1990年出版的《福利资本主义的三个世界》一书中首次使用了"体制"的观点来看待福利国家，认为福利国家体制是一种制度安排，由政府、家庭和市场三个基本结构元素组成。他依据福利体制的三个指标——社会公民权利（国家对公民权的保障程度，主要通过国家社会津贴的发放程度表现出来）、去商品化（社会的非商品化程度，意味着个人或家庭即使处于劳动力市场之外仍然能够以社会可接受的生活标准生活）、阶层化（社会福利的分层程度和社会津贴的给予，与社会等级和职业差别有着密切联系）——分析了18个国家，在此基础上，提出了三种福利国家体制：北欧的社会民主体制，北美的自由体制和欧陆的保守体制。[①]

北欧的社会民主主义福利体制主张所有公民具有平等权利，福利权基于公民权，即平等地给予全体公民一种获得福利分配的成员资格。该体制强调"去商品化"和"去家庭化"，以"政府"为核心，国家提供大量的社会津贴和社会服务，同时提供充分的工作机会，将普遍的权利资格与以"中产阶级"为标准的较高的收入给付有机地结合在一起。其结果是阶层化效果最低，去商品化效果最高。

北美的自由主义福利体制主张以"市场"为核心，强调市场导向的社会保障制度，只有在市场调节失败后，国家才进行干预，提供一个紧急的"安全网"。这种福利体制实行在资产调查基础上的社会救助式福利，向少数没有能力通过市场交换解决福利需求的个人或家庭提供社会保障，包括最低程度的福利与服务，其他有工作的人则通过由企业和个人交纳社会保险的形式依靠市场得到程度不同的福利和服务。简言之，"穷人依靠国家，其他的人依靠市场"（Esping-Andersen 1999：44）。该体制阶层化效果最高，去商品化效果最低，社会权利的扩张受到抑制。

---

① 参见李碧涵："市场、国家与制度安排：福利国家社会管制方式变迁"，《全球化下的社会学想象：国家、经济与社会》研讨会论文集，台湾社会学年会2000年。

欧陆的保守主义福利体制主张维持现有社会阶级和社会地位，社会权利取决于参与劳动市场和社保缴费。据此，一方面国家取代市场成为提供福利的主导者，有比较慷慨的转移支付，另一方面家庭又承担了首要的照顾和服务责任，只有当家庭无力维持时，国家才予以介入，成为家庭失能的最后安全阀。这种体制带有强烈的合作主义色彩。其阶层化效果和去商品化效果均属中等。

劳动力市场是福利国家制度中的一个不可分割的组成部分，不同模式的福利体制对妇女的劳动力参与产生了不同影响。

社会民主福利体制的核心观念是普遍主义，在强调普遍的公共福利的同时，十分重视男女的充分就业，尤其是鼓励和支持妇女就业。这既是因为工作权利属于公民资格的一个重要方面，又是由于全民就业是社会民主主义的支柱，大部分人有工作才能支撑庞大的福利开支。在此背景下，一方面，这些国家的公共部门向妇女提供了大量的就业机会。以瑞典为例，在其公共部门新增的工作职位中，75%给了妇女（Esping-Andersen 1999：290），从而不仅实现了妇女的高就业率，并且形成了一个以妇女为主的公共部门和以男子为主的私人部门这样的两极就业结构。此外，妇女在医疗、护理和教育等职业中占据主要地位也是公共部门职位向妇女倾斜的国家福利政策的一个结果。另一方面，国家提供大量优质的托儿机构和照顾服务，机构照顾模式取代了家庭照顾模式，有效地减轻了父母、尤其是母亲的一部分家庭责任，使得女性能够得以进入劳动市场和获得工作保障。如在20世纪80年代，3岁以下儿童的公共托育百分比在北欧社会民主体制国家达到了31.0%，而在欧陆保守主义国家体制是9.2%，在北美自由主义体制的国家只有1.9%（Esping-Andersen 1999：61）[①]。托儿机构的福利化成为北欧国家妇女就业的推动力，其就业率普遍高于其他西方国家。

自由主义福利体制的核心观念是个人主义，强调自我保障原则和福利的个人责任，强调个人在市场的权利和福利的市场化，一切都交与市场，

---

① 参见李碧涵："市场、国家与制度安排：福利国家社会管制方式变迁"，《全球化下的社会学想象：国家、经济与社会》研讨会论文集，台湾社会学年会2000年。

市场原则至高无上。基于这种理念，女性的就业也主要由市场决定，国家对待妇女参与劳动的态度是既不鼓励也不反对，国家也不将设立托儿机构和父母休假制度视为自己的责任，认为产假、父母假应由雇主和雇员之间的协议来安排。以美国为例，一方面，接受公共帮助的妇女必须寻找就业这个概念是美国福利体系和联邦福利立法的中心，1996年，美国政府还发起了从福利到工作伙伴的运动，让更多的接受援助者从依赖援助到参加工作自救。因此，美国妇女的就业率在发达国家中是比较高的，虽然低于北欧妇女，而且从事非全日制工作的也较少。另一方面，几十来的市场化就业分配机制伴随着商业和休闲业的迅猛发展，不仅导致了"男性职业"和"女性职业"二元化趋势，同时也造成了女性在劳动力市场中的"好职业"和"坏职业"间的分布的二元分化。大部分妇女（尤其是少数族裔等弱势群体）在低薪的服务部门就业，成为这种福利体制的主要救济对象，而有一小部分妇女则进入了高薪、高技能部门就业，得到较好的工作福利，并在市场购买服务。

保守主义福利体制以家庭主义而著称，最初发生在德国。在面临资本主义市场压力的情况下，保守型国家支持"传统"家庭关系，强化家庭的福利功能，家庭成为了福利体系的基石。它既通过给予男性养家糊口者以更大的支持（如"家庭工资"）使传统家庭模式制度化，也让提供照顾的负担主要由家庭——尤其是妇女——来承担。例如，在德国，丈夫可因妻子在家照顾孩子而享受税收优惠，家庭主妇因在家照料孩子也可每月领取津贴；但是，如果妻子工作，丈夫的工资会被征收高额税。这种做法意味着男子在他们有酬工作的基础上获得社会权利和被赋予享受福利的优先权，而妇女则通过她们与配偶的关系或母亲身份的中介作用获得衍生性的福利，从而起到了维持、强化女性的家庭角色和男性的社会角色的作用，产生了鼓励妇女留在家中当贤妻良母和促使妇女较少就业的结果。在现实生活中，德国已婚妇女很少外出工作，尤其在生育后一般都在家带孩子，知识女性也是如此。重返原单位工作的那些有学龄前子女的母亲，往往从事的是临时性的、非全日制工作。因此，德国妇女的就业率在发达国家中是处于中等水平（Daly，2000）[①]，她们的平均工作时间也较少，大部分都集中在边缘的服务业部门，男女工资差距明显突出。

综上所述，这三种福利体制的基础是各异的，社会民主体制是以公民权为基础，自由主义体制是以劳动者个人为基础，保守主义体制是以家庭为基础。通过建立在各自基础上的公共政策，它们对妇女劳动力参与也产生了不同的作用。

第二节 公共政策

公共政策是国家现代生活的一个不可或缺的部分，作为国家意志的体现，它是公共权力机构为解决公共问题、实现公共利益而制定的。公共政策一旦形成，必然会对社会成员的生活产生深刻影响。在妇女的就业问题上，政府积极的劳动力市场政策和友善的家庭政策具有很大的促进作用，而维护男性支配地位的福利政策和税收政策则起到了相反的作用。

一、劳动政策

在不同时期，不同国家涉及女性就业的劳动政策都在不同程度上影响了女性的劳动力参与以及她们在劳动力市场上的待遇。国家政策可以通过若干正式的政府行动而产生和变化，其中最重要的政府行动是法律的制定，即立法。

1. 排斥性立法

"婚姻禁止"（marriage bar）是19世纪后半期至20世纪60年代英、美等国家采用的限制已婚妇女就业的一个典型的排斥性法令或规范。对已婚妇女的就业禁止包括两个方面，第一是"雇用禁止"，即不雇用已婚妇

[①] Ann Shola Orloff: "Women's Employment and Welfare Regimes", United Nations Research Institute for Social Development, Social Policy and Development Programme Paper No. 12, June 2002: 9.

女，第二是"留用禁止"，即单身妇女一旦结婚就被解雇，不再留用。"婚姻禁止"的初衷是限制受过教育的中产阶级已婚妇女就业（主要是从事教育和办事员职业的妇女），而制造业的女操作工、女招待员和女佣等低报酬工作一般不受其影响。"婚姻禁止"是对父权制进行再肯定的一种政策，是对"已婚妇女"的偏见和公然歧视，并成为了她们就业的严重障碍。在美国，"婚姻禁止"主要出现在20世纪20年代至50年代。[①] 据对美国地方学区的一次综合调查，二战前夕，美国所有学区有87%的学校不雇用已婚妇女，有70%学校在单身妇女结婚时不再留用；又据1931年对美国7个城市178个大型商行的调查，12%的商行有单身妇女结婚时不再予以留用的政策，有29%的商行有不雇用已婚妇女的政策。[②] 事实表明，"婚姻禁止"剥夺了已婚妇女的就业权，从而也降低了妇女的就业率。1920年美国已婚妇女仅占女性劳动力的23%，其劳动力参与率只有9%，"婚姻禁止"废除后，1960年美国已婚妇女占女性劳动力的比例高达60.7%，其劳动力参与率也上升到31.7%（见表5—2和表5—3）。同时，"婚姻禁止"也降低了妇女、尤其是年轻妇女获得教育的渴望和职业抱负，使得她们不愿对"婚姻禁止"所覆盖的那些职业部门的专业技能进行人力资本投资，雇主也不愿对女性雇员进行这方面的职业培训，因而使妇女局限于低报酬的职业。

2. 保护性立法

最早形式的保护性立法是19世纪一系列涉及妇女儿童的工厂法。英国1802年的工厂法（《学徒健康与道德法》）是其中最早的，[③] 标志着现代意义的劳动法。总的来说，英国将劳动妇女列为保护对象的工厂法不仅起步早，内容也比较系统。例如，1842年的"煤矿及矿工法"禁止妇女儿童下井采矿，1844年的工厂法又限制了妇女和儿童在工厂的工作时间。在美

[①] Claudia Goldin："Marriage Bars: Discrimination against Married Women Workers, 1920's to 1950's", NBER Working Paper No. 2747, October 1988.

[②] Claudia Goldin:《Understanding the Gender Gap: An Economic History of American Women》, Oxford University Press, 1990: 162 – 164.

[③] 王宇博："试论英国1802年工厂法"，《苏州科技学院学报（社会科学版）》2014年01期。

国，19世纪中期开始，各州也普遍制定了专门针对女工的保护性立法，其中有些立法是禁止妇女从事某些职业（如采矿、当酒吧招待以及要求举重物的工作）或限制她们的工作时间（夜班被完全或部分禁止）；[1] 还有一些立法是给予妇女以男子没有的一些权益，包括规定了最低工资、加班费、午餐时间和工间休息时间等。[2] 以有关工作时间的立法为例，1847年，新罕布什尔州通过了第一个有关的法律，规定制造业女工每天的最高工时为10小时。至1919年，美国有40个州通过了限制工时的立法。不过，对于保护性立法效果的看法并不一致，一种观点认为，保护性立法起始于改革者对所有工人的工作条件的关心，最终也使妇女劳动者成为得益者，改善了她们的工作条件。另一种观点认为，保护性立法是在改革的外表下限制了女性的就业，如关于对最高工时法的规定不但减少了女性就业的机会，而且造成了一些雇主不愿雇用女性的后果。[3] 还有的观点认为，严格限制女性的工作时间、工作类型和工作条件等的保护性立法是一种伪装了的性别歧视，事实上减少了女性对男子的竞争，更多地起到了保护男子和雇主的作用。确实，在实践中，保护性立法对女性的差别对待与就业性别平等的原则发生了冲突。[4]

3. 平等就业立法

20世纪下半叶，与妇女就业相关的立法朝着平等对待的方向移动，两性平等就业的法制得到了较大发展。它是从男女同工同酬立法开始的，然后发展为同值同酬。欧盟早在1957年的《罗马条约》中就提出了男女同工同酬原则，美国于1963年也制定了《同酬法》，旨在缩小做同等工作的男女间的报酬差异。然而，它无力解决因劳动力市场上明显存在的职业隔离所引起的不平等报酬问题，于是有人提出了"同值同酬"的政策概念，

---

[1] Hunter College Women's Studies Collective：《Women's Realities, Women's Choices》，Oxford University Press, 1995：487.

[2] Nadine Strossen："Regulating Workplace Sexual Harassment and Upholding the First Amendment-Avoiding a Collision", 37 Vill. L. Rev. 757 (1992).

[3] Claudia Goldin：《Understanding the Gender Gap：An Economic History of American Women》，Oxford University Press, 1990：189, 192.

[4] Hunter College Women's Studies Colledtive：《Women's Realities, Women's Choices》，Oxford University Press, 1995：487.

即男女从事的职业不同,如果经过工作评鉴发现它们所需的技能、努力、责任和工作条件等相当,即应获得相同薪资。"同值同酬"(或"可比较价值")成为20世纪80年代的一个重要研究议题,相应的政策法令也应运而生。例如,1975年欧盟颁布了《平等付薪指令》(Equal Pay Directive),确立了同值同酬的原则,规定同酬的概念应适用于同等价值的工作。一些工业化国家还制定了排除性别偏见的工作评价方法,如瑞典的"实现报酬公正的步骤"。①

除了报酬平等,两性就业平等法还涉及了平等劳动权益的问题。例如,1964年美国通过的《民权法案》的第七章扩展了男女就业平等权的内容,规定男女在雇佣、解雇、工资报酬、就业条件及其他待遇方面均享有平等的权利,雇主不得有歧视行为。美国还设立平等就业机会委员会(EEOC)负责该法的实施。1965年发布的总统行政命令禁止持有联邦合同的承包人和分包者进行就业歧视,1967年的总统行政命令继而将性别因素明确包括在就业歧视中,一旦发现有歧视行为就会取消与违反者的现有合同,并将其排除在未来的政府合同之外。这一规定相当重要,因为在美国,大约全部劳动力的三分之一是为拥有政府合同的公司工作的。② 欧盟也在1976、1978年相继颁布了《平等待遇指令》(Equal Treatment Directive)和《社会安全平等待遇指令》(Social Security Directive),为欧盟女性平等劳动权益的保障提供了法律基础。

此外,在扩大平等就业立法的范围方面也取得了明显进展。例如,在美国著名女性主义者凯瑟琳·麦金农(Catharine McKinnon)首先提出"性骚扰"的概念后,1975年,美国联邦法院第一次将其作为一种性别歧视而加以禁止。1980年,美国平等就业机会委员会进一步明确了雇主对其雇员的性骚扰行为负有法律责任,并要承担巨额的补偿和赔偿数目。迄今为止,已有多国在法律(尤其是劳动法)中明确规定性骚扰属于应予禁止的

---

① 国际劳工局局长报告:"工作中的平等:应对挑战",国际劳动大会,第96届会议,2007年,第84页。

② M. Margaret Conway etc.:《Women & Public Policy》, A Division of Congrssional Quarterly Inc. 1995:67.

非法行为。[1] 1978 年，美国国会还通过了《怀孕歧视法》，禁止企业对怀孕妇女的歧视，它规定，若雇主因受雇者怀孕、分娩或其它相关医疗情况，拒绝对其录用、晋升，或拒绝给予津贴、医疗保险，甚至将其降职、解雇或强迫其自动离职等，均构成雇佣歧视。美国还针对女性在管理层中遭受歧视的现象于 1991 年制定了《玻璃天花板法》，并特别成立了"玻璃天花板委员会"，试图从法律上消除阻扰女性晋升至决策层的障碍。[2]

尽管在实践中，妇女在平等就业方面的获益依然有限，也不能认定这样的得益乃是因为政府的政策，但毫无疑问的是，在为自己权益提出控告时，许多妇女正是依据这些政策和立法打赢了官司。[3]

二、经济政策

妇女就业首先是一个经济行为，国家的发展计划和经济政策支配了妇女的就业机会和条件，是形成妇女就业宏观经济环境的一个至关重要的组成部分。

1. 出口导向的工业化政策

出口导向的工业化政策是指发展中国家采用的一种发展战略，即以本地廉价的劳动力结合发达国家的资金和技术，发展出口产品的生产，并籍此积累资金和发展经济。由于这些出口商品通常都是劳动密集型产品，女性的工作报酬又普遍低于男性，所以妇女往往担任了出口加工区的大部分工作岗位，成为其主要劳动力。如在加勒比海地区的出口加工区中，大约有 80% 的劳动力是女性，她们为本国的工业化作出了重要贡献。而出口导向的工业化政策也对这些国家的妇女就业产生了有利影响，推动了女性劳动者的大规模经济流动，大量地增加了妇女的就业机会。如在加纳和乌干

---

[1] 易菲："美国职场性骚扰法律制度及对中国之启示"，《昆明理工大学学报》社科（法学）版，2007 年 11 月第 7 卷第 7 期。

[2] 参看李炳安："欧盟与美国两性工作平等法制之比较"，《武汉大学学报（哲社版）》2004 年第 3 期。

[3] M. Margaret Conway：《Women & Public Policy》, A Division of Congressional Quarterly Inc. 1995：76.

达，妇女从农业部门向非农经济部门的转移速度甚至比男子还要快（世界银行，2001）。① 虽然她们得到的工资很低，但通常还是高于她们务农或在乡村工业所能挣到的收入。不过，随着劳动密集型出口加工企业逐渐被技术密集型出口加工企业所取代，女性劳动力的比重正在下降。

2. 缩减公共部门的政策

在世界上，不论是发达国家或发展中国家，公共或国家部门都是妇女的主要雇主，在发达国家更是如此。如在法国、爱尔兰、荷兰、瑞典和英国的公共部门中，女性雇员的比例高达45%至50%，② 在美国，公共部门和公民服务尤其是非裔妇女就业的一个重要来源。这种状况的出现与两个原因有关：第一，在许多情况下，公共部门在工资、招工和提升政策等方面对妇女的歧视都要少于私营部门，尽管妇女雇员通常依然集中于较低级别的职位。第二，公共部门的工作时间往往较短，使它成为有家庭责任的妇女所喜爱的雇主。③ 但是，近年来，世界上不少国家都采取财政紧缩和削减公共部门的政策。一旦出现这种情况，女性所遭受的损失就要大于男性。这是因为，一方面，公共部门的不同性别间的收入差距要小于非公共部门，被公共部门裁减下来后即使能实行再就业，女性的收入很可能出现大幅度下降。另一方面，公共部门通常提供的福利，如产假、日托设施和灵活的工作时间等，对妇女就业至关重要，而在非公共部门则往往比较缺乏。被裁员后，原本由国家承担的一部分责任就被重新转移给了家庭，尤其是增加了妇女的负担，这势必会给她们寻求和接受新工作带来困难。因此，女性在遭受公共部门裁减后退出劳动力市场或进入非正规部门工作的可能性要比男性大得多。④

---

① 马丁·拉马（Martin Rama）："全球化与发展中国家的劳动者"，世界银行政策研究工作论文第2958号，2003年1月。

② 国际劳工组织："欧盟国家公共部门妇女失业风险更高"，联合国网站，联合国人口议题，新闻报道，8/18/2015。

③ Valentine M. Moghadam: "Gender, Development, and Policy: towards Equity and Employment", World Institute for Development Economics Research of the United Nation University, 1990: 39.

④ 马丁·拉马（Martin Rama）："全球化与发展中国家的劳动者"，世界银行政策研究工作论文第2958号，2003年1月。

三、家庭政策

家庭政策通常被看作是国家对处于私领域中心位置的家庭进行的干预和规制，是公共政策的重要一环。长期以来，妇女的位置是在家庭，因此家庭政策、尤其是围绕妇女劳动力参与的家庭政策，与妇女就业息息相关。家庭政策的范围较广，这儿只讨论与妇女劳动力参与直接有关的家庭支持政策，包括生育休假制度、托育制度和儿童福利补贴政策。

1. 生育休假制度

目前与生育有关的休假制度起初只有单一的产假，后来才产生了父亲陪产假和父母育儿假。产假是在职妇女产期前后的休假待遇，其主要目的在于让孕产妇有时间休息、恢复身体和照顾新生儿。它最早起源于1878年的德国。[①] 1919年，国际劳工组织在《生育保护公约》（第3号）中首次对产假制度设定了国际标准，期限为12周。1952年（第103号）和2000年（第183号）的《生育保护公约》又将产假期限延长到至少14周，并规定了产假期间现金津贴的数额不得低于该妇女原先收入的三分之二的生育津贴标准。由于世界各国国情和体制不同，法定产假的长短和生育津贴的数额也不相同。据国际劳工组织2013年对185个国家的调查，有98个国家（占一半以上）的产假为14周或以上，其中74个国家在这14周或以上的产假期间的现金津贴数额至少为原收入的三分之二，只有2个国家（巴布亚新几内亚和美国）不提供产假带薪的福利。从全球来看，有40.6%的就业妇女享有法定产假，28.4%的就业妇女享有带薪产假。[②] 研究表明，由雇主提供产假的妇女比没有这种福利的妇女更可能在生育孩子后重新回去工作。但是也有观点认为，单纯的产假是把父母的责任完全施加在妇女身上，劳动法在给予妇女这一慷慨权利的同时也导致了她们在劳动力市场上地位的削弱，使妇女被视为不可靠的工人。

---

① 杨淇茜：“以'陪产假'为视角试论生育险对男性权益的保护”，《法制与社会》2016年第23期。

② ILO："Maternity and paternity at work: law and practice across the world", Apr. 2, 2014.

20世纪70年代后,生育假制度经历了一个显著变化,出现了陪产假和父母育儿假,旨在鼓励父亲参与对子女的照顾,推进男女共同承担家庭责任。陪产假是丈夫在子女刚出生后获得的一种短假,既可以是任选也可以是具有强制性的。如在意大利,丈夫在妻子生产后有权休两周的陪产假,而在葡萄牙是20天(其中5天为必休),冰岛则为90天。这种陪产假可能带薪也可能不带薪,所需资金由雇主或通过社会保障制度提供,或由这两者共同提供。① 据国际劳工组织的资料,2013年时全球167个国家中有79个国家有法定的陪产假。育儿假是在产假结束之后,父母两人共同享有或父母中任何一方享有的一段较长时间的休假假期。瑞典是第一个将带薪父母假制度化的国家,于1974年加以实行,并将过去的母亲津贴转变成为父母津贴,比其他国家早了将近20年。② 至2013年,全球受调查的169个国家中已有66个国家提供父母育儿假,其中高收入的国家居多。③ 制定父母育儿假实际上是以国家立法的方式促使父亲也像母亲一样担负起照料婴幼儿的责任,从而通过国家干预来推进男女平等就业的实现。然而,在父母假利用率方面,在任何地方,母亲所休假期都要多于父亲。一方面,人们的文化观念仍然将妇女视为孩子的主要照顾者;另一方面,男女工资差别的存在使得男子不愿为照顾子女而影响有酬工作。此外,许多工作母亲似乎也没有休满全部数量的育儿假期,因为她们担心慷慨的育儿假会强化人们所持的女职工"代价昂贵"、"不可靠"的看法,促使雇主宁愿雇用男性雇员;同时,这些母亲还担心超过一定长度的休假会使自己的劳动技能发生折旧,不利于未来事业的发展和收入的提高,甚至会使她们难以或没有兴趣重返劳动力市场,反而起到了将妇女推出而不是拉入劳动力市场的作用。

2. 托育制度

儿童保育是一项公共责任(也被称为"社会母职"),这一看法现今已

---

① 国际劳工局局长报告:"工作中的平等:应对挑战",国际劳动大会,第96届会议,2007年,第92页。
② 赛维·苏美尔:"斯堪的纳维亚与欧盟'工作—家庭协调'政策过程的批判性回顾",《公共行政评论》2013年第3期。
③ ILO:"Maternity and paternity at work: law and practice across the world", Apr. 2, 2014.

越来越成为一种基本的共识。为了促进妇女就业，各国除了制定生育假制度之外，还设立了国家托育制度。不过，因为各国的家庭政策不同，它们的托儿制度也具有明显的差异。

首先，推行强调女性公民权的家庭政策的国家，注重通过全面性、制度性的福利来平衡女性在公共领域和私人领域的生活和角色责任。为此，它们往往具有全面覆盖的公共托育服务。如在丹麦，6个月到2岁的婴幼儿有66%受托于公立托育系统，3至5岁的儿童的受托率更高达93%。其托育服务由地方政府经营、督导和管理。在政府的大量补贴下，每个家庭支付的托育费用不到实际托育费用的五分之一，妇女无论是否就业都能享受价廉质优的托育服务（OECD，2005）。其次，实施强调妇女就业的家庭政策的国家，从女性的家庭照顾者和社会就业者的双重角色出发，以完善的国家托育制度来支持妇女的多重身份。例如，法国有大规模的学龄前儿童照顾支持体系：3个月至2岁的婴幼儿除了家长自己照顾之外，可以根据父母意愿委托政府督导的家庭保姆看护或进入公立的托婴中心，资金由"卫生健康部"统筹，家庭只支付四分之一的费用（CUSSW，2005）。2—6岁这个年龄段的儿童几乎全部都进入了公立托儿所，费用则由"教育部"统筹。再次，实行强调女性母职和照顾者的家庭政策的国家，通过市场解决公共服务的社会问题，由家庭或个人在市场上购买托育服务。例如，美国没有公立的托育照顾机制，41%的3岁孩子是上私立托儿机构，其余幼儿则由家庭自行照看或进入雇用单位主办的托儿机构等。[1]

毋庸置疑，在前两种类型的国家中，全面覆盖的公共儿童照顾服务为妇女劳动力参与创造了有利条件，不但有利于母亲能继续留在劳动力市场，并且能改善她们的处境从而有助于女性平等地参与劳动力市场。在利用市场机制解决儿童托育问题的国家中，职场母亲就没有那么幸运，可能在一段时间内被迫退出劳动力市场或寻求非全日制工作。

---

[1] 参见邱贵玲："从女性角度分析比较美国、法国、丹麦三种家庭政策发展模式"，（台湾）《社区发展季刊》114期；赵叶珠："妇女就业与照料孩子制度间关系的国际比较研究"，《中华女子学院山东分院学报》，2004年第1期。

3. 儿童福利补贴政策

除了提供生育假和托儿服务外，不少国家还对儿童实施了福利补贴政策。这种资助有的是直接的，有的是间接的。仅直接补贴一项就名目繁多，各国也不尽相同。以澳大利亚为例，其儿童一出生就有一份新生儿补贴，接着就可以获得儿童福利津贴，具体金额是根据孩子的年龄、需要和家长的收入等因素进行衡量，收入越低，津贴越高。孩子无论是入托还是在家里照顾，都有儿童福利补贴，甚至家长下班晚，需要花钱请人帮忙接孩子，也可以收到一份按小时计算的额外补贴。另一种对儿童的直接现金资助是托费报销，孩子无论是入托还是上学，其费用在减去各种儿童福利津贴后，政府再给报销你实际花费的 50%，而且这个"报销"不受父母收入的影响。[1] 在经合组织国家，2005—2007 年的照看孩子的补助金占 GDP 的比例平均达到了 0.79%，其中北欧福利国家更高达 1.52%。[2]

经合组织的研究发现，比较慷慨的照顾孩子的补助金（如托费报销）有助于消除职场母亲的后顾之忧，所以通常伴随着较高程度的女性劳动力参与；而儿童福利津贴可能减少女性劳动力参与，因为这一收入基本上被转变成孩子的赡养费，反而会降低妇女参加工作的动力。从促进女性劳动力参与的观点来看，照顾孩子的补助金似乎比儿童福利补津更可取。[3]

四、税收政策

税收政策是对收入进行再分配的重要手段，对于包括男女两性在内的不同利益群体将会产生不同的作用。如，税收政策可以有效地影响男女两性的就业和工资收入，在一定程度上加强或削弱传统的性别规范和性别不平等。各国的家庭税收制度明显地体现了这一点。

在历史上，许多国家实行以家庭而不是以个人为单位的联合税收制

---

[1] 澳洲儿童福利・GitHub, https：//gist.github.com/flyabroadvisa/8969771。
[2] 转引自熊跃根："女性主义论述与转变中的欧洲家庭政策——基于福利国家体制的比较分析",《学海》2013 年第 2 期。
[3] OECD Economics Department："Female Labour Force Participation: Past Trends and Main Determinants in OECD Countries", May 2004.

度，即对家庭中第二个工资赚取者征收的税要大于对主要工资赚取者征收的税，其背后的理念是传统的"家庭工资"。早在上世纪30年代大萧条时期，美国总统罗斯福就采取了这一征税制度。至20世纪70年代，大多数经合组织国家都使用夫妻合并计税制。按照这一税制，如果丈夫已经有了一份高报酬工作，那么妻子参加工作即使收入较低（劳动市场上女性工资普遍低于男性）也会大幅增加家庭需付的收入税，其结果在经济上很可能是得不偿失。这样，一些已婚妇女往往就选择不工作，留在家里相夫教子。因此，这种税收政策实际上起到了不鼓励女性就业的作用，强化了"男主外、女主内"的性别分工模式。

20世纪60年代末，为了鼓励妇女就业，瑞典政府成功地推出"中性税收规定"，已婚夫妇分开报税。现在几乎所有发达国家都采用夫妇分开报税的做法，或者纳税夫妇至少有分开报税的选择权。来自经合组织国家的证据表明，这种对于已婚就业妇女来说较为公道的税收政策增加了她们参加工作的动力，导致女性劳动力参与的增加，尤其是非全日制工作的女性供给。[①] 与此同时，她们的家庭收入也有了较大的增加。在瑞典，如果一个妻子的有酬工作时间从零增加到全日制，其家庭的可自由支配收入（扣除所得税等之后的薪资）在税收改革前的1967年是增加43%，而在税收改革之后的1973年则增加了67%。[②]

在实践中，许多其他公共政策也都产生了与税收政策异曲同工的效果，美国的社保福利政策就是一个很好的例证。按照美国社会保障福利法（Social Security Benefit Law）的规定，即使是一个终生没有参加过工作的全职太太到了法定退休年龄也可以从国家领取配偶退休金的一半，而这对其配偶的实际退休金不会产生任何负面影响。于是，一些就是拥有良好教育背景的女性也宁愿牺牲自己、全力当好贤妻良母，以保证丈夫能有一份高薪工作。显然，这对推进女性就业势必会产生不利的影响。

---

① OECD Economics Department: "Female Labour Force Participation: Past Trends and Main Determinants in OECD Countries", May 2004.

② Jane Lewis: "Equality, Difference, and State Welfare: Labour Markete and Family Policies in Sweden", p. 68,《Feminist Studies》1992, Spring Vol. 18 No. 1.

上文显示，一个国家的制度和政策是妇女就业的宏观背景和重要保障条件。政策制定过程本身是在一定文化背景中发生的，而性别文化是社会生活的一个整合部分，因此所有的政策都受到政策制定者的性别意识形态的影响，可以说，性别是被镌刻在社会政策之中的。就女性就业而言，在当今世界，虽然妇女正越来越多地进入劳动力市场，成为劳动者，在职场中对女性的排斥和歧视也有所减弱，但总的来看，公共政策仍然是以妇女的传统角色为基础，女性在就业问题上依旧面临着一系列特有的困难。妇女要进入职场本来就不易，而进入后与男子相比又是处于明显的弱势地位，这表明了离真正的男女就业平等还有很长很长的路要走。要改变这种状况需要国家政策的支持，更需要政策制定者的性别观念的变化。

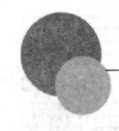

第十三章

妇女参加社会劳动与人力资本和社会资本

在古典经济学中，资本、土地和劳动并称为三大生产要素。资本类型包括物质资本、人力资本和社会资本，人力资本和社会资本是相对于物质资本的无形资本形式。舒尔茨系统地提出了人力资本理论，认为人力资本是人作为生产者和消费者的能力，是劳动者的知识、技能、体力（健康状况）所构成的资本。人力资本的概念使"资本"摆脱了具体的物质形态向广义和抽象的层面扩展，为社会资本理论的提出奠定了基础。社会资本是指人们在社会结构中所处的位置给他们带来的资源和动员这些资源获取利益的能力，社会资本附着在社会网络和社会关系中。劳动者拥有的人力资本和社会资本的差异在宏观上会影响一个国家参与国际分工的比较优势，在微观上它可在很大程度上影响一个人或一个群体在劳动力市场上的地位和收入，也是现实生活中在劳动供给方面影响男女两性参加社会劳动的重要因素。

第一节 人力资本

人力资本是体现在劳动者身上的一种内生的经济资源，是在"人力环境"中通过投资而形成的，男女先天的劳动能力会随着人力环境的变化而变化。人力资本的"投资对象"和"投资环境"的不同造成了人力资本投资的性别倾向，决定了人力资本的性别差异，形成了性别人力资本。

一、女性人力资本的特征和成因

女性人力资本除了带有人力资本一般特征之外，还具有自己的一些性别特征，主要体现在以下三个方面。

1. 人力资本存量

人力资本可分为一般人力资本和专业人力资本，具体表现为教育资本、技术与知识资本、健康资本和迁移与流动资本。人力资本存量是指经上述的资本投资形成的、凝结于劳动者身上的知识、技能和健康等。由于女性人力资本投资不足，投资规模小，其人力资本存量与男性相比存在着明显的性别差异。

教育资本投资：教育投资是人力资本投资的主要部分，一般是指通过正规的学校教育而获得的常用知识和能力，是其他形式人力资本形成和扩大的基础。家庭成为初级阶段人力资本的主要投资者。基于性别的传统社会观念、文化态度和风俗习惯往往导致了父母重男轻女的思想和行为。最具代表性的是"男主外、女主内"的社会性别观念使许多父母认为上学读书对女孩无用，或者对于她们将来当贤妻良母并不重要，况且教育代表了大部分家庭的资源的相当大的消耗，于是家庭的教育投资自然地向男孩倾斜，男孩被给与了优先接受教育的权利，而女孩上学被认为是一种浪费。在经济资源比较紧缺的家庭里，贫困更迫使女孩帮助做大量的家务劳动和照顾弟妹，或者当童工在经济上补贴家用，即使入学的女童也与男童不同，她们经常会因为帮助干家务活、照顾弟妹和家里的病人而缺课，女童的失学率和辍学率均普遍高于男童。

在此背景下，女性受教育的机会、受教育水平和受教育领域都明显地不如男性。据联合国发布的《2010年世界妇女：趋势和统计》，从全球来看，虽然女性受教育的总体水平有了较大提高，但仍然明显低于男性，具体表现为：第一，许多发展中国家的女孩入学率低于男孩。全球共有7200万失学儿童，其中54%为女童。第二，女性的文盲率远远高于男性，在不发达国家和农村地区尤其如此。在全世界 7.74 亿成人文盲中，妇女占近三分之二，这一比例在近二十多年来始终没有得到改变。第三，女性受教育领域的范围明显地较男性狭窄。虽然高等学府中以男性居多的局面正在改观，除了少数地区，世界各地的高等教育的女生入学率均开始超过男性，但是各个学科领域的入学率的分布显示出明显的性别差异，女学生局限于比较狭小的范围里，如教育、卫生和福利、社会科学、人文科学和艺术专业，形成了一种事实上的性别知识鸿沟。①

技术知识资本投资：劳动者受工作岗位职责要求所具有的相关知识、技术和能力（专业人力资本）是人力资本投资的最终目标，可直接投入产品和服务的生产过程并转化为市场价值。专业人力资本主要是通过专业学习和在职培训来获得，在职培训的投资则大多由企业提供。

相对于男性，女性的这种以市场为导向的人力资本投资更弱，严重缺少与男性平等的技能教育和培训。其原因是：首先，教育资本是一种能力资本，女性教育水平低、文盲率高成为她们专业资本投资的第一个障碍。例如，一个不具备基本读写能力的人，自然难以进行计算机技能的培训，即使只是初级的技能。第二，如前所述，虽然现在的学校已经比较开放，但是性别差异教育仍在继续。与职业有关的科学技术被认为是代表男性气概的一种文化符号，与妇女的再生产和她们在家庭领域中的责任是不兼容的，包括女性自己在内也这样认为。所以，时至今日，在全球范围内，攻读理科和工科专业的女生人数仍然明显偏低。第三，长期以来，妇女学习技能遭受了严重的性别歧视和排斥。从最早一些家庭祖传的技能传男不传女，到妇女不能参加技艺（手工艺）行会，在历史上男子控制了接近和掌握劳动技能的通道。就是在现代企业中，雇主往往认为女性的劳动力市场归属不强，是不可靠的和非理想的工人，因而普遍地不愿向女性雇员进行在职培训投资，尤其是高技能工作所要求的培训。这些因素导致了妇女专业知识教育的不足和市场劳动技能的缺乏，极大地阻碍了女性专业人力资本存量的增加。

---

① UN Department of Economic and Social Affairs：《The World's Women 2010：Trends and Statistics》, Chater 3：Education.

迁移与流动资本投资：这也是一种人力资本投资，即劳动者通过在不同空间位置和工作位置的变化积累更多的人力资本或获取更高质量的人力资本，以得到更好的工作机会、或更丰厚的劳动报酬、或更高的工作满意度等。人力迁移与流动受到个人原有的人力资本、家庭背景、区域与社会环境以及劳动力市场结构等诸多因素的影响。研究表明，影响男性和女性人力迁移与流动的因素及其作用力有所不同，其中妇女受家庭因素影响的可能性要比男子大得多。她们的迁移流动往往是外生的，大部分是为了适应丈夫的职场变化而进行的"被捆绑的"迁移。换言之，男性一般是主动迁移者，女性则是被动迁移者。因此，男性的迁移往往有助于其职业向上的流动，而女性的迁移则很可能是职业向下的流动。实践表明，因家庭因素导致的人力迁移对女性的职业流动产生了严重的负面作用，女性再就业的机会不仅比男性少，并且因缺乏具有满足新区域或新职业所需要的工作技能，往往从全日制工作流向非全日制工作，从技能性工作流向非技能工作，甚至被迫退出劳动力市场。从而形成了女性的"职业中断型"劳动力流动率高于男性，和男性的"职业连续型"劳动力流动高于女性的趋势，这种趋势严重地减缓了女性人力资本的积累。

以上种种因素的综合形成了人力资本的性别化，极大地制约了女性人力资本的存量和质量以及投资收益能力。

2. 人力资本的市场收益率

人们进行投资是为了收益，当投资收益与投资成本之比大于1时，投资才有价值，才是明智的。投资收益包括现期收益和预期收益，投资成本包括直接成本和机会成本。在劳动力市场上，人力资本投资收益呈现男强女弱的状况，女性人力资本的市场收益率低于男性。这种性别差异的产生主要因为以下几方面的因素：

劳动力参与：人力资本投资首先要求被投资者参与劳动才会有经济回报，尤其是与职业相关的人力资本投资只有在市场工作中才能获得收益。女性的劳动力参与少于男性，女性的投资收益自然就会比男性低，或者甚至完全没有市场回报。

经济生命周期：在这里是指一个人可以参与市场劳动的期限，即职业寿命。个人的经济生命周期长度是约束人力资本投资收益实现的重要因素，个人的经济生命周期越长，投资回收期就越长，获得投资收益的时间也就越长。在人的一生中，男性无论是否结婚或是否有孩子都可能是长时期地从事市场劳动，而女性结婚后则很容易由于生育、照顾家庭的需求而中断市场劳动或退出劳动力市场，即使就业也经常是从事非全日制的工作。因此，女性的职业寿命要短于男性，这也就意味着她们可以回收人力资本投资的时间要少于男性。台湾学者对女性人力资本收益的实证研究表明，工作中断行为将使至少高中教育程度的妇女一生的收入降低2.8个百分点。[1]

工资收入：不同产业、行业和职业以及不同工作岗位的工资差异也是造成女性人力资本收益率低于男性的重要原因。男女两性在劳动力市场上的就业结构是不相同的，女性劳动者不但大量地聚集在第一产业和第三产业，而且是在低技能、低地位的职业岗位上。因此，她们的收入明显低于男性。国际劳工组织（联合国，2010年）指出，大多数国家女性的薪酬仅为男性的70%到90%。[2] 但是，即使在同等学历、同等经历、同等工作的情况下，一些性别歧视因素也会使女性的收入低于男性，据法国全国统计及经济研究所1979年的统计，同一工作的男女年薪平均要相差30%，并且级别越高以及专业程度越高，两性的差距就越大。[3]

在现实生活中，由于上述因素综合作用的结果，男性人力资本投资带来的收益明显高于女性，而人力资本投资收益率的不同进一步扩大了人力资本的性别差异。

3. 人力资本的折旧率

人力资本的折旧是指劳动者在学校或工作中所获得的知识和技能因为老化、"生锈"而减少甚至失去作用。人力资本积累是个终生的过程。由

---

[1] Hwei-Lin Chang and Hisis-Yin Lee："The Return on Women's Human Capital and the Role of Male Attitudes toward Working Wives: Gender Roles, Work Interruption, and Women's Earnings in Taiwan"，[J].《American Journal of Economics and Society》，Vol. 62 No. 2（April 2003）pp. 435 –459.

[2] 联合国：《2010年世界妇女：趋势和统计》，第97页。

[3]《资料》（Dcuments），1982年第100期，第2页。转自周以光："技术革命冲击下的法国职业妇女"，《世界历史》2015年5月5日。

于社会文化的影响、社会性别角色的定位以及两性的生理差异，女性在生育与照顾孩子期间经常会中断就业，甚至是较长时间地中断。不连续的工作生涯，女性"职业中断型"劳动力流动率远远高于男性，使得已婚妇女的劳动力归属平均来说其持续期约为男子的一半。这就造成了女性人力资本的折旧率高于男性（而且，教育程度越高，知识含量越高，人力资本折旧率也越高），女性人力资本投资的边际收益率的递减速率快于男性，以及女性人力资本价值的贬值。

女性的"投资损失率"突出地表现在专业人力资本方面。人们的专业知识和技能的持续积累大部分都发生在工作岗位上，专业性的在职培训更是与特定企业相联系，因此专业人力资本很难在不同企业和岗位间进行完全的转移。女性中断工作后再进入劳动力市场很可能变动工作单位，尤其是很难再回到原来的工作岗位上，原有的专用性人力资本就会完全失去作用，变成永久性的损失。所以，女性在选择人力资本投资方向时，她们趋向于选择那些中断就业后其原有的知识技能贬值较慢和工资削减较少的职业。需求者追求的是利润最大化，供给者追求的是效用最大化。

总之，在对于劳动力市场的归属和对于特定职业的归属方面存在着明显的性别差异，这是造成男女人力资本差异的一个重要因素，也是影响女性人力资本水平和存量的重要因素，在专业人力资本方面尤其如此。

二、性别人力资本对女性劳动力参与的影响

人力资本理论有两个核心观点，一是在经济增长中，人力资本的作用大于物质资本的作用；二是人力资本的核心是提高人口质量。从劳动力参与的角度来讲，人力资本可提高劳动力素质，一个人的人力资本含量越高，其劳动生产率就越高，边际产品价值也越大，从而其就业机会就会得到增加，其就业质量和收益就会得到提高，职业寿命也会得到延长。女性与男性在人力资本方面的差距，使得女性劳动力带着极大的弱势进入劳动力市场，直接或间接地影响了女性的劳动能力和竞争力。

1. 人力资本与女性劳动力参与率和失业率

教育资本是人力资本的主要组成成分，大量的实证研究显示了，妇女的受教育程度与她们对劳动力市场的归属呈正相关，这是决定她们劳动力参与率的一个重要因素。从表5—7可以发现，在1970年至1995年的四分之一世纪中，美国不同教育程度的女性在劳动力参与趋势方面具有明显的差别。首先，无论在哪个年份，女性劳动力参与率都随着教育程度的提高而提高。与之成对照的是，劳动力参与率的性别差异随着女性教育程度的提高而缩小。第二，随着时间的推移，低学历女性与高学历女性的就业率差距不断扩大。事实表明，妇女的教育水平越高，其劳动力参与率的上升幅度就越大，在中等教育程度以上的妇女中尤其如此。一方面，随着经济发展水平的提高，对具有较高教育程度的劳动力的需求也越大。另一方面，高学历女性的工作收益较高，同时她们的自主意识较强，其参与市场劳动力的动力亦更大。而教育程度低的妇女往往是潜在的低工资赚取者，如果劳动市场的参与收益略高于或低于参与成本，她们就可能选择短时间工作或不进入劳动市场。此外，教育程度低的妇女的生育率往往高于教育程度高的妇女，这也是低学历女性的劳动力参与率较低的又一个原因。

教育程度与失业率之间也存在着一种相关性。教育程度越低失业率越高，反之，教育程度越高则失业率越低。来自欧盟统计局（Eurostat1995）的资料显示了1995年欧盟国家不同教育水平的女性的失业率：义务教育程度的为15.5%，高中教育程度的是10%，比前者下降了5.5个百分点，而高等教育程度的女性失业率只有7.5%，仅为义务教育程度女性失业率的一半。[1] 教育程度低的劳动者所从事的工作往往是只需要较少知识和技能的工作，此类工作最可能被取代，也最可能被时代淘汰，这就促使了她们比教育程度高的女性更容易失去工作。

受教育程度是妇女在劳动力市场上的供给行为的重要决定因素。在全球，妇女的教育水平在总体上比男子低。尤其是在缺乏教育投资的不发达国家和农村地区，妇女没有平等的受教育权利，女性人力资本投资严重不

---

[1] Ingrid Jönsson: "Women and Education in Europe",《International Journal of Contemporary Sociology》Vol. 36, No. 2, October, 1999.

足，人力资本存量极其低下，从而导致了女性较低的劳动力参与率和较高的失业率。

2. 人力资本与女性职业

女性的教育投资比男性少，以市场为导向的人力资本投资更弱。与职业有关的科学知识和劳动技能（尤其是先进的知识和技能）的缺乏，极大地影响了她们的职业范围和职业层次，成为女性在劳动力市场上边缘化的一个重要因素。她们大量地被局限于所谓的女性职业的狭小范围之中。

从事专业工作需要接受长时间的专业化训练，而这一般是以是否接受过高等专门教育为标志。当19世纪和20世纪职业变得专业化时，妇女却长期地被大学拒之门外，如著名的剑桥大学一直到1947年末才完全批准授予妇女以学位，结果是妇女中只有数量极少的人获得高等教育。在大部分国家，妇女были很难进入像法律和医学这样需要高等专业知识的职业。以医学为例，传统上妇女在医疗行业主要是当护理员和助产士，到1969年时美国的医学院学生中只有9%是女性，1985年美国的开业医生中也仅有14%为女性。[1] 在发展中国家，不论是在医学院还是医疗行业中，女性所占的比例就更小。再看现代的计算机领域，就是在美国这样的发达国家，1968年才出现第一位计算机学的女博士，到2000年，妇女在计算机专业中的百分比仅达到28.4%。[2] 知识鸿沟有效地限制了妇女参与这些专业化的职业，使妇女被排斥在报酬丰厚和地位高的职业之外。

即使在所谓的女性职业中，妇女虽然在数量上占据多数，但大多从事非专业技术的劳动，属于非技能工人或半技能工人，真正有技能的蓝领工作在传统上都保留给了男性工人。例如，纺织业是一个典型的女性职业，在纺织厂，妇女基本上都是普通的挡车工，电工、装配工和专业维修工人都由男子担任。因为获得这些工作的技能要经过学徒阶段才能掌握，而学徒身份在传统上只限于男子。随着现代纺织业的技术进步，纺织业中的技能工作不断增加。但是由于妇女的文化水平低、缺乏技能，于是她们进一步被排斥在需要新技术的工作岗位之外，更加深了两性之间原本存在的技

---

[1] 摘自 Wikipedia：Women in the workforce—History of women in medicine。

[2] 摘自 Wikipedia：Women in the workforce—Women in computing。

能鸿沟。与此同时，在采用较高的资本密集型技术时，女性原来的工作往往首先被取代。这两个过程的整体作用正在使纺织业的劳动力逐渐"男性化"，女性劳动力的比率下降。[1]

3. 人力资本与女性市场收益

人们通过人力资本投资能够提高劳动力的素质，优良的素质可转化为劳动能力，并成为收入的源泉。教育投入是人力资本形成的基础，人力资本水平通常是用平均受教育水平来度量。受教育水平越高的劳动力，其报酬也越高。下面仍将以美国为例对女性受教育水平与她们在劳动力市场上的收入作一简单的分析。

在二战以后，美国率先进行了以计算机技术为基础的科技革命，同时蓬勃兴起的第三产业迅速成为美国的主要经济部门。在此背景下，它的就业市场涌现了大量知识型的白领工作，大量专业性、技术性或行政性的职位。就业结构的变化拉大了知识型劳动者和非知识型劳动者的收入差距，出现了"技术的富人"和"技术的穷人"间收入的两极分化。这在女性劳动者中也得到了充分的体现。2014年的美国现时人口调查显示，按受教育程度划分的25岁及以上的女性工人的年收入中位数分别是：九年教育以下——15959美元，高中毕业——24301美元，学士学位——42439美元，专业学位——75963美元，博士学位——66652美元。[2] 就是说，具有博士学位和专业学位的美国女性在2014年的收入中位数为高中以下文化水平的4倍多，或者说低文化程度女性的收入只占高文化程度女性收入的四分之一都不到，这种收入上的差距在很大程度上是教育人力资本投资的结果。

随着市场对于具有高等教育水平的劳动力的需求的增大，美国妇女接受高等教育的人数从20世纪80年代初起就大量增加，到1986年时女性已占大学入学学生的53%，超过了男性。2011年，美国25—64岁的女性劳

---

[1] Royer Penn etc.: "Gender, Technology, and Employment Change in Textiles", in 《Gender Segregation and Social Change》edited by ALISON MacEWEN SCOTT, Oxford University Press, 1994: 308.

[2] U.S. Census Bureau, Current Population Survey, Annual Social and Economic Supplements. Table P – 20. Educational Attainment-Workers 25 Years Old and Over by Median Earnings and Sex: 1991to 2014.

动力中，有37%的妇女具有大学教育程度。① "虽然教育不能保证金钱或事业成功，但它可以帮助打开对没有受过良好教育的人关闭的大门。"② 教育程度的提高有助于美国女性进入正规的劳动力市场和高收入水平的职业。表13—1显示，2015年美国全日制就业者的周收入中位数是809美元，如果把高于这个收入数的管理、商业和金融业（1258美元）划为高收入职业，专业性的职业（1112美元）划为中等收入职业，把低于这个收入数的服务业、销售和办公室职业等划为低收入职业（761—509美元），那么可以发现，2015年美国全日制就业妇女中有将近一半（47.6%）是从事管理和专业性的职业，也就是属于高等和中等收入职业；她们占这个职业类别的就业人员的51.3%，超过了女性在整个劳动力中所占的比例（44.3%）；其中，收入最高的要数管理职业中的首席执行官和专业职业中的药剂师和律师等，其收入均在1700美元以上，远远高于全体女性就业者收入的中位数（726美元），和全体就业者收入的中位数（809美元），而这些都是需要较高教育程度和专业技能的职业。可是，倘若作进一步细分则可以看到：第一，在管理和专业性的职业中，女性大部分从事的是专业性的职业，也就是属于中等收入职业。第二，在管理和专业性的职业中，凡收入靠近高端的职业，除了药剂师之外，女性所占比例都只有约三分之一左右；而女性占大多数的职业，如注册护士和中、小学教师，其收入皆靠近低端。从表13—1还可以发现，全日制的女性就业者最集中的是专业性职业以及办公室和行政支持职业，即中等收入职业和低等收入职业，它们分别占据女性工人的30%和20%。如果再从女性占主导的职业来看，那么女性比例最高的职业是秘书和行政助理、理发师、发型师和美容师，这些职业中的女性比例均高达九成以上，其次是注册护士、护理和保健助理、女佣和家政清洁工、办事员、中小学教师等职业，其女性比例也占八成以上。所有这些女性占主导的职业中，除了注册护士和中小学教师之外，其

---

① U. S. Bureau of Labor Ststistics, BLS REPORTS: 《Women in the Labor Force: A Databook》, February 2013.

② Abbey Begun: 《Women's Changing Role》, published by Information Plus, Wylie, Texas, 2000, p. 134, p. 137.

余均属于低等收入职业。

以上分析表明,妇女的教育程度越高,职业层次就越高;而职业层次越高,工资收入也就越高。不仅如此,人力资本通过影响工资还可以改变妇女的劳动供给行为,提高其劳动力参与率,而劳动力参与的变化又会影响妇女在劳动力市场上的经验水平,经验水平的提高反过来又能促进工资收入的增加,从而形成一个良性循环。

表13—1 按职业和性别划分的美国全日制工资和薪金工人的周收入中位数(2015年)

	全部		男性		女性		
	占工人数%	周收入 $	男性%	周收入 $	女性%	占女性总数%	周收入 $
全部		809	55.6	895	44.3		726
管理、专业和有关职业	41.0	1158	48.6	1383	51.3	47.6	996
管理、商业和金融运作职业	16.9	1258	54.4	1436	45.6	17.4	1073
首席执行官		2014	73.0	2251	27.0		1836
计算机和信息系统经理		1728	73.0	1817	27.0		1563
专业性的职业	24.2	1112	45.0	1343	55.0	30.0	963
药剂师		1920	48.0	2117	52.0		1811
律师		1886	63.0	1914	37.0		1717
内、外科医生		1824	62.0	1915	38.0		1533
软件开发、应用和系统软件		1682	82.0	1751	18.0		1415
注册护士		1116	12.0	1222	88.0		1098
中、小学教师		974	19.0	1077	81.0		957
服务业	14.0	509	50.0	585	50.0	15.8	463
护理、精神治疗和家庭保健助理		467	12.0	526	88.0		457

续表

	全部		男性		女性		
	占工人数%	周收入$	男性%	周收入$	女性%	占女性总数%	周收入$
服务员		451	35.0	501	65.0		411
女佣和家政清洁员		416	15.0	475	85.0		407
理发师、发型师和美容师		461	9.0	—	91.0		463
销售和办公室职业	21.7	673	40.0	777	60.0	29.5	627
办公室和行政支持职业	12.7	656	28.5	693	71.5	20.5	646
秘书和行政助理		687	5.6	786	94.4		683
办公室办事人员		620	17.0	609	83.0		622
自然资源、建筑和维修职业	10.0	761	95.9	770	4.1	0.93	580
生产、交通和物质搬运职业	13.3	656	80.0	704	20.0	6.1	512

Source: Labor Force Statistics from the Current Population Survey, HOUSEHOLD DATA ANNUAL AVERAGES, 39. Median weekly earnings of full-time wage and salary workers by detailed occupation and sex. 本表略作修改。

第二节 社会资本

"社会资本"的概念最早是由法国社会学家皮埃尔·布迪厄（Pierre Bourdieu）提出，现已成为当代社会科学研究的一个重要概念和分析工具。社会资本也是一种无形资本，是人们调动社会资源的能力。获得社会资源的方式被认为通常有三种模式：权力授予模式、市场交换模式和社会关系网络模式。社会关系网络是指以个人为核心而展开的社会关系的总称,建立这种网络被人们当作占有社会资源的一条捷径。美国社会学家马克·格兰诺维特(Mark Granovetter)提出了"弱关系力量假设理论",首次提出(社会网络)关系强度的概念,并将关系分为强和弱。社会学家罗纳德·伯特(Ronald Burt)在此基础上提出了"结构洞理论",认为个人在网络中的位置比关系的强弱更为重要。美籍华裔社会学家林南(Nan Lin)则提出了社会资源理论,他认为,嵌入个人社会网络中的社会资源是通过个人直接或间接的社会关系来获取的,个体社会网络的异质性、网络成员的社会地位、个体与网络成员间的关系力量决定着个体所拥有的社会资源的数量和质量。也就是说,那些拥有大量社会资本或特殊社会关系的个人或群体,就可能在获得社会资源的竞争中占据有利位置。

社会资本具有三个明显的特性:首先,社会资本不同于其他资本,"经济资本体现在人们的银行账户上,人力资本存在于人们的头脑中,而社会资本内生在人们关系的结构中。"[①] 第二,社会资本不仅跨越社会关系网络而存在,而且是在个体的互动中被产生和使用。第三,社会资本可使行动者直接获得经济、信息等实际或潜在的资源,也可转化为人力资本和物质资本。当然,社会资本与其他形式的资本一样,也存在着性别差异。

一、社会资本的性别差异

1. 社会资本获得的差异

社会资本获得的性别差异表现在诸多方面。首先是投资差异,社会资本也是一种资本,具有"资本"属性,需要"投入"才会有"产出",也就是说,社会资本是生产性的,是可以"生产"的。这种"投入"和"产出"可能表现为物质形式,也可能以非物质形式表现出来,而这种"生产"过程就是人与人之间、个人与组织之间的交往和联系过程。换言之,人们要拥有社会资本必须以个人所拥有的资源(主要表现在教育程

[①] 李惠斌、杨雪冬主编:《社会资源与社会发展》,北京:社会科学文献出版社,2000年版,第126页。

度、财富、地位和权力等资源方面）与外界进行交往，建立各种社会关系。这种个人资源在很大程度上影响着他（她）所能获得的社会资源，即个人资源是形成社会资本的前提。女性拥有的个人资源较男性贫乏，也就是缺乏社会资本形成的前提条件，其获得社会资本的可能性自然就小于男性。具体而言，例如男性的教育程度总体上比女性高，男性可以接触到数量更多、范围更广泛的职业和等级更高的职位，更有能力为他人提供回报，也更容易建立资源丰富的社会网络关系，获取更多的社会资源。相反，女性的受教育程度较低，她们大多从事低酬或无酬的工作。一方面，这影响了女性的社会地位的获得，人们的社会地位越是低下，用于投资的个人资源就越贫乏，摄取社会资源的可能性也越少。另一方面，它也影响了女性对于社会活动的参与（包括参与活动的机会、形式和层级等），而对于社会活动的参与正是获取社会资本的重要途径。女性社会活动参与少，就难以建立资源丰富的社会关系来获取社会资本。简言之，男性具有较多的个人资源，他们在社会网络的建立及扩展上都比女性具有更多的有利条件，所以男性在社会资本的获得上也存在着相应的优势。反之，女性的个人资源较少，带来了在社会关系资源和社会活动参与上的缺失，这是造成女性的社会资本少于男性的一个重要原因。

第二是机会差异，女性获取社会资源的机会也较男性少。主流的社会结构与制度，包括社会制定的规则和社会实践，或者社会文化，为男性和女性获取社会资源和发展社会资本提供了不同的机会。在孩提时代，男孩就被鼓励和要求建立广泛的、异质的社会关系纽带，而女孩如果这么做则被认为是不安分，就会受到批评甚至惩罚。成年以后，性别分工的社会结构一方面把女性的位置安排在家里，使得女性缺乏与外界接触的机会，尤其是缺乏参加社团的渠道，更不用说进入社团权力的核心；另一方面家务和工作的双重负担剥夺了女性的时间和精力，使她们无法有效地构筑、经营和维持社会关系以及"生产"社会资本，其社会网络基本上局限于亲属关系，且规模亦较小。

第三是能力差异，女性调动社会资源的能力要弱于男性。所谓社会资源就是那些嵌入社会网络中的资源，只有被调动起来才能成为社会资本，因此动员社会资源的能力是获取个人社会资本的一种重要资源。例如，权力与财富是个人拥有的资源，同样也是调动其他资源的力量，拥有权力或财富越多的人，其调动社会资源的能力就越强。在社会上，男性在等级制中具有地位优势，而女性往往既缺少财富又缺乏权力，其调动社会资源的能力就相当有限，其再生资源的能力也相对较弱。此外，在资源的调动过程中还可能出现制度对女性不认同的问题等等。这些因素无疑都削弱了女性有效动员社会资源的能力。

女性在资源的拥有上，在调动和摄取资源的能力和机会上都弱于男性，因而她们获得的社会资本在质量和数量上都相对不足。

2. 获取社会资本途径的不同

社会资本表现为人与人之间的关系，存在于人们之间的社会关系网络之中，也就是说，社会资本是建立在社会网络关系基础上的，没有参与社会关系网络，也就没有社会资本。正式的社会关系网络有政企社团组织和市场（如职业介绍所等）；非正式的社会网络则有血缘关系、亲缘关系、地缘关系、朋友关系和业缘关系等。社会网络关系按互动的频率、感情力量、亲密程度和互惠交换又有强弱之分。强关系产生于社会经济特征相似的个体之间，而弱关系则是在社会经济特征不同的个体之间发展起来的。

大量的研究表明，在现实生活中，男性比女性更多地通过业缘关系、朋友私人关系和社团组织来获取社会资本。除了工作之外，家庭外的各种"交际"活动和"应酬"往往成为一般男子生活的重要内容，如日本男人下班后往往不马上回家而习惯于去酒吧小酌几杯，美国有"老男孩俱乐部"的传统，男人喜欢结伴去打高尔夫球等。这些常见的男性社交活动都成为他们获取社会资本的途径。虽然这些是弱关系，但正是家庭成员之外的人拥有的资源与自己异质性高，而且分布范围广，比强关系更能充当跨越其社会界限去获得信息和其他资源的桥梁，即充当信息桥。

而女性在结婚后其同学、朋友等非亲属关系大量减少，同事、同行间的交往也不如男性频繁，她们更依赖于亲缘关系（以血缘或婚缘联系起来的关系）来获取社会资本。其社会关系网络往往建立在家族、家庭的基础之上，大多由配偶、子女、亲戚或邻居组成，不仅规模小，而且同质性高，不能给她们带来更多的、有效的社会资源。并且，由于女性主要依赖的亲缘关系包含了姻缘关系，这种关系带来的社会资本极易因婚姻破裂而迅速减损，甚至流失，在现代社会中这是一个突出的现象。

对于女性来说，更多地与各种不同的社会成员（包括异性）交往，改善其社会网络的结构，提高其社会网络的异质性，从摄取建立在亲缘基础上的社会资本向建立在公民基础上的社会资本转化，或许是改善女性资本欠缺和资本质量的一个有效途径。

3. 社会资本回报的差异

如前所述，社会资本是投资在社会关系中并希望得到回报的一种资源，人们为了创造收益才参与彼此间的互动活动和建立社会关系网络。林南指出，社会资本的回报主要包括经济回报（物质上的收益）、政治回报（权力的增大）和社会回报（声望的增加）。

社会资本不仅存在资本欠缺，也存在回报欠缺，即一定质量或数量的社会资本对于不同社会群体的成员产生不同的回报或结果。这种差异性回报典型地体现于劳动力市场中的资本回报的性别差异上：无论是在职业和职位方面，还是在工作声望和收入方面，劳动力市场给予女性的资本回报都要比男性少得多。

女性承受回报欠缺的重要原因是由于社会资本的性别化使女性可触及或可获得的社会资本与男性不同。性别角色分工的社会结构把男女划分在不同的领域，他们的社会位置和主要生活圈子的不同，一方面建构了社会资本使用的不同层次的需求，如男性更关注的是通过社会关系网络求得好工作、好收入和好的社会地位，女性则更关注孩子能得到好的教育和购置价廉物美的家庭消费品等；另一方面也决定了男女所能建立的社会关系网络质量的不同，男子的社会网络趋向于更加正式，范围更广，包括较多的同事和朋友，女性的社会网络趋向于非正式化，更多地囿于家庭和亲属，其实这也是妇女对于不充分就业和缺乏参与社团组织的渠道的一个无奈反应。不同构成的社会关系网络带来了不同数量和质量的社会资本，而社会资本的差异带来了回报的差异，并带来了对于女性回报的欠缺。此外，由于劳动力市场本身的性别结构和雇主对于女性的歧视和偏见，即使女性拥有与男性相似质量或数量的资本，动员了最好的社会关系，她们在劳动力市场中获得的回报也会低于男性，也难以摆脱在劳动力市场上的劣势地位。

二、社会资本在妇女就业中的作用

劳动就业是社会资本理论中应用较早的一个研究领域。许多研究结果表明，即使在欧美等劳动力市场制度建设较为完善的国家中，人们在求职和就业过程中还是会经常依靠自己的社会网络关系。就业是个人获取和积累社会资本的重要途径和手段，反过来，社会资本对于就业又具有重要的影响，其产生的影响有时甚至超过教育等其他资本因素。对于物质资本和人力资本原本就匮乏的女性群体来说，更期望也更需要社会资本在她们的就业中发挥有益的促进作用。

1. 求职

美国社会学家格兰诺维特指出，"个人的求职行为，一如其他经济行动，是深深嵌入在社会关系网络中的，而绝非经济学所假设的依赖于一个'完全竞争的劳动力市场'来实现。"[1] 确实，在现代社会，劳动者一般通过市场渠道实现就业，但是由于劳动力供给和需求的信息不可能是完全的，而且所处地位的不同也会造成就业信息的不对称，在很多情况下，求职者需借助于"非市场"的渠道，动用所拥有的社会关系网络，才能提高就业的成功率和找到理想的工作。而雇主往往也乐于接受自己员工或朋友介绍的应聘者，因为使用社会网络寻找雇员可扩大申请者的范围，还可一定程度上保证新员工的质量。

社会资本在就业过程中的作用，首先是有利于求职者获得工作信息。求职者通过自己的社会关系帮助搜集、筛选工作信息，不仅有助于了解更多的就业机会，而且还能更理性地进行选择。其次，在自己社会关系人的

---

[1] 转引自宋月萍、李靖颖："社会资本、性别与择业：大学生就业性别差异分析"，《中华女子学院学报》，2014年第2期。

引荐下，求职者更可能取得求职的成功和获得希冀的职位。

社会资本对男女两性求职就业的影响呈现出明显差异。一方面，在求职就业中，女性比男性更需要诉诸于社会资本。在就业市场上，刻板化的性别意识、雇主的区别对待等使女性面临着更多的就业障碍，结果女性所具备的人力资本得不到完全承认。例如，具有同等学历的女大学生即使学习成绩比男性更为优良，雇主往往依然会拒绝她们而录用男大学生。与男性相比，女性通过公共渠道实现就业的难度较大，她们不得不转向对社会关系网络的依赖。

另一方面，女性对社会资本的使用在渠道和效益上都不如男性。女性的社会关系网络大多由亲缘关系组成，这种同质性和封闭性很强的网络所能带来的工作信息往往信息量相对贫乏而且质量不高。与此同时，不同性别的求职者倾向于动员与自己性别相同的关系人，这样女性透过性别化的社会资本找到的关系人（一般是女性）往往地位较低，不能对其就业产生更为积极的影响。

社会网络资源的性别差异带来了工作信息和工作机会的性别差异，减弱了社会资本对女性求职就业的促进作用，是使得女性成为就业过程中的弱势群体的又一突出因素。

2. 职业流动

职业流动是劳动者从一种职业转移到另一种职业即变换劳动角色的过程。社会关系网络能够提供和增加劳动者实现职业流动的可能性，在中国经济转型背景下的农村大量剩余劳动力向非农产业转移的过程充分体现了这一点。许多实证研究表明，中国的农民工，无论男性还是女性，大多借助以血缘关系和地缘关系为纽带的社会关系网络来帮助自己实现职业流动，初次外出打工的农民工尤其如此。他们以"连锁迁移"的"滚雪球"方式进入城市。人们常常会发现，一个工地的建筑工人往往都是来自同一个家乡的打工仔，一个餐馆的打工妹往往都是老乡。

从理论上说，对于人力资本相对处于弱势的女性群体而言，她们的职业流动比男性更需要作为非制度因素的社会关系网络为她们提供帮助，或者说，社会关系网络对于女性的作用力和作用范围皆可能大于男性。但是，在现实中，女性通过社会关系网络实现职业流动尤其是向上流动要比男性困难得多，这主要是由于女性社会关系网络的特质所决定的。

林南认为可从三个方面比较社会关系网络资本：第一，达高性。这是指通过社会关系网络所能达到的最高的社会位置。第二，异质性。这是指社会关系网络的幅度，即网络中最高社会位置和最低社会位置的差距。第三，广泛性。这是指社会关系网络中包含的不同社会位置的数量（Lin，2001）。[1] 社会关系网络的作用不仅体现为信息桥的作用，还发挥着人情网的作用。长期以来，传统社会文化不赞成不相干的男女共同参与非正式的社会交往，加之事实上男性与女性的活动领域和生活圈子不同，所以男性社会关系网络一般都是以男性为主，女性网络以女性为主。前面已经一再指出，男性网络异质性强，资源跨度大，这更可能帮助其成员实现职业流动，更有益于推动网络成员的事业发展。例如，几乎每个社会都有类似"老男孩"那样的男性高级社交圈，它是有地位、有金钱的男子保持并扩展权力和财富的非正式关系网络。在现实生活中，许多成员都依赖这种社交圈来推动他们事业的继续成功，而不能在这种有影响的精英圈内进行交往的人将会误掉许多重要机会，包括向上流动的机会。与男性相比较，女性网络的达高性低，资源相似性高，广泛性差。因此，她们不仅往往被隔离在那些有助于职业晋升的主流信息之外，而且很难获得较高质量的社会资源，包括连接身居高位者的通道。美国的学术界提供了这方面的一个例子。20世纪70年代之前，美国女性学者通常被排斥在"老男孩"之类社会关系网络之外，从而难以进行紧跟时代的研究和发表自己的成果。反过来，这又使得女性学者几乎不大可能受雇于有声望的大学或取得永久任职权，以及通过自己的职业地位建立或加入高层次社会关系网络。针对这种现象，近年来，在大部分学科领域中，女性建立了妇女核心小组或专业团体，部分地起到了"老男孩"那样的社会关系网络的作用，在帮助妇女取得更高的学术成就和攀登更高学术地位方面获得了一定的成功。[2]

---

[1] 转引自王卫东："中国城市居民的社会网络资本与个人资本"，《社会学研究》2006年第3期。

[2] Nancy E. McGlen & Karen O'Connor：《Women's Rights》, by Praeger Publishers, 1983：234.

3. 创业

社会资本是创业的一种必要资源。社会资本的性别差异使得妇女在商界不仅属于少数，而且处于一种"边缘"地位。女性创业的机会本来就少，即使有时妇女侥幸遇到了机会，她们缺乏时间、资金和获得接近这些商机所需的通道，这些制约就像玻璃墙一样阻挡她们去抓住机会。尤其是，"多数女性不打高尔夫球，不认识银行家"，难以获得创业所需的贷款。并且，女性被排斥在男子社交圈之外，缺少发展企业所需的社会关系网络的支持，她们往往只是以小规模企业（或微型企业）和独资企业为主。

20世纪70年代以来，女性创业激增（详见"实践篇"第三章第二节）。这不但是经济发展的需要，也是妇女顺应社会变迁而作出的积极参与发展的一种举动。公民社会的一个重要功能是产生社会资本。随着第二次妇女运动的兴起，近几十年来，几乎所有的国家都出现了妇女转向相互间的力量、支持和帮助的强烈趋势，各种妇女组织和女性群体纷纷涌现。这种非正式的社会关系网络对于增进创业女性的社会资本、促进她们之间的互相协助及经验分享发挥了特殊的作用，成为女性创业者的最强支持体系。下面是有关亚洲女性创业的两个著名实例。

实例1——印度的"妇女个体经营者协会"（SEWA）。它成立于1972年，是一个由贫困的女性个体经营者组成的组织，其成员主要是小商贩和临时工人（如建筑工人）等不受政府保护的女性劳动者，至2014年已达到近200万名。SEWA通过集体行动和各种活动，为其成员提供了权益和自我保护，例如，SEWA推动政府通过了印度无组织部门法（Act on the Unorganized Sector），为非传统意义上的雇员争取到了某些福利和社会保障；该组织还建立业余学校帮助训练女建筑工人，组织妇女合作经营企业，成立女性生产者小组，并把它们与市场、银行、政府机构联系起来等等。

实例2——孟加拉国最大的民间组织"乡村银行"。该组织及其创始人一起获得了2006年的诺贝尔和平奖。它的放款对象主要是为创立微型企业而需要小额贷款的贫困乡村妇女。具体来说，这种小额短期贷款无须抵押和担保人，每五个贷款人作为一组，实际上形成了一个小型的社会关系网络。一方面，网络成员之间形成一种内部约束机制，进行相互监督，有一人不按时按额还贷，就会牵累小组的所有成员，也就说是以小组联保代替担保。另一方面，按照贷款额收取一定比例的小组基金，并要求一定数额的强制储蓄，以此作为规避风险的手段。此外，还建立了会议制度，检查项目落实和资金使用情况，同时交流致富信息，传播科技知识，提高贷款妇女的经营和发展能力。这种网络的核心是信任、合作和互助，通过这些，面临生存挑战的贫困妇女不但能无担保地得到贷款，而且还可以获得创业信息以及谋生和发展的机会。

妇女在社会上和劳动力市场上都是弱势群体，女性个体的力量就更加弱小，通过加入社会群体和参与社会活动以及扩大社会关系网络，不仅可以建立一个新的集体身份，也将增进女性的社会资源。可以预见，随着女性社会关系网络的进一步发展，将极大地有利于增进女性的社会资本，改善女性的弱势地位。

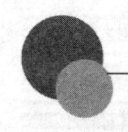

第十四章
重大事件的影响

妇女参与社会劳动除了受到一些常规因素的影响之外，还受到了历史长河中的诸多重大事件的特殊影响，例如18世纪发生的工业革命，20世纪经历的两次世界大战与经济危机，当今世界出现的全球化趋势等。

第一节 工业革命

工业革命是人类历史上的一个重大事件，它于18世纪后叶兴起于英国，随后逐渐波及欧洲大陆、北美及世界各地，标志了近代社会的崛起。工业革命又是资本主义由工场手工业过渡到机器大工业的一个飞跃，既是一场经济变革，也是一场社会文化变革，它对妇女的劳动就业产生了重大而深远的影响。

一、妇女从家庭走向社会

在工业革命的历史大背景下，人类的劳动性质发生了变化，两性劳动分工的差别增加；同时，在工业化进程中妇女开始从家庭走向社会，进入劳动力市场。

1. **劳动性质的变化**

在前工业时代，家庭是自给自足的经济单位。虽然存在着"男主外，女主内"的两性劳动分工，女性主要从事与人口再生产相联系的劳动，男性主要从事与物质资料再生产相联系的劳动，但是二者同为自给自足的家庭经济中的劳动，谋取物质生活资料的社会劳动和消费物质生活资料的家务劳动是融为一体的，生产性和非生产性的劳动之间并未有严格的性别之分。事实上，由于当时生产力低下，家庭中的妇女儿童在一定程度上都与男性成员一起参与谋取物质生活资料的劳动，互相合作，缺乏明确分工。个人劳动的产品往往被视为整个家庭共有的财产，都是对维持家计作出的贡献。而且，由于自然经济是一种生产与消费直接统一的经济，每一种具体劳动都具有直接的社会性质，妇女的劳动也是社会总劳动的一个有机部分。

随着工业革命的发生、自然经济的解体，社会经济发生了重要变化。第一，资本主义生产方式经历了由家庭手工业向机器大工业的转变，工厂逐渐替代家庭成为生产单位，工作场所开始与生活场所分开。于是，男子进入工厂从事直接性的经济活动，妇女则被留在家中专门从事家务和照料孩子，由此带来了生产与消费、生产活动与家庭活动的分离。第二，在工业化过程中，劳动逐渐采取就业的方式，劳动者出卖自己的劳动力，成为领取薪资的独立的雇佣劳动者，雇佣劳动成为工业革命后出现的一种普遍存在的新现象。第三，当劳动力商品市场形成时，家庭内的性别分工逐渐演变为社会的性别分工，原来家庭经济中同质平等的劳动分工发生了裂变，劳动的性质产生了基本的变化。具体而言，为交换进行的生产性劳动成为社会承认的劳动，"主内"的家务劳动则因其不能直接生产产品到市场进行交换而失去了它的社会性质，完全变成了一种私人的事务，从而工业化过程增加了两性劳动分工的差别。

2. 两性劳动分工差别的增加

工业化过程引发了男女角色的进一步分离，"男主外、女主内"的两性劳动分工模式被进一步强化和制度化，两性劳动分工的差别进一步扩大。首先，男子更着重于通过家庭外的生产活动担任养家糊口的任务，对家庭事务的职责变得淡然；而妇女的劳动则以维持家庭的活动为特征，再生产和照料孩子以及操持家务成为她们的主要工作，生产活动对于妇女尤其是已婚妇女变得疏远和不太重要。

其次，在公共领域和私人领域之间产生了清晰的划分，即家庭和工作的分割，生产与消费和再生产的分割。与男性及男性活动相关的领域如国家、市场等被视为公共领域，与女性及女性活动相关的领域如家庭、情感等被视为私人领域，也就是说女性所从事的劳动相当部分没有进入到社会劳动的分工体系之内。

此外，在当时的英国，随着经济的发展和社会财富的增长，不少中产阶级家庭仅凭丈夫的薪资就能够养家活口，家中的妻女可以不用外出工作。"一个闲居家中的妻子，是丈夫事业成功的标记"，并成为一定社会地位的象征。而女人外出工作在社会上往往会遭到非议，特别是已婚和当了母亲的妇女外出工作更被看成是不道德的，因为这被认为会忽视家务或身为人母的责任，同时也抢占了男子的工作。18、19世纪形成的此种中产阶级意识形态起到了更加强化"男主外，女主内"的性别分工意识的作用。

工业革命所造成的男女劳动方式的分裂给妇女带来的第一个重要的、也是持久的结果是：妇女被逐出社会物质生产领域，妇女的传统角色被强化，家庭主妇这个现代角色成为妇女一生中最首要的角色，并被加以制度化。直到19世纪末，妇女的就业率和在劳动力中所占的比例都是相当低的，例如1890年，美国妇女仅占劳动力的17.1%，只有18.2%的妇女参与市场劳动，其中已婚妇女的参与率更低至4.6%（见表5—2、表5—3）。

3. 女性进入劳动力市场

但是，工业革命也产生了另外一个结果，即它所带来的生产组织和生产方式的变化以及生产技术的不断进步，为妇女重新参与公共经济活动提供了可能，并对妇女提供了前所未有的雇佣劳动的机会。工业革命的发源地英国便是一个典型的例子。

自从18世纪后叶蒸汽机和纺织机的发明揭开了英国工业革命的序幕后，一方面，经济的快速发展产生了对劳动力——特别是廉价劳动力——的巨大需求。这一需求单靠男子显然已无法得到满足，从而成为了吸纳妇女进入劳动力市场的重要因素。另一方面，工业革命把机器引入生产，使人类从依靠人的肌肉充当动力的体力时代进入到以能动的机器体系为主、人力为辅的时代，这为妇女重新参与公共经济活动提供了可能。最初，那些在圈地运动中失去土地的农家女和城镇下层妇女最先走进劳动力市场，成为了英国早期工厂劳动力的一个重要组成部分，如棉纺织制造业的工人主要就是这些家庭的妇女和儿童。到维多利亚初期，一些家道中落的中产阶级妇女为了增加家庭收入也开始走出家门到富裕之家充当家庭教师，或从事裁缝等职业。后来，随着工业化的进一步发展，特别是白领工作的大量出现，中产阶级妇女的就业范围不断扩大，逐渐向女教师、女护士和办公室女职员等白领职业拓展。

于是，工业革命的浪潮把妇女推入了劳动力市场，这是工业化的发展带给妇女的又一个重大而意义深远的结果。但是从整体上来说，现实社会并没有真正接受妇女大规模加入劳动大军这一事实，妇女是在她们传统角色的基础上以典型的女性工作模式进入劳动力市场的，而且妇女在劳动力市场上所从事的职业以及她们的地位和收入都与男子不相同，妇女的就业经历了一个艰难的过程。

二、妇女边缘化就业地位的建构

在工业革命时期，妇女开始进入劳动力市场，但是迎接她们的不是笑脸和支持，而是各种抵制和歧视，雇主、男性工人和国家之间的互动作用建构了妇女在劳动力市场上的边缘化地位。

1. 廉价劳动力

劳动力的廉价是导致妇女在工业革命中大量进入劳动力市场的一个重要因素。在劳动密集型的经济形态下，资本家为了追求最大利润在将女性劳动力纳入资本主义生产关系中的同时，赋予两性的劳动以不同的价值，竭力贬抑妇女的劳动价值，降低女性劳动力的市场成本。因此，作为雇佣劳动者，妇女在劳动力市场上的劳动价值从一开始就低于男子，也就是说妇女是作为廉价劳动力进入劳动力市场的。工业化的早期阶段，资本家充分利用了妇女的低薪地位，在女工比较集中的行业，出现了"血汗工资制"，女工受到了资本家极其残酷的剥削。同时，妇女的廉价劳动力也成为他们用以对付男工的工具。资本家一方面以较低的报酬大量雇佣妇女甚至童工担任非熟练工人，来完成由工资相对较高的熟练技术工人（一般为男性）完成的复杂工作，另一方面也以女工的低报酬来压低男工的报酬和削弱男工讨价还价的地位，以获取更大利润。

妇女市场劳动的低酬化也受到了"家庭工资"（family wage）概念的推动，这个概念是指男子应该拥有一份足以供养家庭（妻子儿女）的工资，于18世纪末和19世纪初在西方经济的工业化中得到了普遍的支持。雇主认为，男子是家庭的养家活口者，在劳动力市场上需要拥有一份"家庭工资"；而女人的位置是在家中，依靠男人的工资维持生计，她们外出工作，其工资只是补贴家用而已，是辅助性的。所以，妇女的报酬低于男子乃是天经地义的，即使男女同工也不应该同酬。例如，在工业革命时期的法国，"无论是什么专业，什么劳动，女工工资至少比男子低一半"。[①]妇女从进入劳动力市场之时起，就开始受到不平等的待遇。

2. 男女工人之间的竞争

劳动力市场体系是建立在工人竞争的基础之上，随着妇女作为雇佣劳动者参加工作，男子面临着来自妇女的就业压力。由于女工的薪资比男工低，又较男工易于管理，雇主常常利用性别来分化劳动者队伍。他们雇用女工来顶替男工的工作，或通过廉价雇用女工来破坏男工为要求增加工资或改善工作条件等进行的斗争。于是，男工很快就把女工看成是他们就业的危险竞争群体和工资收入的威胁者。他们运用了组织、法律、舆论等各种手段，千方百计地把妇女挤出劳动力市场，减弱或消除妇女的竞争力量。例如，他们与雇主签订限制雇佣妇女的合同，把妇女排除在工会之外，并通过工会组织来排斥妇女就业。1898年在莱纳召开的法国总工会第四次代表大会就提出了劳动会使妇女"道德败坏"等五大论点来反对妇女进入劳动力市场，其中最主要的一个论点是："妇女的劳动贬低了男子劳动的价值，而且促使失业的发展"。在男性工人中还出现了排斥女工的各种建议，有的主张禁止妇女从事某些职业，有的主张，如果妇女受雇时工

[①] 玛依玳·阿尔毕丝杜尔、丹尼尔·阿尔莫扎特：《中世纪以来法国女权运动史》，（法）妇女出版社，1977年版，转引自《外国女权运动文选》中国妇女出版社，1987年版，第274页。

资较低或者走上男人的工作岗位，工会就应该组织罢工。①

男性工人对妇女就业的抵制也受到了当时大量存在的有关妇女就业的规定和法令的支持，如1844年的"工厂法"限制了女工的工作时间，同年颁布的"安全设备法案"规定只有男工才能维护、保养机器，"婚姻禁止"制度则禁止已婚妇女就业。凡此种种的规定和法令起到了减少女工对男工的竞争和使妇女就业边缘化的作用，也进一步加强了职业的性别隔离。

3. 私领域角色的延伸

工业革命一方面使妇女走出家庭踏上社会，"重新回到公共劳动中去"；另一方面从进入劳动力市场之日起，妇女的定位就是工业后备军，她们所从事的工作的性质是私领域角色的延伸，不但具有非技能性和低报酬的特征，并且职业范围非常有限。

在工业化的早期，工人阶级妇女参加劳动的临时性和不规则性以及中产阶级妇女工作的志愿性与男子的工作形成了强烈的对比。那时，男子从事的劳动正开始定型为以市场为基础的全日制工作，并通过建立工会与专业协会和学徒身份等途径增加男性劳动力市场的制度化，构建其职业地位，男子成为了劳动力队伍的主力军。② 而妇女的社会劳动则是在一种附属性的情景下构成的，她们只是一支可灵活使用的辅助性劳动力队伍，也就是说，妇女在劳动力市场上的位置是工业后备军。

同时，工业革命把妇女裹挟进的劳动力市场从一开始就是被分割的市场，男女高度隔离从事不同的工作。当一些工作被男子占领成为男性的工作领域时，其他一些工作便被界定为"妇女的工作"。向妇女提供的这种工作不仅范围非常狭窄，而且通常是她们私领域角色的延伸。事实上，妇女并未能够参与19世纪和20世纪的一些新扩展的职业工作。

一方面，无论是在以建立轻工业为特征的工业革命的早期阶段，还是

---

① 玛依玳·阿尔毕丝杜尔、丹尼尔·阿尔莫扎特：《中世纪以来法国女权运动史》，（法）妇女出版社，1977年版，转引自《外国女权运动文选》中国妇女出版社，1987年版，第295、296页。

② Alison MacEween Scott: "Industrialization, Gender Segregation and Stratification Theory", p.165, in 《Gender and Stratification》edited by Rosemary Crompton & Michael Mann, Polity Press, 1986.

在以建立重工业为特征的第二阶段,劳动力市场向妇女提供的职业都非常有限。在 19 世纪,女性劳动力不成比例地进入纺织业,只是一个特殊现象,在其他制造业中并非如此,妇女被局限于极其有限的职业范围里。被界定为女性的那些职业的扩展往往发生在这些职业对劳动力的需求非常高,而所需要的技能已被普遍掌握或容易习得,或有一个很大的寻求工作的妇女劳力储蓄库时。例如,英国 1870 年的《教育法》的实施使女子初等教育走上了正规化的轨道,办事员工作的女性化就是发生在读写的技能通过这一教育变得普及的时候。①

另一方面,妇女虽然外出工作,但是她们在劳动力市场上从事着与在家庭里相似的工作,被视为是私领域角色的延伸,以至于有学者说,"妇女工作的所有形式都是真正的家务劳动"。在工业化的起步阶段,妇女最早从事的主要职业是家庭女佣。这不是工业革命中才出现的新职业,但是它在工业革命时期达到了惊人的增长速度,"整个十九世纪,唯一持续不断增长的女性职业是家庭仆人,她们受雇于人数日益增加的富裕中等阶级。"② 正是通过女仆这个职业,家务劳动被转化为一种社会劳动,为近代妇女在劳动力市场上开辟了一条最初的从业道路。时至今日,家政服务仍然是女性的一个主要职业。确实,随着工业化进程的推进,20 世纪出现了一些新的女性职业,如护士、小学教师、办事员等工作,但是这些工作无不带有明显的"家庭服务"的色彩,都是照顾、看护、教育等事务性、服务性工作。

此外,工业化形塑了妇女在劳动力市场上的低技能地位。工业化早期纺纱业的男性化便是一个典型的例子。在 18 世纪的英国农村,用手摇纺纱机纺纱乃是家庭主妇的主要副业和收入来源。但当水力纺纱机"骡机"于 1779 年出台后,纺纱很快就演变成了以男人为主要劳动力的行业,并由男子垄断了纺纱技术。1800 年,波尔顿一家小型工厂曾雇用三位女工操作骡

---

① L. Murgatroyd:"Gender and Occupational Stratification",《Sociological Review》1982, N. S. 30.

② Lawrence Stone, Op. Cit., p. 418, 转引自马缨:《工业革命与英国妇女》,上海社会科学院出版社,1993 年版,第 23 页。

机，就遭到了170多名男工持续几周的罢工抵制。为了反对女工的竞争，在1829年召开的一次纺纱工人代表大会上明确作出了"纺纱技术只传授给男性"的决议，公然把女工排斥在机器纺纱这一技能性的工作之外。这样，在纺纱技术化的过程中，男子建构了在生产过程中的技术权威和剥夺了妇女接近和掌握新技术的权利。① 有证据表明，这并不仅仅是个个案，在其他的行业中，早期的技术工人工会同样竭力使用它们的权力阻止妇女在劳动力市场的一些受保护部分就业，迫使她们涌入其他一些职业。而凡是妇女能够大量进入的职业，它们就必然成为低报酬的领域，并且被视作是低技能的。② 简言之，男性从事的工作拥有了获得社会承认的技术性地位，女性从事的工作则落到了无技能或低技能的地位。

可见，工业化从多个方面建构了妇女在劳动力市场上的边缘化地位，其影响一直延续至今。尽管如此，工业化给妇女生存状况带来的变迁是不可逆转的，妇女走出家庭参加社会劳动逐渐成为了不可阻挡的时代潮流。

第二节 世界大战

在20世纪前半叶发生的两次世界大战期间，成千上万的男子离开原来的工作岗位参加军队甚至直接走上战场，这在客观上给妇女在劳动力市场中留出了空间，为她们提供了前所未有的就业机会，女性劳动力人数急剧增加。并且，在爱国之心的激励下，妇女以极大的热情投入了工作，为保障战时的后勤供给和军需品生产发挥了巨大的作用，作出了杰出的贡献。

---

① Walby, Sylvia：《Patriarchy at Work: Patriarchal and Capitalist Relations in Employment》，Cambridge, UK: Polity Press in Accociation with B. Blackwell, Oxford, 1986: 132. 转引自王晓焰："英国社会转型时期妇女就业地位边缘化的成因"，《西南民族大学学报（人文社科版）》，2007年第8期。

② L. Murgatroyd: "Gender and Occupational Stratification"，《Sociological Review》1982, N. S. 30.

在第二次世界大战以后，这股女性就业风潮持续升温，妇女就业在数量上和质量上都出现了重大变化。

一、战争时期的妇女就业

在两次世界大战期间，妇女就业状况的变化是显著的，这突出体现在劳动力市场上的女性就业人数、就业范围及就业结构方面。

1. 就业妇女大量增加

世界大战给妇女创造了大量的就业机会。首先，战争爆发后大批男子被征兵，而且随着军事伤亡的增加需要不断补充兵员，从而形成了一个就业空间。为弥补劳动力的不足，许多妇女被雇佣到原来男子从事的工作岗位上。第二，战争的需要扩大了食品、服装等行业，特别是军需品、军工业的生产，因而提供了数量很大的就业机会，需要妇女劳动力的加入。第三，战时的武装部队也需要接受妇女担任非战争任务来支持部队，从护理到各种行政、后勤工作。第四，政府部门也有成千上万个战时职位向妇女开放，需要她们到政府部门当办事员、速记员和电报员等。另外，战争使移民迅速减少，也让本国妇女有了更多的工作机会。

战争时期，妇女就业人数骤增。以英国为例，在第一次世界大战中，1914~15年的冬天和春天，供应部队装备的皮革、针织品、靴子、军服等一些行业迅速扩大，吸收了较多的妇女，这些都是和平时期一般被认为是妇女的工作。1915年8月，妇女开始大量地受雇于军火业，到秋天她们更是快速进入了工程业和炸药业。如伍尔维奇阿森纳（Woolwich Arsenal）兵工厂在1914年雇佣了125名妇女，到1917年4月，这个数字增加为25,000名。1917年时，妇女已分布在整个工业部门的各个行业。《劳动报》(The Labour Gazette) 估计，1917年每三个工作妇女中就有一个是在取代工业部门中的男性工人。[①] 据统计，一战期间为英国妇女提供的就业机会，在行政部门增加了1,751%，公共交通增加了544%，金属冶炼增加了

---

① Gall Braybon：《Women Workers in the First World War: The British Experience》, Barnes & Noble Books, 1981：46 –47.

376%，化学工业增加了160%。①

在第二次世界大战中，妇女更是大量地直接参与了劳动力队伍，仅美国就有600多万妇女首次进入劳动力市场，相当于过去人数的两倍。② 战争刚开始时（1940年），美国的女性劳动力参与率是25.8%，战争结束时（1945年）这一数字上升到35.8%，五年内增加了10个百分点，而在之前的整整五十年（1890~1940）间美国妇女的劳动力参与率只增加了7.6个百分点（见表5—2）。同样，在1939年至1943年间，澳大利亚就业妇女的总数上升了近20万，而战争结束后的第二年（1946年）这一数字便下降了近7万。③

2. 妇女职业范围扩大

战争的需要不仅使就业妇女人数大增，也极大地扩展了向妇女提供的职业范围。战前那些把妇女挡在许多行业之外的禁忌和限制被打破了，向妇女关闭的职业大门陆续开放，从而改变了女性的就业结构，使妇女的职业范围迅速扩大，突破了妇女原来的工作类型和领域。其中有两个方面尤为突出。第一是大批妇女进入由男子占主导地位的技术领域。战争爆发后，大批男子应召入伍，随着军事伤亡的增加，甚至有技能的男子免征兵的规定也被取消，如英国于1918年2月通过了"人力法案"（Manpower Bill），取消了过去所有的免役。许多行业的专业人员因此出现了严重短缺的现象。为了快速满足这些行业对技能工人的需求，妇女开始得以学习许多从来不被允许学习的工作技能，进入过去一直是为男子保留的高技能职业，担负由技能工人从事的复杂工作。于是，在战争时期，妇女不仅是一支替代劳动力，她们中的不少人还成为了有技能的劳动者，像男子一样当机械师，操纵重型的或精密的机器，驾驶消防车等。

---

① BBC iWonder — "What did World War One really do for women?", 2014 - 01 - 27, www.bbc.co.uk/guides/z9bf9j6.

② 卡多尔·卡尔金斯主编，王岱等译：《美国社会史话》，人民出版社，1984年版，第210页。转自林艳："略论第二次世界大战对美国妇女的影响"，《东北师大学报：哲社版》1996年06期。

③ Lynn Beaton："The importance of women's paid labour — Women at work in World War II", Source：Worth Her Salt. Women at Work in Australia, Hale and Ironmonger 1982.

第二是进入典型的男子堡垒——军事领域，包括军火生产和服务于武装部队。大战爆发后，为了优先满足军事需要，许多生产消费品的工厂转而为军事服务，汽车厂转变成飞机厂或制造坦克和军用车辆，造船厂生产各种军舰，还有许多新的军工企业也纷纷建立。对武器的大量需求使得军事工业成为妇女在战争时期的最大雇主，她们很快掌握了从事这些新行业的技能，从军火生产的边缘性劳力成为基本的劳力供给。1917年英国主要雇佣女工的军工厂生产了英国军队使用的80%的武器和炮弹。[1] 妇女还直接参军服务于部队，在第一次世界大战中，美国海军和海军陆战队分别于1917年和1918年建立了女子部队，在二战中，又于1943年建立了陆军妇女军团，二战期间，美国有多达35万妇女在军中服务，[2] 其足迹几乎遍及所有非战斗性岗位，从军事机关的接线兵到野战医院的护士等各种后勤保障工作。

事实表明，战争为妇女开辟了诸多的就业新领域，到战争结束时，只有很少类型的工作，妇女没有去填补。

3. 收入上升

战争时期，妇女的职业范围得到了扩大，进入了许多以前是男子世界的职业领域。由于男子工作的报酬一般都高于女性，特别是军需工厂的平均工资更远远高于女性职业的工资，因而战时的女性劳动力流动出现了一个显著的趋势：妇女们纷纷放弃了在洗衣店、餐馆、零售行业等领域的工作，寻求在军需品生产工厂的工作，以至于原来的女性工作领域发生劳力严重短缺的现象。女性劳力从女性职业向男性职业的流动，代表了妇女在职业阶梯上的一个重要上升，她们所挣得的报酬也高于战前。

但是，战争时期传统女性职业的工资并没有增加。而且，当战争向妇

---

[1] Airth-Kindree, Anne Victoria Margaret:《Munitionettes: British Women in Munitions During the First World War》, Verlag: University of Tulsa, 1987. 转引自 Sundari Anitha, Ruth Pearson: "Women and Work", www.striking-women.org

[2] Mady Wechsler Segal: "Women in the Armed Forces", in《Women and the Use of Military Force》, edited by Ruth H. Howes etc., Lynne Rienner Publishers 1993: 82; Carolyn Becraft: "Women in the Military", in《The American Women 1987-88: A Report in Depth》edited by Sara E. Rix, W. W. Norton & Company N. Y., 1987: 202.

女提供许多新选择和新工作时，她们仍然不能与男子同工同酬，所得依旧低于男子。例如，在澳大利亚，1940年第一次向妇女提供男子从事的工作。当时澳大利亚皇家空军（RAAF）面临着电报员的严重短缺，保守的澳大利亚联合党（United Australia Party）政府同意妇女进入空军，但是规定这只是一个临时措施，而且只给予她们以男子工资的三分之二。① 再如，美国妇女在二战中接过了许多以前是男子从事的工作，即使如此，在1944年时，美国妇女的周工资为31.21美元，而男子仍然保持一周挣54.65美元的工资水平。②

可见，尽管战时妇女的收入在总体上有所增加，但是仍然不及做同样工作的男子，男女工资不平等以及同工不能同酬的问题依然存在。

4. 政府的角色

在战时的妇女就业高潮中，政府扮演了重要的角色。由于战争的需要，女性劳动力的问题被置于政府为组织战时生产所作努力的中心，为动员妇女加入劳动力大军做了大量的宣传工作，通过印刷品、电影和无线电等舆论工具来激发妇女的爱国热情，鼓励妇女在战争时期接过男子的工作。美国政府在战时的宣传口号是"有越多的妇女工作，我们就能越快地赢得战争。"为了帮助妇女顺利地投入战时工作，政府部门积极地采取了一些措施。例如，美国政府在战争时期设置了一些培训项目和考试机会，以便让更多的女性能够拥有较高的技能和资格来从事工业生产，特别是军工生产。二战时期的英国政府为了便于工作母亲照顾幼儿责任的需要，提供国家基金陆续建立了大约1345个战时托儿所，而在欧洲全面战争刚刚开始的1940年只有14个这样的托儿所。③

可是，政府的这些行为都只是为了满足战争时期的特殊需要。例如，

---

① Lynn Beaton："The importance of women's paid labour-Women at work in World War II"，Source：Worth Her Salt. Women at Work in Australia，Hale and Ironmonger 1982.

② Joyce Bryant："How War Changed the Role of Women in the United States"，ⓒ 2016 by the Yale-New Haven Teachers Institute.

③ Penny Summerfield：《Women Workers in the Second World War：Production and Patriarchy in Conflict》，London，Croom Helm Ltd，1984：94. 转引自 Sundari Anitha, Ruth Pearson："Women and Work"，www.striking-women.org

在英国，长期以来，由男子领导的工程行业工会严格控制了进入这一行业的大门，将妇女排除在外。当战争对工程行业的劳动力提出巨大需求时，政府支持这一行业向妇女打开大门，但是又接受了其工会的要求，即进入这一行业的妇女在战争结束时必须离开。甚至直到今天，工程业中女性劳动力的比例仍然是非常低的。[①] 同样是在英国，第一次世界大战时，因为行业工会反对有色人种的就业，主要来自家庭和家庭服务以及血汗行业的妇女成为了重要的劳动力来源。然而政府同意工会联盟（Trades Union Congress）的要求，在给予妇女同等计件工资率的同时拒绝给予她们同等的计时工资率，此外还保证在战争结束时让女性将工作岗位腾出来还给男子。[②] 显然，政府更关心是保证战时生产的稳定，而不是妇女的劳动权益问题。

二、战争对妇女就业的影响

战争对妇女就业的影响是巨大的，除了上述的妇女参与市场劳动的人数大量增加、就业范围扩大、收入提高之外，战争还对妇女就业产生了以下几个方面的重要影响。

1. 已婚妇女重回劳动力队伍

战争时期，妇女就业人数骤增，但是妇女经济行为的最大变化是发生在已婚妇女中。战争使那些过去被排斥在劳动力队伍之外的已婚妇女又重新回到劳动力队伍中来，她们的就业人数大幅增加，妇女劳动大军的结构发生了很大变化。一战时期，英国工作妇女中，已婚妇女达到了40%的比例。英国利兹的四个主要工程商行的工作妇女中更有44%是已婚妇女，而在战前的1911年，这个地区的工作妇女中只有15%是已婚的。[③] 在美国，

[①] Sylvia Walby: "Segregation in employment in social and economic theory", in 《Gender Segregation at Work》, edited by Sylvia Walby, Open University, 1988: 26.

[②] Veronica Beechey: "Women and production: a critical analysis of some sociological theories of women's work", in 《Feminism and Materialism: Women and Modes of Production》, Edited by Annette Kuhn and AnnMarie Wolpe, Routledge & Kegan Paul Ltd, 1978: 191.

[③] Gall Braybon: 《Women Workers in the First World War: The British Experince》, Barnes & Noble Books, 1981: 49.

二战时期女性劳动力中已婚妇女的数量也急剧增加。1940年时，美国女性劳动力中已婚妇女的比例为35.9%，经过第二次世界大战时期已婚妇女就业人数的大量增加，到1950年已婚妇女在女性劳动力中的比例上升为52.2%，在历史上首次超过了单身妇女的比例。同期，已婚妇女的劳动参与率也从15.6%上升到23%。这两个指标在这十年间的增幅都远远大于之前半个世纪中的任何一个十年（见表5—3）。

2. 女性工会会员增加

工会是现代社会的一个重要组成部分，但长期以来并没有很好地为妇女服务。男性行业工会和由男性主宰的职业联合工会往往都排斥女性工人，而非正规就业是女性的重要就业方式，她们大多从事非全日制工作或在小单位里工作，很难加入工会组织，更无法组织自己的工会，所以战前工会中的女性会员很少，女性工会则更少。战争为工会发展开拓了大量的空间，特别是在与战时生产相关的行业。随着两次世界大战中妇女就业人数的上升和就业领域的扩大，女性工会会员和女性工会的数目以及规模开始明显上升。在第一次世界大战中，英国工会的女性会员从1914年的35万人增加到1918年的100万余人。[①] 在第二次世界大战中，美国工会中的女性工会会员人数在1940年时还不足8万人，代表了不到10%的工会会员，1944年达到了300万人，代表工会会员的22%。[②] 在澳大利亚，女性工会成员在1939年占整个女性劳动力的32.8%，到1945年增加到51.9%的比例。而同期，男性工会成员占整个男性劳动力的比例只是从51.6%上升到54.9%。[③] 在战争时期，妇女工会会员联合起来为争取同工同酬以及其他权益进行了斗争，增强了女性劳工的战斗性和战斗力。

3. 妇女显示了自己的能力和改变了传统观念

在两次世界大战中，因战争需要，女性的传统角色发生了极大变化。

[①] Robert Wide: "Women and Work in World War 1" (Updated October 16, 2015), european-history.about.com > ··· > World War 1 > Women in World War1

[②] 转引自林艳:"略论第二次世界大战对美国妇女的影响",《东北师大学报：哲社版》1996年06期。

[③] Lynn Beaton: "The importance of women's paid labour-Women at work in World War II", Source: Worth Her Salt. Women at Work in Australia, Hale and Ironmonger 1982.

妇女尤其是已婚妇女大量进入劳动力市场，掀起了妇女就业的高潮。她们的足迹遍布社会的各行各业，甚至踏进了过去男子的职业堡垒，并且做得和男子一样好。妇女在实践中显示了自己的能力，证明了妇女能够从事比以前所认为的范围更加广泛的工作。

妇女以自己的实际行动改变了人们以往对女性的偏见和传统观念，尤其是战争改变了人们对于妇女外出工作的态度。战争之前，社会上普遍认为妇女的位置是在家里，已婚妇女参加工作更加不被接受。直到二战前，美国联邦政府还禁止已婚妇女在政府部门工作。战争使公众转变了态度，至少暂时地接受女性出门工作的现实；政府也向妇女提供了大量的公务员岗位，并建立托儿所方便有孩子的母亲就业。

两次世界大战给妇女的就业地位和前景带来了重要变化，成为了妇女就业史上具有重要意义的分水岭。确实，随着战争结束和大量军人解甲归田，不少女性发现自己很快就成为了过剩劳动力，被排挤出"男性行业"，离开了自己战时所在的岗位，回到家中重新扮演战前家庭主妇的角色。尽管如此，经过战争的洗礼，广大妇女在战时的劳动经历，生产技能和自我意识的提高为战后妇女大量加入劳动大军和妇女就业趋势的有利发展打下了良好的基础。从宏观的角度看，战争时期出现的妇女就业的稳定增长成为了一种世界性趋势，这个趋势持续了整个战后历史时期。诚如美国著名史学家威廉·H. 查夫所言："二战及其随后的岁月构成了美国妇女发展的里程碑。"[1]

第三节 经济危机

在经济发展过程中周期性爆发的生产严重相对过剩的状况被称为经济危机。自 1857 年发生了第一次世界性经济危机以来，在随后的 100 多年中

---

[1] 威廉·H. 查夫：《二十世纪的美国妇女：变化的矛盾性》，牛津大学出版社，1991 年版，第 174 页。转引自林艳："略论第二次世界大战对美国妇女的影响"，《东北师大学报：哲学版》1996 年 06 期。

世界又经历了1929年大萧条、1973年石油危机、1987年美国股灾、1997年亚洲金融风暴、2008年金融危机等五次主要的经济危机。经济危机在整体上对社会具有负面影响，劳动力市场更是首当其冲地遭到了冲击。不过，虽然这种冲击同时波及了女性和男性的就业，但是冲击的严重程度和具体方式并不一样，也就是说经济危机的影响是性别化的。

一、经济危机对两性就业影响的三个假设

J.鲁贝里（Jill Rubery）提出了三个主要理论假设，来解释男女就业受到经济衰退不同方式影响的这个事实，尤其是女性就业可能出现的劳动力市场的三个结果。[1]

第一个假设是工作隔离假设（the job segregation hyothsis）。据此假设，性别隔离是所有劳动力市场的一个共同特征，由于存在着劳动力市场的高度性别隔离，决定危机对两性不同作用的至关重要因素是每一个劳动力市场的工作——男子的工作和妇女的工作——受到影响的程度。根据危机的部门性质，如果经济活动的减少是集中在以女性为主要劳动力的部门，这些部门的就业需求急剧下降，女性就业受经济衰退的影响就较男性严重。在20世纪90年代末金融危机中，受到汇市、股市暴跌影响，东南亚国家和地区出现了严重的经济衰退，当外国的直接投资纷纷重新转移到生产更为廉价的地方去的时候，大量雇佣妇女的以出口为取向的工业加工部门迅速收缩，妇女便首先成为失业者，早先的妇女就业的增长也随之消失。反之，如果经济活动的减少是集中在以男性为主要劳动力的部门，男性就业受经济衰退的影响就会较女性为甚。在1930年的大萧条和2008年的危机中，遭受打击最沉重的都是重工业部门，由于重工业一直排斥妇女，基本上都是男子的工作，这两次危机对于男性失业的总体影响就要明显大于女性。例如，美国的密歇根州是个重工业州，1935年时该州的男子丢掉了

---

[1] Jill Rubery: "Women and recession: a comparative perspective", in 《Women and Recession》, J. Rubery (ed), Routledge, 1988.

8%的工作，而组成其劳动力25%的就业女性只丢掉了2%的工作。[①] 2007年12月，美国男女失业率各为5.0%和4.8%，非常接近；到2009年8月，男子的失业率达到了11.0%，女性则为8.3%，这个2.7个百分点成为美国战后时期最大的失业性别差距。[②]

第二个假设是缓冲假设（the buffer hypothesis）。据此假设，妇女在劳动力市场中只是一种灵活的后备力量而已，在经济上升时被吸入劳动力市场，在经济衰退时就被逐出劳动力市场，先于男子作为冗员遭到解雇，起到了缓冲力量的作用。这一假设还与二元劳动力市场理论相连接：次要劳动力市场以高度灵活性和工人间的激烈竞争为特征，大量的工作是属于劳动密集型的，雇主可根据需求的变化随时调节劳力的投入，来雇用或解雇工人。而女性在次要劳动力市场占有过高的比例，她们是处于劳动力市场边缘地位的弱势群体，缺乏自我保护能力和社会保障。在经济危机时，女性工人很自然地就成为第一个被解雇和最后被雇佣的劳动力。因此，危机对于妇女的负面影响要大于男子，亚洲危机的性别作用就是一个很好的例证（详见实践篇第八章第二节）。

第三个假设是取代假设（the substitution hyothsis）。据此假设，在经济衰退期间，雇主更加希望使用较为低廉的劳动力来取代高成本的劳动力，以使生产成本最小化。所以，他们更可能倾向于雇用薪酬通常较低的女性工人来取代男性工人，即使是在以男子为主要劳动力的部门，雇主也往往把复杂的技术工作分解成若干简单工作，从而雇用廉价的女性劳动力来取代有技能的男子。因此，在经济危机中，许多家庭的丈夫失去了工作或被削减了工资，其妻子却能进入劳动力市场，以弥补其配偶失业或减薪而失去的收入。例如，在美国，一些穷困州的已婚妇女的就业比例是最高的。按照对大萧条后的1940年的统计，如果丈夫一年的收入超过3000美元，仅有5.6%的已婚妇女就业；而丈夫年收入低于400美元的妻子，其就业

[①] Alice Kessler-Harris：《Out to Work: A History of Wage-Earning Women in the United States》，New York: Oxford University Press, 1982：259-260. 转引自杨丽红 周文姬："上升还是下降？——大萧条时期美国妇女就业人数增长原因分析，《沧桑》2008年05期。

[②] Aysegul Sanin.："The Unemployment Gender Gap During the 2007 Recession"，《Current Issues in Economics and Finance》，Vol. 16, No. 2, February 2010.

比例则高达24.2%。①

这三个假设可能同时发生作用，也可能在经济危机的不同阶段，其中一个或两个假设发挥较为明显的作用，这要取决于具体情况。而且，经济危机对于妇女和男子就业的不同影响也因国家或地区而不同。

二、实例分析

以下将以美国和欧盟国家为例进行实例分析，进一步显示经济危机对妇女就业的具体影响。

1. 美国大萧条时期的妇女就业

20世纪30年代的大萧条是美国历史上时间最长、影响最广和程度最深的经济危机，从1929年一直持续到1939年。实际GDP下降了25%还多，抹去了之前四分之一世纪的经济增长，其中工业生产受到的打击最大，下降了约50%，直到1937年才开始恢复。② 大萧条带来了大量失业。1929年美国的失业率仅为3.2%，1933年达到了高峰，为24.8%，大约为前者的8倍。③ 可是，妇女的失业人数仅从1931年的2百万上升到1933年的4百万，只增加了1倍。④ 而且，从1930年至1940年，美国妇女在劳动力队伍中的比例从21.9%上升到24.6%，增加了2.7个百分点，已婚妇女的劳动力参与率更从11.7%跃至15.6%，足足增加了3.9个百分点（见表5—2和表5—3）。

在经济萧条、失业率居高不下的情况下，为什么美国妇女（尤其是已婚妇女）的劳动力参与不但没有下降，反而有所上升？对此现象可以作出

---

① William Henry Chafe：《The American Women：Her Changing Social, Economic, and Political Roles, 1920 - 1970》, New York：Oxford University Press, 1972：56 - 57. 转引自杨丽红 周文姬："上升还是下降？——大萧条时期美国妇女就业人数增长原因"，《沧桑》2008年05期。

② Dictionary of American History：Great Depression, New York：Charles Scribner's Sons, ⓒ 2003.

③ "US Unemployment in the 1930's", Source："Social Democracy for the 21st Century：an Alternative to the Modern Left", Wednesday, July 3, 2013, socialdemocracy21stcentury.blogspot.com/2013/07/us-unemployment-in-1930s.html

④ "The Depression and World War II (1930 - 1945)", Source：National Women's History Exhibit：A History of Women in Industry, https://www.nwhm.org/online-exhibits/industry/12.htm

的解释是：首先，在大萧条中受打击最严重的是重工业，从1929年到1932年，美国的工业生产减少了65.6%，而钢铁工业下降了84.7%，汽车工业下降了92.1%，机器制造工业下降了96.3%，[1]这些都是以男性劳动力为主的工业部门，而女性劳动力主要集中在轻工业部门或服务业部门，受到的打击相对较小。因此，失去工作的男性工人要比女性工人多得多。可见，劳动力市场的性别隔离在大萧条时期反而对就业女性起到了一定的保护作用。第二，大萧条催化了美国工业经济的结构性改变，加速了从工业经济向以服务业为主导经济的转变，妇女除了在制造业寻找工作外，还在非工业部门获得了比男子更多的工作机会，诸如教育、护理、家庭服务、办公室工作和在家里从事的工作等，尤其是白领职业（办事员、速记员、接线员等）的大量增加扩大了妇女的就业领域，推动了大萧条时期女性就业人数的增长。第三，大萧条把大量已婚妇女推入劳动力市场，壮大了妇女的就业队伍。随着男性失业率的剧增和工资普遍下降，许多在大萧条之前不工作的已婚妇女被迫进入劳动力市场以养家糊口。20世纪20年代时已婚妇女只占美国就业妇女的四分之一弱，经过30年代的大萧条，1940年已婚妇女构成了就业妇女的三分之一强（见表5—3）。第四，妇女就业也得益于大萧条时期的罗斯福的三R新政，即救济（Relief）、复兴（Recovery）和改革（Reform），在客观上，它以多种方式帮助了妇女就业。例如，公共事业振兴署（the Works Progress Administration）发展了许多新政项目，大力兴建公共工程，刺激消费和生产，以工代赈，增加就业，其中不少项目向失业妇女提供了办公室之类的工作。

但是，大萧条时期女性就业人数的增长并不意味着妇女就业地位的相应提高。事实上，在30年代，对妇女就业的歧视被强化了，妇女的就业环境变得更加艰难。美国的各级政府和私人企业在20世纪30年代所采取的许多政策都带有性别主义的色彩，男子成为这些政策的最大得益者。例如，联邦政府《1932年经济法》第213条规定，禁止同一个家庭中有2人在联邦政府机关就业，据美国妇女局对213条款的一份分析报告，遭辞职

---

[1] Chen Dezhao: "The 'Decline' of U.S. Economy: A Historical Comparison", 《China International Studies》 No. 29 July/August 2011.

的配偶中有75%是妇女，这显然是以限制已婚妇女就业来保证男子就业的优先权。[①] 1933年通过的国家工业复兴法提高了妇女的工资，但是它并没有要求男女同工同酬。而且，它主要针对的是工业，其中有关工资和工作时间等的规定并不适用于非工业工作，其得益者主要是从事工业工作的男子。实际上，30年代的新政约有四分之一的法规把男女差别工资加以制度化，从而强化了工资的性别差异。[②] 此外，由于男性失业骤增，传统的"女性领域"出现了来自男性的强有力的就业竞争，对于专业职业的妇女来说尤其如此。在大萧条时期，尽管在整体上妇女就业人数增加了，但是从事专业职业的妇女人数却有所减少，其中女性教师遭受的打击最为严重。从1920年到1940年，美国女教师的比例从85%下降到了78%，期间男教师的比例不但得到上升，并且占据了学校部门高层的管理职位。[③] 其结果是，更多的妇女进一步转向低报酬、低技能和低地位的工作。

2. 2008年金融危机和欧盟劳动力市场上的性别变化

2008年的这场源自于美国的危机迅速扩展到欧洲，是自20世纪30年代大萧条以来欧洲所经历的最为严重的危机，经济衰退导致了欧盟劳动力市场上发生了一些备受瞩目的性别变化。在危机的第一阶段，与大萧条时一样，受打击最大的也是以男性劳动力为主的部门，尤其是建筑业和制造业（以汽车业为代表的耐用消费品行业），因此欧盟各国的男子就业受到了严重的影响。与妇女相比较，男子失业的数量更多，速度更快。例如，在经济衰退之前，每五个爱尔兰男子中就有一个受雇于建筑部门，在2004~2009年期间建筑部门的就业水平下降了21%，这些净裁员对于男子的伤害显然要大于妇女。与之相比，女性就业下降的速度相对较慢，幅度

---

① Foner P. S.：《Women and American labour movement：from world war I to the present》，New York：The Free Press：A Division of Macmillan Publishing Co. Inc. 1980：257. 转引自周莉萍："大萧条时期美国妇女就业状况分析"，《宁波大学学报（人文科学版）》第21卷第5期2008年9月。

② KESSLER-HARRIS A.：《Out to work：a history of wage-earning women in the United States》，New York：Oxford University Press，1982：263. 转引自周莉萍："大萧条时期美国妇女就业状况分析"，《宁波大学学报（人文科学版）》第21卷第5期2008年9月。

③ Nancy Woloch：《Women and the American Experience》，New York：Alfred A. Knopf Inc. 1984：446. 转引自周莉萍："大萧条时期美国妇女就业状况分析"，《宁波大学学报（人文科学版）》第21卷第5期2008年9月。

相对较小，以至于 2008 年第四季度爱尔兰劳动力市场上的女性雇员的数目第一次超过了男性雇员。[①] 其他欧盟国家也大致同样，即衰退导致了男子和妇女的就业率的下降，但是男子的下降幅度更大。从表 14—1 可以发现，2008～2010 年和 2010～2014 年期间，欧盟的妇女就业率分别下降了 4 个和 1 个百分点，男子就业率则分别下降了 12 个和 2 个百分点，从而使欧盟国家的男女就业率的性别差距从危机第一阶段的 15 个百分点缩小到了第二阶段的 9 个百分点。[②] 不过，也有学者认为，妇女和男子就业率的性别差距在衰退期间的缩小并不是朝着更大程度的性别平等的一个积极信号，而是反映了整个欧盟男子就业形势的恶化，在危机的第一阶段尤其如此。

表 14—1 欧盟就业率指标逆转

就业率	妇女	男子	性别差距（15—64 岁）
第一阶段：2008—2010	60%—56%	76%—64%	15 个百分点
第二阶段：2010—2014	56%—55%	64%—62%	9 个百分点

资料来源：www.ENEGE.eu

在危机的第二阶段，男性在遭受了衰退早期的巨大打击之后，其失业率较早地稳定了下来，而女性的失业率因为公共部门紧缩开支和减少雇员仍在缓慢地继续上升。公共部门是典型的女性劳力占主导地位的地方，妇女构成了欧盟公共部门职工的 69%。[③] 当经济衰退带来了国家收入的下降和预算赤字的上升，从而迫使公共部门冻结甚至削减职工队伍时，首先受到冲击的必然是妇女。在英国，2009 到 2010 年期间，妇女在私营部门和公共部门都开始失去工作。[④] 除了增加失业以外，工作冻结和开支削减还

[①] Nata Duvvury and Caroline Finn：" 'Man-covery'：recession, labour market, and gender relation in Ireland", in 《Gender, Sexuality & Feminism》, Volume 1, Number 2 (December 2014).

[②] Ursula Barry："Gender perspective on the economic crisis：Ireland in an EU context", in 《Gender, Sexuality & Feminism》, Volume 1, Number 2 (December 2014).

[③] Ursula Barry："Gender perspective on the economic crisis：Ireland in an EU context", in 《Gender, Sexuality & Feminism》, Volume 1, Number 2 (December 2014).

[④] Nata Duvvury and Caroline Finn：" 'Man-covery'：recession, labour market, and gender relation in Ireland", in 《Gender, Sexuality & Feminism》, Volume 1, Number 2 (December 2014).

减少了已经处于最低报酬水平的工作妇女的收入。据欧洲妇女游说团（European Women's Lobby）的报告（EWL 2013），在此期间，拉脱维亚的教师的最低薪水被削减了 30%，报酬的性别差距从 13.4% 增加到 17.6%。[1] 更为重要的是，从长远来看，妇女高度集中的行业（健康，社会服务和教育等）的开支削减意味着妇女将会较慢地摆脱经济危机的影响，具有在一个较长的时期中大量陷入失业的危险。

与此同时，衰退也导致了一些行业的性别比例的重构。在经济危机中，由于传统上由男子占支配地位的部门缺少就业机会，他们便开始进入过去女性在数量上明显占优势的行业。在爱尔兰，金融、保险和房地产部门都出现了对雇用男性劳动力的偏爱，女性在这些部门的比例出现很大的下降，其男性对女性的比率从 2007 年的 100∶142 下降到了 2009 年的 100∶114。[2] 与其相反，进入建筑业和工业的妇女只占很小比例，也就是说男性工作领域中的女性份额只有很少的增加。衰退还导致了男女就业模式的变化，危机时期全日制就业在整体上下降了，而非全日制就业增加了。历史上妇女被视为是灵活劳动力的最重要来源，非全日制工作传统上是她们的保留领地。但是，由于经济危机使全日制工作的选择缩小，男子正越来越多地转向非全日制工作，从而加强了与女性的竞争，这对妇女显然也是不利的。

其实，在危机后的经济恢复时期，欧盟国家的男子比妇女得益更多。一方面，欧盟国家把投资主要集中于男性劳动力占主导地位的行业（建筑，交通等），而不是在传统上女性劳动力具有优势的行业。另一方面，政府又把推动主要由妇女从事的非正规工作（短时工作，非全日制工作等）作为促进就业政策的中心，这实际上是让更多的妇女以牺牲工作质量（正规工作）为代价来参与市场劳动。

最后还要提及的是，在这场经济危机中，发展中国家妇女处于更加不

---

[1] Ursula Barry：''Gender perspective on the economic crisis: Ireland in an EU context'', in 《Gender, Sexuality & Feminism》，Volume 1, Number 2（December 2014）.

[2] Nata Duvvury and Caroline Finn：'''Man-covery': recession, labour market, and gender relation in Ireland'', in 《Gender, Sexuality & Feminism》，Volume 1, Number 2（December 2014）.

利的境地。由于她们对付经济衰退的能力要微弱得多，因而处于一种远比男子更加脆弱的地位。国际劳工组织发布的《2012年全球妇女就业趋势》报告说，自本世纪以来，就业领域的两性差距呈现出缩小的态势，但全球经济危机的爆发扭转了这一积极的趋势，2002年至2007年间，两性的失业率之间存在0.5个百分点的差距（女性失业率为5.8%，男性为5.3%），但是2008年的经济危机已经使这一差距上升为0.7个百分点。[1] 而这种消极的变化主要反映在发展中国家。

第四节 全球化

全球化是当今世界最重要的发展趋势之一，也是当今时代的基本特征。一般来说，全球化是指各国在经济、政治、文化、社会、科技等多方面的彼此联系和相互依存的不断加强，以及人类生活在全球规模基础上的发展及全球意识的崛起。自20世纪80年代以来，全球化趋势的快速发展更成为世界范围内一个引人瞩目的现象。

在当今的全球化进程中，经济全球化是基础，世界成了一个巨型市场，而跨国公司是经济全球化的"最主要载体"。全球化对于妇女参与劳动力市场的作用是复杂的，甚至有时是矛盾的。例如，就业的灵活性、国外的直接投资和出口加工区的建立有效地把大量发展中国家妇女拉入有报酬的工作，并因此促进了劳动力的性别流动；但同时，它也以不稳定的就业形式把市场易变性的代价转嫁到工人身上，尤其是妇女身上。[2] 有关全球化和妇女就业的讨论大致可以分为两种：强调正面影响的乐观主义观点和注重负面影响的批评性意见。但是，应当看到，经济全球化对不同国家和不同劳动者产生的影响往往是不一致的，以下将着重围绕经济全球化与

---

[1] ILO：《Global Employment Trends for Women 2012》，ILO, Genevs, 2012：v-vi.

[2] Report of the Secretary-General：《1999 World Survey on the Role of Women in Development: Globalization, Gender and Work》, paragraph 328.

发展中国家女性劳动力的关系展开分析。

一、全球化与劳动力女性化

1. 制造业的国际转移

20世纪70年代，发达国家对国外的直接投资大量出现，跨国公司蓬勃兴起。为了追逐利润，发达国家陆续把劳力密集型的制造业生产过程转移到拥有丰富廉价劳动力的发展中国家，自身则专门从事高端的技能密集型和资本密集型的物品的生产。这种"新的国际劳动分工"导致发展中国家纷纷建立出口加工区。从全球来看，1976年时只有24个发展中国家有出口加工区，到1998年已扩大至93个国家（FIAS，1998a）。这些加工区以生产出口的制造业产品为取向，制造业是国际生产中最大的一个组成部分。1975年发展中国家在世界制造业产品的出口中的份额为6.3%，到1992年迅速增加为18.2%。①

在制造业的国际转移进程中，劳动力是贫困国家的主要财富，出口加工区不仅代表了一种把本国同世界市场结合起来的次优机制，而且也创造了大量的工作岗位，特别是吸纳了大量女性劳动力，这些国家的女工份额实质性地增加了。例如，1978年孟加拉国只有4家服装厂，到1995年增加到2400家，雇用了120万工人，其中90%是25岁以下的妇女（Amin etc.，1998），她们占了该国领取工资的就业妇女总数的70%（Bhattacharya，1997）。在亚洲五个主要出口国中，妇女在出口加工区总就业中的比例都要大于在她们国家的整个制造业中的比例。② 这些女性劳动力中有相当一部分是来自农村的年轻姑娘。发展中国家的女性劳动力受到青睐的原因是：首先，许多企业认为女性比男性更勤奋、更灵巧。其次，由于大部分女性在工作几年之后会结婚离开工作岗位，往往不大会加入工

---

① Report of the Secretary-General：《1999 World Survey on the Role of Women in Development：Globalization, Gender and Work》, paragraphs 107, 87.

② Report of the Secretary-General：《1999 World Survey on the Role of Women in Development：Globalization, Gender and Work》, paragraphs 104, 108.

会，便于管理。最后也是最重要的是，女性的工资比男性低。事实上，在以出口为取向的加工区的就业已成为这些国家的妇女从事货币经济的转折点。① 这也是过去几十年中全球劳动力中女性比例稳步增加的一个重要原因。

2. 全球服务业的转移

经济全球化也为发展中国家的知识女性创造了空前的事业空间。20世纪80年代中期以来，随着信息技术的迅速发展，特别是互联网的广泛应用，服务外包得到蓬勃发展。于是，在经历了制造业国际大转移后，经济全球化又迎来了全球服务业的大转移，发达国家开始把基础的知识型服务业工作（包括技术性服务、以资讯技术为基础的咨询服务等）成规模地向发展中国家转移，其主要形式有通过跨国公司的项目外包、业务离岸化等。例如，发达国家中的许多依靠数据服务的公司（诸如信用卡的提供者，邮购商业，航空和铁路系统等）把处理数据大量地送到国外加工。加勒比海地区和一些亚洲国家都建立了诸如电子信息加工区（被称为 Digi-port）这样的商业服务中心。

同样，发展中国家中劳动力素质较高而劳动力成本较低的知识女性成为了发达国家服务外包的理想雇用对象。一般来说，这些服务部门的女性劳动力的比例至少具有与出口制造业部门同样高的水平，在加勒比海地区更几乎全部是女性。其他为客户定做的高技能商业服务，诸如软件设计、计算机程序设计和金融服务（银行业务和保险），也越来越多地转移到发展中国家，雇用了比例颇高的女性雇员，甚至在一些等级较高的职位上也是如此。② 显然，在吸纳就业方面，服务业的大转移也为发展中国家的女性劳动者创造了新的就业机会。

3. 劳动力的流动

在给发展中国家创造大量工作岗位的过程中，经济全球化也推进和加

---

① 马丁·拉马（Martin Rama）："全球化与发展中国家的劳动者"，世界银行政策研究工作论文第2958号，2003年1月。

② Report of the Secretary-General：《1999 World Survey on the Role of Women in Development：Globalization, Gender and Work》, paragraphs 110, 111.

速了这些国家的女性劳动者在国内和国际的大规模经济流动。这种流动主要有两种形式：第一，从农村向城市的迁移。发达国家将劳动密集型制造业大规模地向发展中国家重新安置的过程，激发了发展中国家的农村女性劳动力成群外出向城市迁移，从没有报酬的家务劳动和生计（农业）部分向建立在工资基础上的"现代"经济活动转移，进行劳动力的跨部门流动。第二，跨越国界的迁移。为了对全球竞争作出反应，发达国家的企业如果暂时不能把生产或服务转移到国外时，便通过雇用移民工人来达到其降低成本的目的。在现实中，到境外就业也成为全球化带给发展中国家妇女的一种就业机会。当前国际劳动力流动的一个明显特征是妇女数量大幅增加和在移民存量中女性对男性的比率上升，而且妇女越来越多地是作为她们自己或作为她们家庭的主要挣钱者进行迁移。进行国际迁移的女性劳动力主要分为三大群体：短期合同的制造业工人，家庭或娱乐业工人，专业和高技能工人。在这个过程中，无技能的女性移民提供了另一种廉价而灵活的劳动力来源。[①] 富裕国家对于家庭佣工需求的增加向贫穷国家妇女提供了合法迁移到发达国家或地区的一个途径，而国际旅游业的发展使娱乐业和色情行业构成了女性移民的一种特殊的工作部分。此外，也有少量但是数量不断上升的工作是由具有一定知识和技能的女性移民担任，如护士等。

二、全球化与灵活就业

1. 灵活就业的兴起

在全球化背景影响下，一方面市场和生产更加具有自由化和灵活性的特征，另一方面市场的不确定性和生产需求的多样性也得以增加。为了适应市场条件的变化，降低成本压力，增强竞争力，企业开始缩小它们的核心劳动力队伍，减少永久性全日制工作，越来越依赖不正规的就业形式，采用富有弹性的劳动用工方式，增加灵活就业人员。所谓灵活就业就是相

[①] Report of the Secretary-General：《1999 World Survey on the Role of Women in Development：Globalization, Gender and Work》，paragraphs 199, 200, 202.

对于正规就业而言的非正规就业形式，其主要模式包括了非全日制就业、临时性就业（如各种类型的打零工者、季节工、与正规部分有密切联系的外包生产者等）、自雇就业（如街头小摊贩等个体经营者）、自主就业（如独立专业人员这样的自由职业者）等。作为适应性、反应性最强的就业形式，灵活就业体现出了工作关系的灵活性，收入的灵活性和工作时间的灵活性等特征，它与正规就业的最大不同是劳动者不受标准劳动法规保护以及与雇佣单位没有正式劳动关系，可以说"呼之即来，挥之即去"，雇主的责任非常有限。自从 20 世纪 80 年代早期以来，世界各地的劳动力市场均有着一种朝着劳动力灵活就业发展的趋势，各国的就业增长很多都涉及非正规的工作形式。也就是说，灵活就业的趋势把市场震荡的成本很大程度上转移到了工人身上。近年来，在大部分发展中国家，非正规部分的工作越来越成为新的就业增长的重要来源，对于妇女来说更是如此。

2. 妇女的灵活就业

在当今市场竞争普遍增强的情况下，企业不仅引入灵活的就业形式，而且更多地雇用女性去从事各种非正规工作。因为与男子相比，她们由于要兼顾家庭更可能接受灵活就业的形式和较低的报酬。联合国指出，根据现有资料，发展中国家（拉丁美洲地区除外）参与经济活动的妇女大部分都是在非正规部分，[①] 在非正规就业中的女性比例要高于在正规就业中的女性比例。事实上，当跨国公司将一些生产活动从发达国家转移或外包到发展中国家去的时候，从事以出口为取向的生产加工的女性劳动力中，有相当一部分是在具有非正规经济特征的劳动关系和生产条件下工作的，大量的女性劳力被置于所谓的"全球装配线"的难以看见的部分——在厂房外进行的外包计件工作，在分散于城市边缘地区和农村的微型单位或以家庭为基地的工作。此外，作为引入信息技术的一个结果，近年来，以家庭为基地的新的生产形式已被引入妇女所从事的白领职业：打字、文字和数据加工、开发票、编辑和翻译等（ILO，1995c）。对于雇主来说，在家工作者提供了灵活性和减少劳力成本的机会；对于许多妇女来说，在家工作

[①] Report of the Secretary-General：《1999 World Survey on the Role of Women in Development: Globalization, Gender and Work》, paragraph 179.

则是既可保持自由又可赚取收入的唯一选择。① 总之，在全球化的进程中，女性劳动力成为了非正规就业的主体。

三、全球化时代的就业质量

1. 就业环境

"劳动力女性化"有两个含义，一是指妇女在就业人员中的比例出现了快速和大规模的增长，二是指就业性质的改变，即劳动力市场变得普遍不正规，而这种不正规正是通常被视为的女性就业具有"次要性"的一个标志（Standing 1989）。② 具体来说，一方面，妇女大量进入缺乏社会保护的非正规就业；另一方面，国家（尤其是发展中国家）放弃了一些关于就业者的工作条件和应有权利的规定，诸如工作场所的基本安全和卫生条件的保证，同工同酬的权利，一定社会保护的权利或组织和参加工会的权利等。换言之，妇女正是在这种较为恶劣条件下被结合入有报酬就业中的，她们承受了经济全球化的别样代价。比较显著的表现是，出口加工区中工作的劳动标准不仅低于正规部门，甚至工人的安全也往往得不到保障。例如，女性工人普遍没有产假福利，被强制要求加班或上夜班，甚至频繁受到性骚扰和不必要的搜身。此外，为了增加竞争力，许多国家撤销了它们的贸易壁垒，还进行了国企私有化、精简公共部门和削减公共开支等改革。虽然这些措施与经济全球化并不直接相关，但也不是相互孤立的，其结果都是女性遭受的损失要比男性大得多。

2. 工资收入

经济全球化对于女性劳动者工资收入的影响是混合的。例如，有些研究表明，这种影响是积极的：从宏观层次来说，一个国家的经济开放程度越高，其生产率水平就增长得越快，它的工资水平的提升也会更加迅速。

---

① Report of the Secretary-General：《1999 World Survey on the Role of Women in Development：Globalization, Gender and Wor》k, paragraphs 183, 186, 190, 191.

② Report of the Secretary-General：《1999 World Survey on the Role of Women in Development：Globalization, Gender and Work》, paragraph 62.

从微观层次来看，出口加工区吸纳了大量来自农村的年轻妇女，她们的工资收入通常比她们在农业或乡镇工业中所能挣到的收入要高出许多。还有的研究认为，经济全球化有利于缩小不同性别劳动者之间的收入差距，因为它强化了产品市场上的竞争，而这种竞争压力的增加有助于制约雇主对女工的歧视和对她们工资的贬抑。[1] 与其相反的是，也有研究表明，在经济全球化过程中，发达国家无论是制造业或服务业的海外转移或外包，还是吸纳发展中国家跨国界流动的劳动力，都是围绕着"利润最大化"这个原则运转的；而发展中国家只能以廉价劳动力和低下的劳动标准为基础进行不公平的竞争，给了跨国公司获得廉价劳力、特别是更为廉价的女性劳力的大量机会。因此，虽然这些女性劳动力所获得的收入比过去有所增加，但是仍然处于极为有限的水平，不仅低于做同样工作的男性劳动者，更远远低于发达国家本土的劳动者。例如，据一家美国企业的报告，其支付给在家工作的键盘操作员（以女性为主）的小时工资，在美国是9.50美元，外包给巴巴多斯就只有2.10美元，还不到前者的四分之一，也就是说，仅劳力成本就节约了78%。[2] 可见，国际资本对发展中国家妇女进行了严重的剥削。

3. 两极分化

经济全球化在推动世界经济发展的同时，也导致两极分化的日益严重。其突出表现是，工作所要求的劳动技能的差距增大，教育资本的收益率上升，技术工人和非技术工人之间的待遇、工资、地位都出现了两级分化。这种分化不仅体现在两性之间，也体现在女性劳动力之中。特别是在发展中国家，随着经济全球化带来的新技术的快速传播，极少数一些年轻并接受较多教育的女性得以进入新行业，走上新岗位，从事体面的工作，工作条件改善，收入丰厚，并可以争取较高的社会经济地位，较多地享受到了全球化的泽被。与此成为鲜明对照的是大量低学历、低技能的妇女，

---

[1] 马丁·拉马（Martin Rama）："全球化与发展中国家的劳动者"，世界银行政策研究工作论文第2958号，2003年1月。

[2] U. S. Congress, Office of Technology Assessment: "Automation of America Offices", U. S. Government Printing Office, OTA-CIT – 287, December 1985, p. 217.

她们虽然获得了较多的就业机会，但是处于就业市场的最低端，不仅收入水平低，工作条件差，而且面临着巨大的就业压力和就业风险，尤其当国际市场出现震荡或出口生产变得更加技能密集型和资本密集型而去女性化时，这些弱势女性群体的失业率就会飙升。

综上所述，经济全球化向发展中国家妇女提供了大量参与有酬工作的机会，女性劳动力成为了推动经济全球化的强大力量，甚至被一些学者形容为是世界经济增长的"隐形发动机"。但是，在经济全球化把妇女的就业率推向人类历史的最高点的同时，也出现了女性劳动力的地位进一步边缘化、就业形式更加非正规化的现象，并且女性劳动力的两极分化进一步加剧，极少数强者变得更强，占大多数的弱者变得更弱。

结束语
新世纪妇女参与市场劳动的展望

　　劳动力市场的运行受到供求、竞争和价格等机制的影响，而在劳动力市场的发展中，科学技术的进步始终起着关键的作用。新技术产生了新的市场和新的劳动模型。从本书的前面部分可以发现，在以蒸汽技术发明为基础的第一次工业革命中，生产的机械化使妇女作为工业后备军进入劳动力市场。在以电力为基础的第二次工业革命中，大规模的生产方式孕育了大型企业的兴起，向妇女提供了大量的白领工作和流水线生产的工作。在以计算机技术为基础的第三次工业革命中，一方面，在全球化趋势下，大批发展中国家的女性劳动力被吸纳入现代经济的有酬劳动部分；另一方面，专业技术人员队伍中的女性份额有了大幅度的增加。跨入21世纪后，人类又面临着新的科学技术进步。在2011年德国汉诺威博览会上，有三位大学教授首次提出，人类正在加速进入一场非凡的技术变更时代，那就是"第四次工业革命"。什么是第四次工业革命？新技术将以何种方式革新现代商业模式？它将会给劳动力市场带来什么变化？处于新一轮工业革命的前夜（或开端），妇女应以何种心态来迎接第四次工业革命的挑战与机遇？她们应当怎样参与新世纪的经济活动和规划自己的职业生涯？

一、未来的劳动力市场

　　第四次工业革命是继蒸汽技术革命、电力技术革命、信息技术革命后的又一次科技革命。它的到来将给21世纪的劳动力市场带来巨大的震荡，并可能拉大其中的性别差距。

1. 第四次工业革命的到来

《第四次工业革命：转型的力量》一书的作者施瓦布（Klaus Schwab）指出[①]，第四次工业革命是以数字化和信息技术为基础，以技术快速发展为驱动力，以各项新技术的融合为特征的全新技术革命。与前几次工业革命不同，这一次工业革命具有三个特点。第一，新兴技术和创新成果的发展和传播呈现出指数级而非线性的速度；第二，其带来的变化无论是规模、广度还是深度都超过人类过去经历的变更；第三，不同学科和发现成果之间的协调与整合变得更为普遍。第四次工业革命的技术驱动力主要有三大类：物理类（以3D打印、高级机器人、新材料等为代表）、数学类（以物联网、区块链技术等为代表）和生物类（以基因技术等为代表）。从基因测试到纳米技术，从可再生能源到量子计算，各种新兴突破性技术将横跨物理、数学和生物几大领域进行互动，并在发展过程中相互促进和有机地融合在一起。正是这种融合决定了第四次工业革命与前几次工业革命的本质差别，并且必将迸发出强大的力量，给我们的经济和社会带来重大影响。

具体地说，"第四次工业革命是以互联网产业化、工业智能化、工业一体化为代表，以人工智能、清洁能源、无人控制技术、量子信息技术、虚拟现实以及生物技术为主的全新技术革命"。因此，这一次工业革命不再局限于某一领域，也不再是某一个产品或服务的革新，它是整个系统的创新，是一场深刻的系统性变革。在第四次工业革命的冲击下，各行各业必将发生重大转变，由此导致劳动力市场的广泛震荡。

2. 全新商业模式的建立

2016年世界经济论坛发表了一份有关就业前景的研究报告——《未来就业报告》，认为在第四次工业革命中，各领域的技术融合和协同发展将引发商业模式的变革，从而带来就业环境的重大变化。

这一轮工业革命将创造全新的商业模式，尤其是直接改变制造业的商业模式，带来工业企业生产、经营、管理模式的变革，进而形成一个高度

---

① 克劳斯·施瓦布：《第四次工业革命：转型的力量》，中信出版集团，2016年版。

灵活、人性化、数字化的产品生产与服务模式。这种商业模式是以解决顾客问题为主，在设备智能化、管理现代化和信息计算机化的基础上推动"智能工厂"的发展，并通过"智能生产"和"智能物流"，在全球范围实现虚拟和实体生产体系的灵活协作。更具体地说，为满足消费者的个性化要求，未来制造业将走个性化定制加软性制造的道路。一方面，带有"信息"功能的系统成为硬件产品新的核心，这意味着企业将从过去的大规模标准化生产转向规模定制生产，即个性化需求、批量定制的制造将成为潮流。另一方面，随着生产制造的智能化，服务业和制造业之间的关系变得越来越密切。未来制造企业将不仅仅进行硬件的销售，更可能通过提供售后服务，来获取更多的附加价值，即软性制造。并且，与之有关的生产性服务将成为制造业的主要形态，从而形成新型产业体系和创造全新的商品和服务模式。

3. 劳动力市场的震荡

商业模型的变革，转而将对相关领域的就业和技能需求产生明确和独有的影响，由此引发就业市场的巨大变化。例如，随着软性制造成为制造业的主要形态，未来制造业的主要就业群体将转变成为为制造业提供服务支持的专业人士，其工作将变得更为专业化。再如全球的数字化转型使一切都以数据的精确控制为基础，因而计算能力和大数据分析将成为就业增长的显著驱动因素，与计算机和数学相关的工作将获得大幅增长，在数据分析、软件和应用程序开发等领域尤其如此。

《未来就业报告》还分析了这场革命将如何影响目前各行业的性别差距，以及未来的变更对女性就业的影响。《报告》预测，未来就业市场将逐渐分成"低技能/低收入"和"高技能/高收入"两部分，即就业市场对高端和低端两部分人员呈现大量需求，而中间层将逐步减少。具体来说，2015—2020年，将新增210万个就业岗位，主要集中于建筑和工程行业、计算机行业和数学等职业族群；同时将有710万个就业岗位消失，其中有三分之二是属于办公室白领工作和行政工作。

可见，第四次工业革命带来的劳动力市场的震荡对不同性别造成的冲击将是不一样的。《报告》指出，就绝对值来看，女性增加一个新的就业岗位就将淘汰既有的5个岗位，而男性新增一个就业岗位仅将淘汰3个既有岗位。鉴于全球总就业市场中男性所占比例要大于女性，这一劳动力市场的震荡将会扩大性别差距。[1] 女性在工程、数学和计算机行业等"职业族群"工作中的低参与度，以及在办公室白领工作、医疗保健等工作中的高参与度，在一定程度上解释了此种状况的出现。

因此，第四次工业革命的到来将引发就业市场需求的巨大变化，传统职业的消失与新兴职业的产生将成为妇女在21世纪的劳动力市场上必须认真应对的挑战。

二、女性需要走出传统职业

形势是明确的。随着第四次工业革命的到来，新科技的冲击将使女性主导行业的职位大量减少，而由男性主导、女性就业比率最低的一些行业的职位却会增长最快，如科学、技术、工程和数学（STEM）。结论也是清楚的。假如当前的行业性别差距的趋势继续维持下去，而劳动力市场朝着那些由男性主导职业领域的强势增长的速度，超过妇女进入这些领域的速度，那么妇女就会处于明天即将失去最好的工作机会的危险。[2] 因此，就业女性的当务之急是，扩展职业视角，走出传统职业，尽快掌握21世纪发展所需要的工作技能，增强在未来劳动力市场上的竞争力。

1. 获得21世纪发展所需要的工作技能

在现实生活中，劳动力市场上的职业隔离与教育领域中的学科隔离是相对应存在的。尽管过去的几十年中妇女在获得教育方面取得了重要进步，但这并没有转化成她们工作地位的相应改善，她们在获得体面工作方面继续面临着重重障碍。其中一个重要的制约因素是各国始终存在着学科中的性别隔离，也就是说性别差距从最初的入学率转变成为现在的学科隔

---

[1] World Economic Forum: Global Challenge Insight Report — "The Future of Jobs: Employment, Skills and Workforce Strategy for the Fourth Industrial Revolution", January 2016: 39.

[2] World Economic Forum: Global Challenge Insight Report — "The Future of Jobs: Employment, Skills and Workforce Strategy for the Fourth Industrial Revolution", January 2016: 40.

离。从全球来看，虽然妇女的受教育水平有了很大提高，许多国家的大学生中的女性比例已超过男性，可是在科学、技术、工程和数学的教育中，当前妇女只占其毕业生的32%。[1] 工程、建筑、技术和产业研究仍然以男性为主导，女性则在教育和医学研究领域占主导地位，分别占84%和82%。[2]

就业市场的需求在发生重大变化时，获得就业市场所需要的技能是至关重要的。因此，21世纪的妇女在提高受教育水平的基础上，必须打破学科隔离，获得充分的科学教育，加强技术知识资本投资，努力缩小技能差距。这意味着妇女要勇敢地跨入传统的男子学科领域，掌握更多具有就业潜能的科学知识和工作技能，积极获得STEM的培训和有关资格，努力使女性劳动者的人力资本能够与未来的经济需求相适应。但这只是妇女跨出传统职业，实现职业转化的第一步。进入男性居多的高科技领域工作，对于妇女来说也将是一项艰巨的挑战。在美国，获得科学和工程博士学位的人中，已有41%是女性，而在从事科学、技术、工程和数学的劳动力队伍中，只有不到四分之一是女性。[3]

总之，在未来的经济发展中，人才将取代资本成为生产的最关键因素，先进的科学技术必然要求先进的人才与之配套。妇女要未雨绸缪，毋临渴挖井，及早做好准备，抓住第四次工业革命对高技术人才的需求大量增加的机会，努力提高妇女的就业质量和就业地位。

2. 改变心态 增强自信心

在紧跟第四次工业革命发展的时代步伐、实现职业转化的过程中，妇女也必须克服来自女性自身的一些阻碍。它们主要表现在以下两个方面：

首先，与男子不同，在现实生活中，妇女有两条生活道路可走，事业

---

[1] World Economic Forum: Global Challenge Insight Report — "The Future of Jobs: Employment, Skills and Workforce Strategy for the Fourth Industrial Revolution", January 2016: 38.

[2] 世界银行（2012年）：《世界性别平等和发展报告》，国际复兴开发银行/世界银行，华盛顿特区。转引自联合国贸易和发展会议（2012年4月）："考虑性别因素的包容性发展道路"，第5页。

[3] 国际货币基金组织总裁克里斯蒂娜·拉加德（Christine Lagarde）："挑战差别：女性赋权——学习、劳动、领导地位"讲话稿，华盛顿特区，2014年5月19日。

的道路和婚姻的道路。所以，相对于男子而言，妇女对于经济活动参与的选择实际上更是一种人生的选择。2015年全球妇女劳动力参与率是49.6%，男子是76.1%。[1] 也就是说，世界上的男子只有不到四分之一的人没有参加市场劳动，而妇女中尚有一半的人没有参加市场劳动，当家庭主妇、全职太太成为了她们中许多人的"职业选择"。妇女占世界人口的一半，显然，妇女丰富的人力资源迄今还未得到充分的开发。21世纪的发展离不开妇女这个最强大的增长引擎，而妇女通过在工作中的蓬勃发展，才能充分实现自己的真正潜能。因此，面对第四次工业革命带来的劳动力市场的震荡，妇女首先要改变心态，站在21世纪的高度来看待女性参与经济活动的重要性。只有在确定自己的人生目标后，才可能对自己的职业进行定位，继而做好职业生涯规划。换言之，真正的改变必须从转变态度开始，它在形成妇女劳动力参与的选择上扮演着十分重要的角色。

其次，阻碍女性的首先不是她们的能力，而是她们的进取心和自信心。一方面，如果妇女"进取心不强"、"自信心不够"，她们就不敢于破除女性不适合科学技术的传统文化规范和男性或女性职业的刻板印象，也就缺乏学习科学技术和拓展能力的动力。换言之，倘若妇女对于事业的选择严重地受到以前的经历和世俗偏见的影响，那么传统上由男子主导的职业对她们往往就难以有吸引力。另一方面，职场如战场，妇女在职场上要想获得真正的成功，就要充满信心地上场接受挑战，争做事业的强者。否则，当妇女所从事的白领工作岗位大量消失时，就只能被动挨打，要么进一步边缘化，从事低层次工作，要么大量失业，离开劳动力市场。所以，妇女若要在21世纪的劳动力市场上从被动变为主动，必须培养进取心，树立自信心，借着工作的洗礼，使自己更上一层楼。这样，才会出现国际货币基金组织总裁克里斯蒂娜·拉加德（Christine Lagarde）所描绘的美好图景："我想看到这样一个世界：女性信心高涨；女性充满自信，游刃有余；女性的声音在权力顶峰回荡。"[2]

---

[1] ILO: "Women at Work, Trends 2016", p. Xi.
[2] 国际货币基金组织总裁克里斯蒂娜·拉加德（Christine Lagarde）："挑战差别：女性赋权——学习、劳动、领导地位"讲话稿，华盛顿特区，2014年5月19日。

三、文化支持和社会支持

妇女要接受21世纪的劳动力市场的巨大挑战,并取得成功,单靠女性自身的努力是远远不够的,她们需要更多的文化支持和社会支持,尤其是人类的另一半——男子——的相应变化和配合。

1. 男女共同分担工作和家庭任务

自20世纪中叶以来,妇女开始大量地进入劳动力市场,她们的生活发生了很大的变化,可是男子在公共领域中的工作和在私人领域中的生活基本上没有受到根本的触动和发生相应的变化,现今的企业组织、家庭乃至整个社会的制度和政策都还是建立在传统性别角色的基础之上,尤其是家庭参与中仍然存在着持续而明显的性别不对称。一个不争的事实是,无论高收入国家还是低收入国家,妇女都承担了绝大部分的家庭责任和家务劳动。平均而言,妇女花在无报酬的家务劳动和照顾家庭方面的时间要比男子至少多2.5倍[①]。一方面,这在根本上限制了妇女增加她们的有酬工作、尤其是正规的工资和薪水工作时间的可能性,同时这也导致妇女不太可能有充分的时间来接受技能培训和获取信息,以紧跟日新月异的技术发展,从而抑制了妇女参与市场劳动的机会、能力和质量,维持了妇女和男子在劳动力市场上的不平等地位。另一方面,这意味着,虽然妇女的就业权利早已得到承认,但是使得她们能够行使这种权利的文化支持和社会支持至今依然是非常不充分的。也就是说,21世纪的工作妇女仍将不可避免地面临工作和家庭的严重冲突。

男性和女性分担家务和育儿责任是女性取得事业成功的重要支柱之一,妇女要在21世纪劳动力市场上获得成功,需要更加平等的家庭责任与家务劳动的分配,需要父亲们在儿童保育和家庭照顾中的广泛参与。实现家庭责任和家庭任务的更加平等的分担是一个重要的社会目标,也是一个必须面对的挑战,或许这将是21世纪面临的最重要社会发展之一。

---

① ILO: "Women at Work, Trends 2016", p. XV.

2. 男女平等就业和家庭友好政策

男女平等的推进不可能独立于它所运作的政治、经济和文化背景。为了在21世纪的社会创造一个男女平等就业的劳动环境，就需要一个整合性的政策框架来推动妇女获得更多和更高质量的工作。为此，政府首先要摈弃社会中依然盛行的男子中心主义的思维方式，大力落实两性平等的法令，把消除对妇女歧视和取得工作上和家庭里的性别平等置于政策干预的中心，把男女间的平等机会和平等对待的原则嵌入到法律和制度中去。其次，要取得两性在工作中的实质性的平等，必不可少的是社会要承认妇女和男子在工作和家庭方面都拥有平等的权利与责任，同时政府应该提出一套完整的有利于这一目标实现的政策措施，包括设立得到公共资金支持的育婴假，高质量、可负担的托儿服务和其他照顾服务等，以协调工作和家庭责任。

需要特别指出的是，上述"工作—家庭协调"政策的目标不应只是局限于女性并且被设计成只是对职场母亲的援助。那样的"协调"就有扩大性别鸿沟的风险，因为它只是意味着提高女性兼顾有偿工作与家庭的能力，将更加灵活的工作条件合法化，而不是从根本上改变家庭中的性别关系。政策的立足点应当是强调男女的平等"分担"，这样才能真正促进两性平等就业，而其难点在于采取有效的旨在鼓励男性承担更多的照顾任务和家庭责任的政策与激励手段，[①] 其中包括在设计教育制度和培训项目时，要使年轻男女更愿意对非陈规的学习和工作领域进行资本投资，在推动妇女学习科学、技术、工程、数学及有关技能的同时，积极鼓励男子进入非传统男性领域诸如与照顾工作有关的专业。

总之，当女性获得成功时，整个社会就会获得成功。[②] 21世纪需要女性在劳动力市场上发挥更大的作用，但是女性的成功之路仍然荆棘重重。一方面，新世纪要求妇女进一步提高劳动素质，获得使她们能适合非传统

[①] 赛维·苏美尔："斯堪的纳维亚与欧盟'工作—家庭协调'政策过程的批评性回顾"，《公共行政评论》2013年第3期，第73页、第77页。

[②] 国际货币基金组织总裁克里斯蒂娜·拉加德（Christine Lagarde）："挑战差别：女性赋权——学习、劳动、领导地位"讲话稿，华盛顿特区，2014年5月19日。

工作的教育、技术及经验；另一方面，妇女还要继续面对工作与家庭的冲突及传统的歧视态度。政府要创造两性平等的工作环境和生活环境，给予更多的政策支持，有效地促进妇女平等地参与经济发展，和向社会贡献她们巨大的潜能。

后　记

退休了，可以做些过去想做而没有时间做的事。于是，写这本书成为了我退休生活的一个组成部分。写作不但丰富了我的退休生活，并且也成为我们老年人进行脑部锻炼的一种有益方式。虽然断断续续、点点滴滴，日积月累，终也聚沙成塔。在成书的过程中，我得到了我的好友复旦大学张春梅副教授的鼎力相助，是她花费了大量的时间和精力，一次一次地帮我借阅和复印了许多资料。同时我的家人也为我营造了良好的写作环境，尤其是每当我的电脑发生问题时，是他们不厌其烦地替我解除了一个又一个障碍，才使我的写作得以继续下去。在合卷之际，于此谨向他们一并表示衷心的感谢和深深的爱意。

2017 年 5 月于上海

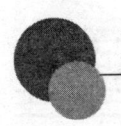

主要参考文献

中文

贝克尔：《家庭经济分析》，彭松建译，华夏出版社，1987年版。

蔡秀玲："女权主义劳动力市场理论评述"，《经济学动态》2005年第1期。

程恩富、曹雷："当代外国学者对新保守主义经济思潮的研究"，《财经研究》第30卷，第2期，2004年2月。

陈淑荣："伊朗伊斯兰共和国初期的妇女观与妇女就业"，《石家庄学院学报》，2007年第2期。

丁厉、刘汇琳："女性劳动力市场理论研究——明塞尔《劳动供给研究》一书述评"，《兰州商学院学报》，2009年，第25期。

杜洁："西方马克思主义女性主义"，《妇女研究论丛》1997年第4期。

费孝通：《生育制度》，天津人民出版社，1981年版。

[法] 皮埃尔·布尔迪厄：《男性统治》，刘晖译，海天出版社，2002年版。

高德步、王珏：《世界经济史》，第二版，中国人民大学出版社，2005版。

郭砚莉：《女性人力资本投资》，中国社会科学出版社，2006年版。

郭丛斌："有关劳动力市场分割理论研究的文献述评"，《北大教育经济研究》（电子季刊），第2卷，第1期（总第2期），2004年2月。

顾燕翎、郑至慧主编:《女性主义经典》,(台湾)女书文化事业有限公司,1999年10月版。

国际劳工局:《世界就业报告1998—1999》,余祖光译,中国劳动社会保障出版社,2000年版。

国际劳工局局长报告:"工作中的平等:应对挑战",国际劳动大会,第96届会议,2007年版。

国际劳工组织:"欧盟国家公共部门妇女失业风险更高",联合国网站,联合国人口议题,新闻报道,2015年8月18日。

国际货币基金组织总裁克里斯蒂娜·拉加德(Christine Lagarde):"挑战差别:女性赋权——学习、劳动、领导地位"讲话稿,华盛顿特区,2014年5月19日。

黄宇:"家务劳动的女权主义批判考察",《河北法学》,第25卷第5期,2007年5月。

黄桂霞:"中国共产党妇女就业保障思想与实践的发展",《妇女研究论丛》2011年7月。

[韩]具海根:《韩国工人:阶级形成的文化与政治》,梁光严、张静译,社会科学文献出版社,2004年版。

何玉长等编著:《知识就是力量—走向前沿的知识经济学》,广东旅游出版社,1999年版。

胡传荣:《经济发展与妇女地位的变迁》,上海外语教育出版社,2003年版。

贾根良:《西方异端经济学主要流派研究》,中国人民出版社,2010年版。

贾根良、刘辉锋:"女性主义经济学述评",《国外社会科学》,2002年第5期。

蒋永萍:"重建妇女就业的社会支持体系",《浙江学刊》2007年第2期。

克劳斯·施瓦布:《第四次工业革命:转型的力量》,中信出版集团,2016年版。

联合国开发计划署:《1995 人类发展报告》。

联合国粮食及农业组织:《2010—11 年世界粮食及农业状况》,2011 年。

联合国贸易和发展会议(2012 年 4 月):"考虑性别因素的包容性发展道路"。

林勇主编:《劳动社会学》,中国劳动社会保障出版社,2006 年版。

林艳:"略论第二次世界大战对美国妇女的影响",《东北师大学报:哲社版》1996 年 06 期。

李春玲:"社会分层研究与理论的新趋势",《重庆教育学院学报》,第 20 卷,第 5 期,2007 年 9 月。

李澍卿主编:《女性职业角色与发展》,中国妇女出版社,1990 年版。

李银河:《女性权力的崛起》,文化艺术出版社,2003 年版。

李银河主编:《妇女:最漫长的革命》,三联书店,1997 年版。

李国和:"就业歧视:经济学和社会学的理论视野与现实困惑",《四川社会科学在线》,2009 年 10 月 30 日。

李强、李勇主编:《劳动力市场学》,中国劳动社会保障出版社,2006 年版。

李碧涵:"市场、国家与制度安排:福利国家社会管制方式变迁",《全球化下的社会学想象:国家、经济与社会》研讨会论文集,台湾社会学年会 2000 年。

李惠斌、杨雪冬主编:《社会资源与社会发展》,北京:社会科学文献出版社,2000 年版。

李炳安:"欧盟与美国两性工作平等法制之比较",《武汉大学学报(哲社版)》2004 年第 3 期。

刘建中、牛变秀:"中国的职业性别隔离与女性就业",《妇女研究论丛》,2000 年第 4 期。

吕鹏:"社会分层中女性的阶级位置与阶级认同——对 30 年来西方社会学相关文献的综述",《妇女研究论丛》,2007 年第 4 期。

洛伊斯·班纳著:《现代美国妇女》,东方出版社,1987 年版。

马缨：《工业革命与英国妇女》，上海社会科学院出版社，1993年版。

马丁·拉马（Martin Rama）："全球化与发展中国家的劳动者"，世界银行政策研究工作论文第2958号，2003年1月。

明塞尔：《劳动供给研究》，张凤林等译，中国经济出版社，2001年版。

潘泽泉、杨莉瑰："社会性别视角下的女性发展研究"，《现代妇女》理论版，2011年4期。

潘锦堂："性别人力资本理论"，《中国人民大学学报》，2003年第3期。

宋月萍："职业流动中的性别差异：审视中国城市劳动力市场"，《经济学》（季刊），第6卷第2期，2007年1月。

山口一男："关于女性就业和出生率的真实关系——OECD各国的分析与政策性意义"，《研究与评论》2006年4月号。

舒尔茨：《人力资本投资》，蒋斌、张蘅译，商务印书馆，1990年版。

舒尔茨：《人力投资》，贾湛施伟等译，华夏出版社1990年版。

赛维·苏美尔："斯堪的纳维亚与欧盟'工作—家庭协调'政策过程的批判性回顾"，《公共行政评论》2013年第3期。

沈奕斐：《被构建的女性》，上海人民版社，2005年版。

佟新："妇女劳动的理论建构"，《国外社会科学》，2001年第1期。

佟新："劳动力市场、性别和社会分层的关联分析"，《妇女研究论丛》，2010年第5期。

涂尔干：《社会分工论》，渠东译，三联书店，2000年版。

秦美珠：《女性主义与马克思主义》，重庆出版社，2008年版。

乔纳森·H·特纳：《现代西方社会学理论》，范伟达主译，天津人民出版社，1988年版。

邱贵玲："从女性角度分析比较美国、法国、丹麦三种家庭政策发展模式"，（台湾）《社区发展季刊》114期。

王新、谢敬磊："涂尔干《社会分工论》认读"，《重庆工商大学学报》（社会科学版），第2卷，第4期，2009年8月。

王政、杜芳琴主编：《社会性别研究选译》，北京，三联书店，1998年版。

王政：《女性的崛起》，当代中国出版社，1995年版。

王宇博："试论英国1802年工厂法"，《苏州科技学院学报（社会科学版）》2014年01期。

王卫东："中国城市居民的社会网络资本与个人资本"，《社会学研究》2006年第3期。

王晓焰："英国社会转型时期妇女就业地位边缘化的成因"，《西南民族大学学报（人文社科版）》，2007年第8期。

吴小英："女性主义社会研究述评"，《国外社会科学》2000年第2期。

吴小英："'他'的经验和价值——西方女性主义社会学的尝试"，《中国社会科学》2002年第6期。

吴小英："女性主义的知识范式"，《国外社会科学》，2005年第3期。

吴小英："当知识遭遇性别——女性主义方法论之争"，《社会学研究》2003年第1期。

沃格尔："马克思主义和社会主义女权理论"，《现代外国哲学社会科学文摘》，1987年第5期。

徐明宏："论女性角色的分化与整合"，（西宁）《青海社会科学》，2002年第6期。

徐颖果、殷茵："西方女权主义理论的多元发展"，《宁波大学学报》（人文科学版），第22卷第1期，2009年1月。

熊跃根："女性主义论述与转变中的欧洲家庭政策——基于福利国家体制的比较分析"，《学海》2013年，第2期。

许婕："女性主义经济学的兴起及启示"，《学术交流》，总第186期第9期，2009年9月。

许嘉猷："新结构论——社会阶层研究的新方向"，《思与言》，第19卷，第3期，1981年。

肖巍："作为一种学术视角的女性主义"，《学习时报》，第292期，

2005年7月4日。

姚先国、黎煦："劳动力市场分割：一个文献综述"，《渤海大学学报》（哲学社会科学版）2005年1月。

姚先国、谢嗣胜："西方劳动力市场歧视理论综述"，《中国海洋大学学报》（社会科学版），2004年第6期。

杨丽红、周文姬："上升还是下降？——大萧条时期美国妇女就业人数增长原因分析"，《沧桑》2008年05期。

易菲："美国职场性骚扰法律制度及对中国之启示"，《昆明理工大学学报》社科（法学）版，2007年11月第7卷第7期。

祝平燕、夏玉珍主编：《性别社会学》，华中师范大学出版社，2007年版。

赵峰："激进学派的劳动力市场理论"，《教学与研究》2007年3月。

赵叶珠："妇女就业与照料孩子制度间关系的国际比较研究"，《中华女子学院山东分院学报》，2004年第1期。

张抗私：《劳动力市场性别歧视问题》，东北财经大学出版社，2005年版。

张抗私："就业歧视与人力资本投资倾向的交互作用分析"，《浙江大学学报》（人文社会科学版）第39卷第5期2009年9月。

张立平："当代美国女性主义思潮述评"，《美国研究》，1999年第2期。

张宛丽："女性主义社会学方法论探析"，《浙江学刊》，2003年第1期。

张秋俭："女性就业现状与前景——调查、统计与分析"，《社会学研究》（京），1996年9月。

张晋芬："找回文化：劳动市场中制度与结构的性别化过程"，《台湾社会学刊》2002年第29期。

朱成全、崔绍忠："社会性别分析方法与女性主义经济学研究"，《上海财经大学学报》（哲社版），2006年第5期。

英文

Acker, Joan: "Women and Stratification: A Review of Recent Literature", 《Contemporary Sociology》1980, Vol. 9 (January).

Acker, Joan: "Hierarchies, Jobs, Bodies: A Theory of Gendered Organizations", 《Gender & Society》, Vol. 4 No. 2, June 1990.

Acker, Joan: "Women and Social Stratification: A Case of Intellectual Sexism", 《The American Journal of Sociology》, Vol. 78, No. 4, Changing Women in a Changing Society (Jan., 1973).

Alesina, Alberto etc.: "On the Origins of Gender Roles: Women and the Plough", 《The Quarterly Journal of Economics》, Vol. 128 February 2013.

Anker, Richard: "Gender and Jobs: Sex Segregation of Occupations in the World", Geneva: ILO, 1998.

Anker, Richard: "Theories of occupational segregation by sex: An overview", 《International Labour Review》, Vol. 136, No. 3 (Autumn), 1997.

Barbulescu, Roxana & Bidwell, Matthew: "Do Women Choose Different Jobs from Men? Mechanisms of Application Segregation in the Market for Managerial Workers", 《Organization Science》Vol. 24 Issue 3, May-June 2013.

Barry, Ursula: "Gender perspective on the economic crisis: Ireland in an EU context", in 《Gender, Sexuality & Feminism》, Volume 1, Number 2 (December 2014).

Baxandall, Rosalyn and Gordon, Linda (ed.): 《America's Working Women》, W. W. Norton & Company, Inc. 1995.

Beaton, Lynn: "The importance of women's paid labour-Women at work in World War II", Source: Worth Her Salt. Women at Work in Australia, Hale and Ironmonger 1982.

Beechey, Veronica: "Women and production: a critical analysis of some sociological theories of women's work", in Annette Kulmetat and AnnMarie Wolpe (eds), 《Feminist and Materialism: Women and Modes of Production》, Routledge & Kegan Paul Ltd, 1978.

Beechey, Veronica & Tessa Perkins: 《A Matter of Hours: Women, Part-time and the Labour Market》, Polity Press, 1987.

Begun, Abbey: 《Women's Changing Role》, Information Plus, Wylie, Texas, 2000.

Bergmann, Barbara R.: "Feminism and Economics", 《Women's Studies Quarterly》, 1990.

Bianchi, Suzanne M. etc.: "Is Anyone Doing the Housework? Trends in the Gender Division of Household", 《Social Forces》, September 2000, 79 (1).

Bianchi, Suzamme M. & Casper, Lynne M.: "American Families", in 《Population Bulletin》, Vol. 55, No. 4, December 2000.

Black, Sandra E. & Alexandra Spitz-Oener: "Explaining Women's Success: Technological Change and the Skill Content of Women's Work", Discussion Paper No. 2803, May 2007.

Blau, Francine D. & Marianne A. Ferber: 《The Economics of Women, Men, and Work》, by Prentice-Hall, 1986.

Blau, Francine D.: "Women's economic well-being, 1970 – 1995: Indicators and trends", University of Wisconsin-Madison, 《Focus》 Vol. 20 No. 1 Winter 1998 – 1999.

Boje, Thomas P. (ed.): "European Labour Markets in a Gender Perspective", 《International Journal of Sociology》, summer 1995.

Boushey, Heather: "Are Women Opting Out? Debunking the Myth", Center for Economic and Policy Research, November 2005.

Braybon, Gall: 《Women Workers in the First World War: The British Experience》, Barnes & Noble Books, 1981.

Brinton, Mary C. etc.: "Married Women's Employment in Rapidly Industrializing Societies: Examples from East Asia", in 《American Journal of Sociology》, Vol. 100 No. 5 March 1995.

Bruijn, Elly de: "Changes in Occupational Structure and Occupational Practice", 《The European Journal of Women's Studies》, 2000, Vol. 7.

Bryant, Joyce: "How War Changed the Role of Women in the United States", © 2016 by the Yale-New Haven Teachers Institute.

Castles, Stephen and Mark J. Migration: 《The Age of Migration: International Population Movements in the Modern World》, New York: The Guiford Press, 1993.

Cater, Sara & Tom Cannon: 《Women as Entrepreneurs: A Study of Female Business Owners, Their Motivations Experiences and Strategies for Success》, Academic Press, 1992.

Chamberlain, Mariam K.: "Multicultural Women's Studies in the United States", in 《Women's Studies Quarterly》 Vol. 22 No. 3&4, 1994.

Chaykowski, Richard P. & Lisa M. Powell: "Women and the Labour Market: Recent Trends and Policy Issues", Canadian Public Policy-Analyse de Politiques, vol. xxv supplement/ numéro spécial 1 1999.

Clark, Robert L. etc.: "Cross-national Analysis of Women in the Labour Market", in Brígida García edited: 《Women in the Labour Market in Changing Economies》, Oxford University Press, 2003.

Cohen, Marjorie: "Changing Perceptions of the Impact of the Industrial Revolution on Female Labour", in 《International Journal of Women's Studies》, Vol. 7 No. 4 Sep. / Oct. 1984.

Conway, M. Margaret etc.: 《Women and Public Policy: A Revolution in Progress》, A Division of Congressional Quarterly Inc. Washington, D. C., 1995.

Costa, Dora L.: "From Mill Town to Board Room: The Rise of Women's Paid Labor", 《Journal of Economic Perspectives》, Vol. 14, No. 4, Fall 2000.

Cotter, David A.: "The Demand for Female Labor", 《AJS》 Vol. 103, No. 6 (May 1998).

CRAIG, Christine: "Labour Market Segmentation and Women's Employment: A Case-Study from the United Kingdom", 《International Labour Organization》, 1985, Vol. 124, No. 3.

Crompton, Rosemary & Michael Mann (ed.): 《Gender and Stratification》, Polity Press, 1986.

Crompton, Rosemary: 《Women and Work in Modern Britain》, Oxford University Press, 1997.

Crompton, Rosemary etc. (ed.): 《Changing Forms of Employment: Organization, Skills and Gender》, Routledge, 1996.

Davidson, Marilyn J. etc. (ed.): 《Women in Management: Current Research Issues》, SAGE Publications, 2000.

Devine, Theresa J.: "Characteristics of self-employed women in the United States", 《Monthly Labor Review》, March 1994.

Dex, Shirley: "Women's Occupational Status in Britain, France and the USA: explaining the difference", 《Industrial Relations Journal》, 1989, Vol. 20, No. 1.

Dezhao, Chen: "The 'Decline' of U. S. Economy: A Historical Comparison", 《China International Studies》 No. 29 July/August 2011.

D' Onofrio-Flores, Pamela M. (ed.): 《Scientific-Technological Change and the Role of Women in Development》, Westview Press, 1982.

Drew Eileen: "The Part-Time Option? Women and Part-time Work in the European Community", 《Women's Studies Int. Forum》, Vol. 15, Nos. 5/6, 1992.

Duvvury, Nata and Carline Finn: "'Man-covery': recession, labour market, and gender relation in Ireland", in 《Gender, Sexuality & Feminism》, Volume 1, Number 2 (December 2014).

EEOC Women's Work Group Report 2010.

Ellingsaeter, Anne Lise: "Part-time Work in European Welfare States: Damark, Germany, Norway and the United Kingdom compared", Rapport

(1992: 010) Oslo: Intitute for Social Research.

Evans, M. D. R.: "Women's labour force participation and socioeconomic development: influences of local context and individual characteristics in Brazil", 《The British Journal of Sociology》 Vol. 44, No. 1, March 1993.

Eventts, Julia: "Analyzing Change in Women's Careers: Culture, Structure and Action Dimensions", 《Gender, Work and Organization》 Vol. 7 No. 1, January 2000.

Glenn, Evelyn Nakano: "Racial Ethnic Women's Labor: The Intersection of Race, Gender and Class Oppression", 《Review of Radical Political Economics》, Vol. 17 (3) 86 – 108, 1985.

Goldin, Claudia: 《Understanding the Gender Gap: An Economic History of American Women》, Oxford University Press, 1990.

Goldin, Claudia: "The U-Shaped Female Labor Force Function in Economic Development and Economic History", in 《Investment in Women's Human Capital》 T. Paul Schultz ed., University of Chicago Press, 1995.

Goldin, Claudia: "Marriage Bars: Discrimination against Married Women Workers, 1920's to 1950's", NBER Working Paper No. 2747, October 1988.

Goldin, Claudia & Katz, Lawrence F.: "The origins of technology-skill complementarity", [J]. 《Quarterly Journal of Economics》, Vol. 113, no. 3 (1998).

Goldthorpe, John: "Women and Class Analysis: In Defence of the Conventional View", [J]. Sociology, 1983, 17 (4).

Hans-Peter & Catherine Hakim (ed): 《Between Equalization and Marginalization: Women Working Part-Time in Europe and the United States of America》, Oxford University Press, 1997.

Hakim, Catherine: 《Key Issues in Women's Work: Female Diversity and the Polarisation of Women's Employment》, The Glass House Press, 2004.

Hakim, Catherine: 《Key Issues in Women's Work: Female Heterogeneity and the Polarization of Women's Employment》, The Athlone Press Ltd, 1996.

Hakim, Catherine: "Five feminist myths about women's employment", 《The British Journal of Sociology》, Vol. 46, No. 3, Sept. 1995.

Hakim, Catherine: "Workforce Restructuring in Europe in the 1990s", 《International Journal of Comparative Labour Law and Industrial Relations》, 5 (1990): 167 - 203.

Hakim, Catherine: 《Work-Lifestyle Choices in the 21st Century》, Oxford University Press, 2000.

Hoffman, Saul D.: "The changing impact of marriage and children on women's labor force participation" 《Monthly Labor Review》, February 2009.

Holmwood, John: "Gender, the Professions, and Employment Citizenship", 《International Journal of Sociology》, 1995 - 94, Vol. 24 No. 4.

Hotchkiss, Julie L.: "Changes in Behavioral and Characteristic Determination of Female Labor Force Participation, 1975 - 2005", 《Economic Review》 Second Quarter 2006.

Howes, Ruth H.: 《Women and the Use of Military Force》, Lynne Rienner Publishers 1993.

Hunter College Women's Studies Collective: 《Women's Realities, Women's Choices: An Introduction to Women's Studies》, Oxford University Press, 1995.

Hwei-Lin, Chang and Hisis-Yin, Lee: "The Return on Women's Human Capital and the Role of Male Attitudes toward Working Wives: Work Interruption, and Women's Earnings in Taiwan", [J]. 《American Journal of Economics and Society》, Vol. 62 No. 2 (April 2003).

ILO: "Global Employment Trends for Women, Brief", March 2007.

ILO: "Global Employment Trends for Women, March 2009".

ILO: "Global Employment Trends for Women 2012".

ILO: "Women and Men in the Informal Economy: A Statistical Picture", Geneva, ILO, 2002.

ILO: "Women's Employment: Global Trends and ILO Responses", United Nations, New York, 2005.

ILO: "Women at Work, Trends 2016".

ILO: "Maternity and paternity at work: law and practice across the world", Apr. 2, 2014.

International Lobour Office (Geneva):《Global Wage Report 2008/09》.

International Report: "Part-time work by women in OECD countries: A sociological perspective", University of Wisconsin-Madison, 《Focus》vol. 20 no. 1 Winter 1998 – 1999.

Joekes, Susan:《Women in the World Economy: An INSTRAW Study》, Oxford University Press, 1987.

Jönsson, Ingrid: "Women and Education in Europe", 《International Journal of Contemporary Sociology》Vol. 36, No. 2, October, 1999.

Kalleberg, Arne L.: "Nonstandard Employment Relations: Part-time, Temporary and Contract Work", in《Annu. Rev. Socilo.》2000, 26: 341 – 65.

Kanter, Rosabety Moss: 《Men and Women of the Corporation》, New York: Basic Books, 1977.

Lewis, Jane & Gertrude Aström: "Equality, Difference, and State Welfare: Labor Market and Family Policies in Sweden", 《Feminist Studies》Spring Vol. 18, No. 1, 1992.

Lowe, Graham S.: 《Women in the Administrative Revolution》, Polity Press, 1987.

Lupri, Eugen: "The Changing Positions of Women and Men in Comparative Perspectivse", in《The Changing Position of Women in Family and Society》, edited by Eugen Lupri, Leiden-E. J. Brill, 1983.

Mahajan, V. S. (ed.):《Women's Contribution to India's Economic and Social Development》, DEEP & DEEP Publication, 1989.

Mammen, Kristin & Paxson, Christina: "Women's Work and Economic Development", 《Journal of Economic Perspectives》, Vol. 14 No. 4 Fall 2000.

Maria Gutiérrez-Domènech & Brian Bell: "Fmale labour participation in the United Kingdom: evolving characteristics or changing behaviour?", Working Paper no. 221, ⓒ Bank of England 2004, ISSN 1368 – 5562.

Mattaei, JA: 《An Economist History of Women in America: Women's Work, the Sexual Division of Labor and the Development of Capitalism》, New York: Schocken Books, 1982.

McGlen, Nancy E. & Karen O'Connor: 《Women's Rights》, Praeger Publishers, 1983.

McManus, Patricia A. : "Women's Participation in Self-Employment in Western Industrialized Nations", 《International Journal of Sociology》, vol. 31, no. 2, Summer 2001.

Meulders, Daniéle: "Growth and segregation in female employment", in 《Position of Women of the Labour Market in the European Community》, edited by Daniéle Meulders etc. , Dartmouth Publishing Company, 1993.

Miller, Joanne etc. : "Sex Roles: The Division of Labor at Home and in the Workplace", 《Annual Review of Sociology》, Vol. 8, 1982.

Mitter, Swasti & Sheila Rowbotham edited: 《Women Encounter Technology: Changing Patterns of Employment in the Third World》, Routledge, 1995.

Moghadam, Valentime M. : 《Gender, Development, and Policy: Towards Equity and Employment》, World Institute for Development Economics Research of the United Nations University, November 1990.

Moghadam, Valentime M. : 《Social Protection and Women Workers in Asia》, World Institute for Development Economics Research of the United Nations University, Working Papers No. 110, June 1993.

Morris, Monica B. : "Inequalties in the Labor Force: Three Sociological Explanations", in Ann Helton Stromberg etc. (eds), 《Women working: theories and facts in perspective》, Palo Alto, Calif: Mayfield Pub. Co. , 1978.

Murgatroyd, L. : "Gender and Occupational Stratification", 《Sociological Review》, 1982, N. S. 30.

OECD Economics Department: "Female Labour Force Participation: Past Trends and Main Determinants in OECD Countries", May 2004.

Olivetti, Claudia: "The Female Labor Force and Long-run Development: The American Experience in Comparative Perspective", Boston University and NBER Working Paper No. 19131, November 2013.

Ollenburger, Jane C.: 《Sociology of Women: The Intersection of Patriarchy, Capitalism & Colonization》, Prentice-Hall, Inc. 1992.

Orloff, Ann Shola: "Women's Employment and Welfare Regimes", United Nations Research Institute for Social Development, Social Policy and Development Programme Paper No. 12, June 2002.

Pamela M. D' Onofrio-Flores: "Technology, Development, and Division of Labour by sex", in 《Scientific-Technological Change and the Role of Women in Development》, edited by Pamela M. D' Onofrio-Flores, Westview Press, 1982.

Perry, Ruth: "Women and Computers", 《Signs》, 1990, Autumn.

Pinchbeck, Ivy: 《Women Workers and the Industrial Revolution, 1750 – 1850》, London: Frank Cass & Co., 1969.

Population Division of the Department of Economic and Social Affairs of the United Nations Secretariat (2011): "World Population Prospects: The 2010 Revision".

Probert, Bēlinda: "Gendered Work", in 《Pink Collar Blues Work Gender & Technology》, edited by Bēlinda Probert & Bruce W. Wilson, Melbourne University Press, 1993.

Rubery, Jill: "Women and recession: a comparative perspective", in 《Women and Recession》, J. Rubery (ed), Routledge, 1988.

Sahin, Aysequl etc.: "The Unemployment Gender Gap During the 2007 Recession", 《Current Issues in Economics and Finance》, Vol. 16, No. 2, February 2010.

Schultz, T. Paul: 《Women's Changing Participation in the Labor Force: A World Perspective》, by The University of Chicago, 1990.

SCOTT, ALISON MacEWEN (ed.): 《Gender Segregation and Social

Change》, Oxford University Press, 1994.

Smith, Kristin E. / Bachu, Amara: "Women's Labor Force Attachment Patterns and Maternity Leave: A Review of the Literature", Population Division U. S. Bureau of the Census Washington, D. C. January 1999, Population Division Working Paper No. 32.

Strom, Sharon Hartman: "Machines Instead of Clerks: Technology and the Feminization of Bookkeeping, 1910 – 1950", in Heidi I. Hartmann edited: 《Computer Chips and Paper Clips》, National Academy Press, 1987.

Twomey, Breda: "Women in the labour market: results from the spring 2001 LFS", Labur Market Division, Office for National Statistics, March 2002, Labour Market Trends.

United Nations: 《Women in A Changing Global Economy: 1994 World Survey on the Role of Women in Development》, United Nations Publication, 1995.

United Nations: 《The World's Women 1995: Trends and Statistics》, United Nations, New York, 1995.

United Nations, General Assembly Fifty-fourth session, Report of the Secretary-General: 《1999 World Survey on the Role of Women in Development: Globalization, Gender and Work》.

United Nations: 《The World's Women 2010: Trends and Statistics》, Department of Economic and Social Affairs, 2010.

UNIFEM Biennial Report: "Progress of the World's Women 2000", General Assembly Fifty-fourth session, Report of the Secretary-General, United Nations Development Fund for Women.

UNFPA: 《State of World Population 2006 – A Passage to Hope: Women and International Migration》.

U. S. Congress, Office of Technology Assessment: "Automation of America Offices", U. S. Government Printing Office, OTA-CIT –287, December 1985.

U. S. Bureau of Labor Statistics: 《Women in the Labor Force: A Databook》, in BLS REPORTS, May, 2014.

Vernez, Georges: "Immigrant women in the United States labor force", University of Wisconsin-Madison, Institute for Research on Poverty, 《Focus》Vol. 20 No. 1 Winter 1998 – 1999.

Walby, Sylvia: "Gender, Work, and Post-Fordism: The EC Context", 《International Journal of Sociology》, 1995 – 1994 Winter.

Walby, Sylvia (ed.): 《Gender Segregation at Work》, Open University, 1988.

Whitehead, Stephen: "Woman as Manager: A Seductive Ontology", 《Gender, Work & Organization》, 2001, January, Vol. 8, No. 1.

Winkler, Anne E. : "Earnings of husbands and wives in dual-earner families", 《Monthly Labor Review》, April 1998.

Wood, Jennie: "A History of Women in the U. S. Military", Source: U. S. Department of Defense, U. S. Army, U. S. Navy, U. S. Marine Corps, U. S. Coast Guard, militarywoman. org.

World Economic Forum: "The Global Gender Gap Report 2010".

World Economic Forum: Global Challenge Insight Report— "The Future of Jobs: Employment, Skills and Workforce Strategy for the Fourth Industrial Revolution", January 2016: 39.

图书在版编目（CIP）数据

妇女与劳动力市场研究/费涓洪著. —北京：时事出版社，2017.12
ISBN 978-7-5195-0133-4

Ⅰ.①妇… Ⅱ.①费… Ⅲ.①妇女—关系—劳动力市场—研究 Ⅳ.①F241.2②D442.7

中国版本图书馆 CIP 数据核字（2017）第 237604 号

出 版 发 行：时事出版社
地　　　址：北京市海淀区万寿寺甲 2 号
邮　　　编：100081
发 行 热 线：(010) 88547590　88547591
读者服务部：(010) 88547595
传　　　真：(010) 88547592
电 子 邮 箱：shishichubanshe@ sina. com
网　　　址：www. shishishe. com
印　　　刷：北京朝阳印刷厂有限责任公司

开本：787×1092　1/16　印张：25　字数：360 千字
2017 年 12 月第 1 版　2017 年 12 月第 1 次印刷
定价：130.00 元

（如有印装质量问题，请与本社发行部联系调换）